근대 동아시아 국가와 도시, 서발터니티 존재들

동서대학교 중국연구센터 연구총서 3

근대 동아시아 국가와 도시, 서발터니티 존재들

장윤미 엮음

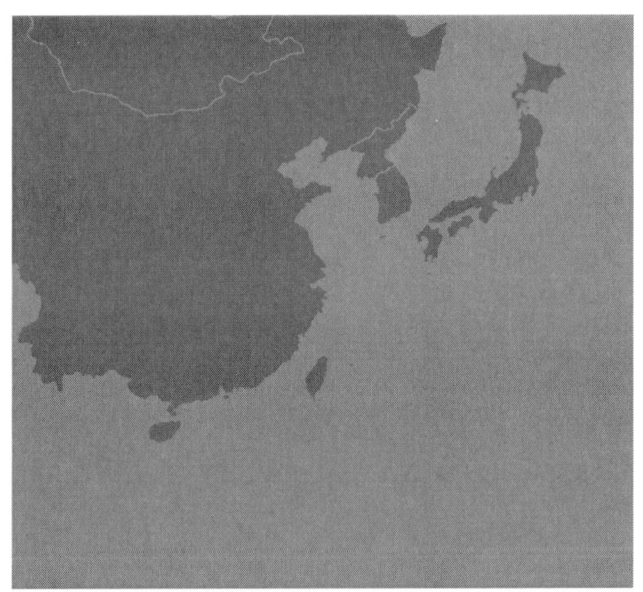

산지니

서문

우리 연구사업단의 세 번째 연구총서를 출간한다. 첫 번째 연구총서 『동아시아 관문도시와 서발터니티 연구』(산지니, 2024)에서는 주로 서발터니티 연구를 위한 이론, 방법, 기존 연구 동향을 소개했었다. 두 번째 연구총서에서는 동아시아의 주요 관문도시들을 소개하고 있고, 이번 「연구총서3」에서는 서발터니티의 구체적인 사례 연구와 텍스트 분석 연구를 담았다.

우리 연구사업단의 핵심 개념인 '서발터니티(subalternity)'는 억압구조 속에서 배제되어 자신의 존재를 드러낼 수 없는 취약한 집단을 의미하는 '서발턴(subaltern)'의 의미를 더 확장한 것이다. 서발턴은 고정되거나 특정될 수 없으며, 복합적이고 중층적인 치별구조 속에서 언제든지 생겨날 수 있는 존재이다. 기존의 소외된 취약 계층뿐 아니라 권력 역학에 따라 누구라도 잠재적으로 혹은 부분적으로 이러한 속성을 갖게 될 수 있기에, 이러한 서발턴의 속성을 추상화하고 개념화해서 만든 것이 서발터니티이다. 현대 자본주의를 사는 우리 모두는 스스로 의식하든 의식하지 못하든 서발 턴적 속성을 지닌, 즉 서발터니티적 존재들이다.

서발터니티라는 개념과 맞대응하는 것은 지배권력이다. 권력은 폭력과는 다르지만, 합법적 폭력을 내재하고 있다. 권력은 법적, 정책적 수단을 통해 질서를 만들고 재배치하고 유지한다. 현실에서 국가권력이나 자본권력은 사회질서 안에 구조화된 형태로 나타난다. 이러한 구조 자체에 권력관계가 반영되어 있다. 또한 법 적용과 집행 과정에서 법 바깥으로 추방된 존재들에 가해지는 폭력적 조치는 예외상태로 합법화된다. 현실 세계에서 보이지 않거나 말할 수도 없는 취약한 존재들은 법적 권리 밖에 있으면서 법 안에 포함된다. 이러한 지배권력에 의해 부재성, 무의미성, 취약성을 가진 모든 존재를 종합한 개념이 서발터니티이다. 즉 서발터니티 개념은 목소리를 내지 못하고 부재(不在) 처리되거나 저항의 목소리를 내도 차별받는 사회적 약자를 총칭하는 개념이라 하겠다.

동아시아는 근대 역사에서 서구 제국주의의 폭력에 의해 억압되고 짓밟힌 서발터니티적 장소였다. 동아시아는 식민/제국주의뿐 아니라 제2차 세계대전 이후 형성된 냉전 구도와 국민국가 건설의 중첩된 구조에서 근대의 길을 걸어왔다. 이러한 과정은 서로 분리된 것이 아니라 식민이 이식되는 과정에 국민국가의 논리가 스며들어 있었고, 국민국가 건설 과정은 냉전에 대한 응전이면서 동시에 냉전을 더욱 공고하게 만들었다. 제국주의의 식민 논리는 전쟁이 끝난 뒤에도 냉전의 구도 속에서 국민국가의 과업으로

이어졌고, 체제 경쟁의 구도 속에서 20세기 '발전주의' 신화를 창
조했다. 이러한 근대 과정 곳곳에 폭력의 논리가 내재되어 있었고,
중첩된 권력의 논리 속에 다양한 형태의 서발터니티적 존재들이
등장했다.

　본 총서에서는 국가과 자본, 그리고 동아시아 가부장 제도가 남
긴 중첩된 폭력 구조에 노출되어 있는 서발터니티 사례들을 꼽았
다. 유민과 난민, 한센인, 성매매 노동자, 소수민족 등이 그들이
다. 이들은 근대 이후 국가의 목적과 자본의 논리에 따라 규정되
고, 배제되고, 관리된 사람들이다. 동아시아의 근대 국가 형성 과
정에서 식민의 경험은 매우 뚜렷하게 각인되어 있다. 서구 제국주
의를 전면적으로 수용한 일본 제국주의의 영향이 제도적·문화적
으로 동아시아 곳곳에 남아 있다. 뿐만 아니라 동아시아 국가들
은 발전과 통합을 명분으로 제국주의의 통치 방식을 변용하여 사
용했다. 이러한 과정에서 근면하고 규율을 갖춘 국민으로 주체화
(subjectized)되지 않은 사람들은 산업화 과정에서 도태되고 주변
화되었다. 근대 국가의 산업화와 발전을 위해 획일화된 국민을 만
드는 과정에서 경계를 긋고 일정한 수준에 도달하지 못한 사람들
을 전근대적인 성격으로 규정하며 배척했다. 근대 국가가 만들어
내려는 주체는 감염 가능성을 차단하여 근면하게 노동하는 건강한
국민, 표준어를 읽고 쓸 줄 아는 노동자, 표준적 생활양식과 문화
를 수용하는 국민이었다. 이러한 국민 만들기 과정에서 근대 국가
의 은폐된 폭력이 곳곳에 침투했고, 근대 국민교육과 발전주의를
공유한 국민들은 이러한 폭력에 둔감했다. 본 총서에서는 권력으

로부터 배제된 존재들을 하나씩 드러냄으로써, 동아시아의 근대화 과정 속에 배태된 식민지성과 서발터니티의 문제를 다시 생각해보는 기회를 갖고자 한다.

본 총서는 논문 두 개씩을 묶어 총 4부로 구성하였다. 먼저 1부에서는 배제되고 격리된 존재들을 부산이라는 장소성과 연결하여 서발터니티의 지정학을 살피고 있다.

1장(김동규)에서는 부산의 한센인 사례를 다루었다. 한센인은 기존 체계가 정상으로 간주한 범위에서 이탈하여 부재 처리된 대표적인 존재이다. 질병에 대한 국가 관리는 일본 식민/제국주의 시기에 정립되고 해방 이후에는 국민국가가 이어받았다. 근대적 위생 담론이 문명의 이름으로 격리를 정당화했고, 이후 도시 설계에서 장애인을 배제했다. 한국 최초이자 최대의 한센인 정착촌이 부산에 자리 잡았다는 것은, 통치의 관점에서 부산이 격리와 배제에 적합한 지리공간적 특징을 갖고 있었다는 의미라 하겠다. 그러한 점에서 서발터니티는 서발터니티적 존재를 생산한 지역의 장소성을 새기고 있고, 부산은 이러한 존재에 대한 격리와 배제의 기억을 지정학적으로 새겨두고 있다 하겠다. 한센인 격리 정책은 이후 장애인 시설 격리 정책에 영향을 미쳤다. 최근 발표한 부산의 '15분 도시' 구상에는 장애인이 아예 누락되어 있다. 이 누락의 염치 없는 폭력을 폭로하는 존재가 한센인 같은 서발터니티적 존재들인데, 이러한 폭로가 우리 곁에 치명적으로 다가오지 않는 것은 그들의 존재와 음성이 취약하고 희미하기 때문이다. 이 글에서는 독자들에게 한센인 사례로 주체의 인식론적 무능과 부정의를 구체적으로 성찰할 것과 또한 각자 거주하는 구체적 장소에서 작동하는 폭력에 민감해지기를 촉구하고 있다.

2장(김동규)에서는 공공성과 임계의 개념을 가지고 부산 성 판매 집결지 사례를 살펴보았다. 이 글에서는 부당한 폭력 앞에서 저항의 가능성과 긴장을 야기하는 취약한 존재들의 공적 잠재력을 '임계'로 규정하고, 이러한 임계의 개념을 통해 집창촌 여성에게 행사하는 폭력의 주체를 드러내고, 이 폭력의 복잡성을 밝힌다. 또한 완월동에서 작동하던 자본과 국가의 권력을 가부장 권력으로 종합하여 분석하였고, 이러한 주체와 폭력의 중층성이 한국 최초이자 최대 성판매 집결지인 완월동을 통해 장소적으로 구현되어 있음을 보여준다. 특히 완월동이 증언하는 부산은 지역 정체성만이 아니라, 국가 정체성을 폭로하면서 동시에 동아시아 권역(regional) 정체성도 폭로한다. 근대 관문도시 부산은 일제와 서구 근대성의 흔적을 안고 있기 때문이다. 아울러 완월동은 냉전의 동아시아적 측면과 신자유주의 시대 지구적 정체성 이면의 모습도 폭로한다. 이 글은 그 정체성을 서로 다른 단위의 가부장성'들'이라 규정하고 있는데, 필자는 부산의 완월동은 도시의 이면에서 이 가부장들의 폭력을 폭로하는 균열의 임계를 가하고 있다고 본다.

2부에서는 부산이 갖고 있는 서발터니티의 지정학 문제를 또 다른 근대 도시 상하이로 옮겨서 살펴보았다. 20세기 혁명의 혼란 속에서 국민국가가 형성되면서 국가가 어떻게 국민과 비국민의 경계를 그으며 근대적 질서를 형성했는지, 그리고 이러한 근대적 질서 확립 과정에서 배제된 존재들은 누구인지 살펴보았다. 근대 국가 성립 과정에서 배제된 대표적인 존재로는 유민과 난민이 있다. 근대 국가는 근대적 규율을 내면화한 표준화된 노동자를 육성하려 한다. 여기에서 벗어나는 사람들을 '위생'이나 '문명', '근대'라는 기준을 잣대로 판단하고 이들의 이동이나 이주를 제한하고 격리함으로써 표준화된 국민을 주조했다. 이러한 과정은 국가가 독점한 법적 수단과 합법적인 폭력기관을 동원하여 진행되었다. 서발터니티적 존재는 바로 이러한 근대 문명/질서 안에서 배제된 존재로 규정된 채 포함된다. 이러한 취약한 존재들을 드러냄으로써 우리가 살고 있는 근대 세계, 근대 국가의 진면목을 똑바로 볼 수 있을 것이다.

3장(김지영, 이홍규)에서는 상하이 유민을 다루었다. 상하이는 개항 이후 제국주의 국가들이 조계를 설치한 대표적인 관문도시로, 식민/제국주의와 근대 도시의 정체성이 혼재되어 있는 곳이다. 1949년 전후 상하이 지역의 유민 수는 15만 명에 달했는데, 국민당 정부이든 공산당 정부이든 간에 모두 이들 유민을 필요에 따라 이용했다가 필요가 없어지면 버렸다. 즉, 유민들은 권력의 목적에 따라 방치, 이용, 강제 개조 및 배제되었고, 중층적인 국가 폭력에 노출되어 있었던 것이다. 특히 신중국 성립 이후 이들은 '인민'으로 인정받지 못했고, 자신의 목소리를 제대로 전달할 방법도 거의 없었다. 중국공산당은 근면하고 규율을 갖춘 노동 인민을 창출하기 위한 목적으로 유민 개념을 규정하고 그 유형을 분류했으며, 이

들은 중국공산당의 인민 개조 성과를 선전하기 위한 도구로 이용
되었다. 이는 기실 무산계급 정권을 자처했던 중국공산당 정권의
성격이 이전의 국민당 정권과 마찬가지로 서발터니티를 생산하는
폭력적인 근대 국가 권력임을 시사하고 있다 하겠다.

4장(김지영)에서는 2차 세계대전 전후 유럽의 전장과 홀로코스
트 학살을 피해 상하이로 이주한 유대인 난민을 다루었다. 특히 상
하이의 지배권력이 중국국민당과 일본으로 바뀌면서, 유대인 난
민이 이러한 권력에 의해 어떻게 이용되고 호명되었는지, 또한 어
떠한 권력의 목적에서 환대 혹은 배제되었는지, 그 정치적 역학을
살펴보았다. 당시 상하이는 이러한 환대와 배제 역학의 공간으로
서 독특한 특징을 갖는다. 근대 개항 이후 상하이에는 서양 열강
이 통치권을 가지는 '조계'와 중국의 공권력이 직접 영향력을 행사
하는 '화계'의 이중적인 식민/제국주의 권력 구도가 형성되었고,
1937년 제2차 상하이 사변 이후에는 일본군의 점령지와 조계의
경계가 그어지며 또 다른 공간이 생겨났다. 이러한 다중 권력에 의
해 지배된 관문도시 상하이는 기능적으로도 '개방과 폐쇄' 및 '이
음과 단절'의 이중적 성격이 작동하였다. 이러한 배경에서 유대인
난민이 대거 상하이로 유입되고, 이들은 환대를 받거나 혹은 배제
되었다. 제국주의와 맞서고 있던 국민정부는 유대인에게 호의적
인 정책을 펼쳤던 반면, 일본의 경우 유대계 자본과 기술을 이용하
며 이들을 부호하거나 혹은 정세 변화에 따라 이들을 배제히는 정
책을 폈다. 나치 독일의 요구에 따라 유대인들을 '무국적 피난민
지정 거주구'에 몰아넣은 것이다. 이처럼 당시 상하이라는 식민/제

국주의 공간에서는 국가 이익이라는 권력의 논리가 중층적으로 관철되고, 유대인 난민들은 지배권력에 의해 타자화된 것을 목격할수 있다.

3부에서는 국민국가 건설 과정에서 배제된 서발터니티적 존재를 다뤘다. 국민국가 체제에서 추방되고 게토화되는 존재는 대개 표준화된 국민에 도달하지 못한 소수자들일 것이다. 따라서 고유의 생활양식을 유지해온 소수민족이나 부랑집단은 시대를 막론하고 소외되거나 버려진 존재였다.

5장(장윤미)에서는 중국의 소수민족, 특히 국가의 논리가 가장 중요한 목표로 등장한 시진핑 시대 소수민족 정책의 변화와 그 특징을 살펴보았다. 사회주의 정권인 중국에서는 국제주의적 관점에서 소수민족에 대한 우대 정책을 펴온 것도 사실이다. 그러나 시진핑 시기 국민통합을 위해 중화민족의 개념이 강조되고 이에 따라 획일적인 언어 및 역사, 사상교육이 강화되면서, 민족어 교육을 중심으로 자신의 문화정체성을 유지해왔던 소수민족들은 점차 서발턴적 속성을 띠게 되었다. 즉 지배권력에 의해 기획·수행되는 중화민족이라는 '정치 주체화'의 과정에 포획되면서, 자신의 문화와 언어를 지켜오던 변경 지역의 소수민족들은 점차 말할 기회를 잃고 침묵당하며 서발턴화(subalternized)되었다. 국민화된(nationalized) 틀의 기준에 따라 '추방'되면서도 '포획'되는 이중적 관계에 놓이게 된 것이다. 이 글에서는 신장위구르 지역의 소수민족 사례와 함께, 에스닉 정체성은 아니지만 중국 본토와는 다른 정치적 정체성을 드러낸 홍콩의 변화에 주목하였다. 그리고 한반도와 밀접한 관련을 갖고 있는 연변(延邊) 조선족의 상황도 함께 살펴보았다. 필자는 '중화민족'이라는 '상상의 공동체'의 내용이 정치적 이상이나 목표가 아니라 모호한 문화적 내용으로 채워지고 재구성되려 할 때, 소수민족의 에스닉 정체성과 중화민족이라는 네이션 정체성은 조화롭게 공존할 수 있는 서로 다른 두 개의 정체성이 아니라, 문화정체성이 뚜렷한 소수민족에게는 더욱 커다란 민족 탄압으로 받아들여질 수 있다고 본다. 또한 중국 당국은 소수민족 지역의 민족단결을 강조하지만, 이러한 갈등 없음을 지향하는 '획일적 통합정책' 이면에는 국가권력의 폭력성이 내재되어 있다고 본다.

6장(강병환)에서는 대만의 역사 과정에서 등장한 '나한각(로한까아)'이라는 유민의 존재를 살펴봄과 동시에 대만의 서발터니티적 정체성을 함께 살펴보았다. 나한각은 사회의 저층·약세 집단, 취약계층, 배제된 자, 고정된 거처도 없이 떠도는 몫이 없는 자들로 정의할 수 있다. 이 글에서는 나한각을 단순히 범죄자나 부랑자로 규정하지 않고, 이들의 사회적 배경, 경제적 여건, 그리고 정책적 영향을 분석하여 보다 입체적인 사회사적 접근을 시도한다. 특히, 나한각이 대만 이민 사회에서 수행한 역할과 원주민 및 다른 이주 집단과의 상호작용을 고찰함으로써 당시 사회의 구조적 특성과 역동성을 조명하였다.

나한각과 함께 깊이 들여다봐야 하는 것이 대만이라는 서발터니티적 장소이다. 대만은 원주민의 터전에서 이민과 식민을 통해 근대로 나아간 중첩된 정체성을 가진 지역이다. 대만사가 곧 이민의 역사이며, 끊임없는 이주와 혼종(混種)의 과정을 거쳐 왔다. 중앙 대륙의 관점에서 보았을 때 대만이라는 섬 자체가 서발터니티적 요인을 갖고 있고, 미중 간의 경쟁이라는 현재 관점에서 볼 때도 국제권력에 의해 주변화되고 타자화된 곳이라 할 수 있다. 이 글의 시대적 배경은 청(淸) 왕조인데, 청대는 대만 문화의 기저를 형성한 시기이며, 이 시기에 형성된 이민 사회의 구조와 위계적 계층, 신분 체계는 이후 대만이 근대 국가로 전환하는 과정에서 중요한 역사적 단서가 된다. 청대의 소극적 통치와 이민자 유입으로 인해 대만은 복잡한 사회 구조와 혼종적인 문화적 특성을 갖게 되었으며, 이러한 이민 사회의 계층적 구조는 근대화 과정에서도 지속적인 영향을 미쳤다. 이와 같은 계층적 구조는 근대화 과정에서 사회적 갈등과 불평등을 심화시키며, 국가 통치의 기초를 형성하는 데 중요한 요소로 작용했다.

마지막 4부에서는 텍스트를 통해 서발터니티의 문제를 다시 사유해볼 수 있는 두 개의 논문으로 구성했다.

7장(연광석)에서는 박현채 다시 읽기를 통해, 남한에서 다시 사상운동을 시작해야 할 필요성과 방법, 방향을 제시하고 있다. 우선 필자는 남한을 '신식민지 분단체제'로 인식하고, 이러한 문제틀 속에서 남한의 서발터니티 문제, 즉 민중의 극단적 소외 현상을 직시할 수 있다고 본다. 이어서 대만의 서발터니티와 진영진(陳映真)의 문학적 실천을 살펴보고, 이러한 대만의 경험과 논의가 남한에

주는 참조적 의의를 밝힌다. 이를 통해 1980년대 남한 사상운동의 좌절을 되돌아보고, 새로운 출발점을 모색하고자 한다. 필자는 이와 같은 참조체계 하에서 1980년대 박현채가 제시했던 민중문학론을 재평가할 수 있게 되는데, 이를 통해 박현채가 신식민 반공체제 하에서 지식의 비대칭성의 제약을 받았음에도 불구하고, 살아남은 극소수의 좌익 생존자로서 민중에 대한 사랑을 실천하고, 지식인의 윤리성을 체현했음을 알게 된다고 본다. 그러나 동시에 그 또한 냉전 분단 체제 하에서 지식의 비대칭성과 참조점 부재의 제약으로부터 자유로울 수 없었음도 확인된다. 이로부터 그가 문학과 경제학을 매개하는 '문화' 영역을 열어내지 못하고, 그의 사상운동이 결함을 갖는 역사적 인식과 이론적 지식에 기댈 수밖에 없었음을 알 수 있다는 것이다. 이와 같이 필자는 박현채를 다시 읽는 것의 함의는 남한 사상운동을 다시 시작할 출발점, 방법 그리고 방향으로서 민중, 권역, 문화를 제시하는 것에 있다고 강조한다.

8장(박자영)에서는 장아이링(張愛玲)의 후기문학 작품을 통해 그 의미와 위치를 재구명하는 동시에, 난민과 경계의 문제에 대해 반추한다. 특히 장아이링의 후기 서사가 냉전체제 형성기부터 부상하던 이분법적인 담론을 문제시하면서 이것으로 미만(彌滿)한 삶과 사유 방식에 문제를 제기하고 대안을 모색한 전에 주목했다. 필자는 1983년에 출간된 장아이링의 단편 소설 「부화낭예」가 냉전 초기 쓰여진 월경 서사로, '난민됨'을 체현한 의식과 '경계'에 대한 새로운 인식을 통해 이데올로기와 국가에 의해 그어지던 안과 밖, 국민과 비국민의 경계선을 문제시하고 흐리게 하면서 재구성하는 궤적을 드러낸다고 본다. 국경과 주변을 넘나드는 작품 속 인물들의 서사를 통해 냉전체제와 국민국가의 경계선 긋기의 문제들을 제시하고 이를 넘어서고자 하는 경로를 모색했다는 점에 주목하면서 이 시대 역사 속에서 텍스트의 의미를 살펴본다. 필자는 장아이링의 작품이 특히 '국민국가'가 재건되던 냉전 초기 난민들의 행적을 보고 겪는 인물의 경험을 제시한 것에 더 나아가, 이를 통해 이념과 체제의 제약을 받지 않는 접촉면과 공간을 탐구했다는 점에서 각별한 의미를 갖고 있다고 본다.

본 총서의 필진은 철학, 역사학, 문학, 정치학 등 다양한 전공을 배경으로 한다. 각자의 전공이 다른 만큼 글쓰기의 형식이나 문체도 다르다. 그러나 서발터니티라는 주제의식을 가지고 함께 사유하고 소통하는 과정에서, 각자가 천착해온 연구주제를 보는 관점과 시야가 넓어지고 깊어졌다. 이렇게 함께 만들어가는 학문의 길이 소중하게 느껴진다.

2024년 12월 3일 대통령에 의한 불법 계엄령이 내려졌다. 그동안 '공고화'되었다고 믿어왔던 우리 사회의 민주주의는 크게 흔들렸다. 하루 밤 사이에 엄혹한 독재 상황으로 갈 수도 있었고, 우리 사회 안에 꿈틀거리고 있던 강자 논리와 파시즘적 폭력이 적나라하게 그 모습을 드러냈다. 그럼에도 불구하고 수많은 시민들이 민주주의의 회복을 위해 거리로 나왔고 광장을 메웠다. 12월 12일 부산 서면의 거리 집회에서는 자신을 노래방 도우미로 소개한 한 여성의 발언이 커다란 울림을 주었다. 이 여성은 민주주의의 회복

뿐 아니라 다양한 사회적 약자들을 거론하며, 정치와 소외된 이웃에 대한 지속적인 관심을 호소했다. 그동안 우리 사회에서 잘 보이지 않던 존재가 민주주의 위기의 상황에서 용기를 내어 목소리를 낸 뭉클한 순간이 아닐 수 없다. 계엄령 선포 이후 석 달 넘게 이어지고 있는 각 지역의 광장 집회에서는 스스로를 백수라고 소개하는 청년뿐 아니라 장애인, 농민, 성소수자, 노점상 등 우리 사회에서 배제되고 소외되어온 존재들이 목소리를 내며 서로에 대한 관심과 연대의 메시지를 발신하고 있다. 이번의 불법 계엄령 사건으로 우리 모두는 언제든지 서발터니티가 될 수 있음을 자각했다. 위태로운 순간에 빛을 내며 폭발한 수많은 에너지들이 한데 모여 서로를 이어주며 더 나은 사회로 나아갈 수 있는 동력이 될 것이라 믿는다.

본 총서에 실린 글의 논문 출처는 다음과 같다.

1) 김동규, 2025, 「한센인, 서발터니티(subalternity)의 지정학: 부산의 경우」『철학연구』제173집

2) 김동규, 2021, 「완월동과 항구도시의 임계」『인문사회과학연구』제22권 3호

3) 김지영, 이홍규, 2024, 「중화인민공화국 수립 후 중국공산당의 유민(遊民)정책: 관문도시 상하이(上海)를 중심으로」『현대중국연구』제 25집 3호

4) 김지영, 2025, 「난민에 대한 환대와 배제의 역학: 제2차 세계대전 시기 상하이 유대인 난민을 중심으로」,『중국근현대사연구』

105집

5) 장윤미, 2023, 「시진핑 시대 민족국가 통합과 소수민족의 서발턴화」『동아연구』 85권

6) 강병환, 2024, 「청대 대만의 유민 나한각(羅漢脚) 연구」, 『대만연구』 제24호

7) Yeon Gwang-Seok, 2024, "Subalternity under neo-colonial division system and re-launch of intellectual movements: inter-referencing between Taiwan and South Korea", *Inter-Asia Cultural Studies*, 25:6

8) 박자영, 2024, 「난민과 경계(境界)의 문제: 장아이링의 소설 「浮花浪蘂」를 읽는 한 경로」, 『중국어문학논집』 144

2025년 3월 6일
장윤미

차례

1부
관문도시 부산과 서발터니티
(subalternity)

1부
관문도시 부산과 서발터니티
(subalternity)

1장

한센인, 서발터니티의 지정학
: 부산 경우

김동규

I. 서론

서발터니티라는 개념은 주체에도 객체에도 속하지 않는 존재, 그렇기 때문에 극도로 취약한 상황에 처한 존재의 특성을 종합한 개념이다. 이처럼 취약한 상황은 단일한 층위가 아니라 중층적 양상을 보인다. 이러한 특성을 가진 존재 중에 이 글은 한국, 그중에서도 부산 한센인의 서발터니티를 조명하고 있다. 그람시의 이탈리아나, 구하의 인도가 그렇듯 서발터니티는 그러한 존재를 생산한 장소성을 새기고 있다. 취약한 존재를 생산한 도시와 국가 폭력을 자신의 존재에 고스란히 담고 있는 것이다. 부산은 최초의 한센인 병원과 요양소가 생긴 곳이며 최대의 한센인 자활농장이 있던 곳이다. 하지만, 관련된 기록은 제대로 남아 있지 않으며, 한센인 자활농장이 사라지고 난 뒤 그들이 어디로 이주했는지에 대한 정확한 기록도 남아 있지 않다. 일부는 기장으로, 일부는 소록도로, 일부는 다른 자활 정착촌으로 그리고 나머지 일부는 이사와 이사를 거쳐 일상의 생활공간 속으로 비밀리에 정착했다는 이야기는 있다. 이들이 일상의 공간으로 진입하기 위해, 그래서 자신이 한센인 자활공동체 출신이라는 것을 숨기기 위해, 이사에 이사를 거듭했다는 것은 그만큼 한센인을 철저히 부재 처리했던 폭력이 있었다는 것을 뜻한다. 이 글은 한편으로 한센인을 부재 처리했던 식민/제국의 힘, 근대성의 힘, 종교의 힘 등 다층적 권력의 흔적을 살피며, 그 권력의 틈바구니에서 고통받는 서발터니티의 특성을 해명한다. 다른 한편으로 한센인의 서발터니티 안에 어떤 장소성이 새겨져 있는지, 이 장소성 안에 어떤 지정학적 힘이 새겨져 있는지도 분석한다. 그런 점에서 부산은 한센인을 향한 제도적 폭력을 물리적으로 구현하고 있는 대표적 도시 중 하나다. 그들을 무차별 삭제한 부당함이 장애인 없는 도시를 구상하는 도시 계획 안에 여전히 스며 있다.

II. 한센인 통제의 역사

한국의 한센병 관리 정책은 다양한 변화를 겪었는데, 그 과정을 법과 제도의 측면에서 간단히 살펴보자. 정근식에 따르면, 1910년부터 1934년까지는 선교 나요양원 주도기로, 1935년부터 1945년까지는 국립소록도요양소 주도기로 구분한다.[1] 우선 1916년 2월 24일 조선총독부령 제7호로 소록도자혜의원 설치가 결정된다. 이때 「나환자수용에 관한 건」을 공포한다. 이어 1917년 "노상이나 시장 등에서 배회하면서 병독전파를 할 가능성이 있는 한센인들을 강제격리하기 시작"한다. 그러나 일제는 당장 한센인을 격리하지 못했다. 왜냐하면 서양선교사들의 한센인 관리를 견제하려는 의도가 더 컸기 때문이다. 하지만, 이후 한센병이 조선에서 무서운 전염병으로 인식되자, 조선 총독부에서 강제격리 정책을 추구하기 시작한다. 그 결과 소록도 자혜의원의 수용인원 수가 점차 증가하기 시작했다. 하지만, 수용되지 못한 환자가 훨씬 더 많았다. 이런 상황에서 한센인들을 수용할 수 있는 시설을 갖추고 강제격리를 시행해야 한다는 요구가 증가했다.[2]

이런 문제에 대응하여 1931년 조선나환자구제회가 발족했으나, 일제는 이 활동을 정지시키고 1932년 말 관 주도의 조선나예방협회를 설립하여 한센병자 격리시설 확충에 대한 재정을 모은다는 명목으로 반강제 모금을 시도한다. 이를 통해 한센병자 격리시설은 소록도 전체를 매수하면서 확장하게 된다. 그것이 소록도 자혜의원이다. 소록도 자혜의원은 1934년에 이르러 소록도 갱생원으로 바뀐다.[3] 이곳은 1935년에 중대한 변화가 생기는데, 4월 20일 제령 제4호 「조선나예방령」 공포로 기존 부랑나환자 관리 중심

---

1   정근식, 2002, 23쪽 참고 및 인용.
2   김재형, 2019나, 27-28쪽 참고 및 인용.
3   정근식, 2002, 22-23쪽 참고, 김재형, 2019나, 29쪽 참고.

정책에서 모든 환자에 대한 종신격리 정책으로 정책이 전환하게 된다. 이에 이어 1936년에는 소록도 환자들에 대한 강제불임 수술을 조건으로 결혼을 허용하는 정책을 실시한다. 아울러 경찰들이 환자를 강제수용하는 일들도 생긴다.[4]

소록도 2기 확장공사부터 소록도 환자들의 강제노동 역시 강화되기에 이르는데, 1939년 3기 확장공사 종료와 동시에 소록도 자혜의원은 일본 제국 최대의 수용기관이자, 전 세계 2위의 규모가 된다. 하지만 이런 강제력으로 인해 1930년대 후반 소록도 강제노동에 대한 저항 운동도 발생한다. 예컨대 35년 대구, 38년 진주, 39년 부산 등지에 환자집단부락 화재사건이 빈번히 발생했다. 1941년에는 국가의 입장을 대변한 환자대표가 동료환자에 의해 살해되기도 했고, 1942년 소록도의 수호원장이 이춘상이라는 환자에 의해 피살되기도 했다.[5]

한센인들의 저항만큼이나 한센인들에 대한 편견 역시 강하게 유지되었다. 광복 이후 1949년 보건사회부 『나병행정정책』에 따르면, "나환자는 외모가 추하므로 일반민중이 기피함으로 일반 사회와 격리할 장소를 채택해야 한다."고 적시한다.[6] 실제로 식민지 시기 한센인에 대한 부정적 편견으로 인해, 해방 후 권력의 공백기에 소록도 환자 80명이 피살되는 비극도 생겼다.[7]

4 　정근식, 2002, 23쪽 참고, 김재형, 2019나, 29쪽 참고.
5 　정근식, 2002, 23-24쪽 참고.
6 　김재형, 2019나, 29쪽.
7 　정근식, 2002, 26쪽 참고.

식민지 이후 한센병 정책의 두드러진 특징은 미국과 기독교의 영향이 매우 중대하다. 한센인 정착촌에는 기독교 교회가, 요양원에는 서구 선교사가 다시 활동하기 시작한 것이다. 48년 맥아더의 미국 귀국 이후 남한정부가 수립되면서 소록도 정책은 잠시 식민지 방식으로 후퇴하다가, 이후 부랑환자의 정착운동이 시작된다. 이것이 1950년 재활 정착운동으로 이어져 한센인 마을이 형성되기 시작한다.[8]

1950년대에는 전염병예방법 제정으로 한센인 격리가 강제성을 띠게 된다.[9] 1954년 2월 2일 「전염병예방법(법률 제308호)」이 대표적인데, 이 법을 통해 한센병이 결핵, 성병과 같은 만성 감염병과 함께 제3종 전염병에 포함된다. 특히 한센병의 경우 질병 통제와 환자 관리에 있어서는 급성전염병이 포함되어 있는 제1종 전염병과 거의 비슷한 위치에 자리한다.[10]

1957년의 「전염병예방법」은 「조선나예방령」의 내용을 수용한 것으로, 요양소 원장이 환자를 자의적으로 처분할 수 있는 권한을 부여했다. 아울러 모든 한센인의 강제격리를 규정했는데, 구체적으로 취업금지(제30조), 공공장소 출입금지(제31조), 취학 금지(제32조), 허가 없이 이동 금지(제34조), 의사의 나환자 신고의무와 신고하지 않을 경우 벌금을 부과 등의 강제조항이 있었다. 이상의 모든 조항을 어겼을 때 역시 벌금을 부과했다. 이 법은 시행령(「전염병예

---

8   정근식, 2002, 6쪽, 26쪽 참고.
9   김아람, 2021, 62쪽 참고.
10   김재형, 2019나, 30쪽 참고.

방법 시행령」 제5조 격리수용의 기간)을 통해 한센병에 한하여서만 전염성이 없어질 때까지 격리하는 것으로 규정해두었다. 하지만 격리 정책이 한센병을 확산시킬 수도 있다는 국제학계의 논의는 한국사회에 알려지지 않았다. 이로 인해 강제격리는 한센인에 대한 사회적 낙인을 강화하고, 환자들에 대한 물리적 폭력을 허용하는 상황으로 이어졌다.[11] 한센인은 살해해도 살인죄로 처벌받지 않는 생명이라는 주장이 등장한 것도 이러한 배경에서다.[12]

이후 한센병이 치료 가능한 병이라는 인식이 확산되고, WHO와 국제나회의를 중심으로 한 국제한센병 학술 네트워크에서 환자의 인권을 생각하여 강제격리 정책의 철폐를 요구하면서, 한국도 영향을 받는다. 그 결과 1959년 손창환 보건사회부 장관이 한센병 치료가능성을 공식화했다. 한센병을 치료불가능한 병에서 치료가능한 병으로 인식을 변화시킨 것이다. 이것이 1962년 이후 국가적 정착 사업이 되면서 식민지 정책과 본격적으로 결별하게 된다. 그럼에도 불구하고 식민지 시기 형성된 신체 규율이나, 그 밖의 역사유산은 여전히 그늘을 짙게 드리우고 있었다.[13]

이후 1963년 「전염병예방법」을 통해 강제격리 체제가 공식적

---

11 김재형, 2019나, 30-31쪽 참고.
12 김려실, 2016, 271쪽, 각주 11번과 12번 참고. 특히 각주 12번에는 소록도 학살 사건, 비토리 사건까지 한센인들은 군인, 경찰, 일반인에 의해 10여 차례 집단 학살을 당했지만, 학살자는 처벌 받지 않거나, 미미한 처벌에 그쳤다는 언급이 나온다. 이에 대해서는 「집행유예 언도 비토리 사건 피고」, 『경향신문』, 1958. 5. 30, 3면도 참고. 한하운, 2010, 784-785쪽 참고.
13 정근식, 2002, 26쪽 참고.

으로 폐지된다.[14] 동시에 제3종 전염병이지만, 특별취급되던 한센병의 지위도 상실된다. 이는 일본의 절대적 격리 정책과는 다른 정책이라 할 수 있다.[15] 하지만 퇴원 후 돌아갈 곳이 있거나 정부가 마련한 정착촌에 거주할 수 있는 음성환자[16]만이 퇴원이 보장되었으므로, 양성환자나 장애 등의 후유증 때문에 외모가 추하거나, 장애를 입어 노동력을 상실한 자들은 퇴원할 수 없었다. 그러니까 1963년 법개정 이후에도 한센병환자의 강제격리는 완전히 폐기된 것이 아니었다.[17]

이에 비례하여 한센인 정착촌이 급증한다.[18] 자활촌의 급증은 한센인이 정치 영역에 등장하는 시점과 겹치는데, 이 시점은 제3공화국 출범과도 겹친다. 박정희는 쿠데타 직후 한센인 정착촌 사업을 국가 프로젝트로 추진했던 것이다. 한센인에 대한 절대적 격리 정책은 사라졌으나, 그렇다고 격리가 사라진 것은 아니었기에 한센인에 대한 상대적 격리 정책은 유지되었다. 이를 위해 국가는 한센인 인구 중앙 등록제를 실시하여 한센인 인구를 관리했고, 이는 자연스레 한센인 거주의 자유를 박탈했다. 자활정착촌은 이 모든 것을 충족시키는 장소였다. 결국 한센인 자활촌은 한센인 사회

14 　정근식, 2002, 32쪽 참고.
15 　김재형, 2019나, 32-33쪽 참고.
16 　국가가 환자를 관리하기 위해, 다시 말해 완치자를 여전히 환자로 놔두기 위해 '음성환자(negative patient)'라는 개념을 만들어 관리했다. 이는 세균이 검출되지는 않지만, 재발가능성이 있는 사람이라는 의미였다. 이에 대해서는 김재형, 2019나, 35쪽 참고.
17 　김재형, 2019나, 34쪽, 36쪽 참고.
18 　김아람, 2021, 70쪽 참고.

복귀와는 무관한 정책이었다.[19]

군사정권의 정착촌 정책은 여러모로 장점이 많았는데, 1) 퇴원한 환자들이 부랑에 나서지 않도록 막을 수 있었고, 2) 한센병원 운영비용도 줄일 수 있었으며, 3) 환자들이 스스로 황무지를 개간하여 자립해야만 했으므로 국가가 들일 비용도 줄일 수 있었다. 아울러 4) 자활을 빌미로 해외 원조를 받을 수도 있었다. 이런 이점 덕분에 1970년대에 이르러 약 1000개의 정착재활농원이 설립될 수 있었다. 이러한 정책은 오래 유지되다가, 2005년 『한센인 인권 실태조사』 보고서 발간, 그리고 이에 영향을 받은 2006년 1월 17일 개정된 「전염병예방법 시행규칙(보건사회부령 제345호)」으로 인해 한센병환자의 강제 격리가 완전 폐기되기에 이른다.[20]

III. 통제의 역학

한센인에 대한 체계적 관리와 통제는 1930년대 이후 본격적이고 체계적으로 진행된다. 이러한 통제는 매우 중첩적이면서 아주 오래 지속되었다. 심지어 겹겹의 통제가 매우 육중했기에, 한센인들의 발화는 철저히 억압될 수밖에 없었다. 한센인에 대한 통제는 다양한 논문들에서 언급되고 있다. 거기서 언급된 한센인에 대한

---

19 김려실, 「1970년대 생명정치와 한센병 관리정책: 김정한의 「인간단지」와 최인호의 「미개인」을 중심으로」, 『상허학보』 Vol.48, 상허학회, 2016, 270-272쪽 참고.
20 정근식, 2002, 26쪽 참고. 김재형, 2019나, 34-36쪽 참고.

통제를 개념 논리에 따라 구분하자면, 사회 통제, 문화 통제, 경제 통제, 신체-정동 통제, 법-정치 통제, 미래 통제로 나눌 수 있을 것이다. 물론 한센인의 현실에서는 이러한 통제가 구분 없이 중첩적이고 지속적으로 작동했다.

문화 통제에 관하여: 문화적 통제는 한센인에 관한 편견을 작동시키는 문화적 배경과 명분에 관한 내용이다. 예컨대 문명 대 야만의 도식, 근대 대 전근대의 도식을 기반으로 의학 대 전근대적 민간요법이 작동하고, 한센인에 대한 지식 대 편견 또는 괴담이 작동하는 일이 그렇다. 이러한 배경에서 일본과 서구 제국주의는 문명과 근대화의 명분으로 한센인을 통제할 수 있는 근거를 갖게 되었고, 민족주의 엘리트 역시 한센인을 향한 계몽과 헌신의 정당성을 확보할 수 있었다. 아울러 이러한 배경에서 인종차별도 작동했다. 예컨대 엄연히 성경에도 나오는 한센병의 문제, 서양에서도 존재했던 한센병의 문제를 미국은 중국인을 비하하기 위해 활용했고, 황화론에 대응하기 위한 전략으로 활용했던 것이다.[21]

이러한 문화적 통제는 추후 근대적 위생 담론과 결합하여 의학 권력을 행사하는 것으로 이어졌다. 그래서 근대적 위생 담론이 문명의 이름으로 격리를 정당화할 수 있었다. 이는 언론의 편견 조장으로 이어져 한센인 격리 및 감금을 공공연히 선전할 수 있게 했다. 이러한 배경에서 한센인은 자신의 상황에 대한 발화와 증언을 차단당했고, 자신의 이야기를 기록하고 전달하는 일도 차단당했

21　정근식, 2002, 6쪽, 8쪽, 21쪽 참고.

으며, 오히려 자신에 대한 기록을 조작당하는 데도 속수무책이었다. 이처럼 한센인이 공공영역에 등장하는 일이 실패함으로써, 한센인은 속설-담론-신문 등으로 공공연히 매도되었고 다양한 차별과 폭력을 감당해야 했다. 이러한 위계는 한센병 내에서 본병/객병이라는 위계를 부여하는 일로도 이어졌다. 이들은 한센병을 본병이라고 하고 다른 병들을 객병이라 했던 것이다.[22]

사회 통제에 관하여: 문화적 지식과 편견에 의해 사회적 통제도 수월하게 작동한다. 사회적 통제는 한센인의 사회적 관계를 막고 배제하는 다양한 힘의 양상과 관련이 있다. 한센인을 낙인[23]찍고, 사회로부터 추방하는 일들이 그것인데, 사회로부터 완전히 그리고 강제로 격리하는 일이 대표적이다. 예컨대 한센인에 대한 다양한 낙인과 편견으로 인해 가출하여 부랑하고 있는 한센인을 강제로 시설에 입소시킨다거나, 입소한 시설에서 출입을 제한하는 일, 강제 입소된 시설 안에서 다시 한 번 격리하는 일 또는 자활촌에서 소록도로 강송하는 일이 그렇다.[24] 심지어 이미 정착을 했는데 강제 이주시킨다거나, 납치하고 감금하는 일 등도 있었다. 이는 한센인의 거주 자유를 철저히 유린하는 일이다. 이러한 격리는 1950년대 「전염병예방법」을 제정함으로써 본격적으로 강제

22　본병/객병의 위계화에 대해서는 한순미, 2022, 53-54쪽 참고.
23　"낙인이라는 용어는 심한 불명예나 수치를 가져오는 속성을 가리키는 말로 사용될 것이나, 속성 자체보다는 관계를 나타내는 어휘로 사용된다는 점을 숙지해야 한다. 한 유형의 보유자에게 낙인이 되는 속성이 동시에 다른 사람들에게는 그들의 평범함을 확인해줄 수 있기 대문에 속성 자체가 명예 또는 불명예가 되는 것은 아니다." 고프만, 2015, 15-16쪽.
24　김아람, 2021, 72쪽 참고.

격리의 성격을 띠게 되었고, 이러한 격리 수용 제도는 1963년 공식적으로는 폐지되었지만, 실질적으로 강제격리는 지속된다. 제3종 전염병환자 중 주무부령이 정하는 자는 격리 수용되어 치료받아야 한다는 규정을 신설했기 때문이다. 이는 법률 없이 법의 힘이 작동하는 법적 예외상태와 결부되어 있다.[25] 심지어 이러한 사회적 통제가 인종(민족) 문제와 젠더 문제와 결부되면 교차 차별도 작동하는데, 여성한센인이 매음한다는 사회적 편견과 근거 없는 소문이 대표적이다.[26]

신체와 정동 통제에 관하여: 사회적 통제를 원활히 수행하기 위해 신체와 감정을 통제하고 훈련하는 일은 매우 흔한 일이었다. 다양한 지식과 편견을 동원하여 신체에 대한 통제를 작동시킬 수도 있지만, 어떤 경우는 이미 그어진 사회적 경계를 그대로 유지하고 지속시키기 위해 설명 없이 신체에 위력을 가할 수도 있다. 소위 푸코의 훈육권력이 그러한 특징을 가진다. 이처럼 신체와 감정을 통제함으로써 한센인의 신체적 자기 결정권을 박탈하는 일은 많다. 예컨대 한센인을 강제검진하는 일, 강제불임수술을 하거나 강제 낙태를 자행하는 일이 그렇다. 심지어 한센인에 대한 생체실험도 행해졌다.[27]

이러한 반인권적 신체-정동 통제는 한센인을 향한 노골적 폭행과 감금, 살해로 이어졌고, 이러한 힘에 저항할 근거도 여력도 없

---

25   아감벤, 2009, 79쪽 참고.
26   한순미, 2021, 42쪽 참고.
27   오덕애, 2019, 110쪽 참고.

어 무력했던 한센인이 스스로 생을 마감하거나 객사하는 일도 많았다. 여기에 가세한 근대적 위생 담론은 사회적 배제와 신체 통제를 당연한 것으로 만들었다. 이러한 통제력은 절대적 격리제를 추구했던 일제보다 소록도의 통제 조항이 훨씬 더 엄격했던 양상으로 표출되었다. 예를 들어 교도부를 통한 규율통제, 한센인을 연민의 대상으로 전락시키고, 수동적으로 반응하도록 훈육했던 일이 그렇다. 이는 한센인들을 영원한 객체로 만들었는데, 예를 들어 일방적 선교 대상이라거나, 엘리트에 의한 계몽 대상 또는 근대성을 위한 관리 대상으로 한센인을 전락시킨 일이 그렇다. 한센인은 이러한 힘 앞에서 수동성을 훈육당하는 일 외에 달리 방법이 없었을 것이다.[28]

법적-정치적 통제에 관하여: 이상의 통제가 작동했던 이유는 그러한 통제를 정당화했던 법적 제도적 기반이 있었기 때문이다. 구체적 예를 들자면, 1907년 일제 법률 제11호 '나 예방에 관한 건'에 따라, 1916년 소록도 갱생원의 모태인 관립전라남도자혜의원이 설립되었는데, 당시 원장에게 징계검찰권을 부여했던 것이다. 1935년 조선총독부제령 제4호「조선나예방령」공표(제5조)로 강제수용이 합법화되고, 이것이 1957년「전염병예방법」제정으로 한센인 격리가 강제성을 띠게 되었다.「전염병예방법」은 앞서 언급했듯 이전의「조선나예방령」의 내용을 수용한 것으로, 요양소 원장이 환자를 자의적으로 처분할 수 있는 권한과 모든 한센인에

대한 강제격리 규정(취업금지, 공공장소 출입금지, 취학 금지, 허가 없이 이동 금지, 의사의 나환자 신고의무와 무신고의 경우 벌금 등)이 그것이다. 1957년 「전염병예방법 시행령」 제5조에 한센병만 전염성이 없어질 때까지 격리하는 것으로 규정해 두어 격리 수용의 기간에 다른 전염병과 다른 예외 조항을 두었다. 이는 격리 정책이 한센병을 확산시킬 수도 있다는 당대 국제학계의 논의가 한국사회에 입수되지 않았기 때문이기도 했다.[29]

이러한 예외상황의 지속 덕분에 한하운은 "정착촌은 사법권이 없는 단체"라 발언한 바 있다.[30] 예외상황에 대해 논하고 있는 아감벤에 따르면, 예외상황은 법이 있으나 적용하지 않는 일과 관련이 있고, 이럴 때, 어떤 인간은 살인 행위를 해도 처벌받지 않는다고 한다. 그런 점에서 한센인은 살해당해도 가해자를 살인죄로 처벌할 수 없는 예외상황에 처한 사람들이라 할 수 있다.[31] 소록도 학살 사건의 사례와 비토리 사건이 대표적이다. 이런 일련의 사건을 통해 한센인들은 군인, 경찰, 일반인에 의해 10여 차례 집단 학살을 당했지만, 학살자는 처벌받지 않거나 미미한 처벌에 그쳤다.[32]

그 외에 한센인 인구 중앙 등록제로 한센인 인구를 관리했는데, 이는 한센인 거주 자유를 박탈했고, 음성자를 정차지로 보내 관리

---

29 김려실, 2016, 281쪽 참고. 김재형, 2019나, 30-31쪽.
30 한하운의 언급은 김아람, 2021, 76쪽에서 인용.
31 김려실, 2016, 271쪽, 각주 11번 참고. 한하운, 2010, 784쪽 참고.
32 이에 대해서는 「집행유예 언도 비토리 사건 피고」, 『경향신문』, 1958, 5. 30, 3면도 참고. 한하운, 2010, 784-785쪽 참고.

하도록 했다. 이는 한센인 사회복귀와는 무관한 정책이었다.[33] 이
처럼 다양한 규제로 인해 정착촌 내에서는 엄격한 규율이 작동하
게 되었다. 이는 다양한 인권침해나 폭력사태로 이어졌다. 앞서 언
급되었던 예외상태가 작동하여 여기서 강제불임수술, 징계검속이
시행되었고, 한센인을 감금하고 규율하는 감금실, 교도부 등이 존
재했다. 소록도 강송 역시 정착촌 내 질서유지의 주요 수단 중 하
나였다.[34]

이러던 것이 1963년 2월 9일 「전염병예방법」이 개정된다. 앞
서 보았듯, 한센인의 강제격리가 형식적으로 폐지되지만, 한센인
의 강제격리가 완전히 폐기된 것은 아니었다.[35] 전염병예방법 제
6조에 따르면 의사가 환자의 변동사항을 보고해야 하는 전염병이
있는데, 한센병은 여기에 해당되지 않는다. 그럼에도 불구하고 한
센병 등록관리 시스템을 운영하는 것은 한센인 인권침해의 소지가
다분했다.[36] 한센인의 강제격리 정책은 2006년 1월 17일 개정된
「전염병예방법 시행규칙(보건사회부령 제345호)」에 이르러 완전 폐
기되기에 이른다.[37]

경제 통제에 관하여: 법적인 권리가 보장되지 않는 사람들이 생
사여탈의 상황에 빠진다는 것은 이들이 생존하더라도 제대로 된
생존권이 보장되지 않음을 의미한다. 이는 이들의 일상적 생계 역

33　이에 대해서는 김려실, 2016, 272쪽 참고.
34　이에 대해서는 정철, 2010, 10쪽 참고.
35　이에 대해서는 김재형, 2019나, 32-34쪽, 36쪽 참고.
36　이에 대해서는 김경호, 2010, 93-94쪽 참고.
37　이에 대해서는 김재형, 2019나, 34쪽 참고.

시 매우 불리하고 취약한 상황에 놓인다는 것을 의미한다. 앞서 보았듯이 한센인들이 다양한 법적 제도적 예외상황에 처하기 때문에, 경제(생계와 생활) 주권이 박탈되는 양상도 다양하게 찾아볼 수 있다. 그것이 직업과 취업을 제한당한다거나, 물건을 판매하거나 수수하는 것 자체를 금지당한다거나 하는 일들이다. 이들이 자활정착촌을 만들 때에는 강제노역에 동원되는 일도 허다했다. 자활정착촌을 형성했던 이유 역시 경제적 이유 때문인데, 한편으로는 자활정착촌을 만들어 한센인을 정착시키게 되면 정부지출이 이전 1인 2만 원에서 1500원으로 줄어든다. 심지어 한센인이 노역에 동원되므로 노동비용도 줄일 수도 있고, 부랑 한센인을 줄이니 그와 관련한 사회적 비용도 축소된다.[38]

이와 달리 국가는 한센인 자활정착촌을 조성함으로써 또 다른 이점을 누릴 수 있었는데, 국제사회의 원조를 받을 수 있다는 것이다. 난민과 빈민지원에 있어서 자활정착촌을 만들면 유엔식량계획의 지원을 받을 수 있었기 때문이다. 미국 잉여농산물 제2관 3관이 그 제도인데, 특히 2관은 노동을 대가로 지급되는 임금에 해당되었다. 이로써 국가예산 부족을 메우고 잉여농산물지원을 받을 수 있었다. 이러한 이점을 누리기 위해 국가는 한센인의 자활정착을 명목으로 강제수용과 격리, 강제노역 동원, 폭력적 단속을 자행했던 것이다. 그 외에 한센인들에게는 자립을 위한 금융융자 때의 불이익, 정착촌에 1주택 2가구로 강제 배정한다거나, 생산물

---

38 김려실, 2016, 276-278쪽 참고. 김아람, 2021, 54쪽, 70쪽 참고.

가격을 강제로 인하한다거나, 개간한 농지에서 강제 추방하는 일, 농지분양에서 배제하는 일 등 다양한 불이익을 주었다. 그리고 이들의 경제적 고립을 위해 여수 애향원의 경우 화폐 대신 전표를 사용토록 하기도 했다.[39]

끝으로 이처럼 다양한 통제는 한센인의 미래도 통제하게 되었는데, 한센인에 대한 낙인과 배제의 지속성을 유지하기 위하여 한센인 가족의 아이들을 아직 감염되지 않았다는 의미의 미감아로 규정했고, '음성환자(negative patient)'라는 개념을 만들어, 완치환자를 여전히 환자로 방치하는 정책을 실시했다. 음성환자라는 말은 세균이 검출되지는 않지만, 재발가능성이 있는 사람이라는 의미를 갖게 되어, 완치된 한센인을 여전히 환자의 범주 안에 포함시켰던 것이다. 한센인을 향한 미래 통제는 한센인에게 찍은 낙인의 지속성을 유지하여, 한센인을 여전히 사회에서 배제함으로써 그들에게 다가올 새로운 생의 가능성을 원천 무효로 만드는 일이었다.[40]

IV. 한센인과 서발터니티

서발터니티라는 개념은 서발턴 개념을 추상명사화한 것이다. 서발턴 개념의 등장 이후, 주체/객체에도 포함되지 않는 존재이

---

39 김아람, 2021, 63쪽, 74-75쪽 참고. 최병택, 2010, 243쪽 참고.
40 김려실, 2016, 285쪽 참고. 김재형, 2019, 35쪽.

자, 극도로 취약한 존재를 지칭하는 다양한 개념들이 등장했다. 소수자, 몫이 없는 자, 호모 사케르, 비체, 크리올 등의 개념이 그러한데, 서발터니티는 이 모든 개념을 취합하여 추상화시킨 개념이다.[41] 서발터니티는 존재론적, 의미론적, 인식론적으로 다양한 특징을 가지고 있는데, 이 절에서는 한센인을 통해 서발터니티의 특징을 살펴보려 한다. 이 다양한 억압들 중에서 공통적인 것은 이들이 하나같이 극도로 취약하다는 점이다.

서발터니티는 존재론적으로는 부재성을 근간으로 한다. 소위 없는 존재 취급당하는 존재의 존재론적 특성이 서발터니티의 개념 역학 안에 포함된다는 뜻이다. 한센인 역시 부재 처리되는 존재였다. 예컨대 한센인은 가족이지만 가족으로 취급되지 않았고, 살아 있지만 살아 있는 존재로 간주되지 않았을뿐더러, 인간이지만 인간으로 취급되지 않았다.[42]

아무리 한센인을 부재 처리했다고 해도, 실재로 우리 곁에 존재하는 한 완벽히 부재하는 존재로 만들 수는 없다. 그렇다면 실질적인 부재 효과를 내기 위해서는 한센인을 격리하는 수밖에 없다. 이 부재를 위한 대의가 바로 한센인을 오염된 존재로 보는 것이다. 서발터니티는 의미론적으로 무의미 그리고 오염된 잡종성이라는 특징을 보인다. 한센인은 바로 '전염병'이라는 개념으로 이 오염의 혐의를 지게 된다. 예컨대 한센인을 위생적 양심이 없다고 매도하고, 이들을 관리할 위생적 대책이 없어서, 감시를 엄중히 하는 수

41　이에 대해서는 김동규, 2023가, 4장 참고.
42　한순미, 2016, 87쪽 참고.

밖에 없음을 언급했던 사례가 그렇다.[43]

한센인은 그 사회에서 부재 처리되었기 때문에 감각의 부재라는 인식론적 차원과도 결부된다. 부재하는 감각이라는 뜻은 이들이 시각, 청각 등 오감으로 타인에게 감지될 수 없음을 뜻한다. 격리가 바로 그 존재의 감각을 차폐하는 일이다. 나아가 무의미한 존재이므로 표현 자체를 차폐당하기도 한다. 그래서 한센인은 사회적으로 발언할 수 없도록 차단당했고, 증언할 자격도 부여받지 못한다(발화와 증언의 차단). 이는 당장 서발터니티의 특징인 기록의 삭제 또는 누락이라는 특징과 연결된다. 실제로 한센인 관련 자료가 많지 않다. 심지어 한국의 정치적 격변은 그나마 있던 자료를 망실하거나 파괴되는 결과로 이어졌다.

그럼에도 불구하고 서발터니티는 이 겹겹의 장벽을 뚫고 자신의 감각을 드러내려 한다. 한센인 역시 그랬다. 한하운이 남긴 글과 한센인 관련 문학들이 그나마 남아 있다.[44] 하지만, 발언권을 갖지 못한 존재의 발언은 발언권을 가진 존재와 같이 유려하게 자신을 드러내지 못한다. 예컨대 한센인의 자서전을 살펴보면 다음과 같은 독특성을 드러낸다. 한센인의 자서전이 독백과 대화라는 이중 구조를 갖는다는 것이다. 그들의 자서전을 보면 한센인은 타인을 통해 자기 '동일성(identity)'을 얻는다. 이러한 동일성에는 정작

---

43 오덕애는 부산의 가가오 서장의 발언을 다루고 있는데, 이에 대해서는 오덕애, 2019, 88쪽을 참고.
44 한하운 참고. 요산 김정한의 소설 「모래톱이야기」와 「인간단지」가 그렇다. 그중 「인간단지」는 한센인의 이야기를 본격적으로 다루고 있다.

나와 너의 틈새와 간극이 자리 잡고 있다. 이 간극은 '아니올시다'가 반복되는 한센인 문학가 한하운의 시, 「나」가 보이는 징후와 연결된다. 이는 타인의 부정을 통한 자기 부정이 자기 동일성을 구성하는 계기가 된다는 뜻인데, 한하운의 시는 한센인의 자기 부정이 곧 한센인의 자아 서사이자, 저항 서사가 된 대표적 사례다.[45]

존재론적으로는 부재 처리되고, 인식론적으로 의미론적으로 무감각과 무의미한 또는 오염된 감각과 오염된 의미가 된 존재는 사회적으로 자기 자리를 잡지 못한다. 이는 권리의 박탈을 통해 취약한 존재가 되는 양상으로 이어지는데, 이 취약성의 극단이 바로 생사여탈의 상황이다. 이러한 상황을 아감벤은 예외상태와 그 물리적 상황인 수용소, 그런 존재를 지칭하는 호모 사케르라는 개념으로 설명했다. 생사여탈의 상황에 놓인 서발터니티의 취약성은 앞서 언급되었던 1957년의 「전염병예방법」의 상황으로 잘 드러난다. 요양소 원장이 한센인을 자의적으로 처분할 수 있는 권한을 부여받았다는 점이 그렇다. 이는 요양소가 법을 적용하지 않는 수용소 상황이었다는 것을 의미한다. 마찬가지로 「전염병예방법」이 시행령(「전염병예방법 시행령」 제5조 격리수용의 기간)을 통해 한센병에 한하여서만 전염성이 없어질 때까지 격리하는 것으로 규정했다는 것 역시 한센인이 법적 예외상태로 인한 생사여탈의 상황에 처했다는 것을 의미한다. 법이 있어도 그 법을 적용하지 않는 일들이 바로 예외상황을 지시한다.[46]

---

45 한순미, 2016, 442쪽 참고.
46 김재형, 2019나, 31쪽. 아감벤, 2008, 122-123쪽 참고. 아감벤, 2009, 79쪽 참고.

　한센인의 권리박탈과 예외상황은 한센인에게 거주와 이주의 자유를 허용하지 않는 물리적 상황으로 연결된다. 한센인은 유착(流着)의 존재다. 유착이란, 정착이 아니고 유랑을 중심으로 한 이탈이다.[47] 하지만 자발적 이탈이 아닌 사회적 배제로 인한 이탈은 특정 존재에게 치명상을 입힌다. 그러한 생사여탈의 상황이 한센인에게는 학살로 드러났는데, 앞서 언급했던 소록도 학살 사건, 비토리 사건이 대표적이다. 한센인들은 군인, 경찰, 일반인에 의해 10여 차례 집단 학살을 당했지만, 학살자는 처벌받지 않거나, 미미한 처벌에 그쳤다. 학살이 자행되었음에도, 학살자에게 법적 책임을 묻지 않았다는 것은 한센인이 죽여도 되는 존재, 즉 호모 사케르였음을 의미한다. 이런 상황에서 한센인의 자활 정착촌이 보이는 지정학적 특징이 드러난다. 추방과 고립이 그것이다.[48]

　이처럼 한센인은 여러 의미에서 서발터니티라 할 수 있다. '아니올시다'에서 보는 비(非) 존재의 특징, 그래서 무의미 또는 의미의 잔여(잡종, 오염)라는 특징, 그래서 사회적으로 배제되고 추방된다는 특징, 이는 곧 권리의 박탈로 연결되었다. 하지만 서발터니티는 그렇기 때문에 기존 권력이 폭력임을 증언하는 폭로자가 될 수 있다. 서발터니티가 기존 권력에 임계를 부여하는 임계성을 가질 수 있다는 뜻이다. 그러므로 서발터니티는 배제한 자의 정체를 폭로하는 사회적 잉여(remains)이자, 임계(criticality)다.

47　유착에 대해서는 도미야마, 2015, 12-113쪽 중 90쪽 참고. 추방령에 관해서는 아감벤, 2008, 123쪽 참고.
48　호모 사케르에 대해서는 아감벤, 2008, 175쪽, 181쪽, 189쪽 참고.

이들의 부재를 존재로 전환하고, 무의미를 의미로 전환하기 위해 서발터니틱한 존재들의 감지할 수 없던 감각을 감지할 수 있는 감각으로 변역(變易; transition)하는 일은 중요하다. 아울러 이해할 수 없던 이들의 의미를 이해할 수 있는 의미로 번역하는 일도 매우 중요하다. 번역이 가능하려면 번역 불가능한 의미가 있어야 하고, 수용할 만한 감각으로 어떤 감각을 변역하려면 기존 감각으로는 수용 불가능한 감각이 있어야 한다. 번역과 변역의 가능성 조건으로서 서발터니티는 근본적인 불가능성을 갖고 있다. 그런 점에서 서발터니티는 임계성만이 아니라 선험성을 동시에 갖는다. 이는 서발터니틱한 존재가 기존 권력의 주체/객체에 우선한다는 것을 의미한다. 캬바레로는, '우리', '너희', '그들'보다 타자가 먼저 온다고 언급한 바 있다.[49]

그렇다면 서발터니티는 우리, 너희, 그들 이전에 존재하던 타자, 도무지 감지할 수도 이해할 수도 없던 타자라 할 수 있다. 하지만 서발터니티는 마냥 애매하고 모호한 특성에 그치는 것은 아니다. 서발턴 개념으로 이탈리아(그람시)와 인도(구하)의 장소성이 드러났던 것처럼, 서발터니티는 구체적 장소와 결부되기 때문이다. 이해하고 감지할 수 없었기에 배제되고 격리되었던 한센인들의 흔적에도 장소성이 각인되어 있다. 한센인의 장소성은 서발터니티의 지정학과 연결되어 한센인의 지정학을 언급하는 것도 가능하다. 서발터니티가 배제된 존재로 접근하는 '인간학적 방법'일 수

49　우선성과 선험성에 대해서는 김동규, 2024, 67-73쪽 참고. 캬바레로에 대해서는 주디스 버틀러, 2013, 59쪽 참고. Cavarero, 2000, pp. 90-91 참고.

있다면, 이 존재를 생산하는 사회의 정치적 한계를 드러내는 '장소' 역시 지정학적 방법일 수 있다.[50] 이는 서발터니티의 지정학으로 우리는 한센인의 지정학을 살펴볼 수 있다는 뜻이다.

V. 한센인의 서발터니티와 부산의 지정학

1. 부산의 한센인 수용 약사

부산은 한국 최초로 한센인 치료소이자 요양원이 설립된 곳이다. 1909년 미국 북장로교 선교사 어을빈이 현 부산광역시 남구 감만동에 상애원(이후 부산나병원)과 상애교회를 건립했고, 대영구라선교회의 도움으로 1910년 나병원을 정식 개원했다.[51] 그럼에도 한센인을 수용하는 데 한계가 있었다. 그래서 나병원에 미처 수용되지 못한 사람들이 나병원 인근에 부락을 조성했다. 문현리 호곡(현 지게골 인근, 부산진 매축지 동북쪽 3丁)에 형성된 환자촌이 그런 형태였다.[52] 여기에도 정착하지 못한 한센인 대부분은 도시 부랑인으로 전락한다.

이후 부산에 나병원이 있다는 소문으로 전국에서 한센인들이 모이기 시작했다. 서양의학의 혜택을 누리려 했기 때문이다. 부산

---

50   김동규, 2023가, 396쪽 참고.
51   이가연, 2021, 1-2쪽 참고.
52   이가연, 2021, 13쪽 참고.

경남이 한센인 인구가 최대가 되었던 것도 이런 이유와 연관이 있다. 1938년 맥켄지가 떠난 후, 트루딩거 부부가 병원을 운영하였으나, 1941년 3월 강제 폐쇄되고 군용지로 접수되었다. 당시 700여 명의 환자들이 소록도 갱생원이나 여수 애양원 등에 수용되었고, 일부는 조선 각지로 흩어지게 된다. 해방 이후 오륙도 앞 용호동에 나환자 집단 거주지가 다시 형성되었다. 여기는 해방 전 일본군 주둔지로서 출입이 통제되던 곳이었다. 일제 말기 소록도 이주를 거부한 한센인들이 해방 후 하나둘 정착하면서 새로운 삶터가 형성된 곳이 여기였고, 병원도 건립되었다. 이 병원은 1948년 경남도립나요양소로 시작하여, 1961년 국립용호병원, 1968년 국립소록도 나병원 용호분원이 되었다가, 1975년 용호농장으로 개명한다. 이후 개발로 인해 이 지역은 사라졌고, 이와 관련된 자세한 기록을 찾아보기는 힘들다.[53]

2. 부산과 한센병 자활공동체, 격리의 지정학

한센인 정착촌이나 수용소는 주로 도심이나 내륙 쪽으로는 차폐되어 있으며, 바다 쪽으로는 개방된 지리저 특징을 갖는다. 이런 지리적 폐쇄성과 달리 항구 지역이 갖는 이점도 있다. 그것은 서구 근대의 의술이 빠르게 유입될 수 있다는 점이다. 부산이 최초의 개항지였고, 근대화를 빠르게 추진했던 일본과 가까운 지리적 특징

---

53 이가연, 2021, 3쪽, 7쪽, 9-16쪽, 22쪽 참고.

을 가졌다는 것은 부산에 한센인이 많이 거주했다는 것, 그리고 부
산에 최초의 한센인 요양원과 병원이 생겼다는 사실과 관련이 있
다. 완치에 대한 갈망과 한센인을 추방하려고 했던 권력의 힘이 부
산에 최초이자 최대의 한센인 자활공동체를 열었던 것이다.

맥켄지의 나병원은 부산항의 군사시설이 한눈에 보이는 곳에
위치했다. 맥켄지가 1935년 국제스파이 혐의를 받아 부산헌병부
대에 취조를 받고 재판에 회부되기도 했을 정도로 이 장소는 해변
에 가까이 있었다. 이후 용호농장 역시 그렇다. 바다에 인접해 있
다는 것은 도심과 가깝지 않다는 것을 뜻한다. 아울러 부산의 지형
상 바다와 인접한 해변 뒤편은 주로 산이 병풍처럼 자리하고 있어,
도심으로 진입하기도 어려운 곳이다.

한센인들이 요양하고 거주하던 곳은 대체로 물방울 형상의 지
형적 특성을 갖는다. 물방울 형상이라는 것은 1) 본체로부터 곧 떨
어져 나갈 것 같은 반도의 형상, 2) 외부로 개방되어 있어서 즉시
이탈할 것 같은 열린 형상, 3) 물방울이 매달린 본체에서 끝내 떨
어지면 아예 섬 같은 독자적인 형태가 된다는 것을 의미한다. 이런
물방울 형상이 한센인들이 거주하던 장소의 물리적 특성이다. 국
가적 기준에서는 국가의 최외곽, 도시의 기준에서는 도시의 변두
리가 바로 해안이다. 한센인들이 거주하던 지역은 이중적(국가적-
도시적)으로 최외곽 지대라 할 수 있으며, 경계지라 할 수 있다. 용
호농장, 여수 애향원 신풍반도, 소록도, 나가시마 등의 사례를 봐
도 이를 쉽게 알 수 있다.

특히 부산의 용호농장은 부산 안의 반도와 같은 물방울 지대이

면서, 산청의 한센인 요양시설인 성심원처럼 앞의 물과 뒤편의 산 사이에 끼어서 완벽히 고립된 지형을 드러낸다. 마치 본체에서 떨어져나와 섬이 된 지대마냥 부산의 용호농장은 반도이면서 섬인 곳이었다. 실제로 일본에서도 한센인을 섬에 격리할지, 도시 내에 거주시킬지 논쟁했다고 하니, 한센인의 격리와 고립 정책은 대체로 섬이나 반도 같은 지정학적 형태를 예견했다고 할 수 있다.[54]

이러한 지정학적 차원의 격리는 건축적 차원의 격리와 결부된다. 예컨대 한센인 정착촌에 설치된 담이 그렇다. 이런 담은 외부와의 차단을 의미하는 것이기도 하지만, 한센인을 공격하려는 사람들의 무단 침입을 막고, 미처 수용되지 않은 한센인들이 무단 침입하는 것도 막는 장치였다. 즉 수용량을 초과하는 한센인의 유입을 금지하는 건축적 장치였던 것이다. 이러한 담은 안전장치이기도 하지만 감금 장치이기도 한 이중성을 가졌다.[55]

물리적으로 한센인 정착촌이나 수용시설이 물방울 형상 같은 반도의 형태를 지녔다는 것은 물방울이 맺힌 곳이 병목지대를 형성한다는 것을 의미한다. 이는 한센인이 들고 나는 것을 통제하기 위한 목적을 동시에 갖는데, 섬의 경우 다리가 그런 역할을 한다. 짐멜은 「다리와 문」이라는 논문을 통해 다리는 서로 다른 차원을 이어주고, 다른 차원으로 넘어갈 수 있도록 하는 건축적 장치라고 했다.[56] 이는 동시에 다리를 통제하는 문을 설치하고 그 문을 닫음

---

54 정근식, 2002, 20쪽 참고.
55 김재형, 2021, 79쪽 이하 참고. 최병택, 2010, 238쪽 참고.
56 짐멜, 2005, 265-270쪽 참고.

으로써 차원을 넘을 수 없도록 하고 서로 다른 두 차원 각각의 폐쇄적 통일성을 유지할 수 있도록 할 수도 있다. 이렇게 닫힌 문은 '담'이 된다. 결국 한센인 정착촌은 닫힌 문(담)이 달린 다리의 형태를 가진다.

한센인의 격리 수용은 이후 모든 격리 수용의 모태가 되었다. 다음 인용문을 보자. "한센병환자에 대한 강제격리 제도의 형성은 한반도에서 최초로 이루어진 사회적 타자에 대한 근대적 형태의 배제였다. …… 이후 수많은 사회적 타자들이 시설에 격리되기 시작했고, 격리는 사회적 타자를 처리하는 너무나 자연스러운 사회의 풍경으로 자리 잡았다. 보호, 치료, 교정이라는 외피 속에서 정신질환자, 부랑아, 부랑인, 깡패, 장애인 등이 차례로 시설로 들어가 격리 당했다. …… 소록도병원에서의 인권침해는 장애인시설, 부랑아시설, 1980년대에 이르면 형제복지원, 그리고 1990년대 이후의 정신장애인시설에서의 인권침해로 이어지는 것으로 보인다."[57] 푸코도 나병에서 페스트, 이어서 천연두의 형식으로 통치 방식이 변화했다고 언급한 바 있다. 푸코 역시 한센인에 대한 주권적 격리가 역사적으로 가장 먼저 등장한 통치 방식이라고 언급한 셈이다.[58]

57　김재형, 2019가, iv, 인용은 240쪽. 다음 웹사이트 기사에서도 장애인 시설이 한센인 시설을 모티브로 했다는 입장을 보인다. 공익정보 아카이브, <장애인이 시설 바깥에서 자립할 수 있도록, 탈시설 운동은 어떻게 전개되었을까요?>, 서울시 공익활동지원센터, 2021, https://blog.naver.com/snpo2013/222391271337

58　이에 대해서는 렘케, 2015, 63쪽 참고.

VI. 서발터니티와 임계

정근식은 이러한 한센인 자활농장이 사회적 편견과 국가 예산 부족으로 인해 방치와 배려가 결합된 형태라고 주장한다.[59] 부재 처리되고, 오염된 존재로 무시당했던 한센인의 서발터니티는 이 억압들에 어떻게 반응했을까. 한센인들이 목소리를 내면 낼수록 억압의 강도가 강해졌던 상황에서 이들은 어떻게 자신들의 목소리를 낼 수 있었을까.

한센인들은 그 존재만으로 국가 위생 정책의 실패, 국가 폭력의 실태를 폭로하는 임계의 존재였지만, 막상 그들이 존재감을 드러냈을 때, 사람들은 국가의 실패와 실체를 성찰하기보다는 오히려 한센인들을 부재 처리하는 데 급급했다. 이처럼 강력한 편견과 억압 앞에서 한센인은 오히려 그런 억압을 수용하는 것으로 대응했다. 예컨대 스스로 인간됨을 포기한다거나, 스스로 수용소로 가야 할 사람으로 자기 정당화하는 일이 그렇다. 이는 사회적 폭력을 한센인들이 고스란히 내면화했음을 의미한다.[60] 뿐만 아니라 자활촌 퇴소 후 여러 번의 이사를 통해 자신이 한센인이었다는 혼적을 지우는 일도 있었다.[61]

그럼에도 불구하고 한센인의 저항이 아주 없었던 것은 아니다.

---

59   정근식, 2006, 43쪽 참고.
60   오덕애, 2019, 87쪽, 90쪽 참고.
61   정근식, 2006, 74쪽 참고.

예컨대 소극적 저항으로서 정착촌이나 요양소를 탈출하는 경우가 있다. 이렇게 언급하는 것이 매우 조심스럽기는 하지만, 자살 역시 소극적 차원의 저항이라 할 수 있다. 스스로 자기 존재를 지움으로써, 한센인을 억압하는 시대를 외면하는 일은 억압의 결과이자, 일종의 저항이라 할 수 있지 싶다. 이처럼 자활을 명목으로 한센인들을 격리하고 사지로 몰아세우는 일을 한순미는 '절멸의 자치'라 표현한 바 있다.[62] 이와 달리 적극적 저항의 양상으로서 한센인 상조회 등을 구성하는 조직화와 자립화가 있다. 실제로 한센인을 향한 폭력에 저항하고, 심지어 원장을 살해한 경우도 있다. 여수 애향원의 경우 저항 단체인 일심회를 구성하여 교회를 방화하고, 목사 퇴진 운동 등을 펼치기도 했다.[63]

한센인이 스스로 발화하지 못했음에도, 그 불가능성을 뚫고 적극적으로 발화했던 경우도 있다. 대표적으로 한하운의 경우가 그러한데, 한하운의 시 「나」를 인용한다.

아니올시다/아니올시다/정말로 아니올시다//사람이 아니올시다/짐승이 아니올시다//하늘과 땅과//그 사이에 잘못 돋아난/버섯이올시다 버섯이올시다//다만/버섯처럼 어쩔 수 없는/정말로 어쩔 수 없는 목숨이올시다.//억겁을 두고 나눠도 나눠도,/그래도 많이 남을 벌이올시다 벌이올시다//[64]

---

62 한순미, 2021, 54쪽 참고. 김재형, 2019나, 500-503쪽 참고.
63 최병택, 2010, 251쪽 참고.
64 한하운, 2010, 38쪽.

이 시는 '아니올시다'라는 말을 전략적으로 활용하여, 한센인 역시 서사의 권리를 가지고 있음을 드러낸다.[65] 아니올시다라는 부정어는 그의 시가 하나의 대항서사로서 위상을 드러낸다고 할 수 있다. 서발터니티에게 서사의 권리가 부정된 존재였음을 기억한다면, 그의 시 쓰기는 하나의 저항행위를 넘어서 자신의 목숨을 구하는 행위이자, 자기에게 희망을 주는 행위였다.[66] 잔여이자, 아닌 존재로서 서발터니티의 미비불(未/非/不)은 그의 서사권리를 통해 새로운 가능성을 호소하는 임계의 긴장이 되어 복류(伏流)하게 된다. 다만 우리가 이 희미하고 미약한 임계의 힘을 도무지 감지하지 못할 정도로 무능한 주체였을 뿐이다.

VII. 결론

한센인 강제격리 제도가 완전히 폐기되는데, 거의 90년(1917-2006년)이 걸렸다. 그 오랜 기간 동안 한센인들은 사회적, 문화적, 경제적, 신체-정동적, 법적 정치적 통제라는 중층의 현실적 통제를 겪있고, 미래마저 통제되는 현실에 처해 있있다. 서빌터니티의 취약성은 이처럼 한센인들에게 전형적으로 각인되어 있다. 한센인

---

65 그의 다른 시 「나는 문둥이가 아니올시다」 역시 자신의 정체성과 부정어를 연결시키고 있다. 이에 대해서는 한하운, 2010, 79쪽 참고.
66 오덕애, 2019, 108쪽 참고.

들은 엄연히 우리 곁에 있으면서 없었고, 목소리를 내고 있음에도 들리지 않았다. 우리가 보려 하지 않았고 들으려 하지 않았기에 이토록 오랜 시간 감금되어 있었다. 극단적 인권침해의 장소가 우리 곁에 있었음을 우리는 너무나 오래 알지 못했다. 알고 있었음에도 무관심했던 것일지도 모른다.

부산이 장소로 각인하고 있는 서발터니티 중 또 하나의 최초와 최대가 있다. 성매매의 전형적 장소였던 완월동 집결지가 그렇다. 집결지 여성은 한센인과는 서로 다른 지정학적 위치를 점하고 있다. 한센인이 도시의 최외곽에 격리되어 있었다면, 집결지 여성은 도심 주변에 보이지 않게 숨겨져 있었다. 하지만, 필요한 경우 얼마든지 접근할 수 있어야 했다. 사람을 전시하고 성을 판매해야 하는 곳이었으니까.[67] 집결지의 상황을 상대적 격리라고 말할 수 있다면, 한센인의 격리는 집결지 여성에 비해 상대적으로 절대적 격리에 처했다고 말할 수 있다. 하지만 집결지 여성이 절대적 격리에 처하는 경우가 있는데, 그 대표적인 사례가 바로 성병 검사에 낙검했을 때이다. 이때 집결지 여성과 한센인의 격리 상황은 그리 크게 다르지 않다. 생사여탈의 상황에 놓이는 것, 법적 예외상태에 놓이는 것, 절대적 격리 상황에 놓이는 것 등이 그렇다. <그것이 알고 싶다>라는 프로그램의 '몽키 하우스' 사례를 보면, 그곳이 얼마나 엄청난 폭력의 공간인지 알 수 있다.

이처럼 인간을 고립시키고 격리시키기 위한 모태, 인간의 존엄

---

67   김동규, 2021, 75-76쪽 참고.

성을 철저히 뭉개버리는 사회-정치적 원천은 한센인에 대한 격리 정책이었다. 한센인의 존재는 우리의 정상적 삶이 얼마나 폭력적이고 비정상인지를 증언한다. 한센인은 현재의 정상성에 임계를 부여하는 취약한 존재다. 물론 서발터니틱한 존재는 한센인만이 아니다. 실로 다양한 존재들이 현재의 질서에 임계를 부여하고 있다. 임계는 이렇게나 많고 선명하다. 다만 우리가 감지하지 못할 뿐이다. 취약한 서발터니티의 임계는 주체의 무능을 증명한다. 이를 증명이라도 하듯 최근 발표된 부산의 <15분 도시 계획>에 장애인은 아예 존재하지도 않는다.[68]

---

68 김동규, 2023나, 39-40쪽 참고.

2장

완월동 성판매 집결지와
관문도시 부산의 임계

김동규

I. 서론

『플로팅 시티』라는 책이 있다. 일종의 도시 문화인류학 서적이라고 할 수 있을 텐데, 이 책은 한 성판매 여성을 따라가면서 뉴욕의 '성매매'와 '마약' 커넥션이라는 물밑 풍경과 도시 생태계를 보여준다. 뉴욕의 이미지는 명시적으로는 금융 도시, 문화 도시, 유행을 선도하는 도시 등으로 드러나지만, 그 이면에서는 성과 마약을 구매하고 탐닉하는 생태계를 유지하고 있었다. 이면의 세계에서 뉴요커들은 여성의 성을 거래의 도구로 삼아 상/하층을 오가고 있었다.[1]

---

1 수디르 벤카데시, 2014년 참고. 이 논문에서 '성매매', '성구매', '성판매'라는 세 용어를 사용할 것인데, 이런 구분을 두는 데는 다소 조심스러운 의도가 개입되어 있다. 기존의 성매매라는 용어는 구매자의 문제를 적극적으로 부각시키지 못하므로, 성구매와 판매를 구분함으로써 성매매가 성구매자와 가부장의 문제임을 적극적으로 부각시키려 한다. 이렇게 함으로써 그 반대편에 있는 성판매라는 개념은 성구매자가 있음

서양의 사회이론 중 대부분은 국가(행정 시스템)의 논리와 자본(경제 시스템)의 논리가 서로 달라, 두 논리는 서로 환원될 수 없으며, 서로 다른 두 논리를 통해 한 사회가 운용된다고 흔히 언급한다.[2] 하지만, 현실에서는 서로 다르다던 두 논리가 취약한 사람들에게 집중되어 중층적 폭력을 행사할 때가 많다. 과연 이 두 논리를 하나로 묶어 운용하는 이면의 실체는 없는 것일까. 사실 이 이면의 거대한 실체, 즉 메타 존재를 폭로하기란 그리 어렵지 않다. 이면의 거대한 실체를 폭로할 수 있는 방법은 이 두 가지 체계가 밖으로 내다버린 파편을 찾는 것이다. 성매매 커넥션으로 드러나는 뉴욕의 진정한 실체는 그 도시의 가부장성이었는데, 정작 『플로팅 시티』는 이 부분까지 추적하지 못했다. 이면에서 여성의 신체와 성을 착취하던 남성이 정작 표면의 세계를 운용하는 주체였고, 뉴욕은 이 가부장들이 활보하던 무대였던 것이다.

너무나 당연하고 자연스럽다 여겨지는 것에 대해 사람들은 굳이 언급할 필요를 느끼지 않는다. 공기처럼 너무나도 당연한 것을 우리는 굳이 의식의 대상으로 끌어오지 않는 것이다. 문제는 이 당연한 것이 당연해지지 않는 순간인데, 바로 그 순간 기존 체계를 유지하던 기반은 송두리째 흔들린다. 이 글이 주목하는 임계라는 개념은 바로 이 진동의 과정을 지칭하는 개념이다. 임계는 권리 없

을 적극적으로 드러냄과 동시에, 판매의 '자발성'보다는 '강제성'을 부각시키는 데 유리하다. 성판매라는 개념은 가부장 사회의 구조적 부정의를 그리고 여성을 성판매로 유도하는 가부장 사회의 위선과 폭력을 적극적으로 부각시킬 수 있다.

2   니클라스 루만의 체계이론과 하버마스의 사회철학이 대표적이다.

던 존재가 권리자의 자리를 문제 삼고 쇄신과 전복의 긴장을 제공하는 힘이다. 그런 점에서 임계는 취약한 존재가 제기하는 희미한 전복의 가능성이다. 이 가능성이 현실성과 결합하여 그 힘이 증폭될 때, 기존 세계는 송두리째 흔들린다. 임계는 이 취약한 존재, 즉 주체 아닌 자들의 가능성이 현실화되는 지난한 과정을 지칭한다.

국가와 자본 이면에서 이 둘을 운용하는 메타 존재인 가부장은 배제된 존재들의 몸과 생명에 치명타를 가한다. 예컨대 비가부장의 몸을 지배하고 통제하려는 힘은 크게 세 가지 방향으로 작동한다. 1) 질병에 걸린 몸과 장애를 가진 몸, 2) 가부장의 젠더가 아닌 몸과 성, 3) 가부장이 속한 인종이나 민족 정체성과는 다른 몸을 가진 존재가 그것이다. 이런 존재들은 하나같이 가부장 주체에 의해 생사여탈의 상황에 놓이기 십상이다.

모든 존재는 몸을 가지고 있고, 그런 점에서 모든 존재는 상처받을 수 있는 존재(the vulnerable)다. 상처의 보편성 앞에서 특정한 존재는 보호를 받고 특정한 존재는 생사여탈의 상황에 놓이는 비대칭적 구조를 우리는 감히 '정의'라 부를 수 없다. 반면 이런 생사여탈의 자리에서 기존 정의를 허물고 새로운 정의를 창조할 수 있는 전복의 계기가 생긴다. 그런 점에서 이 글은 위에서 언급된 세 가지 계기 중 두 번째 항목을 선택했다. 그것이 바로 특정 젠더의 몸과 섹슈얼리티 착취의 대명사인 '성매매'다. '성매매'는 국가와 자본을 오른팔과 왼팔로 하여 취약한 존재(the vulnerable)에 폭력을 가했던 주체의 부정의를 폭로함과 동시에 그 주체의 정체도 폭로한다. 성매매는 서로 다른 두 논리(자본과 국가)를 하나로 거머

쥐고 폭력을 행사하던 이면의 메타 존재를 가부장 체계라고 폭로할 수 있는 핵심 요소다. 성판매 여성은 자본과 국가라는 두 체계의 바깥으로 추방당한 후, 이 체계에 의해 직접적으로 자신의 신체와 성 그리고 생명을 착취당하던 배제된 파편이었다.

이러한 가부장성이 그저 뉴욕이라는 로컬에만 존재하는 것은 아니다. 우리가 지금 살펴보려고 하는 부산의 완월동 역시 마찬가지다. 그렇다면 가부장성이라는 메타 존재는 부산만이 아니라 전 지구를 운용하는 하나의 거대하고 보편적인 폭력이자 메타 체계는 아닐까. 그런 점에서 이 글이 드러내려는 완월동의 상황은 비단 로컬 차원에 그치는 가부장의 폭력만은 아닐 것이다. 따라서 이 글은 완월동을 통해 항구도시 부산의 정체(locality)를 넘어, 한국의 정체(natioanlity), 동아시아의 정체(east-asian regionality), 나아가 지구적 정체(globality)를 서로 다른 수준의 가부장성으로 드러낼 수 있을 것이다. 거꾸로 말하면 완월동은 바로 이 모든 체계가 가진 모순과 폭력이 수렴된 잔혹하고 복잡한 무대라 할 수 있다. 이 모순이 모순으로 드러날 때, 기존 체계는 비로소 '임계'에 부딪히며, 스스로 체계를 혁신해야 한다는 요구에 직면하게 될 것이다. 그렇다면 완월동은 현재 그 임계의 정중앙에 있다.

Ⅱ. 완월동의 약사

1902년 부산에 조선 최초 공창인 유곽이 설립된다. 부평정 외곽의 좌수토원에 안락정이 들어선 후, 유곽은 대규모로 확산된다. 이에 따른 성병 확산을 방지하기 위하여 1903년 부평정 3정목에 병실을 갖춘 건강진단소, 즉 특별예기진찰소를 설치한다. 성병 검사는 매춘업의 유입과 동시에 진행되었다. 가부장의 음지는 도시의 중심지에 노골적으로 들어설 수 없었기에, 안락정과 검진소는 처음부터 일본거류시가지 외곽 접경지에 설치된다. 외곽 접경지는 멀면서도 가까운 이중의 입지조건을 갖추고 있다.

안락정과 그 일대 좌수토원 인근의 아미산하 유곽이 도심의 팽창으로 인해 현재의 완월동(1910년의 녹정)으로 옮겼어도, 성매매의 입지조건은 늘 외곽성과 근접성, 은폐성과 개방성을 동시에 지닌다. 상품이라면 모름지기 매매가 용이해야 하므로 소비자의 접근을 쉽게 허용해야 하지만, 정작 구매의 대상이 '성'이기 때문에 은폐성이 보장된 채 남성에게 전시되어야 했다. 이처럼 대부분의 집결지가 소외된 근접성, 은폐된 개방성과 같은 이중의 장소정체성을 갖고 있다.[3]

부산의 유곽 역시 이러한 이중의 물리적 장소성을 갖고 있지만, 맥락적으로도 이중성을 갖는다. 동아시아의 사정과 국제적 사

---

3 양미숙, 2009, 258쪽 참고. 박상필 외, 2014, 30쪽 좌수토원 지도(그림 Ⅱ-1) 참고, 31-32쪽 안락정 지도 및 건물사진(그림 Ⅱ-2, 그림 Ⅱ-3) 참고, 35-37쪽 녹정 지도(그림 Ⅱ-5, Ⅱ-6, Ⅱ-7) 참고. 88쪽 완월동 지도(그림 Ⅲ-25) 참고.

정이라는 이중적 맥락이 그렇다. 일제는 조선에 유래 없던 성판매를 실시하면서도, 조선 사람들의 반감을 사지 않아야 했고, 점차 성매매를 금지하는 문화를 형성해나가던 서구의 비난도 피해야 했다. 일본이 개항지 외의 다른 지역에 유곽을 의미하는 대좌부를 허용치 않고, 창기라는 단어조차 사용하지 않았던 것도 이 때문이었다.[4]

그렇다고 왜 하필 부산인가 하는 문제는 아직 해소되지 않았다. 부산의 성판매 집결지가 전국 최초가 된 데는 몇 가지 이유가 더 있는데, 우선, 개항지 부산이 서울을 보호하기 좋은 최외곽지이자 완충지였기 때문이다. 이는 반대로 부산이 일본 제국과 가장 가깝다는 것을 의미했다. 항구도시는 그 자체로 접경지 성격을 지닌다. 항구도시 부산 역시 그런 점에서 일제의 침입과 충격을 흡수할 수 있는 최적의 실험지가 될 수 있었다. 부산이 한국 최초의 성판매 도시로 근대를 시작하게 된 것도 이 때문이다.

일제 패망 이후, 한국전쟁을 거치면서 부산은 수용할 수 있는 인구를 훌쩍 넘어서 수용할 수밖에 없었다. 부산은 도시 기능을 제대로 수행할 수 없을 정도로 복잡한 상황을 맞았다. 인간적 존엄을 보장할 수 있는 거주의 상황이 아니었고, 범죄도 횡행했으며, 성매매도 난립한다. 구체적으로 말해 부산 중부 관내 1만 1천 호의 무허가 건물이 들어서는데 초량 3천 호, 진구 2천 호 등 2만 호의 무허가 건물이 난립했다. 국가의 외곽지라는 장소적 특수성은 피난

민들의 집중과 과밀로도 연결된 것이다. 여기서 밀주, 밀도살, 위조화폐, 강도, 폭력 등 범죄도 끊이지 않았다. 이런 혼란을 틈타 성매매 업소가 주요 간선도로에 등장했다. 부산은 실로 노골적인 성판매 산업 도시였다.

하야리야부대 인근의 진구 범전동 300번지, 해운대구 우1동 609(미 609 탄약 중대에서 비롯되었다는 설), 초량 텍사스 거리 등이 이 시기 형성되었다. 동광동 고개에도 성판매 집결지가 들어섰다. 완월동이나 봉래동 성판매 여성이 동광동 고개에서 하숙을 했기 때문이다. 하숙하던 여성들이 주로 이곳으로 긴 밤 손님들을 끌어들였다. 그 외 온천장 너구리탕, 송도 308전투정보센터 주변의 갈매기, 녹산 등에서도 성을 구매할 수 있었다. 물론 그 이전에 영도 봉래, 초량 갈비골목, 동광동 고개, 범일동의 미 제142보급창 주변 마차골목, 부산공설운동장 주변, 전포동 주변 등 곳곳에 성판매 여성들이 있었다. 당시 부산은 어디서든 여성을 살 수 있던 곳이었다.[5]

6·25 전쟁으로 미군 고사포 부대가 인근에 주둔하면서 미군을 상대로 하는 주점이 생겼던 감전은 70-80년대 산업화와 함께 사상공단이 조성되면서 집결지가 들어섰다. 이것이 감전동 포푸라마치다.[6] 이곳은 성매매 단속 이후 괘빈동 일대와 미님로터리 일대로 자리를 옮겨 영업을 이어갔다. 그 외에도 사상공단과 연결된 구포

---

5   홍성철, 2007, 177-180쪽, 183쪽 참고.
6   http://www.grandculture.net/ko/Contents/Contents?dataType=01&contents
     _id=GC04208878&RequestBy=항목링크

역 인근 집결지 등으로 성매매가 확산되었다. 부산의 성매매는 불황을 몰랐다.[7]

1970년대 한국은 경제개발의 광풍에 편승하여 성매매를 통한 경제개발에 나서기 시작한다. 당시 관광기생업이라는 명칭이 새로 등장했다. 소위 기생관광으로 언급되던 사업이 그것이다. 자본의 논리에 철저히 종속되었던 여성의 신체와 성을 겨냥했던 것이 국제 성 착취 산업인데, 이런 산업이 부산에 정착하게 된 계기는 71년 핑퐁외교 이후 일본이 타이완과의 관계가 악화되면서부터다. 일본 사업가들은 타이완에서 서울, 부산, 제주로 섹스 관광지를 변경했다. 이에 부응하기 위해 한국정부는 73년 관광기생에게 허가증을 주어 호텔 출입을 자유롭게 하고, 통행금지 없이 영업을 시켰다. 정부는 관광진흥법을 근거로 국제관광협회(현 한국관광공사)에 요정과를 설치함으로써 사실상 성판매 허가증을 발부했다.[8] 자본과 국가의 공모를 통한 가부장 지배가 여성의 성과 몸을 관통하던 양상이 여기서도 드러난다.

1977년 발간된 부산통계연보에 따르면, 완월동 인근의 인구 10,362명 중 여성인구가 5,528명이었는데, 이 중 1,800여 명의 여성이 완월동에 있는 것으로 나왔다. 이런 흐름은 인근에 대규모 여관촌을 형성하는 것으로 이어졌다. 70년대 말 일상화되지 않던 에어컨과 같은 최신식 시설을 갖추고 영업을 할 수 있을 정도로 완월

7　홍성철, 2007, 258쪽 참고. 한국형사정책연구원, 2019, 84쪽 참고.
8　홍성철, 2007, 42-45쪽 참고. 여성인권지원센터 살림(편), 2008, 31쪽, 정경숙, 2020, 69쪽 참고.

동은 활황이었다. 1983년 전국 27개 관광 요정 중, 부산에 7개가 있었고, 당시 각 지방 큰 호텔의 한국관에서 외국 손님들의 파트너인 한복 입은 여성들이 술을 따르거나 음식을 권하는 장면을 흔히 볼 수 있었다. 1980년을 전후로 하여 완월동은 동양에서 가장 큰 사창가로 알려졌는데, 특히 완월동은 다른 사창가들과 달리 '외빈 접대용' 사창가의 성격을 띠었다. 예컨대 미국 항공모함이 입항할 때 미군 성접대 장소, 일본의 단체 섹스 관광지 등으로 완월동이 부각되었던 것이다. 완월동은 엔화와 달러를 벌어들인다는 구실로 한국에서 거의 유일하게 관청의 묵인을 넘은, 관청의 '보호' 하에 여성의 성을 착취한 곳이었다. 이처럼 성착취를 향한 자본의 폭력은 국가 행정과 제도의 묵인 하에 지속되고, 권장되었으며, 확장되었다. 이러한 성매매 지역은 국가의 제도와 권력이 미치지 않는 예외지대였다. 국가는 외화벌이를 위해 섹스 관광이라는 산업을 발명하여 노골적으로 성을 착취하기 시작했다.[9]

여성을 대상으로 한 폭력적 성착취의 문제도 이때 본격적으로 표면화되기 시작했다. 그중 가장 대표적인 사건이 92년 (윤금이 씨를 살해한) 케네스 마클 사건이었다. 이후 미군 성범죄가 지속적으로 부각되면서 90년대는 국내 성판매 여성이 줄고, 대신 외국 성판매 여성이 유입된다. 아울러 국내 성매매 산업이 음성화되고, 가출 청소년의 생계수단으로 부각되는 등, 성착취 구조는 더 음성화되면서 악화된다. 한국의 성판매 여성이 해외로 진출하기 시작

---

9   홍성철, 2007, 42-45쪽, 245-246쪽 참고. 여성인권지원센터 살림(편), 2008, 44-45쪽 참고. 정경숙, 2020, 69쪽 참고.

한 때도 이때다. 이는 신자유주의의 유입과 한국의 해외여행 자유화 흐름의 복류(伏流)였다.[10]

성판매 여성을 향한 폭력과 착취는 중단된 적이 없다. 그러다가 이 문제가 대중적으로 회자된 것은 2000년 군산 대명동 집결지 화재사건이었다. 이 비극적 사건으로 성판매 여성 5명이 사망했던 것이다. 이를 계기로 집결지의 폭력적 상황이 대대적으로 폭로된다. 이것이 2001년 부산 완월동 제일장 화재 사망(4명) 사건, 2002년 1월 군산 개복동 화재 사망(15명) 사건 등으로 이어지면서, 이상의 사건들은 성매매 방지법 제정의 획기적 계기로 작동했다. 그렇다고 이후에도 상황이 개선된 것도 아니었다. 2005년 완월동 여성이 성구매자와 외박을 나갔다가 살해당했지만, 가해자가 집행유예를 받고 풀려나는 등, 가부장의 성착취 지배구조는 완강히 작동했다.[11] 단지 가부장의 이름이 제국에서 냉전으로, 이후 신자유주의로 바뀌었을 뿐이었다.

하지만 자본과 국가를 활용한 가부장에게도 임계의 긴장이 서서히 도래하고 있었다. 2001년에서 2002년 사이 화재 사건을 계기로 새로운 변화의 바람이 일었고, 이후 완월동을 위시한 국내 여러 집결지 문제는 본격적으로 탈성매매 담론과 도시재생 담론의 대상이 되었기 때문이다.

---

10   여성인권지원센터 살림(편), 2008, 31쪽 참고.
11   여성인권지원센터 살림(편), 2008, 32-33, 36-37, 60-71쪽 참고.

Ⅲ. 성매매와 예외상태

홉스의 『리바이어던』은 근대국가이론의 효시다. 이 이론이 이전의 국가론과 구분되는 점은 인간의 생물학적 목숨, 즉 동물적 생명(zōē)을 정치의 대상으로 삼았다는 사실에 있다. 개인의 생명과 안전을 보호하기 위한 계약의 결과로 국가가 탄생했기에 근대국가의 지상명령은 소속 국민의 생명과 안전을 보호하라는 것이었다.[12] 물론 이 평화에도 여성과 아이 등 소수자는 배제되어 있다.[13] 하지만 정작 인간의 생명이 국가 존립과 통치의 근간이 된다는 것을 체계적으로 해명한 사람은 푸코였다. 푸코는 『안전, 영토, 인구』에서 천연두와 같은 전염병의 관리와 통제 등으로 이러한 생명정치가 작동하는 양상을 잘 보여주고 있다.[14]

하지만 푸코의 생명관리 정치가 갖는 통치성에 대한 분석을 주권론으로 이동시켜서, 주권적 정치의 대상이 되는 생명과 그 대상에서 제외된 생명을 나누는 것이 근대 정치의 근간임을 보여준 사람은 조르조 아감벤이다. '호모 사케르' 개념이 바로 그 대표적인 개념인데, 아감벤에 따르면 주권적 생명 정치는 보호의 대상이 되는 생명과 보호의 대상에서 제외(예외)되기로 결정(주권)되는 생명으로 나누고, 이 제외된 생명에 호모 사케르라는 이름을 붙였다. 호모 사케르는 주권의 영역에서 배제되어, 죽여도 되는 상황에 놓

12　김용환, 2003, 10쪽 참고.
13　Cavarero, 2011, pp. 22-23 참고.
14　푸코(오르트망 역), 2011, 93-108쪽 참고.

이는 존재를 말한다. 아감벤은 발터 벤야민과 칼 슈미트 사이에서 발생한 주권 논쟁을 따라가면서 이러한 주권론을 제시했다.[15]

그런데 푸코와 아감벤의 논의는 배제된 존재의 상황과 권력의 실체를 점검하기에는 유용한 이론이지만, 이를 동아시아에 그대로 적용하기란 쉽지 않다. 이들의 이론에는 젠더 문제가 누락되어 있고(버틀러), 유럽과 달리 역내 제국주의를 진행했던 동아시아 식민/제국주의의 문제가 누락되어 있기(미뇰로) 때문이다.[16] 여기서 하나 더 고민해야 할 것이 있다. 이처럼 배제된 몸과 생명을 국가만 포획하는 것이 아니라, 자본도 포획한다는 사실이다. 가부장이라는 메타 존재는 시장과 국가를 수단으로 하여 여성의 몸과 생명을 다방면으로 포획하고, 여성의 섹슈얼리티를 상품으로 전락시켜, 이러한 성상품의 판매를 강제한다. 이런 성판매의 국가 판본이 공장제이고, 개인 판본이 사창제이다.

성매매가 원활히 작동하고, 여성의 성을 원활히 동원하기 위해, 가부장의 인식과 관습은 일상 속에서도 여성의 성을 부정하고 무시하고 억압하는 문화를 조성한다. 그래서 성매매 폭력의 해소는 젠더 문제와 장소 문제 그리고 시장과 국가의 공모관계 모두를 폭로할 수 있는 결정체이며, 일상의 민주주의와 정의를 새롭게 정당화할 기반임을 확인할 수 있다. 성매매는 1차적으로는 여성의 몸과 섹슈얼리티의 직접적 종속을, 2차적으로는 여성의 정치적-경제적 종속을 동시에 드러낸다.

---

15 아감벤(박진우 역), 2008, 38-46쪽 참고. 아감벤(김항 역), 2009, 103-124쪽 참고.
16 미뇰로(이성훈 역), 2013, 316쪽을 참고.

동/서를 막론하고 여성의 몸과 섹슈얼리티를 억압하는 일상적인 관행을 쉽게 찾아볼 수 있으며, 배제된 여성들이 일상적으로 겪는 빈약한 자원과 역량 발휘 기회의 상실로 인해 성판매로 진입할 수밖에 없는 경우를 종종 찾아볼 수 있다. 여성의 경제적 궁핍, 이를 극복하기 위해 여성이 성판매로 유입할 수밖에 없도록 만들어진 제도적이고 구조적인 상황도 쉽게 확인할 수 있다. 예컨대 싱가폴의 가라유키의 이동이 그렇다. 일본에서 경제적 궁핍을 극복하지 못한 여성들이 싱가폴로 이주하고, 싱가폴에서의 성매매로 생계를 유지하다가, 싱가폴 대사관과 이후 유입된 싱가폴 일본 교민의 혐오 폭력으로 이 여성들은 다시 대만과 한국으로 쫓겨난다.[17]

가라유키의 유랑은 일본의 제국 운영과도 겹쳐진다. 이러한 아시아의 상황은 역외 식민지를 경영했던 서구 유럽의 상황과 다르다. 아시아는 1차적으로 서구에 의한 식민화와 동시에 일본에 의한 아시아 내부 식민화가 동시에 진행되었기 때문이다. 동아시아 성매매 양상이 서구 유럽, 라틴 아메리카, 아프리카의 양상과 다른 이유다. 또 다른 사례를 살펴보면 아시아에서 성을 구매하는 서구의 남성은 유색인종 남성을 상대하는 백인 여성의 사례를 볼 때 매우 복잡한 심경을 갖는다. 이 경우 서구 남성은 열등한 인종의 남성을 상대하는 백인 여성을 수치스럽게 여기는데, 여기서는 인종 차별과 젠더 차별이라는 교차 차별이 작동하고 있다. 백인 남성이 다른 인종 여성의 성을 구매할 때는 전혀 드러나지 않던 모순이나.

---

17 홍수경, 2018년 논문 참고.

비록 인종과 젠더라는 교차적인 양상이 작동하지만, 서구의 백인 남성은 이 속에서도 오직 자신의 단일한 우월감을 느낄 뿐이다.

이와 달리 유색인종 여성이 백인 남성을 상대할 때, 이를 보는 유색인종 남성 역시 복잡하고 모순된 감정을 갖는다. 여기도 젠더 차별의 코드가 작동하지만, 백인 남성에 대한 열등감이라는 인종 콤플렉스가 개입된 채 작동한다. 물론 유색인종 남성이 백인 여성을 상대하거나 같은 민족 여성이나 다른 유색인종 여성을 상대할 때에는 이런 복잡한 모순을 경험하지 않는다. 다만 젠더 우월감에 백인종에 대한 승리감이 가중된 과시적이고 병리적 우월감이 작동한다.[18] 우리는 여기서 언급조차 되지 않는 존재(젠더-인종 소수자)의 입장을 생각하지 않을 수 없다. 유색인종-이민족-비남성 등의 소수성 코드가 중첩될수록, 차별과 모순의 양상은 깊어지기 마련이다.

그런 점에서 완월동으로 대표되는 부산과 한국의 상황도 가라유키의 유랑과 매우 비슷한 동아시아적 복잡성을 가지고 있다. 해방 이후 성판매 여성들은 국가의 직·간접적 개입 하에 일본인과 미국인 그리고 한국인 모두를 상대해야 했고, 90년 이후 외국 여성의 유입과 한국 여성의 유출 등으로 인종문제와 교묘하게 얽힌 젠더적 성착취의 구조가 더 복잡하게 전개되었다.

이러한 병리적 징후를 정상적으로 운용하기 위해 허용된 것이 바로 예외상태다. 한국과 완월동의 성매매와 예외상태의 문제를

좀 더 면밀히 살펴보자. 한국의 개항지는 치외법권 지역으로 일본 영사관의 지배를 받았다. 여기서 공식적으로 성매매는 허락되지 않았으나, 부산과 원산의 일본거류지에 성판매 여성이 100여 명으로 늘어나자 1881년 11월 대좌부영업 및 예·창기취체규칙을 정해 대좌부업자 및 예기와 창기 영업을 관리하기 시작했다. 이곳은 조선의 법을 적용할 수도 없고, 일본의 법을 적용할 수도 없던 곳이었다. 오직 법적 근거 없이 관리만 되던 곳이었다.[19] 일본 이사청의 취체규칙이 일본인에게만 적용된다는 점을 악용해 법이 적용되지 않는(예외상태) 조선인에게 눈길을 돌리면서, 일제는 조선 여성을 성판매로 진입시켰다. 일본 여성보다 싼 값으로 조선 여성을 고용할 수 있는 이점도 있었다. 부산에서는 취체규칙을 피하기 위해 아예 조선인이 유곽을 경영하는 것처럼 꾸며서 성매매를 하기도 했다.[20]

이후 한국의 성매매 체계 역시 예외상태로 시작한 이전의 흔적을 그대로 유지한다. 47년 공창제 폐기 이후 성매매가 불법이었음에도, 정부는 공창을 설치하고 개입했다. 미군 상대 성판매를 '예외'로 했기에 가능했던 일이다. 이것을 박정미는 '묵인-관리 체제'라고 한다. 즉 성매매를 불법화하면서도 미군에게 성을 상납하는 시스템을 마련한 것이다. 이런 시스템은 성의 단순 상납이란 수준을 넘어선 안전한 성의 상납이었다. 미군의 안전한 쾌락 보장을 위해 성판매 여성의 성병도 관리했기 때문이다. 박정미는 이런 상황

---

19 홍성철, 2007, 18-20쪽 참고. 양미숙, 2009, 260쪽 참고.
20 홍성철, 2007, 33쪽 참고.

을 "한국의 주권은 미군을 위해 살려두거나 미군에 의해 죽도록 내버려두는 권력"이라고 규정했다.[21]

1960년대에 이르면, 국가가 아예 예외 지역을 설정한다. 특정 지역 성매매가 이때 시작한다. 이는 사실상 국가가 포주가 되는 공창제다. 1961년 군부정권이 세력을 잡은 후, 그해 11월 9일 '윤락행위 방지법'을 제정하여 사창을 단속하기 시작한다. 하지만 62년 4월에 32개 기지촌을 비롯, 집결지 104곳을 특정지역으로 설치하고, 이 지역 내의 성매매를 예외로 만들어 성매매를 묵인하는 정치를 시작한 것이다. 이런 식으로 예외적인 집결지, 소위 기지촌 적색지대를 설치한 이유는 집결지와 일반주택가를 분리하여, 미군의 성폭력으로부터 주민을 보호하고, 성병도 관리하면서 성병의 확산을 막을 뿐 아니라, 기지촌으로 잠입한 범죄자 또는 수상한 자들을 가려내고 검거하기 위함이었다.[22] 앞서 언급한 1970년대 기생관광 역시 법적 예외상태를 십분 활용하여 여성의 성을 착취하기 위해 여성의 성을 상품화하고 수단화한 가부장 정치의 기술이다.

성매매 산업이 활황이라고 해서 성판매 여성들의 삶이 개선되는 것은 아니다. 예외상태가 죽을 수 있음이라는 생사여탈의 상황을 상례로 한 곳이라는 것을 기억한다면, 성판매 여성들의 폭행피

---

21 박정미, 2010, 10-13쪽 참고. 강혜경, 2010, 286쪽 참고. 정희진, 2017, 60-61쪽 참고. 인용은 박정미, 2010, 1쪽. 푸코 역시 근대 권력을 살게 하고 죽게 내버려두는 권력이라 규정한다. 이에 대해서는 토마스 렘케, 2015, 65쪽 이하를 참고.
22 홍성철, 2007, 227-229쪽, 234쪽 참고. 김희식, 2008, 266쪽 참고.

해와 죽음 역시 이 예외상황에서 상례였기 때문이다. 그 가장 상징적인 사건이 앞서 언급했던 90년대 윤금이 씨 사건이다. 이 사건으로 인하여 해외에서 다양한 성판매 여성이 유입된다.

해외에서 성판매 여성이 유입되는 것 역시 묵인 관리 체제의 연속이다. 한국특수관광협회는 외국인 여성들에게 예술흥행(E-6)사증을 발급해서 성판매 여성을 불러들였다. 2004년 경기도 국정감사자료에 따르면 경기도 내 기지촌 성판매 여성 중 한국인 88명(9.8%), 나머지 811명(90%)은 외국인으로 보고하고 있다. 이 중 730명이 필리핀인, 나머지 81명은 러시아인이었다.[23] 한국과 동아시아 가부장은 신자유주의의 흐름을 타고 국제 가부장주의와 결탁한다.

성매매를 법적으로는 금지했으나, 실질적으로 금지하지 않고 성매매를 관리만 하던 국가의 정체는 도대체 무엇이며, 누구를 위한 국가였을까. 그 '국가'는 도대체 왜 그리고 어떻게 성판매 '산업'을 관리했을까? 그중 하나가 성병관리정책이다. 자본과 국가의 결탁은 여기서도 엿보인다. 그렇다면 성병관리정책은 또 어떻게 시행됐을까? 「전염병예방법」도 아닌 「전염병예방법 시행령」에 성병관리 정책에 대한 구체적 내용을 명시함으로써, 국가는 성매매 산업과 성병을 이면에서 관리했다. 우선 「전염병예방법」은 「공창제폐지령」과 충돌하지 않는다. 성병은 전염병 중 하나일 뿐이고, 시행령을 자세히 검토하지 않는 한 「전염병예방법」이 성매매 관련

---

23 홍성철, 2007, 290-291쪽, 330쪽 참고.

법률이라고 파악하기란 쉽지 않다. 실제로 1947년 과도입법의원들은 「공창제 폐지령」의 후속 대책으로 성병검진 실시 법률안을 제출했으나, 이는 「공창제 폐지령」의 정신에 위배된다는 다수 의원들의 반대로 실패했다. 그럼에도 성병 관리는 해야 했기에, 성병관리정책은 법률이 아닌 법규명령, 행정규칙, 지방조례의 형태를 취했던 것이다. 이것이 이후 한국 성매매 정책의 경로를 결정했다.[24]

박정미에 따르면, 성병에 대한 '묵인-관리 체제'의 완성은 61년에서 95년 사이이다. 윤락행위 등 방지법이 제정되고, 성매매 묵인지역이 선포되어 여기서 성병을 관리하는 관리소가 설치되었다. 62년 「식품위생법」에서 유흥접객부가 지방정부에 등록해서 성병검진 결과를 기록한 보건증을 휴대토록 한 것도 성판매 산업 관리의 일환이다.[25] 성병 검진은 아감벤에 따라 예외상태에서 진행되었다. 아감벤은 예외상태의 역설적 상황을 다음과 같이 정의한다. "법의 위반과 법의 집행을 구별하는 것이 불가능하며, 따라서 규칙에 부합되는 것과 규칙을 위반하는 것이 전적으로 완전히 일치한다는 점이다."[26] 그렇다면 기지촌 여성을 대상으로 성병을 검진하고, 낙검자를 수용하여 치료하는 것은 법(「윤락방지법」·「전염병예방법」과 그것의 하위법령 및 조례)을 집행하는 것이면서, 동시에 법(「윤

---

24 박정미, 2010, 12쪽 참고.
25 박정미, 2010, 13-14쪽 참고.
26 아감벤, 2008, 134쪽 참고.

락방지법」과 「헌법」)을 위반하는 것이었다.[27]

성매매와 관련된 법적 예외상태를 종합하면, 성매매를 금지하는 법을 적용하지 않는 예외적인 지대를 설치하는 것, 법령에는 명시하지 않지만 시행령을 통해 성매매를 관리하는 것, 성매매와 상관없는 식품위생법과 같은 것을 통해 성매매를 관리하는 것이었다. 이런 식으로 기지촌 여성을 통제한 것은 성매매를 금지하는 법률의 효력이 완전히 정지된 상태에서, 미군의 지시나 한국 정부의 비공식적인 결정에 의해, 다시 말해 아무런 '법적 기초' 없이 실시되었다.[28]

그런데 여기서 우리가 주목할 것은 이 예외상태에서 작동하는 또 다른 두 단위 역시 성판매 집결지가 예외상태임을 증명하는데, 그 두 가지가 바로 '경찰'과 '수용소'다. 예외상태를 처음으로 이론화했던 벤야민은 경찰을 예외상태에서 폭력을 행사할 수 있는 핵심적 존재로 간주했다. 그에 따르면 경찰들은 '법적 목적'을 위해 명확히 법적 조건도 확립되어 있지 않은 무수히 많은 경우에 치안을 이유로 개입한다는 것이다. 이는 예외상태에서 경찰이 치명적 폭력을 치안의 이름으로 행사할 수 있음을 의미한다.[29] 아감벤도 이런 맥락에서 "경찰이 이제 정치가 되었다."고 했던 것이다.[30]

실제로 공창의 단속과 관리 그리고 성병 검진을 통제하는 주체

---

27 박정미, 2010, 13쪽, 21쪽 참고.
28 박정미, 2010, 6쪽 참고.
29 Benjamin, 1921, S. 189-190 참고. 벤야민(진태원 역), 2004, 151-152쪽 참고. 벤야민(최성만 역), 2008, 96쪽 참고.
30 아감벤(박진우 역), 2008, 282쪽.

는 경찰이었다.[31] 이는 서구도 일본도 마찬가지였다.[32] 이런 상황에서 성판매 여성들의 인권 보호를 외면하는 경찰은 치명적일 수밖에 없다. 경찰의 수사 여부에 따라 기소와 불기소가 결정되기 때문이다. 경찰과 검찰이 성구매를 하거나 성상납을 받는 상황에서 경찰과 검찰에 의지하기는 더욱 힘들 수밖에 없다.[33] 그런데 실제로 우리나라에서 경찰의 성병 감염 비율이 높았다는 보고는 성매매 여성의 삶을 나락으로 떨어뜨린다.[34]

경찰이 예외상황을 연출하는 주연이라면, 수용소는 예외상황이 연출되는 무대다. 성병과 관련해서는 낙검자 강제 수용소가 그 무대들 중 하나다. 경찰의 단속을 회피하거나 검진에서 낙검한 사람은 낙검자 치료를 위한 수용시설로 강제 수용된다. 1963년 「전염병 예방법」은 개정을 통해 성병 감염자 격리 수용조항을 추가했는데, 3종 전염병(결핵, 한센병, 성병) 환자 중 주무부령으로 정하는 자는 격리 수용되어 치료를 받아야 했다. 그러나 이 주무부령, 즉 보건사회부령인 「전염병예방법 시행규칙」은 1977년에야 제정되었다. 여기서 법의 위반과 집행을 '구별할 수 없는' '예외상황'이 드러난다.[35]

1965년 최초로 제정된 낙검자 강제수용 조례인 「파주군 성병관리소 조례」 제3조는 90년대 초까지 변화 없이 유지된다. 실로 낙

---

31 강혜경, 2009, 107쪽 참고.
32 조성택, 2018, 144쪽, 146쪽 참고. 정현백, 2009 전체 참고.
33 정경숙, 2020, 83-87쪽, 129쪽, 134쪽, 209-210쪽, 225쪽 참고.
34 강혜경, 2010, 272쪽 참고.
35 박정미, 2010, 21쪽, 23쪽 참고. 아감벤(박진우 역), 2008, 134쪽 참고.

검자 강제수용소는 감옥과 달리 법의 적용과 효력을 중지시킨 채 작동하는 기관이었다. 다시 말해 예외상태로 운영되던 곳이었다. 당연히 이런 곳에서 강제 연행, 강제 강금, 법적 근거 없는 경찰의 단속을 넘어서 감금과 폭행 등 다양한 인권침해가 있었다. 속칭 소요산 몽키하우스 사례가 가장 유명하다. 피검자가 검진을 받지 않았을 때 가하는 행정조치나 처벌은 정작 「전염병예방법」이나 이의 시행령에 명시되지도 않았다. 대신, 검진 기피자를 처벌하고자 할 때에는 「윤락방지법」을 적용했다. 그래서 검진은 「전염병예방법」으로 강제하고, 기피자 처벌은 「윤락방지법」을 적용했던 것이다. 이는 앞서 언급했듯, 성매매를 허용하면서 성병 문제를 관리하려는 묵인-관리 체제의 꼼수다.[36] 성병관리소는 운영의 법적 근거가 모호한 채 기본권을 짓밟는 수용소였다.

수용소라는 예외상태에서 페니실린 쇼크(아나필락시스)로 죽는 사람이 있어도 그 누구도 책임지지 않았고, 페니실린 부작용으로 극도의 신체적 고통을 호소하는 사람이 있어도 관심조차 쏟지 않았다. 오히려 페니실린 아나필락시스 사고로 의사가 페니실린 사용을 기피하자, 법무부가 나서서 의사의 면책을 허용하는 답신을 보냈다.[37] 검진으로 뒷돈이 오가기도 했다.[38] 뇌물을 준 성병 감염자는 완치 전에 돌려보내고, 그렇지 못한 여성은 감염되지 않아도

---

36   박정미, 2010, 16쪽, 18-19쪽 참고.
37   박정미, 2010, 21-22쪽 참고.
38   민경자, 2002, 5쪽 참고.

수용해둔 일도 있었다.[39]

예외상태의 생사여탈 상황이 성병 검진을 위한 수용소에서 이런 식으로 재현되었다. 이 모든 것이 미군에게 감염되지 않은 깨끗한 신체로 미군에게 쾌적한 성적 서비스를 제공해야 한다는 정치적 계산, 그리고 이를 통한 외화벌이라는 애국적 경제활동의 독려('외화획득의 역군'으로 강조)로 수렴되었다.[40] 하지만 2005년 김연자는 성병관리 수용정책에 대해 정부가 성매매를 금지하고서, 성병 검진을 받게 하는 것은 앞뒤가 맞지 않다고 주장면서, "내 ○○가 내○○가 아니라 나라 ○○냐?"라고 항의한 적이 있다.[41] 이 말은 여성의 삶과 성이 자본과 국가에 포획되어 법 적용 영역 바깥에 내몰린 실상을 성판매 여성의 언어로 표출한 사건이다. 우리가 유의해야 할 또 하나의 문제는 물리적 수용소만이 수용소는 아니라는 점이다. 예외상황이 적용되는 그 모든 장소와 상황이 수용소이며, 신체와 생명이 포획당하여 생사여탈의 상황에 놓인 사람들은 모두 수용소 수감자가 된다. 그런 점에서 성판매 집결지는 수용소의 다른 이름이다.

예외상태라는 생사여탈의 상황은 완월동이라고 예외는 아니었다. 법과 제도의 공백 상황을 통해 권리 없는 존재가 됨으로써 다양한 경제적 감금상태(수용소의 상태)도 겪고 있다. 예컨대 선불금 빚, 각종 벌금, 성판매 행위 시 발생하는 다양한 수익 갈취(속칭 와

---

39 박정미, 2017, 420-421쪽 참고.
40 김희식, 2008, 291쪽, 294-296쪽 참고.
41 김연자, 2005, 105-106쪽.

리), 의료비, 가족부양 등이 그것이다. 이런 구조적이고 강제적인 빚(경제적 폭력)의 문제는 원초적으로 인신매매라는 신체적-성적 폭력의 문제와 체계적으로 결부되어 있다. 이처럼 헤어날 수 없는 감금 수용의 상황으로 인해 자살과 자해의 문제가 발생한다. 이런 상황에서 심리적 상태가 온전하기 어렵다. 실제로 완월동 여성을 상대로 조사한 결과, 이들은 만성적이고 심각한 우울증, 트라우마, 자해, 조현증, 공황장애, PTSD 등 심리적 붕괴 상태에 빠져 있음이 드러났다. 성매매라는 생사여탈의 현장은 다양한 성폭력과 혐오 그리고 이로 인한 살해와 사고사 등의 위험이 도사리고 있을 뿐아니라, 자포자기 상태에 빠짐으로써 사회적 사망에 이르기도 했다.[42] 그 절정이 집결지 화재사건이었다.

이런 상황을 개선한다는 것은 법이 있어도 법을 적용하지 않거나, 오히려 법이 피해자를 처벌하는 역설적인 상황 앞에서 속수무책이다. 심지어 경찰과 포주의 공모는 이런 상황에 기름을 붓는다. 2008년 4월 23일 부산 MBC는 부산지방경찰청장이었던 어청수 청장의 동생 어봉수가 경찰의 비호가 의심되는 상황에서 성매매 사업을 진행했다고 보도한 바 있다. 이는 포주와 경찰의 공모를 넘어서는 경악할 만한 일이었다. 뿐만 아니라, 우리는 사르키 바트만이 사례를 통해 인종전시가 인권침해임을 알고 있고, 일제시기 권업박람회에서 조선인의 인종전시가 있음을 알고 분노하지만, 정

---

42 여성인권지원센터 살림(편), 2008, 232쪽, 365쪽 참고. 여성인권지원센터 살림, 2006, 19-20쪽 참고. 여성인권지원센터 살림, 2019, 56쪽 참고. 여성인권지원센터 살림, 2020, 13쪽, 15쪽, 25쪽, 33쪽, 45쪽, 51쪽, 71쪽, 80쪽, 96-97쪽 참고.

작 집결지에서 이런 인종전시가 상례로 벌어짐을 인지하지 못하거
나, 문제라고도 인식하지도 못한다.[43]

덧붙이자면, 성병 검진 대상을 성판매 여성으로 하는 것은 정
작 홉스적 근대국가의 정신(자국민의 생명과 안전 보장)에 부합하지도
않는다. 성병확산을 막아 자국민을 보호하려면, 국가는 성판매자
가 아닌, 성구매자의 성병 감염 유무를 우선적으로 검사하고 관리
해야 한다. 아울러 성매매의 장소에서 성판매 여성이 구매자의 성
병을 인지할 수 있도록 하고, 성판매 유무를 '결정'할 수 있게 해야
한다. 일이 이렇게 진행되지 않은 것은 성매매의 현장에서 성판매
여성의 신체적-성적 주권이 없었음을 반증하는 것이다. 이런 결정
권의 부재는 성판매 여성의 자발적 성판매라는 말 역시 허언임을
증명한다. 국가는 성판매 여성의 신체와 성을 유희와 검열의 대상
으로만 보았다. 성판매 여성은 국민이 아니었다. 성판매 여성의 자
기결정권 부재는 성을 판매하지 않는 여성의 권리도 박탈할 수 있
었다. 데이트 폭력 같은 사례가 대표적이다. 우리는 여기서도 가부
장 권력의 압도적 우위를 볼 수 있다. 하지만 이런 문제의식의 등
장과 함께 가부장 세계에도 임계의 조종이 울리기 시작했다.

---

43 여성인권지원센터 살림(편), 2008, 101-103쪽, 111-112쪽 참고. 여성인권지원센터 살
    림, 2019, 33-35쪽, 57쪽 참고.

Ⅳ. 성판매 여성과 공공성의 임계

기존의 문제들을 쇄신하고 재구성하기 위한 인지적 압력의 유형을 세 가지 개념으로 구분하면, 한계, 경계 그리고 임계 개념이 있다. '한계'가 주체의 자기 반성과 비판을 통한 자기 쇄신과 재구성을 의미한다면, '경계'는 주체의 자기 점검에 오류가 있을 수 있으니, 자기 점검을 할 수 있는 능력을 가진 주체들끼리 서로의 오류를 검토해주고 수정해주고자 할 때 쓰는 개념이다. 서로 주체성이나 상호 주관성이라는 말이 경계 개념과 관계가 있다. 한계와 경계라는 두 개념은 각각 칸트와 하버마스의 비판 철학의 전통을 계승하고 있는데, 문제는 이 개념이 이미 주체의 자격을 가진 사람, 즉 권리 주체들에게만 할당된다는 점이다. 그래서 이 개념은 아직 권리의 영역에 들어오지 못한 존재들 그래서 생사여탈의 예외상태에 빠진 사람들의 입장을 배제한 채 작동하는 문제점을 안고 있다.[44] 스피박의 논문 「서발턴은 말할 수 있는가」, 아감벤의 『아우슈비츠의 남은 자들』에 나오는 '증언 불가능성'에 대한 언급 역시 이런 문제와 결부되어 있다. 이런 맥락에서 성판매 여성 역시 당연히 발화의 주체가 될 수 없다.

임계라는 개념을 고안하게 된 것도 이 때문이다. '임계'의 개념은 이처럼 배제된 자들, 권리 없는 자들, 그래서 순수하게 사적인 존재로 간주된 자들이 기존 주체의 자리(공공성)에 세기하는 선복

---

44 이에 대한 자세한 논의는 김동규, 2021, 74-79쪽 참고.

의 긴장이다.[45] 이 긴장은 어엿한 주체의 자리가 폭력의 자리임을 고발하는 긴장이며, 스스로 정상성을 자처하던 주체의 입지에 수치를 부여하는 개념이다. 이 개념은 레비나스적 입장에 따르면 주체의 환대를 강제하는 타자의 명령과 유사하다. 하지만 환대를 요구하는 레비나스적 타자는 주체에게 죽이지 말라고 명령하는 수동적 위력을 제공하지만, 임계는 이와 달리 그러한 위력만이 아니라 생사여탈의 상황 앞에서 절규하고 저항하는 적극적인 면까지 모두 포함하는 개념이다. 주체의 폭력에 못 이겨 죽음을 선택하는 타자의 자살마저 적극적 저항이나 수동적 저항, 좌절된 순응 등 다양한 형태를 띠듯 말이다. 임계는 결국 타자가 주체의 자리와 입지에 제공하는 전복적 긴장(의 가능성)이다.

성판매 여성들은 탈성매매를 하더라도, 결혼을 하더라도, 성판매를 통해 가족을 부양하더라도 소위 기존 주체들에 의해 혐오의 대상이 되고, 심지어 없는 사람 취급을 당하기 십상이다. 이들이 쉽게 자기혐오에 빠지는 것도 그런 맥락이다. 그래서 이 여성들은 흔히 예명을 써서 자신의 정체를 숨기거나, 심할 경우 자신의 본명을 잊어버리기도 한다. 성판매 여성의 종속성은 남성들을 위해 성매매가 있어야 한다거나, 자신의 권익을 대표하는 사람들에 대한 거부감을 표현하는 병리적 발화로 이어지는 경우도 있다. 심지어 포주를 옹호하기도 한다.[46] 혹여 성판매 여성들이 자신의 발언권을 행사한다고 하더라도, 무시되기 일쑤며, 동정의 서사로 변질되

---

45 김동규, 위의 글.
46 박정미, 2015, 1쪽 참고. 민경자, 2002, 5-9쪽 참고. 안일순, 1993, 154쪽 참고.

거나, 반미 또는 반일과 같은 거대 서사로 과대포장되기 십상이다. 그래서 이들의 발화는 늘 불안하고 복잡하다. 임계는 이 복잡성에 존재한다.

그렇다고 직접적인 발화가 없었던 것도 아니다. 예컨대 20년 함경북도 청진의 창기 동맹파업, 29년 대구 야에가키초 유곽의 동맹파업 사태가 있었고,[47] 47년 공창제 폐지 강연회에서 창기들이 낸 소란 역시도 발화였다.[48] 자살 행위 일종의 발화일 수 있는데, 69년 파주에서 군인을 상대하던 여성인 김소자, 김미자의 생활고 비관 자살 사건이 그러한 사례 중 하나라 할 수 있다.[49] 미군대상 성판매 여성들의 피살에 대한 직접적이고 연대적 저항도 있었는데, 우리가 흔히 알기로 92년 윤금이 씨 사건이 미군을 상대로 이끌어 낸 최초 무기징역 판결 사건이라고 알고 있지만, 실은 77년 이복순과 이영순을 살해했던 미군 알렌 바워맨에게 무기징역을 선고한 사건이 최초였다. 이런 일이 알려지지 않은 것은 성판매 여성의 인권문제가 주목받을 수 없었기 때문이다.[50] 임계의 잠재적 힘을 현실적 긴장으로 표출시키기 어려운 이유도 이 때문이다.

성판매 여성의 인격과 인권 무시를 타인이 대리해서 발화하는 경우도 있었다. 하지만 이들의 발화가 쉽게 민족서사로 전유, 왜곡되는 경우가 있있는데, 이런 왜곡과 전유에 반내하는 운동도 있었

47　홍성철, 2007, 97쪽, 134-135쪽 참고.
48　박정미, 2017, 412-414쪽 참고.
49　김희식, 2008, 300쪽 참고.
50　홍성철, 2007, 327쪽 참고. 민경자, 2002, 23-24쪽, 27쪽 참고. 박정미, 2017, 407-408쪽, 423-424쪽 참고.

다. 71년 송탄 자치회 김연자의 저항이 대표적인데, 이들은 자신
들을 신발이나 가방보다 못한 데 대해 항의했고, 자신의 발언을 애
국이나 민족주의 서사로 전유하면서, 동정하거나 희생하지 말라
고 주장하기도 했다.[51]

이처럼 다양한 저항은 자연스레 자활조직 및 연대체를 형성하
기에 이른다. 80년대 의정부 기지촌의 착취에 맞서 싸우고, 성판
매 여성들의 계를 조직하여 탈성매매를 주도한 일이 있었다. 이후
다양한 연대를 창출하기도 했다.[52] 동두천 민들레회, 이태원 장미
회, 송탄의 꿀벌회 등과 같은 자치회도 형성되었다. 물론 이런 자
치회는 타율적이거나 포주 및 상인 또는 미국의 이해를 전달하는
기능을 했다는 한계가 있기도 했다. 그러나 81년 용산역 개나리회
의 형성과 강제 해체, 이후 막달레나의 집 설립이나, 80년대 김연
자의 백합선교회 설립과 이후 참사랑 선교원을 거쳐 참사랑 쉼터
의 개원은 이러한 타율적 자치회의 한계를 명확히 넘어선다.[53]

그럼에도 불구하고 92년 윤금이, 96년 이기순, 98년 허주연,
99년 신차금, 2000년 서정말 살해 등 미군에 의한 성판매 여성
의 피살은 끊이지 않았다. 이에 대한 저항의 언어는 민족주의 언
어로 전유되어 미군의 폭력문제를 부각시키는 데 일익을 담당하
지만, 정작 성판매 여성들이 현장에서 당하는 폭력과 차별 그리

---

51 홍성철, 2007, 327쪽 참고. 민경자, 2002, 9-20쪽, 23-24쪽, 27쪽 참고.
52 민경자, 2002, 11쪽 참고.
53 홍성철, 2007, 327-328쪽 참고. 민경자, 2002, 31-33쪽 참고. 박정미, 2017, 422쪽
    참고.

고 부정의를 가시화하는 데는 실패한다.[54] 이런 가시화를 가능케
한 것은 성판매 여성의 비극적 실상을 드러낸 화재사건이었다.
2000년 군산시 대명동 집결지 화재사건, 2001년 완월동 화재사
건, 2002년 군산시 개복동 화재사건은 성매매 여성의 실질적 감
금과 경제적-성적 착취구조의 모순을 그대로 드러내며 국민적
공분을 일으켰다.[55]

부산의 완월동 역시 이 사건 이후 2002년 여성인권지원센터 살
림의 설립으로 이어졌고, 완월동 집결지 여성의 자치 조직 '해어
화'가 2004년 조직되었다.[56] 기존의 무시, 발화의 전유와 왜곡, 기
록의 누락이나 망각 등을 넘어 성판매 여성들과 현장 활동가들이
함께 형성했던 임계는 이후 다양한 변화를 위한 실천으로 이어졌
다. 완월동에서도 채무의 무효, 선불금 포기, 자신의 권리를 주장
하는 건의서를 만드는 일들이 생겼다. 성판매 여성들은 경찰 단속
으로 생긴 벌금, 각종 로비자금은 자신들의 성노동으로 지불한 것
이니, 이를 성노동자들의 복지와 탈성판매를 위한 자활사업에 써
야 한다고 선언하기도 했다. 실제 '해어화' 모임은 자신들을 '집결
지 여성'으로 불러달라고 스스로를 규정하기도 했고, 이를 넘어 자
립과 전업의지를 촉진시킨다는 의미에서 집결지 내 성노동자를 위

---

54   홍성철, 2007, 290-291쪽 참고. 박정미, 2015, 2쪽 참고. 이런 문제점을 인식하면서
90년대 일명 '기활'운동은 점차 민족주의적 서사로부터 벗어났으며, 이러한 저항들이
96년 윤락행위 등 방지법 개정으로 실질적 제도 변화를 이끌어내기도 했다. 이에 대
해서는 정희진, 1999, 309쪽 참고.

55   박정미, 2017, 428쪽 참고. 여성인권지원센터 살림(편), 2008, 52-53쪽 참고.

56   여성인권지원센터 살림(편), 2008, 34쪽, 67쪽 참고.

한 복지시설을 마련해야 한다거나, 탈성매매를 위한 자활지원책 등을 직접 요구했다.[57]

임계의 긴장은 마치 건축물이 외부의 지속적인 충격을 구조물 내부의 스트레스로 축적하다가 갑작스럽고 우연하게 터져버려 건물이 붕괴하는 양상과도 비슷하게 돌출된다. 물론 거대한 충격에 대한 극적인 반응으로 단시간 내에 출현할 수도 있다. 중요한 것은 이 임계의 긴장을 표출시키는 다양한 계기의 마련이다. 배제된 존재를 환대하던 현장의 운동, 억울함이 누적되어 표출된 직접적 발화, 왜곡된 환대의 태도를 수정해가던 지난한 과정, 새로운 상황과 계기의 출현, 비극적 사건으로 인한 각성의 계기 등 임계의 힘이 출현할 수 있는 통로는 많다. 이는 그만큼 우리 주변에 우리가 인지하지 못하는 임계의 긴장이 많다는 뜻으로 해석될 수 있다.

V. 집결지의 이중성과 공공성의 역전

개항지는 1) 두 개 이상의 나라가 만나는 접경지이자, 한 국가의 외곽 지역이다. 2) 새롭지만 위험할 수 있는 것들을 수용하여 이를 시험하고 완화해야 하는 완충 지대이기도 하다. 통관과 검역이 항구도시의 주요 역할인 이유다. 위험할 수도 있지만 새로운 것을 받아들여야 할지 말아야 할지를 결정해야 하기 때문에, 항

57　정경숙, 2020, 80-81쪽, 200-202쪽 참고.

구도시를 관문으로 비유하는 것도 이 때문이다. 문은 닫으면 벽이 되고, 열면 길이 된다지 않은가.[58] 또한 항구도시는 3) 낯선 사람이 모이고 흩어지는 인적-물적 교류의 수렴지이자 발산지라는 특성도 지닌다.

조선 최초 개항과 아울러 부산에는 일본인 집단 거류지가 형성되었다. 개항지 부산의 거주 형태는 내국인과 외국인이 잡거하면서 거주 및 상행위를 하는 형식이었다. 이런 식의 거주 유형은 큰 도시를 중심으로 설정되는데, 한성, 평양, 부산, 원산 4개 도시가 이런 유형의 거주 형태를 띤다. 조선 개항장은 이후 더 늘어나는데, 그중 남한의 5개 개항도시(부산, 인천, 군산, 목포, 마산)만을 살펴보면 다음과 같은 공통점이 있다.[59]

초기 개항도시에는 관공서를 비롯한 공공업무시설이 먼저 건립되었고, 이후 상업 및 무역활동에 관련된 시설이 관공서 인근과 평탄한 저지대, 해면지구에 입지하게 된다.[60] 그 외에 소학교, 병원, 유곽(遊廓)이 들어서는데, 평탄한 저지의 주거지에는 주택과 상관, 공관 및 여관 등이 들어섰다. 개항장으로 유입되는 인구가 증가함에 따라 해안매립공사, 해벽 및 부두축조공사로 가용지를 확보했고, 그 거류지를 발판으로 토지구매 및 가옥의 건축권을 얻어 일본인들은 기존의 한인촌으로 자신의 거류지역을 확장해나갔나. 이

---

58 짐멜, 2005, 266-270쪽 참고.
59 1876년 8월에 부산(釜山)이 개항되었으며, 1880년 5월에 원산(元山), 1883년 1월에 인천(仁川)이 차례로 개항하였다. 정소연, 2007, 12쪽.
60 정소연, 2007, 26쪽, 65쪽 참고.

외에 철도부설이라든가, 각종 근대시설물이 들어서면서 정착민들이 계속 증가했고, 그에 따라 도시구조는 변화되었다.[61]

개항장의 개항기(1876년-1910년 합방까지 <식민화 준비기>)에는 일본을 비롯하여 각국의 필요에 의한 공공시설이 많이 건립되었지만, 강점기(1911년부터 1920년까지 <식민지배 기반구축기>)에는 체제를 정비하거나 기존시설을 증·개축하는 방식으로, 그리고 해안매축과 철도공사 등 도시기반시설을 더욱 확충하는 방식으로 도시가 형성된다.[62]

이러한 공통점과 달리 개항지마다 서로 다른 면모도 있는데, 이런 차이 중 부산이 가지는 독특성은 부산이 개항 이전에 이미 일본과 활발히 교류했다는 데서 출발한다. 부산의 동관 주변은 경찰서와 은행, 대규모 상점들이 입주하며 거류지 중심지역으로 발전해 나갔고, 서관 주변은 개항 이후 건너온 소규모 상인들의 거처와 무역잡화상점인 2층 목조가옥이 즐비하게 늘어선 형태의 마을이 형성되었다. 또한 남항(현, 남포동) 일대에는 유곽과 유흥 시설이 이미 분포되어 있었다.[63]

지금까지 살펴본 것은 개항도시의 표면적 공통점이다. 우리는 그 표면에서도 개항도시를 포획하는 국가 권력의 흔적인 공공시설과, 자본의 권력의 흔적인 상업시설 설치의 양상을 볼 수 있다. 하지만 이 개항지들은 모두 대규모 성매매 지역, 즉 집결지를 형

---

61 정소연, 2007, 26-27쪽 참고.
62 정소연, 2007, 4쪽, 40쪽 참고.
63 정소연, 2007, 18-19쪽 참고.

성했다는 이면의 공통성도 갖고 있다. 특히 부산은 무역과 관련된 활동이 많았고, 러일전쟁 이후 그리고 1930년 만주사변과 중일전쟁을 준비하는 과정에서 군사도시화하는 경향도 생긴다. 그 가운데 군인들의 성구매에 대한 요구가 급증했다. 부산의 집결지 설치가 유독 빨랐고, 그 규모가 타 도시와 달리 거대했던 이유도 여기에 있다.[64]

물류도시화와 병참기지화 그리고 군인과 상인의 이동이 잦았던 부산에는 밀수와 같은 물밑 교류도 있었지만, 남성들의 성구매 역시 은밀하면서도 왕성하게 이루어졌다. 국가와 자본을 운용하는 가부장의 힘은 이면에서 여성의 성과 생명을 더 면밀히 착취, 전유하기 위하여 성판매 업소를 설치하고, 여성의 몸을 통제하고 남성의 몸을 보호하기 위한 성병검진 시설도 세웠다. 조선 최초 개항지 부산은 불명예스럽게도 다른 개항지가 따라야 할 이면의 모델이 되었다.

접경지이기 때문에 개방성(문호개방)과 폐쇄성(쇄국)을 동시에 지니고 있는 개항지는 공적인 열림과 닫힘이라는 이중성을 지닌다. 개항지 부산에는 통상적인 항구와는 달리 군인의 유입과 유출, 제국/식민 상황의 종결 후 돌아온 사람과 떠난 사람, 관광객 및 사업가의 유입과 유출, 피란민의 유입과 유출 등 실로 엄청난 역동이 있었다. 부산은 통상적인 항구도시가 인구와 물류의 유입/유출을 관리하는 것과는 다른 흐름을 갖고 있었던 것이다. 이는 부산이 식

64　전성현, 2018, 251-253쪽 참고. 인천 역시 부산과 유사하게 만주사변 이후 유곽 성매매가 활황세를 보인다. 이에 대해서는 김희식, 2012, 275쪽을 참고.

민/제국과 냉전의 모순과 아울러 신자유주의의 모순을 모두 품고 있는 장소이기 때문일 것이다.

이 중층의 모순을 운용하던 이면의 실체가 가부장 체계였다. 이 글은 가부장 체계 외곽으로 강제 이주되거나 배제되는 사람들이 주로 여성이었으며, 이런 배제의 권력이 여성의 몸과 성에 집중되었는데, 그 대표적 희생양이 바로 성판매 여성임에 주목했다. 가부장 체계에서 여성은 전통적으로 사적이기만 한 존재로 간주되었다. 이런 관성이 성판매 여성에게는 더욱 강력하게 작동했다. 이를 거꾸로 보면, 음성적으로 자신의 욕망을 관철시키려는 가부장은 사적인 열림과 닫힘이라는 이중성을 확보한 공간을 필요로 한다. 그것이 바로 집결지다. 집결지는 항구도시의 표면적 공공성을 정확히 역전시킨 형태다. 그래서 검역과 통관이 항구도시의 공적 메커니즘이라면, 성착취와 감시 그리고 성병 검진은 집결지의 사적 매커니즘이다.

집결지의 입지는 도심 외곽으로 배제되지만 접근이 용이한 인접성을 갖는다는 이중의 공간 논리, 그리고 이에 기반을 둔 은폐성과 개방성이라는 이중의 시선논리를 갖는다. 실제 부산 원도심의 도시공학적 분석을 봐도, 완월동 성매매지역은 주변과 연결의 빈도가 높은 곳에 입지하고 있으며, 공간 전체가 통합적인 성격을 가지고 있을 뿐 아니라, 주변 공간을 통제하면서도 주변 공간에 통제를 받는 통제도 또한 높은 지역에 인접해 있다.[65] 완월동은 항구 및

---

65 정소연, 2007, 75쪽, 80-81쪽 참고.

전찻길과 인접해 있고, 자갈치시장, 국제시장, 부평시장, 충무시장 등 상권이 형성되어 있는 데다, 1970년까지 시외버스 터미널이 있는 교통의 요지였다. 70년대 말 최신식 시설을 갖춘 대규모 여관촌도 형성되는데, 1980년 완월동이 동양최대의 집결지가 된 것도 이런 맥락과 결부되어 있다. 이처럼 접근이 용이한 지역이 역설적으로 폐쇄적인 공간구조를 갖고 있다. 일부러 알고 찾아오거나, 가까이 접근하지 않는 한, 완월동은 눈에 잘 띄지 않기 때문이다.[66]

집결지가 형성하고 있는 공간적 이중성과 시선의 이중성 때문에 성매매는 더욱 효율적으로 이루어질 수 있다. 이동과 교차가 왕성하지만, 은폐에 충실한 곳, 그래서 남성 욕망의 은밀한 배출이 용이한 곳, 이 모든 것이 집결지 입지의 공통점이다. 짐멜은 이동과 교차 그리고 화폐 경제와 밀접한 곳에서 성매매가 일어난다고 언급한 바 있다. 마찬가지로 리차드 세넷은 유동인구가 많고 외지인이 드나드는 항구와 같은 곳에서 성매매가 일어난다고 한다.[67] 2002년 형사정책연구원의 조사 결과에 따르면 성매매 집결지 69곳 절반 이상이 철도역 주변에 형성되어 있다. 이처럼 집결지는 인접한 배제, 이동과 교차, 개방된 은폐성 모두를 만족시켜야 한다. 항구와 철도 그리고 전차와 버스 등의 교류수단이 집중된 부산에서 집결지가 호황을 이룰 수 있던 것, 그리고 한국 최초이자, 최대의 집결지가 부산에 있었다는 것 역시 이런 이중성과 결부되어 있

---

66 홍성철, 2007, 42-45쪽 참고. 박상필, 2014, 87-88쪽 참고. 정경숙, 2020, 69쪽 참고.
67 손자희, 2008, 38쪽 참고. Simmel, 1978, 376쪽 참고. 리차드 세넷, 1999, 253-254쪽 참고.

다.[68] 개항지 성판매 집결지를 대표하는 완월동은 이렇듯 개항지와 부산의 공공성 이면에서 항구도시 정체성을 증언하고 있었다.

완월동의 입지조건만이 아니라, 완월동의 건물 구조도 이와 같은 개방성과 은폐성의 이중성을 반복한다. 예컨대 유리방 성매매 영업 형태가 그렇다.[69] 전면에서는 여성들을 상품으로 전시해야 하고(개방성), 유리방 뒤에서는 철저한 은폐로 사적 쾌락 향유의 자유를 보장해주어야 한다(은폐성). 근대적 가부장의 프라이버시를 보호(보장)하기 위해 여성의 프라이버시는 철저히 무시되어야 했다. 가부장의 공공성이 완벽히 역전된 형태로 존재하는 집결지에서 성판매 여성은 철저히 사적인 존재로, 가부장의 은밀한 탐닉의 수단이자 상품으로 전락한다. 역사적으로 사적인 존재는 생사여탈의 문제를 전적으로 자신이 떠맡아야 했다. 전근대적 공/사의 구분이 근대세계에 성판매 여성의 삶과 신체에 새겨져 있었던 셈이다.[70]

여기에 제도적 예외상황까지 더해지면, 성판매 여성은 죽게 내버려두는 근대 권력의 외곽지로 추방된다. 이처럼 개항지의 집결지는 근대 가부장의 은밀한 쾌락-폭력 추구를 위한 철저한 위선의 공간으로 존재했다. 이러한 물리적, 제도적 이중성은, 가부장의 모순적 도덕성(double standard)과 심리도 정당화한다. 예컨대 일부일처제라는 가부장 특유의 표면적 도덕성 이면에, 여성의 대상화,

---

68   한국형사정책연구원, 2019, 62쪽 참고.
69   서우석 외, 2016, 130-133쪽 참고.
70   아렌트, 2003, 80-90쪽 참고 또는 아감벤, 2008, 352쪽 참고.

상품화, 여성의 성에 대한 억압과 착취를 새겨두었던 것이다. 완월동으로 대표되는 집결지를 통해 우리는 가부장 체계의 물리적-제도적-도덕적-심리적 이중성과 모순성의 폭력을 이와 같이 추적할 수 있다.

이런 관행이 지속될 수 있었던 것은 인종전시를 비난하던 남성들이 여성의 성을 상품으로 전시하는 일에는 정작 무관심했기 때문일까. 여성의 성을 상품으로 전시하는 일들이 집결지만이 아니라 우리 문화 도처에서 찾아볼 수 있다는 사실은 정작 성을 대상화하고 상품으로 소비하는 일이 만연한 우리의 일상을 어쩌면 집결지의 연장선으로 볼 수 있도록 하는 것, 우리 일상 전체가 가부장 체계의 이면으로 오염된 곳으로 볼 수 있도록 하는 것은 아닐까. 완월동을 통해 제기된 임계적 긴장이 닿을 최종 지점은 어쩌면 성평등을 위해 기존 문화 전반을 쇄신하라는 지상 명령 아닐까.

Ⅵ. 결론: 완월동과 공적 임계의 서막

완월동이라는 공간은 소위 근대적 공공성을 완벽히 역전시킨 예외상태를 물리적-제도적으로 구현하고 있었다. 그 속에서 성판매 여성들은 도덕적 낙인과 혐오의 대상으로, 이를 통해 학습된 자기혐오를 반복하고 있으며, 경제적 감금과 법-제도적 예외상태에서 생사여탈의 상황에 직면해 있다. '고통은 언어에 저항한다.'고

했다.[71] 성판매 여성들은 극심한 폭력과 고통으로 인해 자신을 대변해줄 언어를 상실했고, 언어를 상실했기에 자신을 보호해줄 제도를 마련하지 못했다. 성병 검진만을 예로 들더라도, 성병 확산을 방지하기 위해 성구매 남성을 검진의 대상으로 해야 함에도, 검진 제도는 오히려 성판매 여성을 구속하고 억압하는 방식으로 작동했다. 이런 상황에서 여성의 몸은 의학 체계의 가시성 권력에도 무방비상태가 된다. 성판매 여성에게 성구매 남성을 결정할 수 있는 결정권도 부여하지 않았기에, 성병 확산 방지라는 대의는 무용지물이 되며, 이런 상태에서 여성의 성만이 아니라 몸과 정신도 붕괴될 수밖에 없다.

여성의 몸을 상품화하여 노골적으로 전시하면서, 자신의 사적 욕망은 안전하게 밀폐된 이면의 공간에서 관철시키는 유리방 구조의 집결지, 여성의 몸을 쉽게 착취할 수는 있지만, 다른 사람들의 시선에 자신은 정작 쉽게 들키지 않도록 구축된 집결지의 입지 구조와 건축 양식, 여성의 몸을 검진의 대상으로 완벽히 노출시켜 의학 권력을 관통하게 만든 의학 체계의 힘, 이러한 구조와 함이 작동하도록 묵인하고 방조한 법-제도적 예외상태. 이상의 힘들을 종합하면 우리는 푸코의 팬옵티콘을 떠올릴 수 있다. 푸코의 팬옵티콘은 한쪽이 노출되지 않으면서 다른 한쪽은 완벽히 노출되는 시선의 비대칭성이 작동하는 권력의 장이다.

이러한 시선의 비대칭성 구조와 시선 권력의 양상은 포르노에

71　일래인 스캐리, 2018, 9쪽 참고.

서 가장 대표적으로 드러난다. 나아가 최근 n번방 사건에서는 이것이 실시간 폭력의 양상으로 드러남을 알 수 있다. n번방 사건은 팬옵티콘-포르노의 '실시간' 버전이기 때문이다. 폴 비릴리오는 이를 팬-'진' 옵티콘으로 부르기도 했다. 이러한 권력의 원형 중 하나가 바로 집결지다. 앞서 이런 권력이 작동하는 집결지가 바로 그 도시의 정체성을 이면에서 증언한다고 했는데, 그런 점에서 완월동은 가부장 도시 부산의 포르노성을 증언하는 셈이다.

완월동을 굳이 언급하지 않더라도, 가부장성의 병리는 부산 곳곳에서 드러나고 있다. 부산문화재단의 2019년 문화다양성 지표조사 보고서의 내용에 따르면 부산은 50대 남성을 위한 도시라는 단편적 정체성을 갖고 있는 것이라 보고하고 있다. 허남식 시장 재직 시 "크고 강한 부산"이라는 남근적 언어로 부산의 슬로건을 만들었던 것도 이런 상황을 고려하면 당연한 일이지 싶다. 이런 상황에서 부산문화재단과 부산광역시가 부산 문화비전을 해양성에 기반을 둔 개방성과 공생 그리고 다양성으로 언급하고 있다는 점은 오히려 낯설기까지 하다.[72]

항구도시 부산이 진정 모든 사람들의 가능성을 인정하는 다양성에 개방되려 한다면, 가부장 도시가 배제한 존재들이 제기하는 임계의 공적 긴장에 주목해야 한다. 배제된 존재들의 임계를 성찰하지 않은 순진한 개방성은 부산의 정체성을 50대 남성을 위한 도시로 정체시키고 말 것이다. 실제로 문화다양성 지표조사 보고서

---

72 이에 대해서는 부산문화재단, 2011과 부산문화재단, 2019를 참고.

에서 50대 남성 스스로 문화다양성에 개방적이라 자평한 것으로 드러났다. 하지만, 정작 문화다양성을 수용하는 수용성 지표에서는 가장 폐쇄적인 것으로 드러났다.[73] 이 위선을 넘어서기 위해서라도 부산의 포르노성을 고발하는 완월동의 임계적 긴장을 환대하고 성찰하지 않으면 안 된다.

2002년 개소한 살림, 2004년 완월동 성판매 여성 자치회 해어화가 바로 이 임계이자 임계를 환대하는 움직임 중 하나다. 이 문제를 안고 싸우는 부산 여성 운동의 목소리 전반에 귀를 기울여야 하는 이유도 여기에 있다. 집결지라는 임계의 장소에서 이들은 새로운 언어를 만들고 새로운 제도를 상상하며 임계의 공적 긴장을 표출하고 있다. 그 결과 탈성매매하려던 여성의 음성으로 새로운 제도 창출을 자극했고, 자활을 위한 실질적인 요구를 제안하기도 했다. 부산의 고위 공직자와 공무원들의 성폭력 양상에 대한 보고서도 제출하면서 말이다. 현재 성판매 여성들의 생계보장, 주거지원, 의료지원을 지역의 특수성에 맞게 제공해달라고 요구하고 이를 관철시켜나가고 있는 중이다.[74] 이런 상황에서 완월동 도시재생 문제는 예의주시해야 할 이슈다.

완월동은 가부장의 개항지로, 식민/제국의 관문으로 출발하면서 지역과 국가 그리고 동아시아 가부장의 이면을 증언했다. 물론 완월동은 이후 냉전과 신자유주의 가부장 폭력도 단단히 새겨두

---

73 이에 대해서는 장현성 외, 2019년 참고. 50대 남성을 위한 도시라는 결론은 최종보고서 발표 당일 장현성이 현장에서 발제한 발언이었다.
74 여성인권지원센터 살림(편), 2008, 60-70쪽 참고.

고 있다. 완월동은 실로 중층적 폭력지대이자, 예외상태의 폭력을 집약한 항구도시의 병리이자 알레고리다. 상징과 달리 알레고리가 특정 이념을 감각적으로 표현한 것이자, 해석의 다의성을 가지는 것임을 염두에 둔다면, 완월동은 실로 다층적인 가부장의 이념과 모순을 감각적으로 구현하는 알레고리이자, 부산의 포르노성을 증언하는 알레고리다.[75]

아마 부산에 완월동이 여전히 성 착취의 현장이자, 성판매 집결지의 형태로 존속한다면, 부산의 정체성을 증언하는 것은 정작 부산시의 공식적 슬로건이 아니라 완월동 아닐까. 완월동은 부산, 한국, 동아시아, 지구적 모순을 복합적으로 배태하고, 이 모순의 폭력을 증언하는 명백한 임계의 지대다. 이 임계를 환대하고, 이 임계의 역량이 공적으로 발휘되는 순간, 우리는 국가와 자본을 한 데 묶어 자신의 힘을 관철시키던 가부장성이 균열되기 시작하는 또 다른 순간을 목도하게 될 것이다.

---

75 알레고리의 의미에 대해서는 Karlheinz Barck et., 2000. S 49-70 참고.

2부
국가 정책과 (비)국민의 경계

국가 정책과 (비)국민의 경계

3장

중화인민공화국 수립 후
중국공산당의 유민(遊民)정책
: 관문도시 상하이(上海)를 중심으로

김지영, 이홍규

I. 서론: 문제제기

소위 '유민(遊民)'[1]은 어떤 사람들을 가리키는가? 유민은 노동하

---

*   본 논문은『현대중국연구』제 25집 3호에 게재된 바가 있음.

1   '유민(流民)'과 '유민(遊民)'의 차이에 대하여, Lu(1999: 8)는 갑작스레 발생한 대량
    의 난민을 '유민(流民)'으로, 유민(流民) 중에서 구걸, 방랑 등을 살아가는 방식으
    로 선택하거나 혹은 선택할 수밖에 없었던 이들을 '유민(遊民)'으로 보았다. 楊麗萍
    (2009: 191)는 '난민(難民)'을 전쟁이나 외부의 압력으로 인해 이향(離鄕)한 자들, 유
    민(流民)을 생산수단을 잃고 떠도는 자들이라 하였으며, 유민(遊民)에 대해서는 생
    산수단을 잃고 이향했으나 난민과는 달리 '우연성(偶然性)'이 없고 또 유민(流民)
    과 달리 의식과 문학를 형성하는 존재라 설명하였다. 그리고 정주아(2014: 419)는
    중국에서 '유맹(流氓: wandering people)'이 유민(遊民)과 동일하게 사용되나, 실
    질적으로는 '일정한 거처가 없는 유랑자(displaced)'와 '심이 나쁜 사람을 가리키
    는 부랑자(degenerate)'라는 의미를 지닌다고 설명하였다. 본고에서 다루고자 하
    는 '유민(遊民)'은 유맹을 포괄하는 개념이다. 즉, 중화인민공화국 초기에 중앙정
    부가 규정한「농촌 계급 성분 구획에서의 유민」(人民日報 8월 21일자, 1950: 1)에
    서 밝힌 유민의 정의를 따르고자 한다. 당시 문헌 자료 내의 '상하이의 유민 개조'에
    서 '유민'은 "농민이나 노동자 계급이 아니면서, 부당한 방식으로 생계를 유지하거
    나 노동하지 않는 자 혹은 노동할 의지가 없는 자"를 말한다. 고로 중화인민공화국
    은 유민 강제 수용 및 노동 개조를 통하여 그들을 '인민'으로 바꿔 놓아야 했던 것이

지 않고 걸식, 절도, 사기, 도박, 매춘 등 부정한 수단으로 생계를 꾸리는 자들을 말한다. 이들 중 대부분은 토지를 떠난 농민으로, 처음에는 생계 곤란으로 부득불 이향(離鄉)했으나, 도시에 유입된 이후에는 노동의 기회를 얻을 수가 없었다. 이에 이들은 할 수 없이 구걸이나, 절도 혹은 사기 등으로 생계를 유지하였다. 이러한 유민 중에는 도시의 무직자(無職者)나 실업자(失業者) 그리고 소수의 무지한 청년들이 있었고, 여러 요인으로 인하여 거지, 소매치기, 창기(娼妓)나 부랑자[流氓]가 된 이들도 포함되어 있었다.[2]

이러한 유민은 중화인민공화국 수립 이전 국민당 정권하에서 도시 미관을 어지럽히는 '매우 불편한 존재'로 인식되었다.[3] 중일전쟁 발발 이전에는 국민당 정권이 이들에 대한 관리를 민간 기구에 맡겨둠으로 인해 사실상 방치되었고, 1945년 중일전쟁이 종료된 이후에나 그들을 주목하기 시작하여 유민 구제 및 수용 정책 등을 추진하였다. 그렇다고 해도 유민에 대한 시각은 여전히 '성질이 나쁜[性惡劣] 불순분자[不良分子]' 혹은 '사회적 해악[社會渣滓: 사회적 찌꺼기]' 취급에서 벗어나지 않았기에, 이들에 대한

다. Lu, Hanchao, "Becoming Urban: Mendicancy and Vagrants in Modern Shanghai," *Journal of Social History* Vol. 33 No. 1, 1999, p.8; 楊麗萍, 「論新中國成立之初政府對社會異質性的消解——透過上海遊民改造的分析」, 『江蘇社會科學』第04期, 江蘇省哲學社會科學界聯合會, 2009, 191쪽; 정주아, 「유맹(流氓)의 서사와 재중(在中)조선인 집단의 자아상」, 『한국현대문학연구』제42집, 한국현대문학회, 2014, 419쪽; "中央人民政府政務院關於劃分農村階級成份的決定", <人民日報>, 1950.08.21일 자.

2   黃臻睿, 「上海遊民大收容」, 『檔案春秋』第12期, 上海市檔案館, 2009, 16쪽.

3   김태승, 「紀律과 更生: 1930년대 上海 遊民 습근소의 遊民관리」, 『東洋史學研究』제85집, 동양사학회, 2003, 260쪽.

도덕적인 비난은 지속되었다(上海市檔案館藏檔案 Q1-12-1496 6月28 日, 1947).[4] 더욱이 국민당 정권은 유민 중 일부를 국민당 중앙군 및 지방군으로 강제로 편입시켜, 제2차 국공 내전으로 인한 병력 부족을 해결하는 동시에 사회 안정 및 치안 유지를 도모하기도 하 였다.[5]

결국 중화인민공화국 수립 이전 중국 국민당 정부의 유민정책 은 표면적으로는 직간접적인 유민 구제 및 수용 정책 등을 추진했 지만, 이들에 대한 인식은 불순분자나 사회적 해악에 불과하였고 그래서 일부는 국민당 군대에 강제로 편입시키는 등 폭력적 대우 도 나타났다.

그렇다면, 무산계급의 정권을 자처했던 중국공산당 정권의 유 민 정책은 어떠하였을까? 중화인민공화국 수립 이후, 정무원(政務

---

4 중일 전쟁 이전의 국민당 정권(난징 국민정부)은 유민을 전면적으로 관리할 역량이 부족했다. 그러므로 유민 관련 사회단체에 대한 관리와 보조금 지급을 통해 유민 문 제에 개입할 뿐, 실질적인 구제 활동 및 유민 수용은 민간단체에 맡기다시피 하였다. 중일 전쟁 이후에 상하이에 유민의 수가 급격히 증가함에 따라, 국민당 정권 차원에 서 1945년에 세계홍만자회(世界紅卍字會)의 상하이 유민습근소[上海遊民習勤所] 를 접수하여 상하이 구제원 난민 아동 수용소[上海救濟院難民難童收容所]를 세우 는 등 좀 더 적극적인 유민 정책을 취하였다. 하지만 유민에 대한 인식은 "사기를 쳐 서 이익을 얻고 심지어는 도적떼로 전락하여 사회의 안녕과 질서를 파괴하는 존재" 를 벗어나지 못하였다. "爲肅淸無業遊民擬拘送遊民習藝所以維社會安寧秩序", "爲呈請轉函上海安全促進會擴張收容機構積極安置遊民以除盜竊氣氛", <上海市 檔案館藏檔案 Q1-12-1496>, 1947年06月28日; 楊麗萍, 「新中國成立初期的城市遊 民收容—以上海爲例」, 『上海城市管理』 第06期, 上海城建職業學院, 2010, 71쪽.
5 예를 들면, 1948년에 상하이 중앙군에 1,000명, 상하이 지방군에 10,000명의 결원이 발생하였다. 이에 민정국에서는 "습예소(習藝所)에 있는 500명의 유민이 할 일 없이 공금만 축내고 있습니다. 이들을 동원하는 명령을 승인하여 국고의 지출을 줄이고 국력을 증강시키길 청원합니다."라는 안을 제출하였으며, 당시 시장 우궈전[吳國楨] 은 이를 즉시 비준하였다(上海市檔案館藏檔案 Q6-9-953).

院) 즉 중앙정부는 1950년 8월 20일에 공포한 「농촌 계급 성분 구획에서의 유민」을 통해 유민을 규정하였다. 이에 따르면, 유민은 일종의 계급 성분으로서 "해방 직전에 노동자[工人], 농민 및 기타 인민에 속하였으나, 반동정부(反動政府: 국민당 정권을 지칭) 및 지주 매판 자산계급에 의해 억압되고 착취당하여, 그 직업과 토지를 잃고 부당한 방법을 통하여 생계를 유지한 것이 만 3년을 채운 자(관습상 '流氓'이라 부름)"를 의미한다.[6]

이렇게만 보면 중화인민공화국 수립 이후 중국공산당은 유민을 무산계급의 일부로 간주한 것이라 할 수 있어, 중국공산당의 유민 정책은 상당한 우대가 주를 이뤘을 것이라 예상할 수 있다. 또한 중국공산당은 유민을 타인에 의하여 노동할 기회 혹은 권리를 빼앗긴 존재로 인식한 바가 있기 때문에, 중국공산당의 유민 정책, 즉 유민개조 정책은 유민들에게 사회주의 정치사상을 교육하고 노동 현장에 배치하는 과정을 통하여 박탈당했던 유민들의 노동권을 회복시켜 '근대적 의미의 노동하는 인민으로 재탄생'시키려는 의도를 가지고 있었다고도 볼 수 있다.

하지만, 이는 한편으로는 유민들을 중화인민공화국 수립 이후에 국가의 강압적인 방법을 동원해서라도 철저하게 개조하거나 제거되어야 할 대상으로 취급한 측면을 내포한다.[7] 예컨대 중국공산

---

6   "中央人民政府政務院關於劃分農村階級成份的決定", <人民日報>, 1950.08.21일 자.
7   중화인민공화국 수립 전후 상하이의 유민과 관련된 연구들(湯水清 2007 등)은 공통적으로 중국공산당이 시행한 토지개혁운동과 반혁명진압운동, 지식인 사상 개조운동과 삼반오반운동, 마약금지[禁煙禁毒]운동과 마찬가지로 국민경제 회복과 통치 안정의 일환으로 '유민 개조 운동'을 하게 되었음을 강조하고 있다. 中央人民政府法

당은 당시 다음과 같이 언명하였다. "새로운 사회에서 노동능력이 있는 사람은 누구나 노동에 종사하고 자력갱생해야 한다. 장기간 유랑하며 불로소득 생활에 익숙해진 유민들은 반드시 강제 수용/교육/개조, 즉 '노동 생산과 정치사상교육의 결합' 및 '개조와 배치의 결합'을 통하여, 애국, 준법, 자활 노동자로 전환하고, 부정적 요소를 긍정적 요소로 전환해 사회주의를 위해 봉사해야 한다."[8]

　이러한 측면에서 이 글은 무산계급 정권을 자처하는 중국공산당 정권 하의 중화인민공화국 역시 서발터니티(subalternity)를 생산하는 폭력적 근대국가의 속성에서 벗어날 수 없었음을 논증하고자 한다. 푸코(M. Foucault)는 폭력적 근대 국가의 권력이 단순히 물리적 폭력이나 법적 권위에 의존하는 것이 아니라, 규율과 통제를 통해 개인과 집단의 일상적인 삶과 행동을 형성하고 통제한다고 주장했다.[9] 이러한 측면에서 본 글은 특히 중국의 대표적인 관문도시였던 상하이(上海)의 유민을 중심으로 하여, 중화인민공화국 수립 이후에 '노동에서 배제된 유민'을 '노동하는 인민'으로 바뀌도록 규율했던 유민개조 운동을 고찰하고자 한다. 유민개조 정책이 유민을 집단적 재교육과 노동 배치를 통해 국가의 이상적 주체로 재구성하려는 시도였다는 점에서 이는 푸코가 말한 폭력적인

制委員會編, 『中央人民政府法令匯編』(1949-1950), 法律出版社, 1982a, 218쪽.

8　"上海市遊民改造工作簡況", <上海市檔案館藏檔案 B168-1-966>, 1957年05月13日.

9　미셸 푸코, 오생근 옮김, 『감시와 처벌 – 감옥의 탄생』, 나남출판, 2020. 이 책에서 푸코는 근대 국가의 권력이 단순히 물리적 폭력이나 법적 권위에 의존하는 것이 아니라, 규율 권력(disciplinary power)을 통해 개인과 집단의 행동을 형성하고 통제한다고 설명한다.

근대국가 권력의 속성을 잘 보여주기 때문이다.

중국 근현대 시기 상하이는 중국의 관문도시로서 제국주의 및 식민지배 하에서 세계 자본주의 국제 질서 체제로의 편입과 냉전 체제 아래 국민국가로의 전환이라는 역사를 가장 먼저 그리고 처절하게 경험해온 지역이다.[10] 이러한 배경 하에서 형성된 상하이 내의 중층적인 차별 구조는 다양한 서발터니티들을 발생시켰는데, 상하이의 유민 문제는 그 대표적 사례라고 할 수 있을 것이다.

본고에서 다루고자 하는 '서발터니티(subalternity)'란 복합적이고 중층적인 차별 구조 속에서 만들어진 존재로, 서발턴(subaltern)의 다양한 속성을 추상화하고 개념화한 것이다.[11] 사실, 서발턴 개념은 이미 중국 학계 내에서도 '저층(底層)'으로 번역되어, 이에 관해 상당한 연구가 진전되고 있다. 그러나 '저층'은 '상

---

10 경계를 이루는 지역에 대한 연구를 통하여 권력의 작동을 볼 수 있다. '경계'에 대한 연구는 지배와 강탈, 착취의 관계들에 대한 분석뿐만 아니라, 이러한 변화하는 관계들을 둘러싼 투쟁들에 대한 분석을 할 수 있도록 해주기 때문이다. 관문도시는 국민국가(national state)의 경계에 해당하는 만큼, 국민국가의 권력 작동을 연구할 수 있는 최적의 장소가 된다. 산드로 메자드라, 브렛 닐슨, 남청수 역, 『방법으로서의 경계 – 전지구화 시대 새로운 착취와 저항 공간의 창출』, 갈무리, 2021, 46쪽.

11 '서발터니티'는 그 원형에 해당하는 '서발턴(subaltern)'에서 나온 것으로, 서발턴 개념의 기원인 그람시의 해석 즉 한 사회의 헤게모니 집단을 제외한 종속집단이란 의미, 그리고 특정 사회에서 다수자의 시선으로는 해독 불가능한 소수자를 지칭하는 구하의 해석, 그리고 기득권의 이데올로기에 의하여 왜곡되어 버리는 존재, 즉 해독 불가능하거나, 재현 불가능한 존재를 가리키는 스피박의 해석 등을 포함한 것이다. 뿐만 아니라 이러한 서발턴들의 개념과 유사한 존재를 가리키는 개념은 주체도 객체도 아닌 존재인 '비체(크리스테바, 2001)', 혹은 포함되었어도 포함되지 않은 존재를 가리키는 '호모 사케르(아감벤, 2008)', 그리고 사회에서 그들의 자리가 없는 존재인 '몫이 없는 자(랑시에르, 2013)' 등이 있다. 이러한 서발턴의 다양한 속성들을 추상화하고 개념화한 것이 서발터니티이다. 김동규, 「서발터니티(subalternity)라는 방법」, 『인문사회과학연구』 제24권 제3호, 인문사회과학연구소, 2022년, 370-383쪽.

층부에서 관찰한 하층부'라는 개념을 포함하고 있어 '서발턴'이라는 용어가 가진 본연의 의미를 나타내지 못하는 경우가 많다.[12]

따라서 본고에서는 첫째, 개항 이후 관문도시 상하이의 유민이 출현한 배경적 요인을 기술하고, 상하이의 관문도시성과 연결 지어 유민의 한 분류인 아편(마약) 밀매·밀수업자와 매춘업자(창기, 기녀)들이 발생한 요인을 해석한다. 둘째, 중화인민공화국 수립 이후에 중국공산당이 '근대적 노동 인민으로의 재탄생'이라는 목표 하에 실시한 대대적인 유민에 대한 강제 개조 과정과 유민들의 자살과 도주 등 저항을 살펴봄으로써, 관문도시 상하이에서 유민에 가해진 국가적 폭력이 변화되지 않았음을 논증한다. 이 글은 이후 결론적으로 중화인민공화국 수립 이후에 일련의 정책을 통하여 문자 그대로의 유민은 사라졌을지라도, 유민의 '서발터니티' 성격은 극복되지 못하였고 국가(혹은 정권)가 여전히 서발터니티를 만들어내고 있음을 지적하고자 한다.

II. 관문도시 상하이(上海)와 유민(遊民)

중화인민공화국 수립 전후의 상하이에는 수많은 유민이 존재하였다. 이러한 유민의 출현은 개항 이후에 새로이 형성된 상하이의 도시 경계와 근대 권력의 지배 혹은 통치하에 발생된 중층적인 차

---

12 장윤미, 「중국의 서발턴 연구: 개념, 주제, 쟁점」, 『중소연구』 제47권 제1호, 아태지역연구센터, 2022, 61-66쪽.

별구조로 인한 것이다. 이에 관문도시 상하이의 유민이 출현한 배경적 요인을 기술하고, 상하이의 관문도시성과 연결지어 유민의 한 분류인 아편(마약) 밀매·밀수업자와 매춘업자(창기, 기녀)들이 발생한 요인을 분석한다.

1. 관문도시 상하이의 성격과 유민의 형성

1842년 난징조약[南京條約]이 체결된 이후 개항된 상하이는 "극동(極東)에서 가장 번성한 항구"로서 "경제/금융의 중심지이자, 국제적인 도시"로 부상하였다. 근대 시기에 상하이는 개항 이후에 설치된 조계(租界)[13]로 인하여 일정기간 평화를 누리게 되는데, 이는 당시 중국의 주요 지역이 군벌의 난립이나 외국과의 전쟁으로 인해 전화(戰禍)를 입는 동안에도 상하이가 경제적 번영을 누리는 바탕이 되었다. 이로 인하여 상하이의 인구도 빠르게 증가하였다. 1910년[宣統 2년]에 상하이의 인구는 이미 100만을 돌파하였고, 장제스가 정권을 잡은 1927년[民國 16년]에는 264만, 중일전쟁이 발발한 1937년[民國 26년]에는 385만, 중화인민공화국이 수립한 1949년에는 540만 명에 이르렀다.[14]

이렇듯 상하이에는 조계가 설치되고 인구가 비약적으로 증가하

---

13 상하이에는 1843년에 영국이, 1848년에 미국이, 1849년에 프랑스가 조계를 세웠다. 그리고 1863년에 영국과 미국 조계가 공공 조계로 합병되었다. 김능우 등,『중국 개항도시를 걷다: 소통과 충돌의 공간, 광주에서 상해까지』, 현암사, 2013, 10쪽.
14 熊月之 主編,『上海通史』第11卷, 人民出版社, 1999, 97쪽.

였다. 그런데 당국의 공권력이 닿지 않는 영역인 조계는 상대적으로 번영을 구가하고 당국의 공권력 아래에 있는 화계(華界)에는 빈민들이 늘어나면서, 공간의 분리가 권력 관계와 연결되는 새로운 도시 공간이 탄생하였다.[15] 이는 개항 이후의 상하이가 지닌 이동 및 유랑의 경계라는 관문성으로 인해, 새로운 근대권력의 지배 및 통치 하에 조계와 화계로 나뉘는 경계 공간으로 변모하였음을 의미한다.

그리고 중국 상하이는 서양 제국주의 열강의 침략, 청조의 붕괴, 일제의 점령, 국공내전 및 중화인민공화국의 탄생의 과정을 거쳤다. 그 와중에, 제국주의 및 식민지배 하에서 세계 자본주의 국제 질서 체제로의 편입과 냉전체제 아래 국민국가로의 전환을 하게 되면서 다양한 서발터니티들이 탄생하였다. 이로 인하여 상하이는 차별적 공간 점유를 통하여 중국과 제국 사이의 경계 공간, 계급과 민족적 위계가 중층적으로 존재하던 경계 공간, 자본가 및 권력자와 최하위 주체가 공존하는 경계 공간으로서의 성격을 가지게 된 것이다.[16]

이러한 공간적인 의미와는 별도로, 상하이는 국제적인 항구도시로서 오랜 기간 전화(戰火)를 입지 않고 경제적 번영을 누렸다.

15　熊月之, 위의 책, 97-101쪽.

16　이러한 다층적 경계 공간은 근대에 제국주의적 식민자본이 들어오면서 개항 혹은 개발된 도시에서 비교적 선명하게 드러나는데, 일제 식민통치 시기인 1930년대의 인천도 상하이와 비슷한 상황을 보여준다. 당시의 인천 역시 차별적 공간 점유 혹은 분리로 인하여, 일본인과 조선인의 민족적 경계 공간, 식민자본과 노동자의 계급적 경계 공간이 중층적으로 존재하였다. 오미일, 『제국의 관문: 개항장도시의 식민지 근대』, 도서출판 선인, 2017, 118-119쪽.

그러므로 외부로 통하는 통로인 동시에 자본과 경제적 번영이 어우러지는 관문도시라는 특성을 지닌다고 볼 수 있다. 이에, 돈을 벌 수 있는 기회를 찾으려 하는 가난한 백성들, 전화나 재해로 인하여 떠돌게 된 난민이나 이재민 등도 상하이로 몰려들어 유민이 되었으며, 중화인민공화국 전후에는 그 수가 15만 명[17]에 달했고 유형도 매우 복잡하였다.[18]

2. 상하이 유민의 특징

가. 상하이 유민의 종류

중화인민공화국 수립 전후의 상하이에는 많은 유민이 존재하였던 만큼, 그들의 활동은 빈번했으며 도시 곳곳에 퍼져 있었다. 그들은 '산꼭대기'와 '문호[門戶]'에 모여 있었으며, 주로 직업거지[職業乞丐], 도둑[竊賊], 강도[劫匪], 사기꾼[騙子], 극장표 혹은 차표의 대리구매자[黃牛], 길에서 주운 재활용품으로 생계를 유지하는 사람[拾荒者: 황무지 줍기], 음식을 먹지만 돈을 지불하지 않

---

17 중화인민공화국 건국 초기 上海 유민의 숫자에 대해서는 학자에 따라 의견에 차이가 보인다. 이는 근거가 되는 자료의 통계 항목 및 수치의 차이에 의한 것으로 추정되는데, 湯水淸(2007)은 유민의 수를 15만 전후, 阮淸華(2008a)는 15만 이상, 楊麗萍 (2009)은 17만이라 주장하였다. 湯水淸, 「新中國成立初期遊民的安置和改造―以上海爲中心的考察」, 『江西社會科學』第11期, 江西省社會科學院, 2007, 105쪽; 阮淸華, 「歸位: 建國初期上海遊民改造對象分析」, 『史林』第01期, 上海社会科学院历史研究所, 2008a, 160쪽; 楊麗萍, 위의 논문, 2009, 186쪽.
18 中共上海市委黨史研究室, 上海市檔案館藏檔案館 編, 『接管上海』(下卷), 中國廣播電視出版社, 1993, 173-174쪽.

는 사람[吃白食: 무전취식], 마차밀이[推橋頭], 마약 밀매인[販毒人員] 등이었는데(黃臻睿, 2009: 16), 이들은 그들의 행위로 인하여 유민으로 취급당하므로 '행위유민(行爲遊民)'으로 볼 수 있다. 기생[妓女] 역시 매음(賣淫)이라는 행위에 있어서는 행위유민에 속한다고 볼 수도 있으나, 이들의 해방이 새로운 사회임을 보여주는 징표가 되었으므로 '특별유민(特別遊民)'으로 분류할 수 있다.[19]

그렇지만 1955년 이후에는 상하이를 생산도시로 전환한다는 계획에 따라 대규모의 유민 수용이 있었는데, 이때 주로 국민정부의 군정경찰[軍政警憲] 및 그 가솔, 지주 및 그 가솔 등을 대상으로 하였다. 이들은 '반동분자(反動分子)'라는 신분에 의하여 유민으로 분류되었으므로, '신분유민(身分遊民)'으로 칭할 수 있다.[20]

상하이의 유민들은 다양한 방법을 통하여 생계를 이어가고 있었는데, 자료에 따라 차이를 보이기는 하지만 공통적으로 높은 비율을 차지하는 것은 절도[盜竊]·구걸[乞讨]·유랑(流浪)·유맹[流氓: 부랑자]·사기[詐騙]·창기(娼妓: 매춘업)[21]가 있으며, 시기에 따라 그

---

19 장수지(2010)는 중화인민공화국 초기 중국공산당의 소위 성매매 금지[禁娼] 운동은 성매매 폐지와 유민 통제 과정의 일부일 뿐, 여성 해방 운동과는 무관하다고 주장하였다. 이러한 맥락에서 보면 중화인민공화국 초기에 시행된 마약금지[禁煙禁毒] 운동의 성격도 유사한데, 마약 근절 작업과 동시에 마약 사범들을 모두 유민 계급으로 분류하여 강제 수용하였고, 이후 이들에 대해서 개조 작업이 시행되었다. 다시 말하자면, 중화인민공화국 초기에 매춘업 종사자와 마약 사범(마약 밀매, 밀수업자)들은 모두 '비인민'으로 간주되어 강제 개조의 대상으로 분류되었으며, 당국은 개조를 통해 이들을 '인민'으로 바꾸고자 한 것이다.

20 阮清華, 위의 논문, 2008a, 160-163쪽.

21 1940년대부터 50년대까지의 중국 문헌자료에는 창기(娼妓)와 기녀(妓女)라는 다른 명칭이 등장한다. 기녀는 소위 기원(妓院: 기루, 기생집)에 속했던 이들을 지칭하며, 창기(娼妓)는 성매매를 행하는 여성을 말한다(장수지, 2010: 84). 본고에서는 그 의

비율이 변화하였다. 그중 절도·구걸·불량한 짓은 1951년 이후로 감소 추세를 보였으나, 창기는 1951년 이후로 증가 추세를 나타내고 있었다.[22] 또한, 창기의 경우에는 "창기들에 의지하여 생계를 이어감[依娼为生]"[23]의 부류들과 함께 유민의 생계수단으로 분류되었는데, 이는 창기의 주요 무대인 '화류계'가 낮은 단계의 '죄악 산업(sin industry)'의 형태를 지니고 있기 때문으로 사료된다.[24]

이 가운데에 상하이가 관문도시로서 가지고 있는 특성과 연결되는 것이 바로 아편(마약) 밀매·밀수업과 매춘업이다.

미를 그대로 전달하기 위하여, 기녀와 창기를 그대로 사용하였다. 장수지, 「계급해방 속의 창기 해방-1950년대 上海市 禁娼事業」, 『중국근현대사연구』 제48집, 중국근현대사학회, 2010년, 84쪽.

22 湯水清, 위의 논문, 2007, 106쪽.

23 '창기류(娼妓類)'에는 두 가지 유형이 있었다. 첫째는 '직접 매춘을 하는 자[賣淫者]'이며, 둘째는 '매춘하는 자에 의존하여 생계를 유지하는 자[依靠賣淫者爲生的人]'이다. 그중에서 '직접 매춘하는 자'에는 창기(娼妓), 지하무녀(地下舞女), 다방 여종업원[玻璃杯], 남창[男妓] 등이 있었고, '매춘하는 자를 의존하여 생계를 유지하는 자'에는 기원 주인[妓院主], 태기주(臺基主: 여관을 개설하여 기녀와 매춘객이 머무는 장소를 제공하는 자), 포주[老鴇], 마차꾼[施車], 호객꾼[搭客孃姨], 여성화된 남성[屁精: 남창의 일종], 기루의 잡일꾼[龜奴: 주로 기생을 업어다 주는 일을 함] 등이 있었다. "嵩山區公安分局對遊民及社會渣滓的摸底情況和意見", <上海市檔案館藏檔案 B2-2-71>, 1955年04月.

24 거지, 도둑 등의 유민들은 유사한 생계 수단을 가지는 이들이 뭉치면서도 다른 그룹들과의 연결고리가 비교적 약한 편이다. 반면에, 창기들이 활동하는 화류계는 그 특성상 여러 업종들과 연결되어 일종의 부가가치를 생산하므로, '죄악 산업'의 형태를 띤다고 할 수 있다. 그러나 역시 죄악 산업에 속하는 마카오나 라스베이거스의 도박업이 정교하고도 고도화된 체계를 갖춘 것과 달리, 당시 상하이의 화류계는 여기에는 못 미치는 낮은 단계에 머물러 있었다고 봐야 한다.

1) 아편(마약) 밀매 · 밀수업

주지하는 바와 같이, 상하이는 1842년에 난징조약을 통하여 개항을 한 이후에 영국을 비롯한 열강들의 조계지가 설치되면서 발달되기 시작했으며, 그와 동시에 중국 및 외국의 아편(마약)이 모여들었다가 다시 중국 전역으로 확산되는 집산지(集散地)로서의 역할을 하게 되었다. 또한 1858년 1월 26일에 톈진조약[天津條約]이 체결되면서 아편 매매가 합법화되었고, 이로써 상하이는 중국 최대 아편(마약) 수입항이 되었다.

이와 같이 상하이가 아편천국이 된 것은 지리적 조건과도 관련이 있다. 상하이는 장강 하류의 삼각주에 자리한 까닭에, 양귀비 재배에 적합하지 않아 아편을 직접 생산하는 경우는 거의 없었다. 그렇지만 중국 전역 및 해외로 이어진 해로의 중심이 되는 항구도시였기 때문에, 해로를 통하여 다롄[大連], 톈진[天津], 칭다오[青島], 샤먼[廈門], 산터우[汕頭], 홍콩[香港] 등을 비롯한 중국 각 지역의 마약이 상하이로 몰려들었고, 이것이 다시 중국 전역으로 확산되었다.[25]

특히, 1937년 7월 중일전쟁이 발발하고 일본군이 화계를 점령하면서,[26] 일본의 세력을 등에 업고 아편(마약)을 독점하는 기구가

25　王立民, 「上海租界的吸毒與禁煙──以『英國巡捕眼中的上海灘』一書爲視角」, 『文史天地』第05期, 貴州省政協辦公廳, 2020, 9쪽.

26　1937년 7월 중일전쟁 발발 이후에 일본군이 남하하였고, 1937년 8월부터 11월까지 3개월간 상하이 전투[淞滬會戰: 제2차 상하이 사변]가 벌어졌다. 상하이 전투 당시에는 서양 열강과의 전쟁을 우려한 일본군이 공공(영국+미국) 및 프랑스 조계는 침범하지 않았기에 전화(戰禍)를 피할 수 있었다. 그렇지만 태평양 전쟁이 발발한 1941년 이후에는 일본군이 공공 조계마저 점령하게 된다.

등장하였는데, 그것이 바로 '화중굉제선당(華中宏濟善堂)'이다. 이 기구는 '총당(總堂)-분당(分堂)-고점(膏店)-계연소(戒煙所, 煙館)'로 구성되어 있었고, 이란, 멍장[蒙疆]27, 만주국 등지에서 아편(마약)을 들여와 판매하였다. 다만, '화중굉제선당'이 수입한 아편(마약)의 양에 대해서는 학자마다 추정치가 다른데 이는 <표 1>에서 확인이 가능하다.

이렇게 상하이로 들어온 아편(마약)은 화계와 조계에서 유통되었다. 특히 아편(마약) 판매가 불법이던 조계에서는 밀매의 형태를 띠었으며, 통상 주거지에서 비밀리에 아편(마약)을 판매하는 형식을 취했다. 그리고 이처럼 아편(마약) 밀매 업종에 종사했던 이들 중에는 전쟁으로 난민이 된 경우가 있었다는 사실을 아래 글을 통해 알 수 있다.

> "전쟁이 발발하여, 직업을 잃었고, 그리하여 余(여: 나)의 거처, 즉 아 오리허로[奧利和路] 이십삼호에서 아편관을 열어, 손님들에게 흡입할 수 있도록 제공하였다."28

위의 글은 프랑스 조계[法租界]에서 지하 아편관을 운영하던 린 아진[林阿金]의 진술이다. 린아진과 같이, 당시 전쟁으로 많은 이

---

27 멍장[蒙疆]은 '멍장 연합자치정부[蒙疆联合自治政府]'를 의미하며, 일본 제국이 내몽골 지역에 세웠던 괴뢰정부로서 1939년부터 1945년까지 존재하였다.

28 "江蘇上海第二特區地方法院錢尤氏等毒品案的文件", <上海市檔案館藏檔案 Q182-2-90>.

<표 1> 華中宏濟善堂이 수입한 아편의 양에 관한 추정

데이터의 출처	무게(量)	무게(kg)
裏見甫	17,680,000	884,000
盛文頤	10,000,000	500,000
袁愈佺	16,000,000	800,000
李恩涵	21,408,000	1,070,400
曹大臣	96,754,000	4,837,700

蔣傑, 2018: 80

들이 직업을 잃거나 삶의 터전을 잃고 조계로 흘러들어 왔으며, 생활기반이 없었던 그들 중에 아편(마약) 밀매에 뛰어드는 경우가 존재하였던 것이다.[29]

또한 밀수자 중에는 일본 국적이나 상하이의 판매상도 있었으나, 전쟁으로 인해 생계수단이 막혀버린 일부 난민들도 존재하였다. 그 대표적인 사례가 노파[老婦] 왕후씨[王胡氏] 사건이다.

1938년 왕후씨는 프랑스 조계[法租界] 경찰에게 붙잡혔는데, 당시 경찰은 그녀의 몸에서 나온 97자루[袋]의 포대에서 총 17,000여 알[粒]의 홍환(紅丸)을 찾아냈다. 수사 과정에서 왕후씨의 진술에 따르면, "자신은 본래 푸둥[浦東: 상하이시 중 황푸장(黃浦江)의 동쪽 지역]에서 거주했으나, 중일전쟁 발발 후에 가옥이 모두 손실되어 어쩔 수 없이 푸시[浦西]로 피난했고, 피난길에 아

---

29 중일전쟁 발발 이후에는 마약밀매와 조금이라도 연루된 한인들의 수도 급격하게 증가하여, 당시 상하이 전체 한인의 70%를 차지했다. 그리하여 1940년대 상하이의 아편 밀매업은 "한인들의 독점 천하"가 되었다고 할 정도가 되었다고 한다. 쑤즈량 등, 손염홍 옮김, 『상하이지역 일본군 위안소』, 동북아역사재단, 2018, 115, 138쪽.

들은 유탄으로 죽고, 며느리와도 헤어지게 되었다. 하지만 자신에게는 아직까지 83세의 시어머니가 있어 공양해야 했기에, 어쩔 수 없이 홍환(紅丸) 17,000여 알을 가지고 상하이에서 다른 도시로 가서 내다 팔며 생계를 유지"하게 된 것이다.[30]

이와 같이, 전쟁으로 인한 난민들은 비록 그들이 아편(마약) 밀수를 생계수단으로 삼기는 하였으나, 애초에 영국이나 일본과 같은 제국주의 국가들이 중국에 들여온 마약으로 생겨난 국가적 혼란 혹은 전쟁으로 인하여 난민이 되었으니, 어쩌면 그들은 피해자의 처지에 더욱 가까울지도 모른다.

2) 매춘업

근대 시기의 상하이는 중국 최대의 국제도시로, 매춘업[31]이 발달할 수 있는 조건을 갖추고 있었다. 즉, 항구를 끼고 있는데다가 경제적으로 안정되어 있었기 때문에, 향락 산업이 발달하게 되었다.

개항 이후 상하이 매춘업의 발달은 조계의 형성과 일본 유녀(遊女)[32]의 진입 영향이 크다. 청조(淸朝)에서는 기본적으로 '금창(禁娼)' 정책을 취하고 있었으므로 19세기 초까지는 상하이 내의 기

---

30 "毒販被捕: 抄出紅丸萬七千粒", <新聞報>, 1938.02.25일 자.
31 한국과 중국 학계 내에 근현대 시기 상하이 지역의 매춘업, 즉 창기, 위안소, 禁娼 및 창기개조에 관한 연구 성과가 적지 않으며, 대표적인 것은 다음과 같다. 장수지(2010), 송옥연(2017), 쑤즈량 등 지음·손염홍 옮김(2018), 楊吉曾·賀宛男(1998), 安克强(2004), 賀蕭(2018) 등이 있다.
32 '유녀(遊女, ゆうじょ)'는 유곽(遊廓)이나 역참[宿場, しゅくば] 등에서 남성들에게 성을 파는 여성을 가리키며, 창부(娼婦)·매춘부(売春婦)의 옛말이다.

루(妓樓)의 수가 많지 않았다. 그러나 19세기 중반의 혼란으로 인하여 발생한 창기(娼妓)들이 상하이로 대거 유입되었고, 조계에서는 이들을 이용하여 '공창(公娼)' 제도를 운영하기 시작하였다. 또한 메이지 시대 이후 일본의 유녀 제재가 시작되면서, 유녀들은 상대적으로 제약이 적었던 상하이로 건너왔다. 그리고 이들[소위 가라유키상(唐行きさん)]을 따라 들어온 상인들이 '요리점', '카시세키[貸席]'의 이름으로 유곽을 열었으며, 여기에서 유녀들은 '예기(藝妓)', '작부(酌婦)'[33]로 불리며 매춘을 하였다.[34]

아울러 1차 세계대전 이후에는 상하이에 방직업을 중심으로 일본의 자본이 유입되면서 매춘업의 규모도 커져갔다. 그리고 1937년의 상하이 전투[淞滬會戰: 제2차 상하이 사변] 이후에는, 일본군이 상하이에 주둔하면서 '육군 및 해군 위안소'에서 매춘이 이뤄졌다. 이곳에는 일본인뿐만 아니라 조선인, 중국인 위안부들도 존재하였고, 중국인 위안부들 중에 상당수는 중일전쟁 발발 이후에 강제로 끌려온 경우가 많았다.[35] 이는 즉, 상하이에서 매춘업의 발

---

33 '예기(藝妓, げいぎ)'는 메이지[明治] 이후에 자리가 잡힌 용어로, 유곽에서 가무(歌舞)를 하면서 손님을 접대하는 여성을 의미한다. 일류 예기들은 유녀들과 달리 "예는 팔아도 몸은 팔지 않는다[芸は売っても体は売らぬ]."는 신조를 가지고 있었다. 반면, '작부(酌婦, しゃくふ)'는 메이지[明治] 시기에 생겨난 '銘酒屋(めいしゅや, 술집으로 등록되어 있으나 사실상의 사창굴)'에서 일하며 몸을 파는 여성들을 일컫는 말이다.
34 송옥연(2017)에 따르면, 일본 제국은 거류지, 점령지, 식민지 지역에서 성매매 업소에 대하여 '유곽'이나 '카시자시키[貸座敷]'와 같은 노골적인 용어를 피하고 '카시세키' 혹은 '요리점'이라는 말을 썼다. 또한 매춘을 하는 여성도 '창기(娼妓)'라 하지 않고, '예기'나 '작부'로 바꿔 말했다고 한다. 송옥연, 「상하이에서 본 요리점·유곽·위안소의 연관성」, 『사회와 역사』 제115집, 한국사회사학회, 2017, 9-12쪽.
35 쏘즈량 등, 위의 책, 50-51쪽.

달은 단순한 이유가 아니라, 제국주의의 침략에 수반한 자본의 유
입으로 인한 것이었다.

　게다가 자발적인 매춘부에 대해서는 별다른 처벌을 하지 않았
던 국민당 정권의 법안도 매춘업 발달의 원인 중 하나였다. 즉, 국
민당 집권 시기 당시의 법안에서는 여성이 매춘을 강요당할 시에
는 처벌을 하였으나, 16세 이상의 여성이 자신의 의사로 매춘을
할 경우에는 처벌 대상에서 제외되었다.[36] 그리고 매춘에서 발생
하는 세금은 지방정부에 있어 수입원 중에 하나였으므로, 지방정
부의 입장에서는 매춘을 제지할 이유가 더욱 없었다.[37]

　이러한 배경 하에, 상하이는 1917년에 도시 전체의 인구 중 공
창(公娼) 창기(娼妓: 매춘 종사자) 수의 비율만으로도 세계 8대 도시
중 1위를 차지했는데, 그 인원이 2만여 명으로 추정된다.[38] 그리고
1927년에는 무허가 창기를 더하여 창기의 수가 12만 명으로 증가
한 것으로 추정되며, 1940년대 중반까지 그 수가 꾸준히 증가하였
다. 이는 청나라 말기부터 국민당 집권 시기[39]까지 조계와 화계의

36　Huang, Philip C.C., *Code, Custom, and Legal Practice in China: The Qing and the Republic Compared*, Stanford University Press, 2001, pp.181-183.

37　Hershatter, Gail, "State of the Field: Women in China's Long Twentieth Century," *The Journal of Asian Studies* Vol. 63 No. 4, 2004, p.1013.

38　楊吉曾, 賀宛男 編著, 『上海娼妓改造史話』, 上海三聯書店, 1998, 1-2쪽.

39　安克强(2004)은 상하이의 폐창운동의 시작을 1915년으로 보고 있으며, 국민당 집권 시기 상하이의 창기 치리(治理)에 대해서는 두 단계로 나누어 설명하였다. 즉, 1단계 는 1927-1937년, 2단계는 1945-1949년이다. 이러한 구분은 1937년 상하이 전투[淞 滬會戰: 제2차 상하이 사변] 후에 상하이의 화계 지역이 일본군에 점령된 데다가 잇 따른 패배에 1937년 11월 수도를 '난징'에서 '충칭'으로 이전함에 따라, 그 중간 시기 동안(1938-1944년)에는 상하이에서의 영향력을 행사할 수 없게 되었기 때문으로 사 료된다. 安克强 著, 袁燮铭, 夏俊霞 譯, 『上海妓女-19-20世紀中國賣淫與性』, 上海

창기 관리 개혁이 기본적으로 실패하였음을 보여주는 것이었고,[40] 따라서 중국공산당이 상하이에 입성할 당시 3만여 명에 이르는 것으로 조사되었던 창기 문제를 어떻게 처리할 것인가는 실로 큰 관심 사항이 되었다.

상술한 바와 같이, 상하이의 관문도시적 특성과 맞물려 나타나는 이러한 유민 문제는 정권의 통치 기반이 되는 치안과 민생에 영향을 끼쳤던 문제로, 인민 '해방'을 기치로 입성한 중국공산당에 있어서도 강력한 수단을 동원해서라도 해결해야 할 필요성이 있었다.

Ⅲ. 중국공산당의 유민(遊民) 통제와 유민의 저항

중국공산당의 유민정책은 시기에 따른 공산당의 세력 변화 및 국가건설 여부와 연관이 있다. 이에 중화인민공화국 수립 이전의 중국공산당의 유민 인식 변화를 관찰하며, 중화인민공화국 수립 이후 '근대적 노동 인민 재탄생'을 목표로 하여 시작된 유민에 대한 대대적인 강제 개조 과정을 살펴보고, 이러한 국가 통제에 대한 유민의 저항을 고찰한다.

古籍出版社, 2004, 324, 346-371쪽.

40　安克强 著, 위의 책, 315-364쪽.

1. 중국공산당의 유민에 대한 인식 변화

먼저 중국공산당의 초기 시기, 즉 1921년 창당 이후 5년이 지난 시점에는 유민들을 일종의 '혁명 동지'로 취급하여 '유민무산계급(遊民無産階級)' 혹은 '유민무산자(遊民無産者)'로 칭하였으며, 이들을 당 및 홍군에 비교적 적극적으로 받아들이는 쪽으로 정책의 방향을 잡았다. 이것은 마오쩌둥의 유민에 대한 인식과 연관성이 깊다. 1926년 마오쩌둥은 「중국 각 사회 계급 분석」에서 다음과 같이 밝혔다.

> "유민무산자(遊民無産者)는 토지를 잃은 농민과 일할 기회를 잃은 수공업자들이다. 그들은 인류 가운데에 가장 불안정한 자들이다. (중략) 이러한 자들을 처리하는 것은 중국에서 가장 곤란한 문제 중 하나이다. 이들은 용감하게 싸울 수 있으나 파괴성도 가지고 있기 때문에, 만일 적절히 그들을 다룬다면 일종의 혁명 역량으로 변화할 것이다(毛澤東, 1991: 8-9; 毛澤東, 1993: 26)."[41]

위와 같이 마오쩌둥은 유민을 무산계급에 속하는 네 종류의 성분[42] 중 하나로 인식하였는데, 이것은 그가 유민이 '농민(農民)' 혹은 '수공업자(手工業工人)', 다시 말해 '노동인민(勞動人民)' 출신이

---

41 毛澤東, 『毛澤東選集』(第1卷), 人民出版社, 1991, 8-9쪽; 毛澤東, 『毛澤東文集』(第1卷), 人民出版社, 1993, 26쪽.

42 산업노동자[産業工人], 하층노동자[苦力], 소작인[雇農], 유민무산계급(遊民無産階級)

라고 보았기 때문이다. 그리하여 그는 유민이 혁명의 주역이자 동맹군인 노동자 및 농민 계급과 친연 관계를 가지고 있으므로, 홍군 병력의 주요한 자원이 될 것으로 여겼다.

그러나 마오쩌둥과는 달리 유민의 부정적인 측면에 더욱 주의를 기울인 이들도 존재하였는데, 중국공산당 창당의 주역인 천두슈[陳獨秀]가 대표적이다. 그는 1926년 7월의 「농민 운동 의결안」에서 농민과 도적떼[土匪: 대부분이 실업 농민 출신]와의 관계를 서술할 시에 아래와 같이 유민에 대한 부정적 입장을 나타냈다.

"농민을 억압하는 도적떼[土匪]에 대해서는 당연히 최선을 다해 반대해야 한다. (뿐만 아니라) 농민을 억압하지 않는 도적떼도 농회(農會)에 가입시키지 말아야 하며, 조직관계를 맺을 경우에는 단지 농민과 토호열신(土豪劣紳: 토호와 악질 지주)들이 싸울 때에 중립적인 위치에 서게 하여 토호열신들로 하여금 그들을 이용치 못하게 해야 한다. 만약 도적떼를 농회에 가입시키면 농민 조직은 부패하기 쉽고, 게다가 외부의 공격의 빌미를 주기 때문이다."[43]

유민에게 호의적이었던 마오쩌둥조차도 1927년 1차 국공합작의 결렬 이후 중국공산당이 수세에 몰리면서, 유민의 소극성에 대하여 점차 문제를 제기하기 시작하였다. 특히 마오쩌둥은 1929년에 유민들이 홍군에서 차지하는 비율이 너무 높음을 비판하였다.

---

43 中央檔案館編, 『中共中央文件選集』(第二冊), 中共中央黨校出版社, 1989, 212쪽.

그는 유민들의 전투력은 인정하였으나, 그들의 '도둑 근성[流寇思想]'이 홍군에 악영향을 끼치고 있음을 지적하고 그들에 대한 사상 개조가 필요함을 주장하였다.[44]

이에 따라 중국공산당에서도 유민을 성격에 따라 그룹을 나누어 다루기 시작하였다. 1929년 중공 민서 제1차 대표회의(中共閩西第1次代表會議)에서는 유민을 '반실업(半失業)'과 '실업(失業)'의 두 부류로 나눴다. 즉, '반실업' 상태의 유민은 '도적떼'가 되거나 혁명에 가담할 가능성을 모두 가지고 있다고 보았으나, '실업' 상태의 유민은 '도적떼'로 변할 뿐이며 대부분이 '반혁명' 세력에 속한다고 보았다. 그리하여, 공산당 점령지역[赤色區域]의 유민은 무장 해제 후에 땅을 주고 일을 시키면서 개조를 진행해야 하나, 국민당 점령지역[白色區域]의 유민은 끌어들여 이용해야 한다고 결정하였다.[45]

또한 마오쩌둥은 1930년에 쉰우[尋烏][46]와 싱궈[興國][47]의 유민에 대해 대조적인 관점을 나타냈는데, 쉰우의 유민[流氓]에 대해서 "일하지 않고 농사도 짓지 않으며, 오로지 도박에 의지하여 사

---

44 "도둑 근성은 여태까지 홍군 가운데에서 맹위를 떨쳐왔으며, 이는 네 개의 군대에 속한 유민 출신들로 인하여 만들어진 것이다." "유민 출신들의 홍군은 도둑 근성을 만들어 내었으며, 동시에 도시 정책이나 홍군의 군기에도 영향을 끼치고 있다.", 毛澤東, 위의 책, 1993, 69쪽.

45 福建省委黨校黨史硏究室 編, 『紅四軍入閩和古田會議文獻資料』, 福建人民出版社, 1979, 72쪽.

46 쉰우[尋烏]는 장시성[江西省] 간저우시[贛州市] 관할의 현(縣)을 가리킨다.

47 싱궈[興國]는 장시성[江西省] 간저우시[贛州市] 관할의 현(縣)을 말한다.

기를 치고, 통치자의 앞잡이 노릇을 하는 자"[48]라고 보았다. 그 후 홍사군 및 민서특위 연석회의[紅四軍與閩西特委聯席會議]에서 유민[流氓]문제에 관한 결의안을 통과시켰는데, 여기에서는 유민의 조직과 특성을 분석하고 있다. 즉, "유민은 '혁명성'이 부족하므로, 때로는 혁명에 참가하나 언젠가는 반혁명의 앞잡이로 변질될 수 있다."고 보았다. 따라서 유민에 대한 공산당의 책략은 "그들에게 토지를 분급한 이후에 강제 노역을 시키고 사회적 조건을 개선함으로써 그들의 '유민의식[流氓意識]'[49]을 제거하고 '비유민[非遊民(非流氓)]'으로 개조"해야 함을 강조하게 된 것이다.[50]

그러나 싱궈의 유민들에 대해서는 그들 중에 도박이나 도적질 등으로 연명하는 이가 있음을 지적하면서도, 그들이 "일반적으로 혁명을 환영하고 있으며 일부분은 지역 정부의 지도자나 유격대의 지휘자가 된 경우도 있다."고 추켜세우기도 하였다.[51]

이렇듯 유민을 분리하여 다루는 것은 중일전쟁 시기까지 지속되었다. 다만 이 시기가 이전과 구분되는 점은 유민들을 '항일민족통일전선(抗日民族統一戰線)'에 투입시키고자 시도하였다는 것과 유민의 구분 기준을 '실업 후 생계수단의 정당성 여부[失業後的選

---

48 원문: "不工不農不商, 專門靠賭博敲詐, 爲統治者當走狗吃飯的流氓." 毛澤東, 『毛澤東農村調査文集』, 人民出版社, 1982, 99-100쪽.

49 '유민의식[流氓意識]'이란 "일하지 않고 농사도 짓지 않으며, 오로지 도박에 의거하여 사기를 치고, 통치자의 앞잡이 노릇을 하는 자"들의 의식을 말한다. 마오쩌둥은 습관적으로 '유맹(流氓)'이라 지칭하고 있는데, 본고에서는 표기의 통일성을 위하여 '유민'으로 칭한다.

50 福建省委黨校黨史硏究室 編, 위의 책, 304-307쪽.

51 毛澤東, 위의 책, 1982, 233쪽.

擇進行正當與不正當]'로 비교적 명확히 규정했다는 점이다.[52]

그 후에 2차 국공내전의 초기까지는 유민에 대한 인식에 있어 큰 변화가 없었다. 그렇지만 중국공산당이 2차 국공내전에서 승리를 거두면서 세력을 확장함에 따라, 이러한 부류의 유민들을 사회질서의 유지에 있어 방해되는 요소로 보기 시작하였고, 이는 「화북 인민정부 모든 반동조직[會門], 종교단체[道門], 봉건(封建)·미신(迷信) 조직 해산 포고문[華北人民政府解散所有會門道門封建迷信組織的布告]」에서도 드러난다.

> "반동 조직이나 종교 단체는 봉건적이고 미신적인 조직일 뿐만 아니라, 반혁명분자들에 의해 각종 반혁명활동을 진행하는데 조작되고 이용되곤 하였다. (중략) 만약 이들의 존재 및 발달을 내버려둔다면, 혁명사업과 인민의 이익에 있어 큰 해가 될 것임은 자명하다."[53]

이에 따라, 유민들 가운데에서도 '정당하지 못한 방법으로 생계를 유지하는 자'들을 사회에서 제거[肅淸]하려는 움직임이 있었고, 중화인민공화국이 수립된 후에는 이러한 방침이 확고하게 자리를 잡았다.

52　이에 따라 '항일 근거지'에서의 유민 개조 작업은 더욱 철저하게 진행되었다. 陳明勝, 「論中國共產黨遊民政策的歷史演變(1921-1953)」, 『黨史研究與教學』 第01期, 中共福建省委黨校, 2013, 96-97쪽.

53　韓延龍, 常兆儒, 『中國新民主主義革命時期根據地法制文獻選編』(第3卷), 中國社會科學出版社, 1984, 183-184쪽.

2. 중국공산당의 유민개조 (1949-1958)[54]: 유민의 강제 수용

1949년 5월 27일 인민해방군이 상하이에 진군하고, 천이[陳毅], 쑤위[粟裕]를 정·부주임[正·副主任]으로 하는 상하이시 군사통제위원회가 상하이를 전면 인수하기 시작하였다. 그리고 5월 29일 상하이의 『해방일보』는 포고를 게재하여 중국공산당이 상하이 패잔병 수용 및 개조[上海散兵收容改造] 작업에 착수하였음을 알렸다.[55] 이는 패잔병[散兵遊勇]의 수용 및 처리가 상하이 유민개조의 첫걸음이었음을 의미한다.

중국공산당이 상하이에 입성하였던 5월 당시에는 유민이 많은 데다 상황이 매우 복잡하였다. 이러한 배경 아래, 상하이 유민에 대한 대대적인 유민 개조가 시작되었다.

먼저 중국공산당은 유민에 대하여, "대중을 목표로 노력하나, 그 가운데 반동세력에 의존하여 반혁명 활동분자에 적극적으로 참

---

54 중국공산당의 유민정책 시기를 1958년까지로 규정한 것은, 1958년에 상하이시가 유민들을 배치하여 개조하는 '바이마오링 농장[白帽岭農場]'의 관할을 민정국에서 노동교양국으로 이관하고, 시내의 여러 교양소(教養所)를 폐쇄하면서 실질적으로 종료되었기 때문이다. 또한, 중국에서는 1957년 반우파투쟁으로 사실상 중국공산당의 일당 지배체제가 확립된 뒤에 1958년부터 중국 인민들을 동원하는 대약진운동이 시작된다. 그런데 '대약진운동'과 같이 전 인민을 동원하는 국가 정책이 추진된다는 것은 정책 추진에 걸림돌이 되는 존재들을 어느 정도 일소했음을 나타낸다. 즉, 중국공산당의 유민 강제수용이 종료됨은 대약진 운동이 추진된 것과도 밀접한 연관을 갖는다는 것이다. 林立, 「把游民和娼妓改造成新人」, 『20世紀上海文史資料文庫』(10), 上海书店出版社, 1999, 381쪽; 히메다 미쓰요시 등, 김순호 옮김, 『20세기 중국사』, 도서출판 돌베개, 1995, 211-212쪽.

55 "中國人民解放軍布告", <解放日報>, 1949.05.29일 자.

여하는 것을 반대한다."[56]라는 정책을 수립하였다. 그리고 1952년 8월 정무원(政務院)은 「노동고용문제에 관한 결정[關於勞動就業問題的決定]」에서 "노동력 있는 유민 거지에게는 강제노동을 시켜야 하고, 여건이 가능하면 집중적으로 수용하여 노동개조를 하는 것이 좋다."[57]라고 명시하였다.

그 후 1953년 12월 제197차 정무회의에서 비준하고, 1954년 1월 13일 제2차 전국민정회의(全國民政會議)에서 채택한 결의에서도 "유민 거지에 대하여는, 마땅히 이들을 조직하여, 그들로 하여금 노동에 참여하게 하고 자활시켜 점차 취업하게 하여야 한다."고 규정하였다. 게다가 구체적인 방안으로, "마땅히 필요성과 노동력 유무에 따라 각각 교양, 구제 또는 노동개조를 실시하고, 또한 노동력이 있는 모든 사람은 마땅히 도시나 농촌에서 노동에 참여하도록 하여 자활할 수 있도록 방책을 마련해야 한다. 도시의 모든 빈민, 유민들을 한꺼번에 구제하려는 잘못된 관점은 반드시 바로잡아야 한다."고 제시하였다. 즉, 유민개조를 '박탈당했던 유민들의 노동권을 회복시켜 근대적 의미의 노동하는 인민으로 재탄생'시키려는 일종의 정책적 과제로 설정하였다고 볼 수 있다. 그리고 유민을 처리하는 업무에서는 '노동 생산과 정치사상 교육의 상호 결합', '개조와 배치[安置]의 상호 결합'[58]의 방침을 취하였다.

---

56 中央人民政府法制委員會編, 위의 책, 1982a, 101쪽.

57 中央人民政府法制委員會編, 『中央人民政府法令匯編』(1952), 法律出版社, 1982b, 218쪽.

58 배치[安置]: 후술하겠으나, 이는 상하이의 유민을 다른 지역으로 이송하여 정착시키는 것을 가리킨다. 中央人民政府法制委員會編, 『中央人民政府法令匯編』(1954年1

이러한 사상적 지도 아래, 중화인민공화국은 전국 중/대도시에 생산교양기관(生産敎養機關)을 설립하여, 유민들의 수용 배치 및 강제 개조 작업을 전개하였다.

가. 강제 수용의 방식

이에 따라 유민에 대한 강제 수용 작업이 진행되었으며, '수용' 방식은 '상시수용[經常收容]', '기습수용[突擊收容]', '중점수용(重點收容)'으로 나눠진다.[59]

'상시수용'은 상하이시 민정국(民政局)이 주관하고 공안국(公安局)이 협조하여 진행하였으며, 주요대상은 "원래 농민, 노동자 혹은 기타 인민이 반동 정권이나 지주매판자산계급에 의하여 직업을 잃고 정당하지 못한 방법으로 3년 이상 생계를 유지한 자(人民日報 8월 21일자, 1950: 1)"들이었다.

수용 과정은 크게 '유민 수용 기준의 초안 작성-개조 및 구제 대상의 선정-실제 수용 및 처리' 순서로 이뤄졌다. 매회 수용인원이 일정치는 않았으나 수백 명에서 천여 명으로 추산된다.[60] 이는 "상하이시 4개 교양소의 매월 수용인원이 1,000여 명에 달했다."[61]거나, "1951년 4월 중순에서 9월 중순 사이에 민정국의 교양소에 총

月-9月), 法律出版社, 1982c, 23쪽.

59 阮淸華, 「上海遊民改造硏究(1949-1958年)」, 復旦大學博士學位論文, 2008b, 71-80 쪽; 楊麗萍, 위의 논문, 2010, 71쪽.

60 1950년 5월 중순부터 민정국은 유민 수용 및 개조 업무를 일상적으로 진행하였으며, 공안국에도 이에 대한 협조 요청을 하였다. 阮淸華, 위의 논문, 2008a: 160쪽.

61 "各生産敎養所每月收容人數統計表", <上海市檔案館藏檔案 B168-1-923>, 1950年 03月.

2,000여 명이 수용되었다."[62]는 사실에서 확인할 수 있다.

'기습수용'은 유민 문제가 불거졌을 때나 주요 명절(예: 노동절이나 국경절 전) 및 동절기에 임박하여 민정국, 공안국, 상하이시 생산구제위원회(上海市生産救災委員會)[63](훗날 中國人民救濟總會上海市分會, 약칭 救濟分會 또는 人救分會) 등이 연합하여 진행하였다. 이는 미리 선정한 특정 일자에 시의 전체 혹은 일부 구역에서 유민, 거지 등을 돌발적으로 수용하고, 이후에 교양소에서 심사를 진행하여 유민이 아닌 자들은 석방하고 나머지는 이후의 과정을 진행하는 것이었다. 예를 들면, 1949년 12월 14일부터 이틀간 상하이시의 30개 구역에서 4,200여 명을 수용하였다.[64]

'중점수용'은 흔히 '하얼빈빌딩 수용작업[哈爾濱大樓工作]'을 가리키는데, '하얼빈빌딩[哈爾濱大樓]'은 상하이시 홍커우구[虹口區]에 위치한 건물로서, 중일전쟁 시기에 건물주였던 미국인이 귀국한 이후에 방치되어 이재민, 난민, 유민들의 집합소와 같이 변해버렸다. 이 건물이 사회적으로 문제가 되자, 상하이시 민정국과 공안국은 시정부의 지시에 따라 상하이시 생산구제위원회 및 공안부대의 인원 300여 명을 동원하여 1951년 2월 20일 새벽 3시에 하얼빈빌딩에서 수용 작업을 진행하였으며, 이 과정에서 모두 2,900

---

62 "上海市遊民改造工作槪況", <上海市檔案館藏檔案 B168-1-931>, 1951年末.

63 상하이시 생산구제위원회(약칭, 生救會)는 1950년에 설립되었으며, 화동생산구제위원회에 소속되었다. 주요 임무는 정부의 재난구호와 기근대비, 생산촉진 등을 돕는 것이다.

64 "上海市人民政府通告: 为收容改造长期以乞食偷盗卫生的乞丐和扒手事", <上海市檔案館藏檔案 B168-1-923>, 1949年12月.

여 명을 수용하였다.[65]

이러한 형태의 수용에 반혁명진압 운동 과정에서 수용한 인원을 합하여, 1949년부터 1958년까지 모두 69,000여 명의 유민이 수용되었다.[66]

나. 강제 수용의 단계

상하이시에서 진행된 유민 강제 수용은 수용 유민 유형의 비율 변화에 따라 크게 3단계로 나눌 수 있다.[67]

1) 1단계 (1949년~1951년 11월)

상하이의 유민 수용 작업은 거지와 도둑에서 시작되었으며, 이는 상하이의 민생 안정을 위한 조치로 사료된다. 상하이시 민정국과 공안국은 민정국의 「겨울 난민 구제 및 대비 방안[冬令救濟與疏散難民方案]」에 따라, 1949년 12월 14일부터 시의 30개 구에 걸쳐 총 5,000여 명에 달하는 거지와 소매치기를 집중 수용하였

---

65   "哈爾濱大樓請理記", <新民晚報>, 1951.02.28일 자.
66   范靜思(2000)에 따르면, 1949년에서 1958년까지 수용된 인원은 모두 69,573명이다. 이 중 거지[乞讨]와 절도범[偷窃]은 '행위유민'을 대표하며, 창기(娼妓)는 '특별유민'을 대표하고, 국민당 군경[国民党军政警宪] 등은 '신분유민'을 대표한다. 中共上海市委黨史研究室, 上海市檔案館藏檔案館 編, 『上海解放初期的社會改造』, 中共黨史出版社, 1999, 247쪽; 範靜思 主編, 上海民政志編纂委員會 編, 『上海民政志』, 上海社會科學院出版社, 2000, 294쪽.
67   연도별 수용양상을 보면 건국 초기(1949-1951)에는 거지와 절도범이 대다수를 차지하고, 창기는 50년대 초반(1951-1954)에, 국민당 군경은 50년대 중반(1956-1957)에 수용인원이 크게 늘어난다. 範靜思, 위의 논문, 294쪽.

다.[68] 이러한 수용의 과정에서 유민들의 의사는 전혀 고려되지 않았기 때문에, 당연히 유민들의 의견을 수렴하는 과정은 전혀 이뤄지지 않았다.

「상하이시 유민개조 사업 개황[上海市遊民改造工作槪況]」[69]에 근거하면, 1949년부터 1951년 9월까지 상하이에서는 모두 24,119명의 유민이 수용되었다. 그중 주요 수용 대상자 가운데 절도가 전체의 35.9%를 차지하고 거지가 15.2%를 차지하였는데, 거지에 무전취식[吃白食], 마차밀이[推橋頭]], 갈취[強討勒索] 등을 합한 구걸류[乞討類]가 전체의 20%를 차지한다. 만약 총인원 24,119명에서 범죄자 2,027명을 제외한다면, 절도 및 구걸과 관련된 유민이 10명 가운데 6명을 넘어간다. 그리고 유랑민[長期流浪]이 23.9%로 상당한 비율을 차지하고 있는 것으로 나타났다.[70] 이외에도 유민들 가운데는 조선인, 일본인 등의 외국인들도 있었는데,[71] 이들은 중일전쟁 종료 후에 여러 이유로 상하이에 머물거나 눌러앉은 사람들이라고 사료된다.

2) 2단계 (1951년 11월~1954년 말)

이 시기에는 수용 범위가 확대되었으며, 창기(娼妓) 수용에 좀 더 중점을 두었다. 1949년에 중국공산당의 입성 당시, 상하이에는

---

68 "集中敎育逐漸改造, 乞丐扒手獲善安置", <解放日報>, 1949.12.18일 자.
69 "上海市遊民改造工作槪況", <上海市檔案館藏檔案 B168-1-931>, 1951年末.
70 阮淸華, 위의 논문, 2008a, 160-161쪽.
71 "上海市遊民改造工作槪況", <上海市檔案館藏檔案 B168-1-931>, 1951年末.

30,000명의 창기와 이들에게 의지하여 생활하는 이들이 80,000명 있는 것으로 조사되었다. 중국공산당은 금수 조치로 어려워진 상하이의 경제 상황과 지속적인 전쟁 수행으로 약화된 자신들의 경제적 역량을 감안하여, 우선 기루와 창기에 대하여 등록제를 실시한 후에 스스로 전업하도록 권고하여 점차적으로 그 수를 줄여나가는 방법을 취하였다.[72]

그렇지만 상하이시는 1951년 11월 25일에 잔존했던 기루를 일거에 폐쇄하고 518명을 기습적으로 수용하였다. 그중 포주[老鴇]와 호객꾼[搭客孃姨] 12명은 민정국 제1노동교양소로 보냈고, 나머지 506명(公娼 136명, 私娼 369명)은 민정국 제2노동교양소에 수용되었다.[73] 그리고 1952년 12월 14일부터 17일까지 민정국과 공안국은 또다시 총 724명의 여성을 수용하였다(上海市檔案館藏檔案 B168-1-923 12月, 1952).[74]

1954년까지 상하이에서 수용된 창기의 수는 모두 3,506명에 이르렀고, 이것은 당시에 수용된 전체 유민 19,903명의 17.62%를 차지한다.[75] 이는 1949년부터 1951년까지 창기 및 포주가 전체 유민의 0.5%를 차지하던 것에 비하면 상당히 증가한 수치이다.[76]

이렇듯 이 시기의 유민개조의 초점은 창기에 있었다. 하지만 상

---

72 楊吉曾, 賀宛男 編著, 『上海娼妓改造史話』, 上海三聯書店, 1998, 27-34쪽.
73 제1노동교양소는 차오허징유민교양소[漕河涇遊民教養所], 제2노동교양소는 퉁저우루 여성노동교양소[通州路婦女勞動教養所]로도 불렸다. "上海婦女教養所工作情況", <上海市檔案館藏檔案 B168-1-938>, 1952年05月28日.
74 "收容工作總結", <上海市檔案館藏檔案 B168-1-923>, 1952年12月.
75 "上海市妓女收容處理統計表", <上海市檔案館藏檔案 B2-2-31>, 1955年10月.
76 "上海市遊民改造工作概況", <上海市檔案館藏檔案 B168-1-931>, 1951年末.

술하였듯이 중화인민공화국 초기에 창기 문제를 해결하는 방법은 여성의 민권 향상을 통한 여성 해방이 아닌, 그들을 유민으로 간주하고 강제 수용/개조하는 과정이었다. 즉, 처음에는 창기들의 전업을 유도하면서 선택권을 존중하는 듯했으나, 결국에는 해결책이 강제적인 공권력 행사를 통한 기루 폐쇄 및 유민개조로 귀결된 것이다.

3) 3단계 (1955년~1958년)

이 시기에는 유민 수용 및 개조의 대상에 소위 '반동신분'을 가진 사람들의 비율이 점점 증가하였다. 이와 같은 유민 수용의 양상은 상하이의 인구의 수가 급격히 증가한 것에서 출발하는데, 1954년에 상하이의 인구가 660만까지 증가한 것이다. 게다가 동년에 발생한 장강(長江)과 화이허[淮河] 유역의 큰 홍수는 식량 공급에 차질을 빚었고, 또한 총노선(總路線)을 공포한 이후에는 공업 생산이 나날이 감소하였다.[77]

이렇듯 상하이시의 상황이 나빠지는 가운데, 민정국과 공안국은 유민들 중에서도 반동신분을 가진 이들이 사회의 치안에 중대한 영향을 끼치고 있음을 발견했다. 예를 들어, 쑹산구[嵩山區] 공안분국에서 1954년에 검거한 1,007명의 범죄자 중에 적국 및 괴뢰국 군정경찰[敵偽軍政警憲人員][78], 지주 등의 유민이 407명으

77　熊月之, 위의 책, 1999, 92쪽.
78　'偽軍(puppet army)'은 즉 침략한 국가가 그 점령지의 민중을 조직하거나, 항복한 적군의 병사로 구성된 군대로, 그 구성원은 일반적으로 반역자로 간주된다.

로, 형사 범죄자의 40.4%를 차지하였다.[79]

이러한 맥락에서 상하이시 당위원회[上海市委]에서는 인구 증가로 파생되는 문제와 치안 문제를 동시에 해결한다는 명분을 내세워, 1955년에 유민의 시외 이송 등을 통하여 상하이의 인구를 550만 명 정도로 통제하기 위한 '상하이 긴축[緊縮上海] 계획'을 비준하였다. 이에 상하이시는 우선 30만 명에 이르는 유민 및 그 가솔들에 대한 강제 수용 작업에 착수했고,[80] 이와 같은 과정에서 적국 괴뢰국 군정경찰[敵僞軍政警憲], 소위 반동당 특무단[反動黨團特], 반동 종교조직[反動會導門], 도망지주, 악질토호[惡覇] 등 이른바 사회적 해악[社會渣滓: 사회적 찌꺼기]에 해당하는 무직자들이 강제 수용 및 개조의 대상이 되었다.

그러나 1956년 9월에 상하이시 당위원회[上海市委]가 민정국의 '유민 수용 기준 범위' 개정안을 승인하면서 반동신분에 대한 강제 수용에 일단 제동을 걸었으나, 실제로는 적용되지 않는 경우가 많았다. 고로 1959년까지도 외래 인구에 대한 수용 및 송환에서 '地富反壞右'[81] 신분인 이들은 여전히 주요 대상되었다.[82]

결국, 이 시기 상하이 유민 수용 개조 작업은 반동 신분의 사람들에 집중되었다. 이는 인구 문제와 치안 문제를 동시에 해결하려

---

79 "嵩山區公安分局對遊民及社會渣滓的調查情況報告(初稿)", <上海市檔案館藏檔案 B2-2-71>, 1955年05月.
80 "上海市人救分會對於1955年遊民改造工作計劃的意見", <上海市檔案館藏檔案 B168-1-953>, 1955年07月08日.
81 地富反壞右이란, 지주(地主), 부농(富農), 반혁명(反革命), 악당[壞分子], 우파(右派)의 5가지 유형으로, 즉 '흑오류(黑五類)'을 가리키는 말이다.
82 "楊浦區收容人員情況年報表", <楊浦區档案館藏檔案 1966-047-5-0138>, 1960年.

던 상하이시가 정권에 위협을 가할 가능성이 있는 반동신분을 가
진 자들을 유민 개조라는 명목으로 공권력을 통해 상하이시에서
축출한 것이다.

3. 강제 수용 유민에 대한 개조 방식

가. 사상교육

위와 같은 과정을 거쳐 수용된 유민들에 대하여 '노동생산교양
소(勞動生產教養所)', '부녀노동교양소(婦女勞動教養所)', '제3/4노동
교양소(第3, 4勞動教養所)', '상하이시 생산교양소[上海市生產教養
所]' 등지에서 교육 및 강제 개조 작업을 진행하였다.

수용된 유민에 대한 교육의 목적은 '유민의 사상 속에 남아 있
는 썩은 정신을 박멸[扼滅遊民思想上的腐朽性]'[83]하는 것이었다.
이와 같은 관점은 유민들 사이에서도 가장 부패한 자들에 대한 처
리를 유민 계층 전체로 확대시킨 것으로, 새 정부의 유민들에 대한
기본적인 인식으로 자리를 잡았다. 유민 집단은 사회주의 국가의

---

83 '유민의 사상 속에 남아 있는 썩은 정신[扼滅遊民思想上的腐朽性]'에 대해, 일찍이
취추바이[瞿秋白]는 다음과 같이 언급했다. 이러한 유민의 사상은 정치와 문화 관념
에서는 '편협한 민족주의[狹隘的民族主義]', '국가주의[國家主義]', '배외주의[排外
主義]', '국민문화주의[國民文化主義]'의 형태를 띠며, 이로 인하여 '모든 반동적 사
상과 책략[一切反動的思想和策略]'이 생기게 된다고 하였다. 정치 생활과 조직 관
념에서는 '수령식 개인주의[首領式的個人主義]', '맹목적인 복종 의식[盲目的服從]',
'유민적 규율관[流氓式的紀律觀]'을 보이며, 행동으로는 '무정부주의[無政府主義]',
'맹동주의[盲動主義:기회주의]', '개인 공포주의[個人恐怖主義: 테러리즘]', 심지어
'도시 불태우기[燒燬城市]'를 주장하는 성향으로 나타난다고 하였다. 瞿秋白, 瞿秋
白文集(第三卷), 人民文學出版社, 1989, 87, 342쪽.

'인민'이 되는 기준에 부합하기 어렵다고 여겨졌고, 이들에 대한 중국공산당의 기본자세는 강제노동, 교육개조에 관한 단호한 정책과 장기간의 인내심 있는 교육을 결합하는 것이었다. 즉, 그들의 정치적 인식과 자존심을 계발하고 노동습관을 함양하여 올바른 노동 관념을 확립함으로써, 그들이 자각적이고 적극적으로 노동하고 생산하여 사회생산력의 한 부분이 되도록 해야 한다는 것이다. 그러므로 유민들을 수용한 이후 반년 정도 정치사상교육을 집중적으로 시행하여 노동자의 인성을 기르는 것이 중요하다고 보았다. 다시 말하면, '교육'은 '유민'을 '근대적 노동 인민'으로 바꿔내기 위한 '기초 작업' 혹은 '전제'라고도 할 수 있다. 이에, 유민에 대한 교육은 사상교육이 주를 이뤘고, '기율 및 정책교육[紀律和政策教育], 진로교육[前途教育], 노동교육(勞動教育), 애국주의교육 및 문화교육[愛國主義教育和文化教育]' 네 가지가 포함되었다.[84]

나. 노동개조: '공장노동'과 '농장노동'

노동개조는 "생산에 종사하지 않고 놀고먹는 유민들을 자급자족할 수 있는 노동자로 키운다."는 목표 아래 진행되었고, 크게 '공장노동'과 '농장노동'으로 나뉘었다.[85] 다시 말하면, 공장노동과 농장노동은 '근대적 노동 인민으로의 재탄생'이라는 정책적 과제를 실현하는 과정이라고 볼 수 있다.

'공장노동'은 교양소 내의 공장 혹은 민간의 공장에서 일하게 하

84　楊麗萍, 위의 논문, 2009, 188쪽.
85　阮清華, 위의 논문, 2008b, 88-93쪽.

는 것으로, 이전(국민당 집권 시기)과 마찬가지로 주로 의류나 신발 공장에서 노동을 시켰다. 그렇지만, 특별한 기술이 필요 없는 단순 노동에 불과하여, 유민들이 개조과정 후에 사회로 나오더라도 제대로 된 일자리를 찾는데 많은 애로를 겪게 되었다. 또한 공장의 수도 한정이 되어 있어서, 많은 인원을 한꺼번에 노동개조 과정에 투입할 수도 없었다.

그리하여 유민에 대한 노동개조는 '농장노동'이 주가 되었다. '농장노동'은 주로 자연재해로 피해를 입은 지역에 인원을 파견하거나 새로이 만들어진 농장에서 노동을 시키는 것이었다. 이러한 형태의 노동개조는 이전(청 말기~국민당 정부)에도 시행되었으나, 중화인민공화국에서는 강제적이면서도 조직적으로 많은 인원을 동원할 수 있었기에 이전 정부들에 비해서 일정 부분 성공을 거둘 수 있었다.

1949년부터 1958년까지 수용된 인원 69,000여 명 가운데 '귀가[回家]'한 인원(23,417명) 다음으로 농장으로 배치된 인원(21,548명)[86]이 많은 것을 볼 때, 중국공산당의 유민에 대한 노동개조가 어디에 방점이 찍혀 있었는지 추론할 수 있다.

1) 노동개조 사례1: 쑤베이 간척지[蘇北墾區]

쑤베이 간척지[蘇北墾區: 쑤베이 개간지구]는 장쑤성[江蘇省]

---

86 21,548명 중에서 12,043명은 1950~1951년에 걸쳐 '蘇北墾區上海農場'으로, 9,508명은 1956~1958년에 걸쳐 '皖南白茅嶺農場'으로 배치되었다. 阮清華, 위의 논문, 2008b, 88-93쪽.

둥타이현[東臺縣, 현재의 大豊縣]에 속하는 쓰펀하[四岔河]를 중심으로 한, 2만 무(畝)의 황무지를 말한다. 1950년 2월에는 국민당 군의 항공폭격을 피하기 위해 인구를 대피시키는 방침에 따라, 상하이시 민정국은 상하이시 인민정부의 위탁을 받아 쑤베이 행정공서와 함께 이곳을 상하이 유민개조의 장소로 사용하기로 합의하였다. 그리하여 3월 13일 둥타이 생산총대[東臺生産總隊][87]를 설립하여, 상하이시 민정국 부국장 황위저우[黃序周]가 총대장을 맡았다. 그리고 6월 간척지에 상하이시 인민정부 간척지 노동 생산 관리국을 세웠다.

둥타이 생산총대가 수립된 후, 즉시 민정국 교양소 소속의 유민 및 공안국과 법원에서 이관한 범인 7,000여 명을 쑤베이 면화 간척지[蘇北棉墾區]에 집단으로 이송하여, 황무지의 개간과 생산 및 노동개조를 진행하였다. 이후 1951년 4월 초순과 7월 중순 두 차례에 걸쳐 간척지로 유민들을 이송하였다. 이로써 모두 3개 그룹으로 12,000명 이상의 유민과 죄수들이 노동개조를 위해 쑤베이 간척지로 옮겨졌다.[88]

비록 쑤베이 간척지로의 이송은 '황무지 개간'을 명분으로 삼았으나, 실질적으로는 1950년 2월 6일의 대규모 폭격으로 인한 사회직 혼란을 잠재우고 시민들의 시선을 돌리는 방책 중 하나였다. 쑤

---

87 1952년 8월, 상하이 농장 관리국[上海農場管理局]으로 개명했으며, 상하이시 공안국이 지도 및 감독을 하였다. 1956년 9월 이후, 상하이시 지방 국영 상하이농장[上海市地方國營上海農場]으로 개칭되었다.

88 湯水淸, 위의 논문, 2007, 106-107쪽.

베이 간척지에 이주를 위한 준비가 거의 되어 있지 않았음에도 불구하고, 상하이시는 유민들의 안전을 고려한다는 구실을 내세워 유민들을 이곳으로 이송하였다. 이 과정에서 아동이나 노동이 불가능한 노인, 심지어는 움직이지도 못하는 장애인도 모두 강제로 이주시켰는데,[89] 이는 당시의 노동개조 및 유민 배치에 내재된 폭력성을 여실히 보여준다.

2) 노동개조 사례2: 완난 바이마오링 농장[皖南白茅嶺農場]

유민에 대한 시외 배치[市外安置]는 쑤베이 간척지로 보내져 노동 개조하는 것 외에도, 화이허[淮河]의 관리를 가속화하라는 중앙 정부의 요구에 부응하기 위해, 1952년 12월에 상하이시 제1노동교양소에서는 757명의 유민들을 '완베이 화이허 치수공사 노동대조 지휘부[皖北治淮勞改指揮部]'로 보내, '화이허 치수공사 노동[治淮工程勞動]'에 참가하게 하였다. 1955년 9월에는 별도로 '상하이 노동 화이허 치수공사 대대[上海勞動治淮大隊]'를 설립하여, 9,300여 명의 유민들을 1955년 11월과 1956년 2월에 차례로 나누어 화이허의 공사장으로 이송하여 노동을 시키는 동시에 개조를 진행하였다. 그 후 1956년부터 많은 유민이 다시 '완난 바이마오링 농장[皖南白茅嶺農場]'으로 이송되어 노동하였고, 1958년까지 3년 동안 총 9,508명이 이 농장으로 보내졌으며, 이는 이 기간 동안 처리 및 배치된 유민의 30%를 차지한다.

---

89 阮清華, 위의 논문, 2008b, 94쪽.

그러므로 유민(일부 범죄자 포함)이 적어도 이 시기에는 상하이시의 관급 공사 및 건설과 외지 건설을 지원하는 데 중요한 힘이 되었다고 할 수 있다.[90] 즉, 중국공산당의 입장에서 보자면 '근대적 노동 인민 재탄생'을 목표로 하는 '유민개조'의 과정에서 발생한 일종의 긍정적 결과물이라 할 수 있다. 하지만, 유민들의 입장에서는 자신의 의도와 상관없이 노동에 참가하게 되었으므로, 바이마오링 농장으로의 이주 역시 공권력 동원의 결과물일 뿐이었다고 사료된다.

4. 국가 통제에 대한 유민의 저항

상술한 바와 같이, 1949년부터 1958년까지의 10년간, 중국공산당이 주도한 유민 강제 개조를 통한 '근대적 노동 인민 재탄생' 작업은 순조롭게 진행되는 듯 보였으나, 실제로는 유민의 수용, 재배치, 노동개조의 과정에서 유민 통제가 이뤄진 것이었다. 이는 중국공산당에 저항하는 경우가 발생한 다수의 사례들이 증명한다. 강제 개조에 대한 유민의 저항은 크게 두 가지의 형태로 나타났는데, 바로 유민들의 '도망'과 '자살'이다.

이러한 저항의 시작은 특히 유민의 오수용(誤收容: 잘못된 인원을 수용)으로 비롯되었다. 1949년 12월부터 1954년 말까지 수용된 유민의 수는 38,798명이며, 수용 대상에는 주로 거지, 소매치기, 도

---

90 湯水清, 위의 논문, 2007, 107쪽.

둑 외에도 강도, 사기범, 갈취범, 마약 중독자 및 밀매업자, 기생 [妓女] 그리고 국민당이 남긴 패잔병 등이 포함되어 있었다. 그런데, 유민 수용을 진행할 시, 특히 '기습수용' 시에 일반 인민들이 유민으로 잘못 수용되는 현상이 나타났다. 예를 들면, 일부 노점상, 실업 노동자, 부두 막노동자 등을 잘못 수용하여 대중의 불만을 샀던 것이다.[91]

이에 대해 유민들은 도주와 자살로 저항했다. 먼저, 유민 도주 사건의 예는 쑤베이 간척지에 이송된 자들이다. 1차로 쑤베이 간척지에 이송된 유민과 범죄자 중의 일부분은 실업 노동자와 이재민이었으나, 나머지 대부분은 문화 수준이 높은 상인[商販], 기술 노동자, 교직원, 도망 지주와 그 자녀들, 심지어 국민당 패잔병 군대의 장교들이었다. 그들은 가진 것 하나 없이 쑤베이 간척지에 왔으므로, 생활의 고달픔은 이루 말할 것도 없었다.

또한, 유민 중의 일부는 잘못 수용된 이재민들로서 노동개조에 참여하도록 강요당하는 것 자체에 불만이 있었고, 범죄자들은 법원의 재판도 없이 무기징역에 처해 있다고 생각하는 경우가 많았다. 게다가 도시와 멀리 떨어져 있어 교통이 불편하고, 교육 및 관리가 제대로 이뤄지지 않았다. 또 단속요원[管敎], 특히 무장요원[武裝人員]의 수가 적고 자질이 비교적 떨어졌던 탓에, 유민과 범죄자들에 대한 학대가 자주 발생하였으며, 심지어 범인을 총살하는 심각한 행위까지 발생하였다.[92] 이에 유민 도주 사건이 끊이지

---

91 湯水清, 위의 논문, 2007, 105쪽.
92 湯水清, 위의 논문, 2007, 108쪽.

않았다. 1950년 7월 14일에 830명이 집단으로 탈출하자, 해당지역 정부는 군경민(軍警民)에 협조를 요청하여 614명을 차례로 연행하였으나 나머지는 도주하였다. 이후에도 7월 말까지 도합 1,000여 명의 유민들이 도주하는 일이 벌어졌다.[93]

또 다른 저항의 결과인 유민의 자살 사건으로는, 그 대표적인 사례가 징안구[靜安區]의 저우천중[周振中], 장핀밍[張品明] 부부가 1955년의 대수용 과정에서 자살한 것이다. 조사 결과, 그들은 1953년에 지주 집안임이 밝혀져 정치적 권리를 박탈당하기는 하였으나, 회계사로서 비교적 안정된 수입을 거두고 있었다. 이에 따라 상하이 인민위원회에서는 수용대상으로 적합하지 않다고 결론을 내렸으나, 징안구 인구사무실에서는 과거의 기록을 근거로 유민으로 수용하기로 결정하였다.[94] 그들은 수용을 집행하는 과정에서 병을 이유로 들었으나 수용 대상에서의 제외 요청을 거절당하였고, 이후에도 요청이 불허되자 부부는 결국 음독자살을 택하였다.[95]

유민 자살의 또 다른 예로는 홍커우구[虹口區]의 리쥐화[李菊花, 女]와 자베이구[閘北區]의 판바오산[範玉山]이 있다. 리쥐화의 경우에는 당시 공안분국의 조사 자료에 따르면, 그녀는 정당한

---

93 "上海市府對遊民犯人進行集體勞動改造工作的專題報告", <上海市檔案館藏檔案 B1-1-1024>, 1950年12月25日.

94 상하이시 인민위원회에서는 경제적 상황만을 고려한 듯하나, 징안구 인구사무실에 서는 1955년의 '상하이 긴축 계획'에 따른 행정집행의 일환으로 '반동신분'인 '지주' 에 대하여 유민 수용을 결정한 것으로 사료된다.

95 "上海市人民委員會通報-爲收容工作中發生遊民, 社會渣滓自殺事件", <上海市檔案館藏檔案 B1-2-1680>, 1956年01月30日.

직업이 없이 집에서 도박, 매음 등을 행하였다. 수용될 당시에 그녀가 청산가리[山奈钾]를 휴대하고 있던 것이 발견되었으나, 그것을 몰수당하지 않았기에 그녀는 음독자살하였다. 후일 조사에서 밝혀지길, 그녀는 매음을 하지 않았는데 조사과정의 부실로 인하여 유민으로 오해를 받은 것이었다. 그리고 판바오산은 만성질환을 앓고 있던 노인으로서 노동개조가 불가능하다고 판명되었으나, 사무처에서는 그가 수입이 없이 혼자 살고 있었기 때문에 '아사'를 면해주기 위하여 수용하기로 결정하였다. 그렇지만 그는 "우리 속에 갇혔다."고 여기면서 목을 매어 자살을 하고 말았다.[96]

이러한 국가 통제에 대한 유민의 저항은 '유민 강제 수용'에 대한 의식의 차이와 정책 자체의 문제에서 발생하였다. '유민 강제 수용'에 대하여, 중국공산당은 자신들에 대하여 "일정한 직업도 없이 혹은 정당하지 못한 일을 하면서 생계를 유지하는 유민들을 수용하여 교정하고 취업을 알선하여 정상적인 생활로 이끄는 '구원자[救星]'"로 여겼다.[97] 반면에, 유민들은 중국공산당이 "자신의 원래 생활 방식을 망치고 생계를 도모하고자 하는 희망을 빼앗는다."고 여겼다.[98] 게다가 정상적인 인민을 유민으로 잘못 수용하기도 했으며, 유민으로 강제 수용된 이후에는 제대로 된 항의나 소송을 할 수도 없어 '유민'의 낙인을 벗어날 길이 사실상 존재하지 않

---

96 "目前遊民收容工作的情況報告", <上海市檔案館藏檔案 B168-1-964>, 1956年01月; "收容遊民工作的成績例子", <上海市檔案館藏檔案 B168-1-49>, 1956年10月.

97 "上海市人民政府通告: 为收容改造长期以乞食偷盗卫生的乞丐和扒手事", <上海市檔案館藏檔案 B168-1-923>, 1949年12月.

98 "上海市遊民改造工作概況", <上海市檔案館藏檔案 B168-1-931>, 1951年末.

았고,[99] 배치된 이후의 생활환경은 열악하기 그지없었다. 이에 절망한 유민들이 중국공산당에 대한 '반항'의 차원에서 '도주' 혹은 '자살'을 선택하게 된 것이다.

다시 말하면, 유민들의 '도주' 혹은 '자살'은 국가 권력의 강제력 동원에 무릎을 꿇을 수밖에 없는 약자의 위치에 있으면서도, 아무런 자신의 목소리를 낼 수 없는 그들의 어쩔 수가 없었던 선택이었던 것이다.

Ⅳ. 결론: 서발터니티로서의 유민

중화인민공화국 수립 전후에 상하이 지역 유민의 수는 15만 명에 달하고, 그 유형도 매우 복잡하였다. 이는 상하이가 가지는 관문도시로서의 성격으로 인하여, 제국주의와 식민지배로 인한 자본의 유입(폭력) 및 내전으로 상하이에 수많은 유민들이 출현하였기 때문이다.

유민들은 삶의 근거지를 떠나 정당하지 못한 방법으로 생계를 유지하였다. 그러므로 중일전쟁이 시작되기 전부터 '도시 미관을 어지럽히는 존재'로 인식되었다. 그렇지만 이 시기에는 국내외적으로 혼란한 상황에서 유민 문제까지 신경을 쓸 여력이 없었고 정치적 역량의 부족으로 유민에 대한 관리 소홀을 야기하였으며, 결과

---

99 "關於最近收容遊民及社會渣滓工作情況報告(草案)", <上海市檔案館藏檔案 B2-1-47>, 1956年03月15日.

적으로 유민들은 국가의 도움을 제대로 받지 못한 채 방치되었다.

중국공산당은 창당 초기에 유민들을 혁명의 동지로 취급하기도 했다. 그러나 유민들은 시간이 지나면서 반혁명성이 농후한 집단으로 취급받았으며, 중화인민공화국이 수립된 이후에는 이전 시기와 마찬가지로 사회 질서를 어지럽히는 존재로 인식되어 철저히 개조되거나 사회로부터 제거되어야 하는 대상으로 취급받게 되었다.

1950년대 중국공산당의 유민개조 운동은 근대 국가 권력이 물리적 폭력과 규율적 통제를 결합한 전형적인 사례로 이해할 수 있다. 유민개조 과정에서 나타난 이념적 교화, 노동 통제, 인구 관리는 푸코가 주장한 근대 권력의 작동 방식을 구체적으로 보여준다. 물론 당시 중국공산당의 유민개조를 박탈당했던 유민들의 노동권을 회복시켜 근대적 의미의 노동하는 인민으로 재탄생시키려는 정책적 과정이라고 볼 수 있는 여지도 충분히 있다. 그렇지만, 개조가 진행되는 과정에서 그들이 인민으로서 가져야 할 권리는 무시되고 국가 권력에 의한 강압적인 방법이 동원되었으며, 일반 인민들을 유민으로 오수용하는 경우도 빈번하게 존재하였다. 문제는 이렇게 유민으로 분류되면, 저항할 수 있는 가능성이나 소송을 진행할 곳도 거의 없어 유민의 낙인을 떼어낼 수 있는 방법이 전무하다시피 하였기 때문에, 탈주나 자살과 같은 소극적인 방법을 저항의 수단으로 선택할 수밖에 없었다.

이렇듯 유민들은 국가(혹은 정권)에 의하여 방치되거나, 국가(혹은 정권)가 필요할 시에는 이용되었다가 필요성이 상실되면 버려졌다. 즉, 방치, 이용, 강제개조 및 배제(억압)의 중층적인 국가 폭력에 노출되어 있었던 것이다. 그리고 인민으로 인정받지 못한 사회적인 약자의 처지였기에 그들의 목소리는 제대로 전해지지 못하였고, 특히 중화인민공화국 수립 이후에는 중국공산당의 인민개조 성과를 선전하기 위한 도구로 이용되었다. 다시 말하자면, 이들은 국가 폭력에 노출된 하위 계층의 존재이면서도 스스로의 목소리를 내기조차 어려웠다는 점에서 '서발터니티(subalternity)'로 간주될 수 있는 것이다.

그렇다면 이들에 대한 조명은 제대로 이뤄졌는가? 1958년에 유민개조 작업이 사실상 종료된 이후에 이들은 사실상 잊혀진 존재가 되었다. 그리고 중국은 1958년 시작된 대약진 운동과 1965년 또는 1966년부터 1976년까지 있었던 문화대혁명의 혼란 이후에 1978년 개혁개방을 맞이하였고, 국가의 주도하에 경제적으로 급성장하기 시작하였다. 이러한 배경 하에 탄생한 국가주의적 역사관이 주선율이 됨에 따라 이제껏 유민 연구는 중국공산당이 실시했던 개조의 대상으로서만 정당화되었을 뿐, 그들의 '서발터니티'성은 제대로 주목받지 못하였다. 더욱이 오늘날 '농민공(農民工)', '일용직 신노동자[新工人]' 등 새로운 유형의 하위 주체들이 서발터니티성을 극복하고 시민으로서 역할을 할 수 있을지도 의문인 상황인데, 이러한 사실들은 기실 무산계급 정권을 자처했던 중국공산당 정권의 본질이 이전의 국민당 정권과 마찬가지로 서발터니티를 생산하는 폭력적인 근대국가 권력임을 시사한다.

4장

난민에 대한 환대와 배제의 역학
: 제2차 세계대전 시기 상하이 유대인 난민을 중심으로

김지영

Ⅰ. 서론

중국 상하이에는 '상하이 유대 난민 기념관'이 존재한다. 이곳에서는 제2차 세계대전 시기에 나치의 홀로코스트를 피하여 상하이로 도피한 유대인 난민들의 역사를 전시하고 있다.[1] 당시 상하이에는 2만 명[2]을 상회하는 유대인들이 있었으며, 그 구성을 살펴

---

1   다만, 한 가지 분명히 해야 할 것은 제2차 세계대전 시기에 중국 상하이에 있었던 모든 유대인이 홀로코스트 난민은 아니었다는 점이다. 당시 상하이에 있었던 기백명의 세파르딤 유대인(ספרדים, Sephardi Jews), 4천여 명의 러시아 출신 아슈케나짐 유대인(אשכנזים, Ashkenazi Jews)은 제2차 세계대전이 발발하기 이전에 이미 상하이에서 지리를 잡은 상태였다.

2   1930년대 상하이로 온 유럽 유대인 난민의 수는 학자마다 상이하다. 대체적으로 1930년대 상하이로 유입된 유럽 유대인 난민의 수를 3만 명이라 보고 있고, 그중에는 2차 세계대전 시기에 상하이로 도망쳐 온 독일, 오스트리아, 폴란드를 포함한 유럽의 유대인 난민이 약 2만 명 포함되어 있다. 周國建, 「論三十年代猶太難民湧入上海的原因」, 『史林』 第2期, 上海社會科學院歷史研究所, 1992, 75쪽; 房建昌, 「關於近代來華猶太人史的史料及研究簡況」, 『史學理論研究』 第2期, 中國社會科學院歷史理論研究所, 1999, 146-151쪽.

보면 영국 국적의 세파르딤[3] 수백 명, 러시아 출신의 유대인 4천여 명, 독일 및 오스트리아 출신의 유대인 1만 7천여 명, 폴란드 출신의 유대인 1천여 명이었다.[4] 상하이 전체에 15만여 명의 외국인이 있었던 것을 고려해 본다면, 적지 않은 숫자였음을 짐작할 수 있다.[5] 왜 이와 같이 많은 유대인 난민들이 중국으로 몰려든 것일까, 그리고 왜 하필이면 상하이라는 도시를 선택하였는가. 이와 같은 원인으로는 당시 상하이가 가지고 있는 특수성과 연관 지을 수 있다.[6]

1930년대 히틀러의 광적인 반유대주의(Anti-semitism)로 인해 독일과 그 점령지에 있던 수많은 유대인들은 유럽을 탈출하여 이곳 상하이로 모여들게 되었다. 당시 상하이는 제2차 상하이 사변[淞滬會戰]에서 승리한 일본군이 상하이를 점령[7]한 직후였으며,

---

3 　이는 영국 국적을 가지고 인도에서 거주하던 유대인을 가리킨다. 대표적인 인물이 1867년에 상하이에 인도의 유대인 재벌인 사순(Sassoon) 상회의 지점을 개설한 엘라이어스 사순(Elias David Sassoon: 1820-1880)이다. 山下肇, 「上海のドイツ·ユダヤ人(1): 序説」, 『獨逸文學』 31卷, 関西大學獨逸文學會, 1987. 87쪽; 董莉英, 「二戰時期中國上海的猶太人」, 『西藏民族學院學報(哲學社會科學版)』 第26卷 第5期, 西藏民族學院, 2005. 61쪽.

4 　菅野賢治, 「上海無國籍避難民指定居住區」設置の反響」, 『京都ユダヤ思想』 第12號, 京都ユダヤ思想學會, 2021. 17쪽.

5 　1939년 5월, 상하이 난민이 1만 2천 명을 넘어서고 있는 시점에, 빅터 사순은 "지금 도착하는 유대인은 '유럽의 찌꺼기들', 즉 가난하고 절박한 빈곤층"이라 폄하했다. 또, 조너선 카우프만(2023)은 1939년 8월 당시 상하이를 장악한 일본 당국은 상하이에 더 이상 유대인 난민을 받아들이지 않을 것을 공표한 시기에 이미 1만 5천 명의 난민이 상하이에 있었고, 3천여 명을 더 받아, 총 1만 8천 명의 난민이 상하이에 들어왔다고 한다. 조너선 카우프만, 최파일 역, 『상하이의 유대인 제국』, 생각의힘, 2023, 253-254쪽.

6 　周国建, 앞의 논문, 75쪽.

7 　'제2차 상하이 사변'은 남하한 일본군과 국민당 군대 사이에 1937년 8월부터 3개월

유대인에 대한 일본 및 중국[8]의 비교적 호의적인 태도 및 재미 유
대인 단체의 도움에 힘입어 일정한 경제활동을 하면서 생활을 영
위해 나갔다. 그렇지만, 태평양전쟁이 발발한 이후에 이들은 '무국
적 피난민 거주 구역[無國籍避難民指定居住區]'에 수용되어 곤궁
한 처지로 전락하고 말았다. 그렇다면, 이들의 이러한 상황 변화를
우리는 어떠한 시각으로 바라보아야 할 것인가? 즉, 유대인 난민
에 대한 일본의 정책 변화에 어떠한 요인이 작용하였는지에 대해
알아보아야 된다. 또한 상하이의 유대인 난민들은 나치 독일에 치
하에서는 홀로코스트를, 일본이 실질적 지배권을 행사하고 있던
상하이에서는 격리 수용이라는 국가 폭력에 노출되어 있었으나,
주위의 중국인들에게서는 배척받지 않은 독특한 상황이었으므로,
이들의 성격, 특히 '서발터니티(Subalternity) 여부'에 대해서도 논
의할 필요가 있다.

서발터니티는 '서발턴(subaltern)'에서 도출된 개념으로, 그 기
원에는 '한 사회의 헤게모니를 구성하지 못하는 종속집단(그람시)',

간 벌어진 상하이 전투를 가리킨다. 당시에 일본군은 공공조계 및 프랑스 조계를 피
하여 전투를 벌였는데, 조계를 침범하는 것은 서양 열강들에 선전포고를 하는 것과
마찬가지였기 때문이다. 그렇지만 공공조계는 1941년의 태평양전쟁을 계기로 점령
당하게 된다. 김지영·이홍규, 「중화인민공화국 수립 후 중국공산당의 유민(遊民)정
책」, 『현대중국연구』 제25권 제3호, 현대중국학회, 2023, 284쪽.

8   자크 데리다는 나치주의와 함께 당시 강제수용소에 갇힌 유대인들에 대하여, "말 자
체를 변질시키는 것을 목표로 한 말에 의해 마법에 걸려 있던 민족 전체와 개인과 여
러 국민국가들 가운데, 강제수용소에 의해 수용된 자들은 더 이상 발음할 수 없었고,
그들은 더 이상 인간다운 것은 아무것도 갖지 못하고 자신이 알아서 포기하라고 설
득 당했다."라 표현한 바가 있다. 자크 데리다, 남수인 옮김, 『환대에 대하여: 안 뒤프
르망텔 서론』, 東文選, 2004, 44쪽.

'특정 사회에서 다수자가 해독할 수 없는 소수자(구하)', '기득권이 이데올로기로 왜곡하여 해독 및 재현이 불가능한 존재(스피박)'가 있다. 이외에도 크리스테바의 '비체', 아감벤의 '호모 사케르', 랑시에르의 '몫이 없는 자' 등이 서발턴과 유사한 개념이라 볼 수 있다. 이러한 서발턴의 여러 속성이 추상화 및 개념화된 결과가 바로 서발터니티이다.[9] 유대인 난민 출신의 철학자 한나 아렌트는 스스로를 '파리아(pariah)',[10] 즉 '버려진 자'로 칭하였는데, 이는 상하이 유대인 난민의 성격을 밝히는 중요한 단서가 될 것이다.

이러한 제2차 세계대전 발발 전후의 상하이 유대인 난민에 관하여, 중국, 일본, 미국 등지에서는 비교적 활발한 연구가 진행되고 있다. 먼저 중국학계에서는 1930년대 유럽의 유대인 난민이 중국 상하이로 대거 몰려든 이유에 대해, 중국과 유대인과의 역사적 관계에 대하여 기술하고, 또 중국정부가 유대인 난민들을 돕기 위하여 실시한 조치(정책) 혹은 수립한 계획에 대하여 다루는 경우가 많

9　본고에서 논하는 '환대(hospitality)'는 레비나스와 그에게서 영향을 받은 데리다 사상의 주요 개념이다. 데리다는 아무것도 묻지 않고 주어지는 '무조건적인 환대'와 이름을 묻는 것으로 시작하는 '조건부적인 환대'로 대별한다. 그리고 배제는 아감벤의 '호모 사케르'로서 인간적 삶을 필요로 하지만 법적 보호를 받지 못하는 '벌거벗은 생명'의 상태를 가리킨다. 이홍규·장윤미,『동아시아 관문도시와 서발터니티 연구』, 산지니, 2024, 26쪽; 자크 데리다, 위의 책, 29쪽, 104-107쪽; 조르조 아감벤,『호모 사케르(주권권력과 벌거벗은 생명)』, 새물결, 2008, 60쪽, 319-326쪽; 토마스 렘케, 심성보 옮김,『생명정치란 무엇인가: 푸코에서 생명자본까지 현대 정치의 수수께끼를 밝힌다』, 그린비, 2015, 95쪽.

10　'파리아'는 '불가촉천민'을 의미하는 타밀어 '파라이야르(பறையர், Paraiyar)'에서 파생된 말로서, '사회적 이방인(Social Outcast)'를 의미한다. 양창아,「'파리아(pariah)'의 정치-숨겨진 과거와 이어지며 시작되는 저항 행위」,『철학논총』제96집, 새한철학회, 2019, 467-468쪽.

다. 예를 들면, 저우궈젠(周國建, 1992)에서는 당시의 국제정세 및 중국과 유대인의 우호적인 관계를 기술하면서, 유대인들이 상하이로 오게 된 연유에 관하여 분석하고 있다. 왕젠(王建, 2000)은 20세기 초반 중국 측 인사들의 유대인 난민에 대한 우호적인 태도를 기술하면서, 중국인과 유대인 난민이 어떻게 서로 도움을 주고받았는가에 대해 고찰하였다. 류빙(劉冰, 2001), 인자오루·자오페이(殷昭魯·趙飛飛, 2007), 야오장훙(姚江鴻, 2018)에서는 당시 국민정부 단위의 정책 제안, 즉 쑨커(孫科)의 '유대인 거주 구역 설정'과 관련한 내용을 중점으로 다루고 있다. 그렇지만, 천쉬난(陳旭楠, 2013)은 당시 유대인 난민의 열악한 생활상을 기술하면서, 일부 유대인 여성들이 매춘업으로 뛰어든 사실에 대하여 설명하였다. 이 밖에 원춘메이(文春美, 2019)는 제2차 세계 대전 이전, 일본의 유대인 구호 복어 계획[河豚計劃, Fugu Plan] 등, 유대인 난민에 대한 일본 정책에 대해서 다룬 연구들이 존재하고 있다.[11]

다음으로 일본학계에서는 상하이의 '무국적 피난민 지정 거주구[無國籍避難民指定居住區]'의 설치 과정에 대한 연구가 많은데, 이는 제2차 세계대전 발발 전후로 상하이를 점령하고 있었던 나라가 일본이었고, 당시 상하이의 유대인 관리와 피난민 거주구 지정에 있어 깊이 관여한 인물이 일본해군 대좌 '이누즈가 고레시

---

11 그 밖에 중국학계 내에 있는 상하이 유대인 난민에 관한 대표적인 저서로는 David H. Kranzler, 許步曾 譯(1991); 唐培吉 等(1992); 潘光(2002); 潘光主 編(2008); 王健(2010); 麗蓮·威倫斯, 劉握宇 譯(2018); 伊愛蓮(Irene Eber)著, 宋立宏, 丁琪, 張鋆良 譯(2022) 등이 있다.

게(犬塚惟重, いぬづか これしげ: 1892-1965)'와 '사네요시 토시오(實吉敏郎, さねよし としお)'였기 때문이다. 이에 관해, 세키네 마호(関根真保, 2017)는 이누즈카의 언행을 중심으로 일본과 유대인의 관점에서 당시 유대인 관리 조치에 대하여 분석을 진행하였다. 이와는 달리, 칸노 켄지(菅野賢治, 2020)에서는 사네요시가 남긴 기록을 중심으로 피난민 거주구가 설치되는 과정을 고찰하였다. 이외에도, 야마시타 하지메(山下肇, 1987)는 당시 상하이에 거주하였던 유대인의 회고를 바탕으로 상하이 유대인의 삶에 대하여 기술하였다.

미국학계에서는 개별적 사안에 대한 연구뿐만 아니라 당시 상하이의 유대인 난민에 대한 종합적인 연구도 진행되었는데, 그중 재미 유대인 학자 데이비드 H. 크랜즐러(David H. Kranzler, 1976)가 대표적이다. 아울러, 당시 유럽에서 온 상하이 유대인 난민들의 구술을 바탕으로 제작된 회고록 및 아카이브도 존재하고 있다.[12] 하지만, 국내 학계에서의 상하이 유대인 난민에 대한 연구는 거의 이뤄지지 못하고 있는데, 관련 연구는 일본의 유대인 난민 정책을 분석한 김지환(2010)이 유일하다.[13]

상기의 여러 연구를 살펴보았을 때, 상하이 유대인 난민에 대한 연구는 이들에 대한 중국 및 일본 당국의 정책에 관한 것이 다수를

---

12 維拉-施瓦克茲(Vera Schwarcz)撰, 金彩紅編譯, 「猶太人對上海經歷的回憶」, 『史林』第2期, 上海社會科學院歷史研究所, 2001. 95-103쪽. 이는 유대인 난민의 상하이에 대한 회고록으로, Goldstein, Jonathan ed., *The Jew of China*, NY: M. E. Sharpe, Inc., 1999.의 일부를 번역한 것이다.
13 그 밖에 2023년에 조너선 카우프만의 번역서가 국내에 출판되었다. 조너선 카우프만, 앞의 책.

차지하며, 상하이의 어떤 도시적 특성이 이들을 이끌었는가에 대한 연구는 희소하다. 또한 상하이 유대인 난민에 대한 중국 측 혹은 일본 측 각각의 관점에서 진행된 연구는 많으나, 양측 모두의 관점을 다룬 연구는 비교적 적다. 마지막으로, 상하이의 유대인 난민의 생활상을 다룬 연구는 비교적 활발하게 진행되었으나, 이들의 특성이 어떠한가에 대한 연구는 그다지 많지 않으며, 특히 '서발터니티'의 관점에서 진행된 연구는 거의 전무하다시피 하다.

이에 본 연구에서는 유대인 난민을 적극적으로 받아들인 근대 상하이의 도시적 특성을 관문도시(Gateway City)와 연관을 지어서 살펴보고자 한다. 또한, 유대인 난민에 대한 중국과 일본의 태도 차이(정책 중심으로)를 환대와 배제의 관점에서 분석하고, 특히 일본의 태도가 급변한 원인에 대하여서도 알아본다. 그리고 유럽에서 홀로코스트라는 참화를 겪고 상하이에서도 배제(혹은 방치)당한 경험을 가진 이들을 과연 서발터니티로 간주할 수 있는가에 대해서 규명하고자 한다.

II. 관문도시 상하이와 유대인 난민

유럽의 유대인들이 중국의 상하이로 대거 이주하게 된 요인은 무엇인가? 근대 시기 이전에도 유대인들이 중국 대륙으로 이주했던 사실은 존재하지만,[14] 유대인이 본격적으로 중국에 들어오기 시작한 것은 아편전쟁이 발발한 19세기 중엽 이후이다. 유대인의 구성별로 상하이에 온 시기를 살펴보면, 우선 유대인들 가운데, 영국 국적을 가지고 인도 및 중동에서 거주하던 세파르딤들은 서양 열강들이 본격적으로 중국에 진입하던 시기에 중국으로 이주를 하였다. 반면에, 러시아 출신의 아슈케나짐들은 19세기 말에 중국으로 이주하기 시작하였는데, 이는 1880년부터 10년간 이어진 기근에 대한 책임을 유대인에게 돌리면서 발생한 학살과 제1차 세계대전 및 볼셰비키 혁명 이후의 탄압이 주요한 원인이 되었다. 러시아 출신들은 시베리아를 넘어 먼저 만주지역에 정착하였으나, 1931년에 일본이 만주사변을 일으키고 일본인들이 이 지역에 들어오기 시작하면서 상하이 혹은 중국의 기타 지역으로 다시 이동하였다.[15]

그렇지만 위에서도 밝힌 바와 같이 상하이 거주 유대인의 대부분을 차지하던 독일/오스트리아/폴란드 출신의 아슈케나짐들은 1938-1939년 사이에 대거 이주하였다.[16] 이들이 상하이로 이주하게 된 요인에는 상하이의 관문도시적 특징 및 사회적 상황이 존재한다.

---

14 이들은 12세기 무렵에 카이펑 지역에 시나고그를 세우고 이후에도 이를 중심으로 생활하였기 때문에, 현재에도 카이펑 유대인[开封犹太人]으로 불린다. 다만, 현재의 이스라엘 정부는 이들의 유대교적 전통을 인정하지 않으며, 이스라엘에 정착하기 위해서는 유대교로 개종할 것을 요구하고 있다.

15 山下肇, 앞의 논문, 1987, 87쪽.

16 조너선 카우프만(2023)에 의하면, 1939년 8월 상하이에 온 유대인 난민은 1만 8천 명으로 추정된다. 조너선 카우프만, 앞의 책, 253쪽.

1. 관문도시 상하이 특징

독일/오스트리아/폴란드 출신의 유대인 난민들이 상하이로 대거 몰려들었던 것에는 상하이가 관문도시(Gateway City)로서 가지고 있었던 도시적 특징이 중요한 요인으로 작용하였다. '관문도시'는 외부와 경계를 짓는 역할을 하는데, 이에 권력의 공간이자 인식론적인 공간으로서 '개방과 폐쇄' 및 '이음과 단절'의 이중적 성격이 작동하게 된다. 국가권력이라는 관점에서 보면, 관문도시는 한 국가의 가장 바깥에 있는 물리적 경계 지점이다. 하지만, 외부의 권력에게 있어서는, 한 국가와 물리적으로 제일 먼저 접하는 경계 지점이다.[17] 근대 개항 이후 상하이에는 서양 열강이 통치권을 가지는 조계와 중국의 공권력이 직접 영향력을 행사하는 화계의 권력 경계가 형성되었고, 1937년 제2차 상하이 사변 직후에는 일본이 상하이의 화계와 공공조계의 북쪽 구역[北區] 및 동쪽 구역[東區]을 장악하게 되어 일본군 점령지와 조계의 또 다른 경계가 생겨났다.[18]

이와 같은 특수한 배경 하에 제2차 세계대전 시기 당시 상하이

---

17   이홍규·김동규, 「새로운 동아시아 담론을 위한 서설(序說)-방법으로서 관문도시와 서발터니티」, 『동아연구』 제43권 1호(통권 86집), 동아연구소, 2024, 44쪽.

18   다만, 일본군 점령지와 조계의 경계는 1941년에 공공 조계의 중심 구역[中區]과 서쪽 구역[西區]을 일본군이 마저 점령하고 1943년에는 프랑스 조계와 공공 조계가 왕징웨이 정권[汪僞政權, 汪精衛南京國民政府]에게 회수되면서 소멸되었다. 김지영, 「근대 중국 도시의 빈곤층 연구: 민국시기 상하이 노점상 治理를 중심으로」, 『아시아연구』 27권 3호, 한국아시아학회, 2024, 227쪽.

에 유대인 난민이 대거 유입된 것에는 근대 상하이의 관문도시적 특징과 연관된 두 가지의 원인이 존재한다.

첫째, 1930~1940년대의 상하이는 유대인 난민들이 가장 쉽게 적응할 수 있었던 유럽화된 도시였다. 주지하다시피, 근대 상하이는 아편전쟁을 통해 개방된 개항장 중 하나이다. 상하이가 서양 열강에 의하여 개항되면서, 1843년에는 영국, 1848년에는 미국, 1849년에는 프랑스가 조차권을 획득하여 조계가 형성되었으며,[19] 이러한 조계를 통해 유입된 서양의 자본으로 인해 상하이에서는 급격한 도시화 및 상업화가 진행되었다. 나치의 탄압을 피해 독일 및 오스트리아 출신의 유대인 난민들이 급격히 상하이로 몰려들기 시작한 1930년대 후반은 조계가 처음으로 설치된 이후 이미 80여 년이 흐른 시점이다. 조계가 설치된 이후부터 상하이에는 서양의 문화가 유입되었기 때문에, 근대 상하이는 극동에서 가장 유럽화 된 도시였다. 게다가 조계에서는 영어와 프랑스어가 통용되었으므로, 프랑스어가 공용어로 사용되다시피 했던 당시 유럽의 유대인들이 가장 적응하기 쉬운 도시였다.

둘째, 당시의 상하이는 외국인들에게 가장 개방적인 도시였다. 태평양전쟁 발발 이전의 근대 상하이는 타국적의 외국인은 물론이요 무국적자들도 사실상 사증을 소지하지 않고 들어올 수 있었기

---

19 이후 영국과 미국은 1863년에 두 조계를 공공조계로 합병하는 것에 합의하였다. 프랑스 조계는 일본군의 침략에서 벗어나 있었으나, 1943년 2월 23일에 비시 프랑스가 중국 내의 조계를 포기하였다. 김지영, 위의 논문, 227쪽.

때문에,[20] 유대인 난민들이 정착하기 유리한 조건에 있었다. 즉, 상하이는 개항 이후 자유롭게 드나들 수 있는 도시였으며, 특히 유럽·미국인(洋人)들에게는 상하이 출입이 편리하였다. 1937년 8월 13일, 제2차 상하이 사변 이후 일본군이 상하이의 대부분을 점령하면서, 공공조계와 프랑스조계에 대한 포위가 형성되어 한때 대치 상태에 놓이게 되었다. 이후 조계는 '외딴섬[孤島]'과 같이 되어, 외부와의 연락은 바닷길을 통해서만 유지되었다. 당시 중국 국민정부는 상하이에서 철수했고, 조계지에 남아 있던 인원은 항일 선전 및 공작원을 제외하고는 상하이 지역에 대한 직권을 계속 행사할 수 없게 되었다. 일본 점령군 당국은 상하이에서 괴뢰정권인 중화민국 유신정권[維新政權: 1938-1940년]을 일으켰으나, 입지가 안정되지 않아 상하이에 대한 전면적이고 효과적인 통제는 이루어지지 않았고, 특히 조계지는 더욱 개입할 수 없었다.

이러한 상황 아래, 상하이의 해관(海關), 항구 등은 통상보다 훨씬 개방된 특수한 상태에 놓여 있어, 외국인이 수로를 통해 상하이로 입국하는 데 통상 필요한 해관(세관)등의 일체의 절차를 밟을 필요가 전혀 없었다. 특히 1939년 9월 이전에는 외국인이 상하이에 입국할 때 비자는 물론 경제적 담보도 필요 없었고, 미리 일자리를 구하고 경찰이 제공한 품행증명서를 발급할 필요도 없었다. 나치의 통제권에 벗어난 유럽의 유대인 난민들에게 특히 중요한 것은, 그들 중 많은 수가 수용소에서 범인이었고, 종종 불법적인 경로

---

20 그렇지만, 민국시기에도 외국인의 여권 및 사증에 관한 법률은 존재하였다. 廣東省政府, 「外國人來中國護照簽證辦法」, 『廣東省政府公報』 第335期, 1936, 1-8쪽.

로 유럽을 탈출하여 거의 모두 무일푼 상태였기 때문이었다.[21] 다만 이때 유대인 난민들의 법적 지위에 대하여, 중화민국 외교부에서는 이들은 원래의 국적을 유지하며 영사재판권 적용 여부는 국적에 따라 달라진다고 보았으나,[22] 외국인 등록 등의 실질적 행정 절차는 이뤄지지 않은 것으로 보인다.[23] 1938년 12월 상하이에 도착한 한 무리의 유대인 난민은 "우리 187명 중 적지 않은 수가 원래 현지 상업계의 거부로 수천만의 자금을 가지고 있었으나, 이번에 추방되어 뱃삯 외에 각 사람이 가지고 있는 현금은 10파운드를 초과할 수 없으며, 위반자는 즉시 수색되어 끌려간다"고 하였다.[24] 이러한 당시의 상황 아래 난민들의 입장에서는 외국인들의 입국이 엄격히 통제된 국가 혹은 통상 입국 수속을 밟아야 하는 국가는 결코 들어갈 수 없는 현실이었다.

정리하면, 당시 아시아 최대의 항구도시였던 상하이는 관문도시로서 국제적이고 개방적이라는 도시적 특징을 지니고 있었는데, 특히 본국을 탈출한 이후에 법적인 보호를 거의 받을 수 없었

---

21 周國建, 앞의 논문, 81쪽.

22 中華民國外交部, "擬在西南邊區猶太人寄居區域以容納窮無可歸之該國人民(案準)", <劃定猶太人寄居區域> 典藏號: 020-070900-0062, 1939.

23 이때, 일본이 유대인 난민의 법적 지위를 어떻게 보았는가에 대해서는 분명치 않다. 다만, 1942~1943년에 '무국적 난민 지정 거주구'를 계획하고 설치하는 과정에서, 1937년(쇼와 12년)부터 독일(오스트리아 포함), 헝가리, 폴란드 등지에서 상하이로 도래한 이들 중 국적 상실자를 '무국적자'로 간주하였다. 菅野賢治, 「「上海無国籍避難民指定居住区」の設置過程」, 『京都ユダヤ思想』第11号, 京都ユダヤ思想學會, 2020, 33-36쪽

24 『申報』, 1938. 12. 05. (王健, 『逃亡與拯救: 二戰中的猶太難民與上海』, 上海交通大學出版社, 2016, 67쪽에서 재인용)

던 중부 및 동부 유럽 출신의 유대인 난민들에게 있어 외국인에게
문호가 완전히 개방되어 있던 것이나 다름없던 상하이는 정착하기
에 가장 용이한 장소 중 하나였을 것으로 사료된다. 또한, 세파라
딤계 유대인 및 러시아 출신의 아슈케나짐계 유대인들이 형성해
놓은 커뮤니티가 이미 존재하였기 때문에, 유대인 난민들이 정착
초기의 어려움을 좀 더 쉽게 극복할 수 있었을 것으로 보인다.

2. 상하이 유대인 난민 출현 요인과 배경

한 무리의 집단이 어떤 도시에 이주하고 정착하는 데 있어 도시
적 특성뿐만 아니라 사회적 상황 역시 중요한 역할을 한다. 유럽을
탈출한 유대인 난민들이 상하이로 이주한 또 다른 요인에는 당시
연합국이 합법적인 지배 세력으로 인정한 중국 장제스의 국민정부
와 1937년 제2차 상하이 사변 이후, 상하이를 실질적으로 점령하
고 있던 일본(단, 일본은 태평양전쟁 발발 이전에 한정)이 유대인 난민들
에 대해 비교적 호의적이었던 사회적 상황이 존재한다.

중국의 경우, 유럽의 반유대주의 소식을 접한 중화민국 입법원
장 쑨커[孫科]를 비롯한 국민정부의 주요 인사들이 유대인 차별
및 탄압에 관해 독일 측에 강하게 항의하거나 정치적인 견해를 밝
히기도 하였고, 국민정부 차원에서 정치적, 외교적 조치를 취하거
나 계획을 수립하기도 하였다.[25]

---

25 中華民國外交部, "立法院院長孫科提詳擬在西南邊區猶太人寄居區域以容納窮無
    可歸之該國人民案", <劃定猶太人寄居區域> 典藏號: 020-070900-0062, 1939.

그렇지만 더욱 중요한 것은 중국 사회 전체적으로 파시즘을 비판하고 그들에게 핍박받는 유대인 난민들을 도와야 한다는 분위기가 강했다는 것이다. 즉, 국민당과는 정치적, 이념적으로 대립하던 중국공산당이나 피지배계급인 일반 민중들도 반파시즘적 조류에 동조하고 있었다는 것이다. 이는 중국공산당의 기관지 『해방일보(解放日報)』의 1941년 10월 11일자에 게재된 나치 독일의 파시즘을 비판하는 기사에서 드러난다.[26]

> "철저히 무장된 히틀러주의에는 어떠한 다른 내용도 없으며, 있는 것이라고는 오직 전쟁, 즉 가장 야만적이고 후안무치한 약탈전쟁뿐이다. 유럽에서 14개 이상의 국가가 이미 히틀러의 미쳐 날뛰는 잔혹한 침략전쟁 하에 빠져, 독립과 자유를 잃어버렸다!"[27]

또한 당시 상하이의 영향력 있는 잡지 중 하나인 『동방잡지(東方雜志)』에 실린 기사는 일반 민중들의 유대인 난민을 향한 태도를 확인할 수 있다.

> "비록 상하이에는 여전히 십여만 명에 가까운 사람들이 생활을 유지하기가 쉽지 않다. 그렇지만 우리가 할 수 있는 능력만 있다면, 언제나 힘껏 유대인 난민을 도울 수 있다. (중략) 우리는 약소민족의 연합전선

26　王健, 「互伸援手: 二戰時期的中猶友誼」, 『社會科學』第4期, 上海社會科學院, 2000, 68쪽; 조너선 카우프만, 앞의 책, 224-226쪽.
27　"(社論)擁護莫斯科反法西斯青年大會", 『解放日報』, 1941.10.11.

에 서서 약소민족을 업신여기는 적에 일치단결하여 맞서야만 한다."[28]

일본의 경우, 독일, 오스트리아, 폴란드 일대를 탈출한 유대인들의 상하이 진입을 막지 않았고, 일본 해군 내에서 유대 문제를 연구하고 있던 이누즈카 고레시게(犬塚惟重)를 파견하여 이들이 유대인 거리를 형성할 수 있도록 지원하기도 하였다.[29] 태평양전쟁 발발 이전의 일본은 상하이 유대인 난민에게 호의적인 태도를 가지고 있었다. 태평양전쟁 발발 이전에는, 일본이 경제적 및 외교적인 이득을 얻고자 유대인 난민들에게 우호적이고 유화적인 태도를 취하였기 때문에, 그들이 상하이로 들어와 정착하는 것 역시 묵인해 주었다. 이러한 일본의 상하이 유대인에 대한 호의에는 당시의 국제 정세 가운데 대미(對美)관계를 개선하고 유대계의 자본과 기술력을 이용하려한 의도가 있었을 뿐만 아니라, 중국 내에서의 경제적 이익을 도모하려는 의도도 있었다. 예를 들면, 1940년 상하이 공공조계에서 시행된 공부국(工部局) 이사회 선거에서 상하이의 일본인들은 유대인 난민들의 표를 이용하여 상하이 조계 내에서의 권익을 독점하려고 했다.[30]

---

28 賀益文, 「猶太民族問題」, 『東方雜志』 第36卷 第12號, 1939.

29 関根真保, 「日本は戦時上海のユダヤ人を「救った」のか, それとも「見捨てた」のか」, 『現代中國研究』 第39號, 中國現代史研究會, 2017, 56-57쪽.

30 房建昌, 「太平洋戰爭爆發前夕日本對來滬德國猶太難民的利用——1940年上海公共租界工部局董事會選擧記」, 『德國研究』 第4期, 同濟大學, 1997, 51-55쪽.

Ⅲ. 무국적자 상하이 유대인 난민에 대한 태도와 정책을 통해 본 배제와 환대의 역학

1. 중국의 유대인 난민에 대한 태도 및 정책

그렇다면 중국과 일본이 이들 유대인들을 대함에 있어 환대와 배제 사이에서 어떠한 역학관계가 존재하였는가? 먼저 중국은 전체적으로 유대인 난민들을 환대하는 태도를 보였다. 여기에는 아래와 같은 세 가지의 요인이 작용하였다.

첫째, 중국과 유대인들의 역사적 관계이다. 위에서 밝힌 바와 같이, 12세기 송(宋)의 카이펑을 중심으로 유대인 거주 구역이 존재하였으며, 항저우, 광저우, 베이징 등지에도 유대인의 거주 구역이 생겨났다. 이후 수세기가 흐르면서 이들은 중국 내의 여러 민족들과 통혼하고 유대교 전통의 색채도 옅어졌지만, 이들의 존재는 중국과 유대인들 사이에 존재하는 역사적 관계가 생각보다 얕지 않음을 보여 준다.[31]

---

31 유럽에서의 '반유대주의'는 '예수를 죽인 죄인'이라는 기독교적 인식, '교리적으로 금지되던 고리대금업자들에게 경제적 주도권을 뺏겼다'는 경제적 박탈감, '정착지의 주변 민족들과 동화되지 않고 자신들의 생활양식을 고집'하는 배타적 태도 등이 복합적으로 얽히면서 장시간에 걸쳐 형성되었으며, 제1차 세계대전 이후의 경제공황으로 인하여 터져 나왔다. 그렇지만 중국에서는 기독교가 주류 종교가 아니었으며, 장사를 통해 부유해진 유대인들이 있었으나 중국인들의 경제적 이권을 침범할 정도는 아니었고, 중국인과의 교류에 비교적 적극적이었던 카이펑 유대인들의 존재로 인하여 '반유대주의'가 형성되지 않았다. 이종원, 「반유대주의의 원인과 해결방안」, 『철학탐구』 제54집, 2019, 10-17쪽; 周國建, 앞의 논문, 77-78쪽.

둘째, 중국의 도시 중에서도 근대 상하이가 외부와의 경계 역할을 하는 관문도시이기에 가지고 있었던 국제성과 개방성이다. 근대 시기의 상하이는 비록 반(半)식민지 상태에 있었지만, 동아시아 최대의 항구도시로서 다른 중국의 도시들에 비해 외부인에 대하여 개방적이었기에, 유대인들도 무리 없이 받아들일 수 있었다. 또한 상하이시의 시민들도 여러 어려운 상황 속에 처해 있었으나 유대인 난민을 적극적으로 돕고자 하는 의지가 강했다.

셋째, 중국의 주요 인사들은 유대인에게 호의적인 태도를 보였고, 중국 정부 역시 유대인에게 개방적인 태도를 취하였다.

예를 들면, 쑨원[孫文]은 1920년 4월 24일 유대 시온주의 운동가인 에즈라에게 보낸 서한에서 그의 활동을 지지한다는 뜻을 표한 바가 있다.

> 저는 귀하의 편지와 "이스라엘의 사자"의 사본을 많은 관심을 가지고 읽었으며, 현재 시대의 가장 위대한 운동 중 하나인 이 운동에 대한 저의 공감을 귀하께 전하고 싶습니다. 민주주의를 사랑하는 모든 사람은 여러분의 훌륭하고 역사적인 국가를 회복하려는 운동을 온 마음으로 지지하고 열렬히 환영하지 않을 수 없습니다. 여러분의 국가는 세계 문명에 많은 기여를 했으며, 당연히 여러 국가에서 명예로운 자리를 차지할 자격이 있습니다.[32]

---

32 "Pro-Zionist letter by 'father of modern China' Sun Yat-Sen resurfaces in Israel", *Jewish News Syndicate*, Feb.11.2021. (https://www.jns.org/pro-zionist-letter-by-father-of-modern-china-sun-yat-sen-resurfaces-in-israel/)

그리고 1933년 5월 13일에는 쑹칭링[宋慶齡][33]을 대표로 하는 중국민권보장동맹이 주상하이 독일 영사에게 나치의 유대인을 향한 폭력을 강하게 항의한 바가 있다.[34] 또한 쑨커는 1939년에 유대인 거주 구역 설치와 관련된 안건을 상정하면서, 유대 민족이 2600여 년간 유랑하며 핍박을 받았고, 당시 파시즘이 세를 얻어감에 따라 유대 민족이 굉장한 학대를 받고 있다고 강조하기도 하였다.[35]

중국 국민당의 주요인사 및 국민정부가 당시에 유대인에게 개방적인 태도를 가지고 있었다는 것은 유대인에게 비자를 발급하는 조건을 대폭 완화한다는 당시 중화민국 외교부의 훈령에서 드러난다. 이는 1938년부터 비엔나 주재 중국 총영사를 역임하였던 허펑산이 주독일 대사 천제[陳介]가 독일과의 외교관계를 이유로 반대를 함에도 불구하고 오스트리아를 떠나려는 유대인에게 비자를 발급해 주는 근거로 작용하였다.[36]

이러한 중국의 유대인에 대한 호의적이고 개방적인 태도에 더불어, 유대인들을 돕기 위한 실질적 조치가 취해지거나 계획이 수립된 바도 존재한다. 유대인을 도운 실질적인 조치 중 하나는 비엔

---

33 쑹칭링은 쑨원의 미망인이라는 정치적 상징성을 가지고 있었기 때문에, 장제스와 대립하던 관계였음에도 불구하고 당시 정계에서 상당한 영향력을 발휘하고 있었다.

34 宋慶齡,「譴責對德國進步人士和猶太人民的迫害(一九三三年五月十三日)」,『宋慶齡選集』, 中華書局印行, 1966, 72-74쪽.

35 中華民國外交部, 앞의 문건, 1939.

36 何鳳山,『外交生涯四十年』, 香港中文大學出版社, 1990, 79-81쪽.

나 주재 중국 총영사 허펑산[何鳳山][37]의 유대인에 대한 중국비자 발급이다. 허펑산은 1937년부터 1940년까지 총영사로 근무하였는데, 당시 나치 독일은 오스트리아의 유대인을 다하우 등의 수용소로 이송할 계획을 세웠다. 그렇지만, 단시간 내에 오스트리아를 떠날 수 있는 유대인들은 석방한다는 포고를 동시에 내렸는데, 이때 영국이나 미국 등지로의 망명을 거절당한 많은 이들이 중국 총영사관에 비자를 신청하였다. 당시 상하이는 여권이나 사증과 관련한 업무가 사실상 중단된 상태여서 유대인들도 비자 없이 입국을 할 수 있는 상황이었으나, 오스트리아의 유대인들은 목적지가 명확한 비자가 없이는 출국 자체가 불가능하였다. 허펑산은 비자를 신청한 이들의 실제 목적지가 대부분 상하이가 아님을 인지하였으나, 인도주의 차원에서 2천 건의 비자를 승인하였고 이에 많은 유대인들이 나치의 손아귀에서 벗어날 수 있었다.[38]

이렇듯 나치 독일이 점령한 지역을 탈출하여 상하이로 들어오는 인원이 계속 증가하였으므로, 이들을 수용하는 것이 문제로 대두되기 시작하였다. 이에 중화민국 입법원장 쑨커[孫科]는 1939년에 '약소민족과 연합하고 그들을 도와야 한다는 쑨원[孫文]의

---

37 허핑신은 1937년 초에 '1등 비시급 2등 비시'로 주오스트리이 공사관에서 근무를 시작하였으며, 1938년에 공사관이 영사관으로 개편되면서 총영사의 자리에 올랐다. 何鳳山, 『外交生涯四十年』, 香港中文大學出版社, 1990, 71, 79쪽.

38 조너선 카우프만(2023)에서는 허펑산이 4천 건이 넘는 비자를 발급하였으며, 이후 그는 상관인 베를린 주재 중국 대사에 의해 소환되었다고 기술하였다. 조너선 카우프만, 앞의 책. 285쪽; 王健, 앞의 논문. 68-69쪽; 何鳳山, 위의 책, 75-85쪽; 潘光 主編, 『猶太研究在中國三十年回顧: 1978-2008』, 上海社會科學院出版社, 2008, 292-295쪽.

유훈', '영미와의 관계 개선', '유대 자본을 이용한 경제 발전'을 명분으로 내세워, 중국 서남부에 '유대인 기거 구역[猶太人寄居區域]'을 조성하자는 제안을 내놓았다.[39]

"이번에 서남 변경 지역에 유대인 기거 구역을 조성하려는 이유는 아래와 같다.

1. 국책의 측면에서, 약소민족과 연합하고 그들을 도와주는 것은 총리의 유언에 의해 규정될 수 있다.

2. 영국의 측면에서, 유대인을 도와주는 것은 영국 일반 민중의 우리나라에 대한 공감을 증진시킬 수 있다. (중략) 고로 이 방안의 실시는 영국에 영향을 주어 우리나라에 대한 태도가 한층 더 호전될 수 있다.

3. 미국의 측면에서, 미국의 유대인 지원 운동은 이미 전국 인민의 관심을 독점하고 있어서, 중국 지원 운동은 이에 지대한 영향을 받을 수밖에 없다. 이 방안이 실시된 이후에는, 미국 일반 인민의 호감을 얻을 수 있을 뿐만 아니라, 유대인을 주시하는 미국의 시선을 옮겨 우리에게 향하게도 할 수 있을 것이다. (후략)

4. 건설의 전망 측면에서, 유대인의 재력이 상당하고 인재가 매우 풍부하므로, 만약 그들의 호감을 얻어 협력을 이끌어 낼 수 있다면, 우리나라에 있어 커다란 도움이 될 것이다."[40]

---

39 제안의 명칭은 『擬在西南邊區劃定猶太人寄居區域以容納窮無可歸之該國人民』이다. 劉冰, 「國民政府關於援助猶太人的檔案揭秘」, 『檔案與史學』 第2期, 上海市檔案館, 2001, 54쪽.

40 中華民國外交部, 앞의 문건, 1939.

이 제안에서는 입국, 거류, 취직의 세 부분에서 무국적 유대인을 원조한다는 내용을 담고 있다. 입국에 있어서는, 품행이 단정한 유대인을 받아들이되, 중화민국의 법률을 준수한다는 서약을 받아야 한다. 거류에 있어서는, 우선 입국 후에 개항장에 임시로 거주하게 하고, 중화민국의 국적을 취득하고자 한다면 수속 후에 일반 중국인들과 동일한 권리와 의무를 부여한다. 취직에 있어서는, 생계를 이어나갈 수 있는 직업을 소개하되, 국가 건설에 이바지할 수 있는 인재는 외교부를 통해 초빙하거나 혹은 국제 연합에 협조를 요청한다.[41] 이와 같은 쑨커의 제안은 유대인들의 반향을 불러일으켰으나, 국민정부의 자금 부족 및 일본군의 해안지역 점령 및 봉쇄 등의 이유로 시행되는 단계에는 이르지 못하였다.[42]

상술한 바와 같이, 중국 정부가 호의에 입각하여 유대인 난민에게 실시하거나 계획했던 일련의 정책 혹은 조치들은 중국인들이 유대인들에게 가졌던 무조건적 환대[43]와는 성격이 다르다. 즉, 중국 정부의 호의에는 '국가의 이익'이라는 조건이 붙는다는 것이다. 이는 쑨커 계획의 2~4항에서 볼 수 있듯이, 중국 국민정부가 유대인 난민을 돕고자 한 계획에 '외교적 이익'과 '국내에서의 건설 사업 추진'이라는 국가적 이익을 추구하는 의도가 들이 있음은 자명

---

41 王健, 앞의 논문. 69쪽.

42 殷昭魯·趙飛飛, 「抗戰時期國民政府計劃容留10萬猶太難民始末」, 『文史月刊』第2期, 山西省政協辦公廳, 2007, 55쪽.

43 이는 『東方杂志』第36卷 第12号의 기사 「犹太民族问题」에서 볼 수 있다. 賀益文, 앞의 기사, 1939.

하다. 다만, 중국민권보장동맹의 성명, 허펑산의 비자발급 조치, 쑨커의 계획 1항에서는 중국 정부 측의 계획 혹은 조치가 '인도주의적' 성격을 다분히 포함하고 있다는 것을 알 수 있다. 특히 당시 독일과의 외교적 마찰을 감수하고서라도 유대인 난민에 대한 비자 발급 조건을 완화한 것은 이를 더욱 잘 보여준다고 할 수 있다.

2. 일본의 유대인 난민에 대한 태도 및 정책 변화

중국이 일관적으로 유대인들에 대하여 환대하는 태도를 가졌던 반면에, 일본은 필요 여부에 따라 그들을 이용하거나 배제(혹은 방치)하는 태도를 보였다. 이러한 일본의 태도에는 '유대 이용론(ユダヤ利用論)'이 저변에 깔려 있다. 유대 이용론은 경제적 목적과 외교적 목적을 가지고 있었는데, 우선 '경제적 목적'은 상하이에 유대계의 자본과 기술자 집단을 유치한 이후에 전시 일본 경제를 활성화하는 기초로 삼는다는 것이다. 그리고 '외교적 목적'은 일본이 유대인 난민을 가려내지 않고 받아들이고 있다는 자세를 보여줌으로써 호감을 얻어 미국에 있어 대일강경론의 회유를 노린다는 것이다.[44]

이에 일본은 일본 해군의 유대 문제 연구자인 이누즈카 고레시게를 상하이로 파견하여, 유대인 관련 문제를 취급하는 기관인 일명 '이누즈카 기관(犬塚機関)'을 결성하고 지휘하도록 하였다. 이누

44　菅野賢治, 앞의 논문, 2020, 18-19쪽.

즈카는 일본 육군의 유대인 전문가 야스에 노리히로(安江仙弘, やす
え のりひろ) 및 외무성의 이시구로 시로(石黒四郎, いしぐろ しろう)
와 함께 상하이 내에 유대인 자치구역을 조성하기 위한 계획[45]을
세우기도 하였으며, 일본인 학교의 교사(校舍)를 유대인들을 위한
숙사(宿舍)로 내어주는 등의 유대인 난민들을 보호하기 위한 여러
조치를 실시하였다. 이러한 이누즈카의 상하이 유대인 난민 문제
관리에 더불어, 상하이에 비교적 일찍 자리를 잡았던 세파르딤 유
대인들이 조성한 기금 및 미국 내의 유대인 단체들이 보낸 원조자
금 등에 힘입어, 유대인 피난민들은 저우산루[舟山路] 및 훠산루
[霍山路] 일대에 일명 '리틀 비엔나'로 불렸던 유대인 거리를 조성
하기도 하였다.[46]

그렇지만, 일본이 1940년 9월 27일에 독일 및 이탈리아와 '삼국
동맹 조약'을 맺으면서 추축국의 일원이 된 이후에는 상하이의 유
대인 난민에 대해 강압적인 태도를 취했는데, 이에 일부 유대인들
은 상하이를 떠나는 결정을 하였다.[47] 그리고 1941년 12월에 태평
양전쟁이 발발하면서 모든 상황은 일변하였고, 일본의 유대인 난
민에 대한 태도 역시 배제(혹은 방치)로 돌아선다.[48] 여기에는 두 가

---

45 일본은 상하이의 푸둥[浦東] 지역을 유대인 거주 지구로 조성할 계획을 세웠으나, 태
    평양전쟁이 발발하고 이누즈카도 1942년 3월에 상하이를 떠나면서 계획은 시행되지
    못하였다. 山下肇, 「上海のドイツ·ユダヤ人(2)」, 『獨逸文學』 32巻, 関西大學獨逸
    文學會, 1988, 174쪽.
46 関根真保, 앞의 논문, 55-56쪽.
47 예를 들어, 세파라딤 유대인 빅터 사순은 1941년 가을에 인도로 떠났다. 조너선 카우
    프만, 앞의 책, 257쪽.
48 사실상, 이때 일본의 태도는 적극적 배제보다는 소극적 방치에 가까운데, 이는 이

지 원인이 존재한다.

첫째, 태평양전쟁으로 인한 미국과의 관계 악화이다. 일본이 수립한 '유대 이용론(ユダヤ利用論)'의 핵심은 '상하이의 유대인을 지렛대로 삼아, 미국 내의 유대 자본을 끌어들여 경제를 활성화하고 미국과의 외교를 풀어나가는 것'이었다. 그렇지만, 미국이 적국으로 돌아서면서 외교 관계는 파탄지경에 이르렀고 미국 내의 유대인 자본을 이용할 길도 막혀버렸다. 이로 인해, 일본에게 있어 상하이의 유대인들은 어찌할 방도가 없는 골칫거리로 남아버린 것이다.[49]

둘째, 추축국의 일원이었던 나치 독일이 일본에 상하이 유대인 난민에 대한 '최종 해결'을 시행할 것을 압박해 왔던 것이다.[50] 1942년 3월 이누즈카가 상하이를 떠난 후, 1942년 7월경에 일본의 강경파의 등장과 독일 친위대령 요제프 마이징거는 유대인 난민에 대한 처리 방안, 즉 '최종 해결'을 일본 관리들에게 제안하였다.[51] 주지하다시피, 나치의 유대인에 대한 '최종 해결'은 '유대인

누즈카의 후임으로 상하이에 부임한 사네요시 토시오가 유대인 난민 구원조직 대표들 앞에서 발표한 선언문에서도 엿볼 수 있다. (항목 2와 4는 생략) 1. 우리는 유대인들을 공평하게 대하는 기준에 따라 대하려고 노력하고 있습니다. We are endeavouring to deal with the Jewish people on the basis that we think fair. 3. 우리가 유대인들에 대해 특별히 편파적일 수는 없다는 점을 이해하셔야 합니다. You must understand that we are unable to be especially partial with the Jewish people. 菅野賢治, 앞의 논문, 2020, 19쪽.

49 사네요시가 남긴 기록에서도 1942년 당시에 일본 측에는 유대인 대책에 대한 기본 방침, 구체적 방안 등이 사실상 부재하였음을 알 수 있다. 菅野賢治, 앞의 논문, 18쪽.

50 関根真保, 앞의 논문, 58쪽.

51 조너선 카우프만, 앞의 책, 276-277쪽.

절멸 계획'을 의미하는 것인데, 이는 나치가 일본에 상하이에 거류하는 유대인 난민에 대한 대량 학살을 요구한 것에 다름이 없었다.[52]

상하이의 유대인 난민에 대한 뚜렷한 대책도 없었으나, 나치 독일의 요구를 받아들일 수도 없었던 일본은 훙커우(虹口) 일대에 '무국적 피난민 지정 거주구(無国籍避難民指定居住区, 일명 '上海ゲットー')'를 만들고 이곳에 독일, 오스트리아, 폴란드 출신의 무국적 유대인들을 수용하기로 결정하였다. 다만, 일본이 이러한 결정을 한 것은 나치 독일에 의해 탄압받은 유대인 난민에 대한 인도주의적 동정심이 생겨서가 아니라, 유대인 난민들을 당시 일본의 적성국이었던 미국인, 영국인과 동일시하였기에 이들을 집단적으로 격리하여 감시하고자 하는 목적이었다.[53] 이에 1943년 2월 18일에 『무국적 피난민의 거주, 영업 제한에 관한 건(無國籍避難民の居住、營業の制限に關する件)』의 포고를 발표하여, 공공조계의 동부 지역을 피난민 거주구로 지정하고 무국적 피난민의 거주 및 영업 활동 영역을 이곳으로 제한하였다.[54]

一, 군사적 필요에 의하여, 금일을 기해 상하이 지역에 거주하는 모든

52　菅野賢治(2019)는 사네요시의 작업일지에 기초하여 일본이 유대인을 지정 구역에 수용한 것은 나치 독일과 관계가 없다고 주장하였다. 菅野賢治, 「日本軍政下の上海にユダヤ絶滅計畫は存在したか(續)―實吉敏郎・海軍大佐の未公開文書より―」, 『京都ユダヤ思想』第10號, 京都ユダヤ思想學會, 2019, 24쪽.

53　菅野賢治, 앞의 논문, 25쪽.

54　関根真保, 앞의 논문, 58쪽. 潘光, 앞의 논문, 128쪽.

무국적 난민은 거주 및 영업 지역을 아래의 지역으로 제한한다.

공공조계 내의 탸오펑루, 마오하이루 및 덩퇴루 일선의 동쪽, 양슈푸허 서쪽, 동시화더루, 마오하이루 및 후이산루 일선의 북쪽, 공공조계 경계선의 남쪽[55]

二, 현재 제1항에서 지정하는 지역 이외에 거주 혹은 영업 중인 무국적 난민은 본 포고가 공포되는 일자부터 소화 18년(민국 32년, 1943년) 5월 18일까지 거주지 및 영업 장소를 제1항에서 지정한 지역 내로 옮겨야 한다.

현재 제1항에서 지정하는 지역 이외에 거주 혹은 영업 중인 무국적 난민이 거주 및 영업에 필요한 집, 상점 및 기타 설비를 매매, 양도, 임대할 경우에는 반드시 당국의 허가를 얻어야 한다.

三, 무국적 난민 이외의 사람들은 반드시 허가를 얻어야 하나, 제1항에서 지정한 지역 내로 이주해서는 안 된다.

四, 본 포고를 위반하거나 방해하려는 자는 엄히 처벌한다.[56]

이에 따라 이곳에 수용된 1만 5천여 명의 유대인들은 미국으로부터의 원조도 대부분 끊어지고 물자 공급이 원활하지 않아 정상

---

55 상하이 유대인 박물관 자료에 의하면, 거주구의 전체 면적은 약 3평방 킬로미터 (3km²)로 제한되었으며, 거주 구역은 동쪽에 다롄로[大連路], 서쪽에서 자오펑로兆豐路[현재 가오양로高陽路], 마오하이로茂海路[현재 하이먼로海門路], 덩퇴로鄧脫路[현재 단투로丹徒路], 남쪽은 후이민로[惠民路]에 이르고, 북쪽은 저우자쭈이루로[周家嘴路]에 이른다. 거주구의 면적은 40개의 블록을 포함하였다.
56 菅野賢治(2020)에 일문 포고령이 있으나 판독이 불가하여, 『新申報』 2월 18일 자에 실린 중문 포고령을 인용하였다. 菅野賢治, 앞의 논문, 2020, 32쪽; "上海日陸海軍最高當局布告", 『新申報』, 1943.02.18.

적인 경제활동이 거의 불가능하여 고난의 시기를 보내야 했다. 그러나 여기에서 아이러니한 점이 일본은 유대인 난민들을 적성국의 국민들과 동일하게 취급하여 좁은 거주 구역에 몰아넣었으나, 그곳이 결과론적으로 나치 유대인 홀로코스트의 참화를 피하여 생명을 보전할 수 있었던 피난처로 작용해버렸던 것이다.[57]

요컨대 일본의 유대인 난민에 대한 태도 변화를 관통하는 요소 역시 '국가의 이익'이다. 중국도 유대인을 이용하고자 하는 의도를 가지고 있었으나 드러내지는 않았던 반면에, 일본은 '유대 이용론'이라는 말 자체에서 유대인을 대하는 인식을 공공연히 드러낸 점이 다르다. 또한 상하이의 유대인 난민을 대하는 태도가 변화하는 가장 중요한 이유 역시 전쟁으로 인하여 재미 유대인과의 관계가 단절되자 상하이 유대인 난민의 이용가치가 없어졌기 때문이다. 다만, 이들을 한곳에 모아 수용하기로 한 것이 나치 독일의 요구를 거절하기 위한 구실이었는지 분명치 않으나, '인도주의적' 차원의 보호가 아니라 격리하여 감시하기 위한 목적이 컸다.

Ⅳ. 결론: 유대인 난민에 대한 배제와 환대의 역학 그리고 서발터니티

제2차 세계대전이라는 전화(戰火)와 나치의 홀로코스트라는 참

---

57 게토는 열악한 환경이었지만, 상하이에서는 기적적이게도 1만 8천 명이 넘는 유대인들이 생존했음을 확인하였다. 조너선 카우프만, 앞의 책, 279, 283쪽.

화를 피하여 유럽을 탈출한 유대인 난민들이 동양에서 가장 많이 정착한 곳이 바로 중국의 상하이이다. 이는 근대 상하이가 가지고 있었던 관문도시적 특성, 즉 국제성과 개방성에 기인하였으며, 중국이 유대인에 대하여 지속적으로 보인 호의적인 태도도 한몫을 하였다. 하지만, 제2차 세계대전 전후로 상하이에 지배권을 행사하고 있었던 것은 일본이었는데, 일본 태평양전쟁이 발발하기 전까지는 비교적 적극적으로 유대인들을 보호하였다. 그런데, 태평양전쟁으로 인하여 미국을 비롯한 연합국들과 적국 관계가 되고, 또한 추축국의 일원이었던 나치 독일의 유대인 말살 요구를 마냥 무시할 수 없었던 일본은 유대인들을 '무국적 피난민 지정 거주구'에 몰아넣기에 이른다. 다시 말하면, 일본의 유대인에 대한 태도가 배제(혹은 방치)로 변화한 것이다.

상하이의 유대인 난민에 대한 이러한 중국의 지속적인 환대와 일본의 태도 변화[호의→배제(혹은 방치)]를 관통하는 요인은 바로 '국가(혹은 정권)의 이익'이다. 중국의 일반 민중의 심리는 어떠하였는가는 논외로 하더라도, 당시 중국 정권의 차원에서 이들을 지원하려 한 것은 쑨커의 제안에서도 드러나듯이 '영국과 미국의 외교적 관심을 이끌어내고 유대인들의 자본과 기술을 국가 건설에 이용하고자 하는' 목적이 컸다. 일본 역시 '유대이용론'에 입각하여 이들을 지렛대 삼아 미국으로부터 경제적, 외교적 이익을 얻고자 하였으므로 이들에게 호의적인 태도를 취했으나, 전쟁으로 인하여 이용가치가 없어지자 태도를 바꾸고 적성국민들과 동일하게 취급하여 집단수용 후에 감시하였다. 다만, 중국의 호의 혹은 환대에서는 '인도주의적' 측면을 엿볼 수 있으나, 일본의 유대인에 대한 태도는 철저히 '손익 계산'에 따랐다는 것이다.

그렇다면 이와 같이 '국가의 이익'을 중심으로 하는 환대(혹은 호의)와 배제(혹은 방치)의 역학 속에서 나치와 일본으로부터 피해를 입은 이들을 서발터니티로 볼 수 있을 것인가? 이들을 죽음의 공포로 몰아넣은 나치와 이들이 효용가치가 떨어지자 방치하다시피 했던 일본을 경험하였다. 그런데 이러한 경험은 유대인들이 주동적으로 행동으로 인해 맞이한 결과가 아니라 지배 권력의 척결 혹은 배척(방치)에 의해 수동적으로 주어진 결과이다. 즉, 상하이의 유대인 난민들은 지배 권력에 의해서 '타자화'된 것이다. 그리고 전쟁으로 인해 피난민 거주 구역에 수용되어 해외 유대인 동포들의 도움조차 받기 어려운 상황으로 몰리면서 그들의 발언권마저 약해졌다는 점에서는 서발터니티적인 면을 가지고 있다고 할 수 있다. 그러나 일본이 그들을 거주 지역에 수용하고 방치한 것이 오히려 역설적이게도 홀로코스트의 참화를 피하고 목숨을 구제받을 수 있었던 요인이 되었고, 그들이 접촉하고 있던 중국인들은 그들에게 지속적으로 호의를 베풀었다는 점은 상하이 유대인 난민의 독특한 특징이다.

현재, 세계의 곳곳에서 난민 문제로 인해 여러 가지 현상들이 나타나고 있다. 특히, 난민을 적극적으로 받아들이던 유럽 각국에서 이를 반대하는 극우 정당들의 지지율이 상승하고 있고, 취임 시에 70% 이상의 지지율을 기록했던 캐나다 트뤼도 총리의 사임의 이유에는 난민 및 이민 문제를 제대로 해결하지 못한 책임이 큰 몫을 차지했다. 그리고 미국의 트럼프 대통령은 자국 우선주의를 내세우며 이민 및 난민에 대한 장벽을 세우고 있다. 즉, 이상주의로는 현실문제를 타개할 수 없음을 주장하며, 워키즘(Wokism)을 반대하는 자들이 점차 등장한 것이다. 이와 같은 시점에서, 제2차 세계대전 시기 관문도시라는 특수한 공간인 상하이의 유대인 난민에 관한 본고의 연구는 난민 문제를 대함에 있어 하나의 시선을 제공할 수 있으리라 사료된다.

3부
국민국가 건설과 배제된 서발턴들

5장

시진핑 시대 민족국가 통합과 소수민족의 서발턴화

장윤미

I. 서론

중국공산당은 19차 당 대회 이후 '중화민족의 위대한 부흥'이라는 표현을 자신의 「당장」과 국가 「헌법」에 기재했다. '중화민족'이라는 단어는 건국 이후 국가 방침을 정하는 중요한 회의에서 거의 사용되지 않았고, 이전의 공식 용법은 '중국민족'이거나, 가장 자주 사용한 단어는 '중국인민'이었다. 오랫동안 제기하지 않았던 '중화민족'이란 개념을 공식적으로 사용한 것은 중국공산당의 정체성을 기존의 '혁명당'에서 '집정당'으로 재설정한 것과 관련된다. 1997년 장쩌민(江澤民) 당시 총서기가 하비드대 강연에서 처음으로 '중화민족의 위대한 부흥'이라는 구호를 제기했고, 잇달아 '삼개대표(三個代表) 중요사상'을 내놓았다. 당의 성격을 기존의 '노동자계급'의 전위대에서 전체 '인민'과 '민족'의 전위대로까지 확장했고, 이로써 중국공산당이 자산계급을 포함한 대다수 인민의 이익을 대표한다는 논리를 통해 당의 집정지위를 합리화했다. 즉 '중화민족'의 공식적인 제기는 '민족 정당'으로 당의 성격 변화, '집정당'으로의 당의 지위 변경과 관련하여 이를 합리화하기 위한 중요한 개념으로 대두된 것이다.

시진핑 집권 이후 '중화민족의 위대한 부흥'은 중·저성장 시대 당의 집정지위의 정당화를 위한 중요한 구호로 강조되고 있다. '중화민족의 위대한 부흥'을 '중국의 꿈(중국몽)'이라는 국가목표와 연결하였고, 중국의 꿈을 중심으로 당-국가-인민-민족을 하나로 묶어 일체화하려 한다(习近平 2012). 이러한 민족부흥의 꿈은 백 년 전으로 거슬러올라가 쑨원(孫文)이 외쳤던 '진흥중화(振興中華)'의 꿈과 연결되며(周学斌 2016), 중국공산당이 지난 백 년 동안 변함없이 꿈꿔왔던 목표로 재구성되었다. 이제는 단순한 구호를 넘어 전체 국가가 추구해야 할 목표이자 이념이 되었다. 그리고 이러한 꿈의 실현을 위해서는 세대를 잇는 계승과 '중화자녀(中華兒女)'에 대한 교육이 중요하다는 점을 강조한다. 창당 100주년에 이어 2049년 건국 100주년까지 '두 번째 백 년'의 목표를 달성하기 위해, '중화민족공동체의식 주조'와 '중화민족의 정확한 역사관' 등의 사상교육을 추진하고 있다. 이러한 '중화민족'이라는 국민 만들기 과정은 소수민족의 문화 정체성 지우기의 과정과 동시에 진행되고 있다.

중국은 다민족 국가로 절대 다수를 차지하는 한족(漢族) 이외의 민족은 약 8.89%를 차지하며,[1] 이들을 '소수민족'이라고 부른다. 중국에서 공식적으로 '식별'된 55개 소수민족이 지금의 주류 민족인 한족과 역사적으로 어떠한 상호작용을 해왔는지는 모두 다르므로, 개별 소수민족의 상황을 일괄적으로 말할 수는 없다. 대체로 신장(新疆) 위구르족, 티베트 장족(藏族), 몽골족, 회족(回族), 조선족 정도가 자신의 언어와 문화를 기반으로 뚜렷한 에스닉(ethnic)의 민족 정체성을 갖고 있고, 나머지 대다수 소수민족은 장기간의 역사 과정에서 동화되었다. 따라서 중화민족이라는 '국민'으로 주체화되는 과정에서 대다수 소수민족은 큰 문제가 되지 않지만, 주로 변경 지역에 위치하여 자신의 언어와 문화, 종교를 지켜왔던 소수민족은 네이션(nation)과 에스닉의 정체성이 서로 충돌하는 상황을 맞게 되었다.

중국공산당이 새로운 국가목표 설정에 따른 전략적 차원에서 '중화민족'을 강조할수록, 일부 소수민족은 국민화된(nationalized) 틀의 기준에 따라 '추방'되면서도 '포획'되는 이중적 관계에 놓이게 되었다.[2] 국가통합을 위해 중화민족의 개념이 강조되고 이에

---

1 2020년 시행한 제7차 전국인구센서스에 따르면, 전국 인구 중 한족 인구는 12억 8,631만여 명으로 91.11%, 소수민족 인구는 1억 2,546만여 명으로 8.89%를 차지하였다. 2010년 제6차 전국인구센서스와 비교하여 한족 인구는 4.93% 증가했고, 소수민족 인구는 10.26% 증가했다. 「第七次全国人口普查公报」 중국 통계국 사이트.
2 아감벤(2008)은 '벌거벗은 생명'이라는 의미의 '호모 사케르'라는 개념을 통해 근대 권력의 속성과 민주주의에 대해 성찰한다. 아감벤에 따르면, 주권은 규칙의 바깥인 '예외 상태'를 창출하는데, 예외화는 일종의 '추방령(ban)'을 내리는 것이다. 호모 사케르는 예외 상태 속에 버려진 존재로 공동체로부터 배제되지만, 공동체의 법과 무관하게 그 바깥으로 버려지는 것이 아니라, 추방이라는 형태로 그 사회에서 배제되어 있으면서 포함된 존재이다. 즉 정치적 역량이 완전히 박탈된 형태로만 정치적 관리의

따라 통일된 언어 및 사상교육이 진행되면서, 민족어 교육을 중심으로 자신의 문화 정체성을 유지해왔던 소수민족들은 국가 우선주의라는 주류적 흐름 속에 종속되고 배제되고 있다. 이 과정에서 이들 소수민족은 중국의 주류 사회에서 점차 서발턴화되고 (subalternized) 있다.

이 논문에서는 지배권력에 의해 재편되는 질서와 공동체 규범의 획일화 과정에서 특정 소수민족의 문화와 담론이 종속되고 소수민족이 주변화되는 과정을 '서발턴화(하위주체화)'로 파악해보고자 한다. 지배계급으로부터 배제된 하위주체들이 '자신의 언어'로 자신의 의사를 표현할 기회조차 부여받지 못한 상황은 '서발터니티(subalternity, 서발턴성)'라는 개념으로 이해할 수 있다. '서발턴(subaltern)'은 원래 안토니오 그람시(A. Gramsci)가 사회의 하층계급을 지칭하기 위해 사용했던 개념으로, 1980년대 인도 사학계에서 식민주의와 민족주의 역사학에 깃들어있는 엘리트주의 담론을 비판하기 위해 이 개념을 가져왔다. 라나지트 구하(Ranajit Guha)를 비롯한 서발턴 연구그룹(Subaltern Studies Group)은 포스트식민적 관점에서 지속적으로 서발턴의 역사를 재구축해왔다. 이후 서발턴 이론과 개념이 아시아나 남미 등 다른 지역으로 전해지면서, 서발턴 개념은 해당 사회의 '장소성'에 따라 그 개념적 의미가 다르게 맥락화되어왔다.

서발턴 혹은 하위주체가 누구를 지칭하는지는 상당히 모호하

영역에 포함될 수 있는 역설적인 존재를 말한다.

며, 해당 사회의 맥락에 따라 다르다. 그럼에도 불구하고 이 논문에서 서발턴/서발터니티란 개념을 통해 중국 소수민족의 상황을 살펴보고자 하는 이유는, 국가주의 기획과 더불어 나타난 소수자의 종속된 상태와 드러나지 않는 서발턴의 존재를 가시화해보기 위해서이다. 기존 중국 소수민족에 관한 연구는 주로 소수민족에 대한 정책적 관점(서상민 2001; 정보은 2021)이나 분리독립을 차단하려는 정치적 관점(이동률 2004; 이재호 2008)에서 이루어져 왔다. 이러한 관점에서 볼 때 소수민족에게 특혜를 부여하거나 혹은 민족 관련 담론을 발화하는 주체는 당·국가뿐이다. 반면 "서발턴은 말할 수 있는가"라는 유명한 명제로 대표되는 서발턴적 관점에서 보면(모리스 외 2013), 소수민족은 수혜를 입거나 혹은 탄압을 받는 대상으로서가 아니라, 하나의 주체로서의 가능성을 품을 수 있게 된다. 실제로 말할 수 없는 (비)주체들의 문제만이 아니라, 지배/종속이라는 관계 속에서 주변화되는 현상을 포착할 수 있고, 국가에 의해 독점된 서사에 포획되고 억압된 상태를 드러낼 수 있다.

이러한 시각에서 이 논문에서는 중국 소수민족의 서발턴화 현상을 살펴보고자 한다. 국민통합을 위한 중화민족 정체성의 확립은 국가 공용문자·언어 통일과 역사관 주입, 사상교육 등을 통해 진행된다. 이러한 국가의 획일적인 정책 조치로 인해 특정 소수민족의 문화는 국가의 보호 틀 안에서 '박제화'되는 동시에, 소수민족의 문화 전유와 해석의 주도성이 박탈되고 일상에서의 민족어 사용이 제한되는 '서발턴화'가 진행된다. 대표적으로 신장 지역의 위구르족을 꼽을 수 있다. 또한 2019년의 반송환법 시위를 계기로, 에스닉 정체성은 아니지만 중국 본토와는 다른 정치적 정체성을 드러낸 홍콩의 사례도 꼽을 수 있다. 「홍콩국가안전법」이라는 법적 수단으로 중국 본토와 동일한 규범과 정체성을 강요함으로써, 홍콩이 갖고 있던 정치적, 문화적 정체성은 급속히 주변화되고 있다. 신장 위구르족과 홍콩 지역 외에도 한반도와 긴밀한 관련이 있는 연변(延邊) 조선족의 상황도 함께 살펴보고자 한다.

이 논문은 기본적으로 중국 당정의 공식 문건과 2차 연구를 중심으로 분석했기 때문에, 실제 현지에서 소수민족이 서발턴화되는 현장을 포착하기에는 한계가 있을 수밖에 없다. 국가주의적 기획 속에서 변화된 중국의 민족관과 소수민족 현황을 통해, 중국정치 지형의 현주소를 이해하는 데 연구의 목적을 두고자 한다.

Ⅱ. '신시대' 소수민족을 바라보는 관점과 전략의 변화

'중화민족의 위대한 부흥'이라는 표현을 2017년 중국공산당 「당장」과 2018년 국가 「헌법」에 기입함에 따라, 중국공산당의 국민(민족)과 소수민족에 관한 정책 관점과 접근 방식은 기존과 달라졌다. 첫째, '중화민족'이라는 네이션 중심의 중화인민공화국사를 다시 서술하고 있다. 시진핑이 총서기로 선출된 2012년 18차 당대회 전후에만 해도, 마오쩌둥 정신으로 덩샤오핑의 시대를 부정하거나, 반대로 덩샤오핑의 노선으로 마오쩌둥 시대를 부정하는 좌·우파 간의 대립이 극심했지만, 19차 당 대회 이후 중국공산당은

'중화민족' 개념을 중심으로 하여 근대 이후 역사 전체를 관통하고 계승한다는 발전의 연속사를 재정립해왔다. 이른바 '중화민족의 정확한 역사관'을 수립해야 한다는 것이다.

둘째, '중화민족' 중심의 중화문명사도 재정립하고 있다. 중화문명은 18세기 전까지만 해도 세계경제의 중심이었지만 1840년 아편전쟁 이후 비참하고 굴욕적인 상황으로 빠져들게 되었고, 이후 민족부흥의 길을 부단히 탐색해왔지만 모두 실패했다는 것이다. 그러나 이제 '중국특색사회주의'가 새로운 단계로 접어들었고, 이러한 상황은 오천 년을 관통하는 중화문명사뿐 아니라 세계 인류문명에도 중대한 의의가 있는 것으로 재해석하고 있다.

셋째, '중국식 현대화'의 중요한 전제로 국가통일과 민족단결을 내세웠고, 이러한 역사적 과업은 중화민족의 정체성 확립과 함께 이루어져야 한다고 강조한다. '중국식 현대화'를 모색하는 새로운 백 년의 과정에서 중국공산당이 해결해야 할 중요한 임무는 바로 민족분열을 반대하고 국가통일을 이루는 것이며, 이는 중화민족이라는 공동체 의식을 확립할 때 가능하다는 것이다.

이처럼 중국공산당은 19차 당 대회 이후 '중화민족'을 중심으로 한 역사관과 문명관, 그리고 통일관을 제시하고 있는데, 새롭게 쓴 중화민족 중심관은 소수민족 문제에 접근하는 시각과 전략에도 다음과 같은 영향을 미치고 있다.

1. 국가안보 시각에서의 접근

개혁개방 시기 중국공산당의 국가전략과 발전경로에 근본적으로 영향을 미친 두 가지 사건은 89년 천안문 사건과 90년대 초반 소련과 동유럽 국가의 붕괴이다. 중국공산당에게 천안문 사건은 사회 불안정에 대한 공포를, 사회주의 체제의 붕괴는 권력을 상실할 수 있다는 공포를 남겼다.[3] 그리고 20여 년 뒤인 2008년과 2009년에 티베트와 신장 지역에서 분리독립을 요구하는 시위가 크게 일어났고, 뒤이어 2014년과 2019년에는 홍콩에서 민주화 요구 시위가 발생했다. 소수민족 지역을 포함한 변경 지역 민중들의 시위는 당의 지위에 도전하는 것이었고, 이러한 일련의 사건들은 중국공산당이 소수민족 지역 문제의 해법을 근본적으로 바꾸는 직접적인 계기가 되었다. 이미 2010년 중국 봉쇄를 목표로 한 미국의 '아시아 회귀전략'이 진행되면서 신장과 티베트, 홍콩 지역의 문제는 빠르게 국제 이슈화되어왔고, 이에 대해 중국공산당은 일관된 내정(內政) 논리와 국가안보의 관점에서 대응해왔다. 원래 신장과 티베트는 소수민족의 문제이고 홍콩은 '일국양제(一國兩制)'의 문제로 별개의 문제처럼 보였지만, 이제 두 지역 모두 중국의 국가통합 및 국가안보와 직결된 문제가 된 것이다.

3　2019년 당 매체 『구시(求是)』는 연속해서 시진핑이 2013년 정치국 회의에서 했던 연설을 발표하며, 소련 망당의 교훈을 엄중히 경고했다. "소련이 왜 망했는가? 소련이 망한 중요한 원인은 이데올로기의 투쟁이 격렬하여 소련의 역사, 소련 공산당의 역사를 부정하고 레닌과 스탈린을 부정하고 역사의 허무주의를 조장했기 때문이며 사상이 교란되었기 때문이다"(2013/1/5).

특히 신장과 홍콩 지역은 시진핑 집권 이후 많은 변화를 겪었다. 신장에서는 위구르족의 '재교육시설' 수용을 통해 사상교육, 취업촉진, 산아제한 강제 등이 추진됐다(BBC News 2021/02/02; 대런 바일러 2022; Amnesty International 2021/06/10). 홍콩에서는 송환법 조례 개정을 둘러싼 첨예한 대립 끝에 「홍콩국가안전법」이 제정되었고 민주파 의원들이 구속되는 사태로까지 번졌다(한겨레 2021/03/01). 정부의 이러한 강경한 조치에도 불구하고 신장과 홍콩 이슈는 중국 국내 여론에는 별다른 영향을 미치지 않았고, 오히려 한족과 내지인들 사이에서는 사회를 안정시키고 국가통일의 꿈을 위한 조치로 지지를 받았다. 국가안보 시각에서 접근하기 때문에 신장의 '테러리스트'와 홍콩의 '폭도'에 대한 강경한 단속을 요구하는 목소리도 커졌다. 한족 중심의 세계관과 논리에서 볼 때 신장과 홍콩은 국가분열이나 사회 불안정의 상황을 초래할 수 있는 위험한 이슈로 인식되어왔기 때문이다.

2. 경제민생 전략으로 접근

개혁개방 이전 '재분배경제' 체제에서는 전국적인 인구 이동이 거의 없었고, 민족구역이 하나의 생활권으로 기능했다. 그러니 개혁개방 이후 시장 메커니즘이 확산하고 노동력의 이동이 확대되면서 이들 소수민족이 거주하는 지역에도 영향을 미치게 된다. 예진에는 민족구역에서 자신의 민족어를 사용하기만 해도 살아가는 데 아무런 문제가 없었지만, 시장화와 도시화의 흐름 속에서 주류 언어인 '한어(보통어)'를 잘 사용해야 사회적으로 출세하고 경제적 부를 얻을 수 있게 되었다. 이러한 상황에서 소수민족이 경쟁력을 갖추기 위해서는 한족보다 훨씬 더 많은 노력을 기울여야 하기 때문에, 대학 입시나 민족어 사용 등 여러 분야에서 소수민족에 대한 우대 정책을 시행해왔고, 이로써 소수민족의 문화와 언어를 적극적으로 보호한 측면이 있었다. 그러나 철도나 도로 등 교통수단의 발달로 인해 이동이 더욱 쉬워지고 전국이 하나의 통합된 시장으로 변하고 경쟁이 더욱 치열해지면서, 소수민족은 자신의 민족구역에서조차 경제적으로 한족에게 밀리는 상황을 맞게 되었다. 특히 소수민족 농촌과 변경 지역의 빈곤 문제는 중요한 사회경제적 쟁점이 되었다.

이에 따라 중국은 접경지역의 발전과 소수민족의 생활 개선을 위해 여러 가지 우대정책을 시행해왔다. 인민의 생활 수준이 개선되어야 국가 정체성과 귀속감도 강화되기 때문에, 변경 지역을 튼튼하게 지키는 동시에 부강하게 만들어야 한다는 것이다. 게다가 최근 10년간 실시해온 '일대일로(一帶一路)' 정책, 그리고 지정학의 변화와 자원 확보 등의 측면에서 변경의 전략적 중요성은 더욱 커졌다.[4] '빈곤탈피(扶貧脫貧)' 운동은 소수민족 지역의 민생과 경제

---

4 2017년 5월 변경에 사는 인민을 돕기 위해 국무원이 발표한 「흥변부민행동'13·5'규획」에서는 "주거안정과 변경수호 조건을 전면 개선"하여 "국가 정체성과 자부심을 강화하고, 안심하고 생활할 수 있도록 유도하며 인민들이 변경을 철옹성처럼 굳건하게 지킬 것"을 제안했다(国务院办公厅 2017). 시진핑 총서기는 2021년 열린 「중앙민족공작회의」에서 "변경강화, 변경부흥, 부민행동을 심도 있게 추진해 각 민족이 함께 사회주의 현대화로 나아가야 한다"고 강조했다(人民日报 2021/08/29).

를 살리는 방법으로 연결되어, 접경지역의 안정화를 위한 중요 정책으로 추진되었다.[5] 시진핑의 최고 치적 중의 하나로 꼽히는 빈곤탈피 운동을 선전하는 주선율(主旋律) 영화도 제작 보급했는데, 대표적으로 〈대산(大山)의 딸〉이라는 드라마는 석사를 마친 고학력 인력이 촌으로 들어가 빈곤타파에 앞장서다 사고로 사망한 실제 사건을 모티브로 제작되었다.[6] 특히 소수민족 농촌지역 빈곤탈피 운동에서의 자아희생 정신을 강조하며 탈빈곤 정책을 홍보한다.

3. 당 영도 중심의 교육과 민족사업체계 구축

중국공산당은 2018년 「당·국가기구 개혁」을 통해 기존과는 다르게 통치구조를 재편했다. 새로운 통치구조는 모든 영역에서 '당의 전면적 영도'를 강화하는 동시에 법과 규범을 통한 국가통치의 제도화를 주요 골자로 한다. 교육 분야에서는 교육사업을 영도하는 당 조직인 '중앙교육공작영도소조'가 신설되었다. 이 영도소조는 사상정치와 이데올로기 사업을 연구·배치하고, 국가교육발전

---

5 빈곤탈피방안은 특히 빈곤한 세 개 지역과 세 개 주를 겨냥하여 집중적으로 이루어졌다. 세 개 지역은 ①티베트자치구, ②칭하이(青海), 쓰촨(四川), 깐수(甘肅), 윈난(雲南) 4개 성의 티베트지역, ③신장 남부의 호텐, 아커스, 카슈가르, 키질수키르키즈 자치주를 말한다. 세 개의 주는 쓰촨 량산주(凉山州), 윈난의 누장주(怒江州), 깐수의 린샤주(臨夏州)를 가리킨다(中华人民共和国教育部 2018/01/24).
6 2022년 CCTV에서 방영된 이 드라마는 광시장족(廣西壯族)자치구의 바이니(百坭) 촌의 촌서기로 일하다 2019년 공무로 순직한 황원슈(黃文秀)의 이야기를 그렸다. 그녀는 석사까지 마친 재원임에도 불구하고 대도시에서의 취업기회를 포기하고 자원해서 빈곤촌으로 들어가 일하며 현지 88개 빈곤가정의 자립을 도왔고, "시대의 모범(时代楷模)"으로 추앙된다.

전략의 중장기 계획 및 중대한 교육정책을 조율하는 직책을 맡고 있다(新华社 2018/03/21). 또한, 기존에 국무원 산하에서 민족사업과 민족교육을 담당해오던 '국가민족사무위원회'는 당 조직인 '중앙통일전선부' 영도 아래로 개편되었다. 이러한 조직 개편은 모든 민족사업과 교육사업의 정책결정권을 당 중앙으로 일원화한 것으로, 이는 당 중앙의 정책 방향과 원칙에 따라 교육 및 민족사업이 제정·집행되며, 이와 관련하여 자치구에 부여했던 자치권이 사실상 유명무실화된다는 것을 의미한다고 하겠다.

당정군(黨政軍) 세 개 영역의 최고 수장으로 이른바 '삼위일체(三位一體)'를 실현하며 집권 3기에 들어간 시진핑은 당 조직 내부에서 인사 결정과 중요회의 의제설정권도 장악했다. 2020년 9월 공표된 「중국공산당 중앙위원회 공작조례」에 따르면 중앙정치국과 상무위 회의, 그리고 당 중앙의 정책결정의사협조기구인 각종 '위원회'의 회의 의제는 총서기가 '확정'하는 것으로 규정하고 있다 (人民日報 2020/10/13). 이는 시진핑이 관심을 갖는 분야를 의제로 설정하고 자신의 주장을 강력하게 관철할 수 있는 절차적 합법성을 획득한 것이라 하겠다. 시진핑은 취임 초기부터 '중화민족의 위대한 부흥'이란 구호를 제기했고, 이후 수없이 많은 공식 자리에서 자신의 민족관을 피력해왔다. 민족사업과 민족교육은 당의 정책 지침에 따라야 하고, 당은 시진핑이 설정한 의제에 따라야 하는 제도적, 규범적 절차가 마련된 것이다. 이러한 제도적 보장에 따라 시진핑의 민족관은 민족정책 각 분야에 커다란 영향을 미치고 있으며, 향후 중화민족을 강조하는 네이션 민족주의 논리가 개별 에스닉 민족의 목소리를 더욱 더 압도할 것으로 보인다.

Ⅲ. '중화민족공동체의식' 주조를 위한 정책과 내용

신시대 선언 이후 소수민족을 바라보는 달라진 관점의 반대편에는 '중화민족'이라는 개념이 중심에 있다. 중화민족의 위대한 부흥을 달성하기 위해서는 모든 민족이 단결해야 하는데, 그렇게 하기 위해서는 중화민족의 정체성 수립, 즉 '중화민족공동체의식'을 갖도록 만들어야 한다. '중화민족공동체의식' 주조에는 민족단결과 국족(네이션)구성, 공동체 건설의 세 가지 담론 내용을 포괄한다(郝亚明 2022). 구체적으로 모든 민족이 원활하게 소통할 수 있는 국가 공용언어·문자를 교육해야 하고, 이러한 어문 교육은 통일된 역사관 주입, 그리고 이를 뒷받침하는 사상교육 및 선전사업과 하나로 연결된다. 이에 따라 중국공산당은 당 중심의 사상-교육-문화-선전 일체 구조를 형성해왔다.

1. '민족단결진보교육' 강화

개혁 이후 전국적인 이동이 잦아지고, 각 민족 간의 접촉이 늘어나 갈등이 커지면서 소수민족정책은 민족 간의 '단결'에 초점을 맞춰왔다. 2천 년대 들어 초·중·고교에서는 '민족단결'에 맞춘 교육이 중시되었고, 관련 사업도 전국적으로 확대됐다. 특히 2008년

라싸 3·14사건과 2009년 신장 7·5사건이 발생하면서 문제의 심각
성을 인지한 당국은, 학교에서의 민족단결교육을 강화한다는 골
자로 이를 지도하는 최초의 문건인 「학교민족단결교육지도강요」
를 발표한다(教育部 2008/12/16). 이 「강요」에 따르면, 민족단결교
육의 목표는 각 민족 학생들의 사상인식과 행위를 당과 국가의 요
구에 자각적으로 통일시키고, 중화민족의 정체성과 민족역사, 문
화에 대한 이해를 증진하며, 56개 민족의 우수한 문화전통의 상호
교류, 계승, 발양을 촉진하는 것이라고 밝히고 있다. 또한, 초·중등
학교 민족단결교육내용의 기준도 마련했는데, 초등학교 중간 학
년(3,4학년)에서는 민족지식 계몽교육을, 초등학교 고학년은 민족
상식교육, 중학교에서는 민족정책 상식교육, 고등단계에서는 민
족이론 상식교육을 시행하도록 했다(체昌升 2015).

18차 당 대회 이후에는 '민족단결'에서 '민족단결진보' 교육으
로 진화된다. 이와 관련된 중요한 회의 및 대회도 잇달아 개최되는
데, 중앙민족공작회의(2014년, 2021년), 전국민족단결진보표창대회
(2014년 제6차, 2019년 제7차), 중앙티베트공작좌담회(2015년 제6차,
2020년 제7차), 중앙신장공작좌담회(2014년 제2차, 2020년 제3차) 등
이 대표적이다. 모두 학교에서 더욱 '심화'된 민족단결진보교육을
추진할 것을 강조하며 새로운 교육내용을 부여했다. 19차 당 대회
에서는 "민족단결진보교육을 심화하고, 중화민족공동체의식을 주
조한다"라는 목표를 당 문건에 제시했다. 20차 당 대회 보고에서
도 "중화민족공동체의식 주조를 뼈대(主線)로 하여 중국특색적 민
족문제 해결의 정확한 길을 흔들림 없이 간다"고 밝혔다(人民日報

2022/10/26).

2021년에는 교육부, 중선부, 중앙통전부, 국가민족사무위원회가 공동으로 「신시대 학교민족단결진보교육 지도심화 강요」를 발표하였는데, 전체적으로 중화민족공동체의식 주조를 골자로 한 심화 교육을 강조하였다(教育部 2021/04/20). 기존 2008년 「강요」와 비교해볼 때, 2021년 「강요」의 교육목표에서는 중화민족공동체의식을 강조하면서 기존에는 없었던 문구들이 추가되는데, "올바른 국가관, 역사관, 민족관, 문화관, 종교관을 수립하고,[7] 위대한 조국, 중화민족, 중화문화, 중국공산당, 중국특색사회주의에 대한 정체성을 끊임없이 증강시킨다"라고 하면서, "국가의식, 공민의식, 법치의식을 높이고, 가국정서(家国情怀, 가정과 국가를 하나로 생각하는 감정)를 함양하며, 국가분열과 민족단결을 해치는 언행에 명백히 반대한다"라고 명시했다. 또한 중화민족공동체의식을 강화하는 방법으로 ① 각 과목에 민족단결진보내용을 융합시키고 ② 민족단결진보교육을 위한 특별과목을 개설하며 ③ 국가 공용 언어·문자교육을 전면 강화하고, 「도덕과 법치(사상정치)」, 「어문」, 「역사」 세 과목의 교재는 국가가 통합 편찬하며, ④ 다양한 소수민족 학생들이 참어하는 문화·스포츠활동과 사회실천 등 주제교육

---

7   올바른 종교관이란 종교를 사회주의 사회에 적용하도록 유도해야 한다는 것을 말한다. 특히 종교와 밀접한 관련이 있는 지역 간부들에게 대중사업 능력과 사회관리능력을 향상할 것을 상소해왔다. 중국에서도 종교신앙의 자유가 있지만, 국가법률과 국가이익 및 공공이익, 공공질서를 위반하지 않는 조건으로 제한하고 있다. 종교신앙 자유란 신앙상의 자유화가 아니라, 국가가 허용하는 종교 안에서 자유롭게 선택한다는 것을 말하며, 이는 또한 인민 대중에게 무신론의 선전교육을 지속한다는 것을 의미한다(高玉峰 2011).

실천활동을 전개하고 ⑤ 교육과 종교의 분리 원칙을 구현하고, 우수한 중화전통문화와 민족단결진보를 내용으로 하는 다양한 캠퍼스 문화건설을 강화하며, ⑥ 민족 간의 상호 왕래, 교류, 융합(交往交流交融) 플랫폼을 구축한다는 내용을 제시했다.

요컨대 신시대의 교육내용과 교육목표를 다민족 국가라는 정체성을 분명히 하면서 안정적인 발전 추진과 중화민족의 위대한 부흥에 중점을 두고 있다. 교육내용은 '5개의 정체성(당, 국가, 민족, 문화, 사회주의)'을 강화하고 중화민족발전사를 학습하며, 우수한 중화문화를 대대적으로 홍보하고 사회주의핵심가치관을 적극 육성하고 실천한다는 것이다. 교육목표는 민족 간 교류와 긴밀한 민족관계뿐만 아니라 국가통일과 민족단결을 확실히 이해하고 중화민족공동체의식 주조를 확고히 조성하며 중화민족공동체 건설을 지속적으로 추진해나간다는 것이다.

이러한 내용을 반영한 교재 건설에도 박차를 가해, 전국민족단결진보교육을 위한 통합 교재인 「중화민족 대단결」(중학판)이 2022년 봄 학기에 도입되었으며, 「중화민족 대가정」(초등판)도 사용 범위를 확대하고 있다. 지난 10년간 학교민족단결진보교육은 중화민족공동체의식을 굳건히 하고, '다원일체의 중화민족'과 '통일된 다민족국가'라는 양대 핵심 의제를 설명하면서, 신시대에 근거하여 그 내용을 끊임없이 확대·심화해왔다고 볼 수 있다(严庆 2022).

2. 당 사상으로 영도하는 '정확한 중화민족 역사관'

신장과 티베트 사건, 그리고 홍콩의 시위로 인해 중국공산당은 단순히 경제적 측면 이외에도 정신적 측면, 정체성의 측면에서의 근본적인 개조가 필요함을 느끼게 된다. 18차 당 대회 이후 추진된 이른바 '민족단결진보교육사업'에서 민족단결의 사상체계와 이론적 틀을 제공한 것은 '시진핑신시대중국특색사회주의사상'이라는 것이고, 이는 구체적으로 올바른 역사관 수립과 애국주의 주입교육의 방식으로 진행되고 있다. 2019년 중공중앙과 국무원이 발표한 「신시대 애국주의교육실시 강요」에서는 "애국주의 정신이 학교 교육 전 과정에 관철되도록 하고, 애국주의 교육이 수업, 교재, 두뇌 속으로 들어가도록 추진하라"고 강조하였다(新华社 2019/11/12).

이를 위해 국민국가 중심의 역사관을 강조하고 있는데, 2021년 '중앙민족공작회의'에서 시진핑은 '정확한 중화민족 역사관'을 견지하여, 중화민족에 대한 정체성과 자부심을 높여야 한다고 지적했다(人民日報 2021/11/30). 여기서 '정확한 중화민족 역사관'이란 무엇일까? 첫째, '중화민족 다원일체'는 중국의 뚜렷한 특징으로,[8] 중국이 '동일된 다민족국가'라는 인식을 분명히 해야 한다는

8　중국의 공식적인 민속관은 페이샤오통(費孝通)이 주장한 "중화민족 다원일체구조(中华民族多元一体格局)"론을 채택한다. 페이샤오통(1999)은 "중화민족은 자각적인 민족 실체로서는 백여 년 동안의 서구 열강과의 대결 속에서 나타났지만, 즉자적 존재로서의 민족 실체는 수천 년의 역사적 과정에서 형성되었다"라고 주장한다. "중화민족은 다원일체의 민족-국가정체성, 다원일체의 역사문화구조, 다원일체의 정치

것이다. 둘째, 중국의 유구한 역사와 찬란한 문화는 각 민족이 함께 써오고 만들어온 것이라는 점이다. 시진핑은 2019년 '전국민족단결진보표창대회'에서 "네 가지 함께(四個共同)"를 제기한 바 있는데, 이는 각 민족이 광활한 영토, 유구한 역사, 찬란한 문화, 위대한 정신, 이 네 가지를 함께 만들어왔다는 것을 말한다(新华社 2019/09/27). 셋째, 국가통일과 민족단결을 수호하는 것이 각 민족 인민의 최고 이익임을 알게 하여, 중화민족공동체의식을 공고하게 수립하고 잘못된 중화민족 역사관을 스스로 억제하게 한다는 것이다. 여기서 '잘못된' 역사관이란 서구 사학계에서 제기하고 논의해온 '내륙 아시아론(內亞史觀)', '신청사관(新淸史觀)', '정복왕조론(征服王朝論)' 등을 말하는데(杜建录 2022), 이러한 다양한 역사학의 논의를 '잘못된' 역사관으로 규정하면서, 국가 중심의 역사관 수립을 통해 정치적으로 대응하는 성격이 강해졌다. 중화민족 중심의 '일원화된 역사관'을 새롭게 정립하면서, 중국사회에서 정치와 일정한 거리를 유지해왔던 학문의 독자적 공간은 거의 사라지게 된 것이다.

이러한 '정확한 중화민족 역사관'의 강조는 새로운 국가 정체성을 구현하기 위해서이며, 구체적으로 교육과정에 반영되고 있다. 예컨대 새 교육과정에 따라 신설된 「역사: 중외역사강요(歷史: 中外歷史綱要)」 과목의 경우 자국사 서술을 하면서, 특히 전근대의 전 과정을 계급투쟁이나 민족 간의 갈등이 아니라 '제국적 통

제도를 갖는다"라고 본다.

'합'만을 강조함으로써, 소수민족에 대한 국가주의적 통합을 추구하는 한편, 주변과의 관계를 세세하게 정의하였다(오병수 2020). 또한, 2022년 국가민족사무위원회 주임을 맡은 판웨(潘岳)는 「중화민족공동체 사강(中華民族共同體史綱)」과 「중화민족 교육사(中華民族交融史)」의 편저를 추진하며, 중화민족공동체의 역사 교육을 "교실에 들어가고, 교재에 들어가고, 마음속에 들어가게 한다"는 점을 강조한 바 있다. 그는 민족구역자치제도를 개선하여 점차 '민족우대정책'에서 '지역우대정책'으로, '민족신분정책'에서 '공민신분정책'으로, 특정 소수민족에 대한 특혜를 해당 지역의 모든 공민에게로 바꿔야 하며, 민족교류와 관련하여 장애가 되는 법률 조항을 즉시 개정해야 한다고 지적한 바 있다(星島日報 2022/07/12). 이러한 주장은 일부 중국학자들이 주장해왔던 '제2세대 민족정책'과 정확히 일치한다.[9] 이들은 표준어를 추진하고 소수민족의 특권을 없애며, 한족과 소수민족 간의 구분을 희석함으로써 단일 '중화민족'으로서의 정체성을 강화해야 한다고 주장해왔다.

이러한 역사관은 중화민족과 각 민족 간의 분명한 위계적 구조를 기반으로 한다. 시진핑은 "大한족주의와 지역민족주의는 모두 중화민족공동체 건설에 불리하다"고 하면서, "중화민족공동체의식과 각 민족의식 간의 관계를 정확히 파악하고, 각 민족이 항상

---

9 2011년 후안강과 후롄허는 기존의 민족정책 대신 '제2세대 민족정책'으로 전환해야 한다고 주장했다. 즉 56개 민족을 식별하는 제1세대 민족정책에서, 각 민족의 융합일체(交融一體)를 추진하는 제2세대 민족정책으로 전환하여, 결속력이 강하고 너와 나를 구분하지 않고 영원히 분리되지 않는 중화민족의 번영공동체를 구축해야 한다고 주장한다(胡鞍钢, 胡联合 2011).

중화민족의 이익을 최우선으로 하도록 지도해야 하며, 본 민족의
식은 중화민족공동체의식에 복종하고 봉사하여야 한다"고 강조한
다. 중화문화와 각 민족문화의 관계에 대해서는, "각 민족의 우수
한 전통문화는 모두 중화문화의 구성 요소이며, 중화문화는 주요
줄기(主幹)이고, 각 민족문화는 가지와 잎(枝葉)이며, 뿌리가 깊어
야 가지가 무성할 수 있다"는 것이다(人民日報 2021/08/29). 근본적
이고 커다란 범주에 중화민족과 중화문화를 두고, 이것보다 작고
아래에 있는 범주에 각 민족의 문화를 둠으로써, 언제나 전체를 우
선적으로 고려해야 한다는 위계적 세계관을 보여주고 있다. 그러
나 이러한 민족관은 '대한족주의'에는 반대하고 있지만, 중화문화
의 근간이 한족의 문화임을 분명히 전제하고 있다는 점에서 한족
중심의 민족주의라 할 수 있다.

3. 새로운 표준어와 교과서 정책 원칙

중화민족이라는 '국족(國族)' 의식을 만들어가는 과정에서 주류
민족인 한족과 문화적 정체성의 차이가 가장 큰 민족은 티벳 장족,
신장 위구르족, 몽골족이다. 이들은 자체 언어와 문화, 종교, 사회
적 관습을 갖고 있어서, 중앙의 관점에서 이들에게 중화민족의 공
동체 의식을 주입할 방법은 교육과 경제발전을 향상하는 방법밖에
없다. 중국공산당은 '법에 의한 국가통치(依法治國)'를 강조하면서,
민족교육 및 민족사업과 관련해서도 각종 법률 제정과 집행을 강
화해왔다. 전국적으로 통일된 언어문자교육은 법치화, 규범화, 표

준화, 정보화 건설 강화라는 목표에 따라 진행되고 있다.

우선 '국가법률'과 민족어와 민족교육을 규정한 '지방법규' 간의 위상을 분명히 하였다. '한어(보통어)'와 '규범 한자'를 국가 공용언어·문자로 지정하였고, 이에 대한 법적 지위를 규정한 「국가통용언어문자법」은 이미 2001년부터 시행해왔다. 그러나 이러한 법 규정에도 불구하고 민족구역과 특히 민족구역 농촌 지역에서의 표준어 보급은 쉽지 않았다. 18대 이후 '중화민족의 위대한 부흥'이라는 새로운 국가목표에 걸맞은 국가 정체성을 수립하기 위해서는 표준어 보급을 더욱 강화해야 할 필요가 있다는 판단에 따라, 「13·5발전규획」에서는 2020년이라는 보다 분명한 시한을 두고 전국적으로 표준어 보급을 완성한다는 목표를 제시했다(中华人民共和国中央人民政府 2016/08/23).

18차 당 대회 이후 중국공산당은 국가의 교재 편찬사업을 중시하여 2017년 7월 국가교재위원회를 설립하였고, 당 기구인 중앙교육공작영도소조는 국가교재사업을 총괄하며 통일된 영도와 관리를 강화하였다. 교육부는 전문가를 조직해 의무교육인 「도덕과 법치」, 「어문」, 「역사」 3과목의 교재를 편찬했고, 국가교재위원회의 심의를 거쳐 2017년 가을 학기부터 전국 초·중·고교 1학년을 대상으로 사용하였고, 2019년 9월에는 전 학년을 대상으로 확내하였다(张军 2021).

이러한 당 정책 기조에 맞춰 2021년 1월 전인대 상부위원회 법제공작위원회에서는 민족학교에서의 민족어 수업을 규정하고 있는 지방 입법에 대해 위헌이라는 판단을 내렸다. 각 민족구역자치구의 지방법에서는 민족학교에서 민족언어문자로 교육해야 한다고 규정하고 있지만, 이러한 규정이「헌법」제19조 5항 표준어 보급과 관련된 규정과「국가통용언어문자법」이나「교육법」등 관련 법률 규정과 일치하지 않다고 판단한 것이다(澎湃新闻 2021/01/20). 이는 법리적 판단을 통해 표준어 교육이 민족어 교육보다 우위에 있다고 판단한 것이지만, 동시에「헌법」에서는 "각 민족은 모두 자신의 언어와 문자를 사용하고 발전시킬 자유가 있다"라고 규정하고 있으므로 논란의 여지가 있을 수밖에 없다.

한편 중국공산당은 중화민족공동체를 건설하기 위해서는 학생들의 정치적 사회화를 촉진하기 위한 교과서의 체계화가 그 무엇보다 중요하다고 판단한다. 통합 편찬된 중학교의「도덕과 법치」교과서에는 국가 정체성을 심어주는 교육내용이 전체 내용의 약 52.39%를 차지하며, 구체적으로 정치적 규범과 이념적 내용을 강조한다(高维 외 2020). 고등학교「어문」과목도 정치적 정체성을 촉진하기 위해 예전 교재보다 마오쩌둥 작품의 선편(選編)이 확대되었다(郑新丽 2021).[10] 전체적으로 국내외 정세의 변화, 서구 사상의 침투, 역사적 허무주의의 유행 등이 중화민족공동체 구축의 이념적 지향과 모순된다는 판단 아래, 교과서 개편의 방침을 새롭게 확정했다(王飞 외 2023).

10　마오쩌둥이 혁명 시기인 1925년에 쓴「심원춘(沁園春·長沙)」은 반드시 첫 단원에 들어야 하는 첫 번째 본문으로, 신중국 건국자들의 애국심을 부각해, 학생들의 애국주의 정신을 긍정적으로 인도하고 고무하는 역할을 한다는 것이다. 교재 중에 소개되는 이러한 정치 텍스트는 중국공산당의 집정에 대한 공감대를 형성하고, 자국에 대한 자신감과 중화진흥의 사명감을 심어주어야 한다고 강조한다.

교과서 사업에 대한 당의 전면 영도를 강화하였고, 마르크스주의와 마르크스주의 중국화의 혁신 이론으로 교과서 건설을 지도한다는 방침을 정했으며, 교과서 건설을 '국가 업무'로 삼는다는 원칙을 세웠다. 즉 국가가 교과서 편찬과 관련하여 의사결정, 집행, 연구를 모두 총괄하는 제도를 만들고, 이를 법에 따라 운용한다는 것이다. 1950년 인민교육출판사가 설립된 이후 줄곧 교과서 편찬과 출판을 맡아왔지만, 18차 당 대회 이후 국가교재위원회, 교육부 교재국, 과정교재연구소 등이 잇달아 설립되면서 교과서 편찬, 심의, 발행체계를 갖춰왔다. 전국통일교과서를 편찬하는 동시에, 지역과 민족, 도농 차이를 고려하여 다양한 교과서로 부족한 부분을 보완한다는 방침도 세웠다. 즉 민족교과서는 통일교과서의 기초 위에서 민족지역의 특색을 반영하고 우수한 민족문화를 선전하며 민족지역 학생의 귀속감을 강화하는 목적으로 이루어져야 하고, 또한 국가발전정책을 시행해야 한다고 강조한다. 그러나 국가 차원의 역사와 정치 우선의 '통일교과서'와 소수민족의 문화와 지역특색을 반영한 '민족교과서' 간의 위계적 구분을 명확히 하고 있다.

Ⅳ. 민족 지역별 상황과 쟁점

1. 연변 조선족자치주의 교과서 개정과 간판 정비

20세기 격동의 역사 속에서도 중국 조선족의 구심점 역할을 한 것은 '교육'이었다. 1949년 소수민족 최초로 고등교육기관인 연변대학이 설립되었고, 개혁개방 이후 소수민족교육진흥정책에 의해 민족교육이 활성화되었다. 2004년에는 「연변 조선족자치주 조선족 교육조례」를 통해 조선어 중심의 언어교육에서 한어 중심의 이중언어교육으로 바뀌었고, 2010년부터 동북 3성의 조선족 민족학교 전체에서 이중언어교육을 기반으로 하는 교육 방안을 채택했다. 그러나 2014년 이후 소수민족 대입 가산점 정책 변화와 맞물려 실제 교육에서 한어와 민족어 두 언어 간 균형이 깨지면서 소수민족 언어교육이 위축되는 결과를 초래했다(김경임 2022). 이러한 변화의 배경에는 1990년대 이후 진행된 조선족의 대도시로의 이동, 저출산으로 인한 조선족 인구의 급감, 교육경쟁력 약화에 의한 민족교육의 위기, 그리고 중국 주류 사회로의 빠른 적응과 경쟁력 확보를 위한 것 등이 있다(임형재 2013).

시진핑 집권 시기 들어서는 '민족단결진보교육정책'에 따라 2035년까지 전국적으로 한어(보통어)를 사용하는 것을 목표로 소수민족교육에도 중국인민교육출판사의 중국어 표준 교재인 「어문(국어)」 교과서를 채택하도록 했다. 기존에는 조선족의 민족문화가 포함된 내용이나 조선어를 함께 적은 형태로 연변교육출판사가 제작한 「한어(중국어)」 교과서를 사용해왔지만, 교과서 관련 정책을 모두 국가가 일임한다는 방침에 따라 바뀐 것이다. 교과서 명칭에서 알 수 있듯이 '한어'는 '조선족의 언어'와는 구분되는 '한족의 언어'라는 의미가 내포된 명칭이지만, '어문(국어)'은 '국가의 언어'라는 의미로, 민족 간의 구분 없이 '국민'으로서의 정체성을 강화하는 개념이다.

2007~2011년판과 2021~2022년판 조선어문 교과서를 비교 분석한 연구에 따르면, 조선족의 민족 정체성을 표상하는 방식에서 차이가 발견된다(이은홍 외 2022). 우선 2021~2022년에 출판된 초·중·고 조선어문 교과서에는 "우리나라는 중국공산당이 령도하는 통일된 다민족국가입니다"로 시작되는 새로운 속표지가 삽입되었다. 이 서문에는 "중화민족 대가정의 당당한 일원으로서" "국가통용문자"인 중국어를 우선으로 학습하고, 조선어문도 학습하는 것이 필요하다는 핵심 내용을 담고 있다.

전반적으로 구판의 교과서에서는 조선족의 민족 정체성, 한반도에서 이주해 정착한 역사, 역사 과정에서 하나의 집단으로서 조선족이 겪었던 수난 등을 강조했다면, 신판의 교과서에서는 조선족이 아닌 중국 인민의 역사로서의 항일전쟁 표상이 강조되고, 이주 역사보다는 중화민족으로 귀속된 역사, 집단보다는 조선족 가정과 개인으로서 경제적 수난과 극복기가 수록되어 있다. 구판에서 언어는 민족어로서의 가치를 담고 있고 문화 풍습 역시 조선민족의 것으로 되어있지만, 신판에서는 민족언어임을 드러내지 않고 문화 역시 중화민족의 것으로 나타났다. 또한, 한국과 북한이라는 두 개의 모국과의 관계 속에서, 구판에서는 한국과의 이념적 차이와 무관하게 공유할 수 있는 민족 문화나 도덕 가치의 공통점을 만들고, 북한과는 사회주의 이념, 고국이나 고향의 이미지를 공유하며 남북한과의 공통적인 면모를 드러냈지만, 신판에서는 남북한과 공유하는 지점이 축소되고 조선민족의 특수성보다는 사회주의 이념이나 가치의 보편성을 공유하는 것으로 변화되었다. 요컨대 신판 조선어문 교과서에서는 구판에서 강조해왔던 조선족의 에스닉으로서의 정체성은 거의 사라지면서, 중국의 네이션 정체성으로 귀속되고 잠식되는 양상이 나타났다고 하겠다.

한편 최근에는 도시 간판 표기를 규범화한다는 이유로 조선어문자와 한자의 배열을 재정리하는 규정을 발표했다. 2022년 7월 22일 발표한 연변 자치주의「조선언어문자공작조례 시행세칙에 관한 통지」제12조에 따르면, 옥외광고나 상점 간판은 조선어문자와 한자 두 개 문자로 병기하되, 가로로 배열할 때는 한자를 앞(위)에, 조선어문자를 뒤(아래)에 배치하고, 수직으로 배열할 때는 조선어문자를 왼쪽, 한자를 오른쪽에 배치한다고 규정하였다(延边朝鮮族自治州人民政府 2022/07/22). 이는 기존 조선어문자 중심의 간판 양식을 한자 중심으로 바꾸는 규정으로, 현재 공공기관은 물론 개인 자영업자들의 간판까지 모두 교체하고 있다. 이는 언어문자통일이라는 목표를 실천하고, 국가 표준어와 민족어 간의 위계적 위상을 규범화한 조치라 하겠다.

2. 홍콩 통식교육과목의 개정 및 변화

홍콩의 고등학교 교육과정에는 '통식'(通識, liberal study)이라는 시사교양 과목이 있는데, 이는 홍콩이 중국으로 반환되기 전인 1992년 다양한 관점에서 국가와 국제사회에 대해 논의하자는 취지에서 개설된 자유토론 수업이다. 이 과목은 2009년부터 필수 과목이 되었고, 홍콩 교사들은 대부분 이 수업을 통해 민주시민으로서의 비판적인 시각을 기를 수 있다고 생각해왔다. 그러나 중국공산당은 2014년 '우산혁명'과 2019년 범죄인 인도 법안(송환법) 반대 시위, 2020년 홍콩 국가보안법 반대 시위 등 홍콩에서 벌어진 시위에 10대, 20대 학생들이 대거 참여한 배경에는 홍콩의 '통식' 과목이 있다고 보았다(주간동아 2021/06/02; 한겨레 2020/11/27).

중국 당국은 통식교육과목의 전문성과 내용의 계획성, 가치관 교육 등의 측면에서 문제가 있다고 본다. 교육이라는 명분을 내세워 학생들에게 서구 이데올로기를 침투시키고 홍콩인의 정체성과 국민으로서의 정체성 간의 대립을 심화시키며 학생들이 극단적인 정치운동에 참여하도록 동원의 역할을 한다는 것이다(蔡群靑 외 2020). 예컨대 교과서 단원 설계에서 '오늘날의 홍콩'과 '현대 중국'을 함께 배치하여 홍콩인과 국민의 정체성을 이원적인 것으로 오인하게 하고, 홍콩의 '법제와 사회정치참여' 의제의 독특성을 강조함으로써 중국 정치 및 법률과의 관계를 소홀히 다뤘다는 것이다. 또한, 중국 문화와 관련된 주제가 부족하고 홍콩의 현대화 내용에 더 중점을 둠으로써, 홍콩의 발전이 중국과는 거의 관련이 없다고 생각하게 한다는 것이다.

이에 홍콩 교육당국은 각 학교의 의견수렴을 기쳐 2021년 4월 1일 고등학교 4개 핵심과목(중국어문, 영어어문, 수학, 통식교육과목)에 대힌 개정 방안을 발표힌다. 우선 통식교육과목의 이름을 이 과목의 원래 취지를 잘 살린다는 명목으로 "공민사회발전과목"으로 바꾸었다. 둘째, 학생들의 부담을 줄여준다는 이유로 통식교육과목의 시수를 250시간에서 150시간으로 대폭 축소했다. 기존의 6개로 구성된 학습 단원을 3개 주제('일국양제' 하의 홍콩, 개혁개방 이후의 국가, 상호의존의 세계)로 통합하였고, 중국 관련 내용을 대폭 강화했다. 특히 홍콩이 국가의 일부이며, 홍콩의 높은 자치권은 '일국양제' 규정 하에서의 권한으로 제한했다. 셋째, 가치관 교육을 중시하여 학생들에게 긍정적인 태도와 국민으로서의 정체성을 강화한다는 방침이다. 이를 위해 "중화문화와 현대생활"이라는 주제를 증설하고 중국 본토 현장학습도 도입했다(王飞 2022, 95-97).

요컨대 개편된 홍콩 교과서 내용의 핵심은 홍콩 주민의 국가 정체성 수립과 애국애항(愛國愛港) 교육에 있다. 홍콩 행정장관의 지원 아래 홍콩교육노동자연합회는 애국교육지원센터를 설립하고 맞춤형 국민교육을 추진하고 있다. 향후 국민교육개혁의 방향은 중화민족의 역사와 문화 학습을 강화하여 중화민족의 유전자를 계승·발전시켜나가고, 중국 국정(國情)과 「헌법」과 「기본법」 등 국가안보와 관련된 과목을 강화하며, 또한 국민교육을 담당한 교사들의 소양과 직업윤리, 애국정서를 지속해서 향상해나간다는 방침이다. 교육 현장에서 '홍콩의 중국화'가 빠르게 진행되고 있다.

3. 신장 위구르 자치구에서의 문화 개조

중국공산당에게 신장 위구르 지역은 경제안보전략 측면에서도, 또한 장기적이고 안정적인 집정을 위해서도 매우 중요한 지역이다.[11] 특히 독자적 언어와 문자뿐 아니라 이슬람 종교를 갖고 있으므로, 당국으로서는 기초교육단계에서부터 국가 공용언어와 문자를 교육하는 일이 매우 중요하다. 그러나 신장 위구르 지역 학생 대부분은 국가 공용어와 문자를 처음 배우는 시기가 다른 지역보다 늦고, 특히 신장 남부에 있는 허텐(和田)과 카슈가르(喀什) 지역, 키질수키르키즈 자치주 등 농촌 지역의 학생들은 고등학교에 진학한 이후에야 한어(표준어)를 배우기 시작하는 경우가 많다(郑燕 외 2022). 이에 2020년까지 전국적으로 국가 공용언어·문자를 보급한다는 교육부 방침에 따라, 신장 위구르 자치구에서는 2017년 9월 1일부터 초등학교와 중학교 시작 학년에서 국가 공용언어·문자 과정은 교육부가 편찬한 「어문」 교재를 사용하도록 했다(吳明海 외 2020).

신장 위구르 지역이 집단수용과 인권 논란을 낳으며 국제적 쟁점이 된 것은 바로 소수민족이 자립할 수 있도록 표준어 교육과 취업을 위한 직업훈련을 제공한다는 명분으로 만든 '재교육캠프(職業技能教育培訓中心)' 때문이다(Chinafile 2019/02/07). 중국 당국은 종교적 극단주의와 폭력적 테러의 발생을 효과적으로 억제하기 위해 신장 지역의 일부 구와 현에 센터를 설립하고 교육훈련을 수행해왔다고 설명한다. 교육훈련센터는 학교의 성격을 지니며, 주

---

11 시진핑은 제2차 중앙신장공작좌담회에서 "신장 사업을 잘하는 것은 전 당과 국가 전체의 큰 일"이라며, "반드시 전략적으로 전 국면을 고려하고, 장기적인 책략과 안정적 조치로 영구적 안정세를 만들며 장기적 통치를 이루어야 한다"고 강조하였다(新华社 2014/05/29).

로 국가 공용언어와 문자, 법률 지식, 직업 기능, 테러방지 등의 내용을 교육한다고 설명한다. "집중훈련, 기숙학습, 실습훈련" 등의 무료 직업기능교육훈련을 시행하고, 일정한 평가 기준에 도달한 후 수료증을 발급하며 취업을 하도록 지원한다는 것이다(新华社 2019/08/16).

재교육시설의 수용자 규모에 대해서는 오랫동안 근거가 부족했지만, 2020년 9월 발표된「신장 노동취업보장」백서에 따르면 신장 전체 지역의 연평균 훈련근로자 수는 128.8만 명으로 나타났다. 이 백서에서는 시설에서 훈련받은 사람의 상당수가 자격을 취득해 취업했다고 하며 정책을 정당화하고 있다(新华社 2020/09/17). 교육훈련센터에 입소하는 사람을 테러나 극단주의 활동을 권유받은 사람, 범죄를 저질렀지만, 죄를 인정하고 뉘우친 사람, 테러 활동으로 유죄판결을 받고 석방되었지만, 여전히 사회적 위험이 있는 사람 등 세 가지 유형으로 나누지만(新华社 2019/08/16) 기준이 매우 모호하기 때문에 당국의 자의적인 판단에 따라 결정될 여지가 크다. 게다가 위구르족의 인구가 1,200만 명 규모라는 것을 고려한다면, 상당수의 성인 위구르족이 센터에서 훈련을 받았다고 보아야 할 것이다.

이러한 신장 위구르 지역의 취업 지원 프로그램과 관련하여, 미국 워싱턴에 있는 비영리단체 C4ADS(선진국방연구센터)가 작성한「Shifting Gears」라는 제목의 보고서에서는 중국 정부가 장기적으로 추진해왔던 "신장 원조(對口援疆)" 계획을 언급하고 있다.[12] 「보고서」에서는 중국 정부가 신장 원조 계획에 따라, 동부 해안 지역의 산업을 신장으로 이전하도록 유도해왔는데, 그 방법으로 는 ①정부의 공업단지 건설 ②대형 국유기업과 섬유산업 등 노동 집약적 산업의 이전 ③사영기업에 수도·전기료 감면 등의 우대정 책을 제공하여 신장으로 이전시키고 있다고 밝히고 있다. 이는 신 장의 값싼 노동력을 활용하는 동시에 위구르 무슬림과 기타 소수 민족을 동화시키면서 소수민족이 자국의 문화를 발전시키지 못하 도록 제한하는 방침이라고 지적했다. 또한, 사람들이 '재교육캠프' 안에 갇혀서 위구르어 사용을 제한받고 있는 상황으로, 심리상담 을 통해 이들의 사고방식을 바꾸도록 돕거나, 한족 남성노동자와 위구르족 여성노동자를 매칭해 합동결혼식을 치르는 회사도 성업 중이라고 밝힌다. 보고서는 한족 관리자들에 의한 이러한 문화적 통제는 일종의 '문화적 멸종(culture genocide)'으로 볼 수 있다고 평가한다(Nicole Morgret 2022).

물론 중국 정부는 신장 원조 계획으로 인한 지역 발전과 성과 를 대대적으로 선전하고 있다. 신장 지역이 전국적인 지원을 받 아 2020년 말까지 3백여만 명의 농촌 빈곤인구가 모두 빈곤에서

---

12 이 계획은 2010년 제1차 중앙신장공작좌담회에서 제기되며 시작되었다. 국가가 재해지역 재건모델로 신장을 지원하는 조치로, 신장 위구르 자치구 약 80여 개의 현에서는 전국 19개의 싱·시로부터 지원을 받아왔다. 여기에는 인재, 기술, 관리, 사금 등 전방위적으로 신장 지역을 지원하는 기제를 구축하고 민생을 개선하며 신장 지역 민족의 취업과 교육, 주택 문제의 해결을 돕는 내용이 포함된다. 이 계획으로 신장의 3백여 만의 농촌 빈곤층이 빈곤에서 벗어나게 하고, 2,500여 만의 각 민족이 함께 꿈을 이루도록 돕는다는 것이다.

벗어났고, 2019년부터 중앙기업에서 신장 지역에 2,650억 위안을 투자했으며, 베이징의 지원을 받아 남쪽에 있는 쿤위시(昆玉市)에 현대적인 인민병원이 건설되었다는 것이다. 또한, 2020년 현재 신장 지역의 면 방직업이 크게 발달하여 전국 생산능력의 17.6%를 차지하고 60만 명 규모의 고용을 창출했다는 것이다(新華社 2021/07/20). 그러나 발전을 통해 빈곤을 제거하려는 국가의 계획은 종교 민족인 위구르족의 문화와 전통도 동시에 지워나가고 있다.

이러한 측면에서 심각하게 보아야 하는 문제는 이데올로기 주입을 위한 '문화윤강(文化潤疆)' 프로젝트이다. '문화윤강'이란 중화문화를 이용하여 신장의 각 민족 간부·군중의 정신세계를 윤택하게 만든다는 뜻이다. 구체적으로 "중화의 우수한 전통문화, 혁명문화, 사회주의 선진문화, 중국특색사회주의문화로 신장의 각 민족 간부·대중의 영혼을 보양하고 윤택하게 하여 모두가 시종 중화문화의 입장을 견지하고 문화적 자신감을 확고히 하며, 스스로 중국의 얼굴도 있고 중국의 맛도 있으며 중국의 마음도 있고 중국의 영혼도 있는 중국인이 될 수 있도록 해야 한다"는 것이다(中国民族报 2020/10/14).

문화윤강 프로젝트는 중화민족이라는 정체성 주입과 '종교의 중국화'를 목표로 한다.[13] 시진핑은 신장 지역 시찰에서 "정체성

---

13 2020년 개정된 「중국공산당 통일전선공작조례」에서는 중국특색사회주의 종교이론을 견지하고 발전시키며, '종교의 중국화' 방향을 견지한다고 규정하고 있다. 2021년 전국종교공작회의에서 시진핑은 종교의 중국화 방향을 재차 강조하며, 종교를 사회

증진을 목표로 문화윤강을 깊이 전개해야 한다"고 강조했다. 또한 "문화는 국가와 민족의 중요한 영혼이다. 중화문화를 운용하여 신장의 모든 민족을 교육하고 영향을 미치며 감화시키려면, 문화라는 중요한 매개체를 떠날 수는 없다"라고 강조했다. 특히 언어는 문화의 매개체이기 때문에, 국가 공용언어·문자로 중화문화를 전파하고 중화민족공동체의식을 주조해야 하며, 문화윤강 프로젝트로 신장 각 민족의 마음속에 '문화 자신감'을 확고히 심어주어야 한다는 것이다(杨帅飞 외 2022). 신장에 국가 공용어를 보급해야 중화문화에 대한 정체성을 심화시키고 이데올로기 영역의 문화 진지도 확고하게 지킬 수 있다는 것이다.

V. '중화민족' 통합에 내재된 국가의 폭력성과
소수민족의 서발턴화

시진핑 집권 이후 중국공산당은 '당의 전면 영도'를 강조하면서 소수민족에 대한 교육과 사상, 선전사업을 각 민족자치구가 아닌 '국가' 주도로 통합하고 체계화해왔다. 어문과 역사, 사상 관련한 교과서가 국가가 편찬한 교재로 통일되고, 해당 민족어 수업을 제외하고 모든 수업은 표준어로 시행해야 한다고 규정했다. 이는 '중화민족의 위내한 부흥'이라는 새로운 꿈에 맞춰, 기존의 민족

주의 사회에 적응하도록 유도해야 한다고 강조했다(新华社 2021/12/04).

관과 국가관, 역사관, 교육관, 종교관까지도 바꾸려는 '전환적 기획'이라 할 수 있다. 이러한 전환이 지향하는 가치와 방향은 당이 정하고, 이를 실천하는 구체적인 실행은 국가의 법이나 제도적 근거에 따라 진행되고 있다. 또한, 새로운 민족국가를 '대가정'에 비유함으로써 가족 내 역할, 책임, 등급을 암묵적으로 설정했고, '중화민족 대가정'이라는 가정의 은유는 민족국가라는 새로운 질서를 이해하는 가교역할을 한다. 가정이라는 혈연의 신화를 제공하면서 민족국가에 합법성의 원천을 제공하는 것이다(Wang & Chen 2023).

중국공산당의 입장에서 보았을 때 이러한 변화는 새로운 국제질서 속에서 내부 단결을 강조하고, 통일적인 문자언어정책을 통해 민족단결과 국민통합을 모색하려는 노력의 일환이라 볼 수 있다. 2021년 3월 시진핑은 전인대 내몽골 대표단 심의에 참석하여 "문화 정체성은 가장 깊은 차원의 공감이며, 민족단결의 뿌리이자 민족화합의 혼이다. 국가 공용어와 문자를 제대로 보급하고 국가 통합 교재의 사용을 전면적으로 추진해야 한다"고 강조한 바 있다(人民日報 2021/03/06). 그러나 이러한 국가정책의 규칙 변경은 소수민족의 문화적 정체성까지 완전히 바꾸려는 기획으로, 새로운 민족교육사업의 요체는 말과 글뿐 아니라 거기에 담긴 문화와 이데올로기, 민족 정체성까지 국가 목표와 논리에 따라 개조하려는 '문화 동화주의'의 성격을 띤다. 이는 기존에 중국공산당이 유지해왔던 소수민족에 대한 정책 기조와는 완전히 다른 것이다. 게다가 '중화민족의 위대한 부흥'이나 '중화민족공동체의식의 주조' 등의 정책에는 한족 중화문화의 우월성이 바탕에 깔려 있다. 이러한 '문화'적 우월감은 '중화민족 부흥' 구호와 함께 강조되는 홍색유전자 논리의 혈통적 우월감과 결합하면서, '인종'에 대한 우월감이나 '문화적 인종주의'로 전환될 수 있는 위험성도 내포하고 있다. 자체 민족의 언어와 문자, 종교와 문화를 지키며 살아왔던 소수민족으로서는 당연히 불만이 터져 나올 수밖에 없다.

그러나 이러한 국민국가 중심의 민족정책 변화의 흐름에 대해 개별 소수민족의 반응과 대응은 다르게 나타나고 있다. 우선 조선족 사회의 경우 민족어 교육이 감소한 데 대한 불만의 정서는 있지만, 집단으로 항의하거나 대응하는 목소리는 없다. 조선족에게 민족어 교육은 민족 정체성을 유지해온 중요한 근간이었지만, 다른 소수민족보다 빠르게 시장과 경제 논리에 적응하며 생존해왔다. 특히 개혁개방과 한중수교는 조선족들에게 다양한 이주 기반을 제공했고, 민족교육의 약화는 이미 1990년대 이후 진행되어왔다. 한국 기업은 주로 경제특구로 지정된 연해 도시에 자리 잡았고, 이에 따라 많은 조선족이 연해 도시로 이주했다. 특히 흑룡강성의 경우 조선족들의 집거 지역인 길림성이나 요령성에 비해 변방 지역인 데다 경제가 낙후되어 있다 보니 다른 지역으로 이주하는 경향이 심했고, 또한 흑룡강성 조선족은 한국과 연고가 많은 지역이라 한중수교 이후 한국으로 이주가 많았다. 시장경제 도입으로 인한 변화에 따라 전문능력을 지닌 조선족 교사들은 기업이나 더 좋은 조건의 직장으로 이직했고, 교육에 대한 학부모 인식도 크게 변화되었다. 중국에서 살면서 성공하기 위해서는 한족들과 함께 교육받는 것이 좋다고 생각하며 자녀를 한족 학교에 보내는 부모가 증가하였다. 한족 학교에 다니면 중국인과 인맥을 넓힐 수 있고 중국 어디에 가든 자신감 있을 거로 생각하여 자녀들을 한족 학교에 보내게 되었다는 것이다(세계한민족문화대전 홈페이지, 검색일: 2023.4.11).

물론 조선족 사회 내부에서는 불만도 있고, 특히 엘리트들은 위기감을 느끼고 있다. 한족과 소수민족은 '공생'의 관계이지, '동화'되거나 불합리한 융합이 되어서는 안 된다는 것이다. 중국에서 민족 단결이나 민족 융합을 많이 강조하고 있지만, 이러한 '융합'은 민족 간의 존중을 기반으로 해야지 특정 민족이 형해화될 정도로 융합되는 것은 민족의 파괴이며 소수민족에 대한 멸시라는 것이다 (임춘광 2017). 그렇지만 시장과 경제논리는 이미 조선족 사회의 공동체 문화를 많이 바꿔놓았고, 중국에서의 대표적인 '모범 소수민족'답게 주류 사회에 빠르게 적응해왔다. 또한, 한국과 북한이라는 두 개의 모국이 존재하고, 시장화와 세계화라는 환경뿐 아니라 개인의 능력과 가치관에 따라 다양한 선택지가 존재했다.

반면 자체 언어와 문자뿐 아니라 종교와 결합한 문화적 양식을 가진 소수민족의 경우에는 획일화된 민족교육정책에 대해 저항해왔다. 과거 제국시대엔 안전과 존엄 받는 사회적 신분을 얻기 위한 단순하지만, 근본적인 이유로 많은 이족(夷族)들이 한화(漢化)로 정체성을 바꿨다(왕명가 2008, 39). 그러나 지금은 생계와 안전을 위해 서라기보다는 정치적 목적에 따라 국민화된 틀에서 소수민족의 역사와 문화가 재구성되고 있다. '중화민족'이라는 주입된 상상은 오히려 자기 민족이 한족의 가치나 세계관과 다르다는 것을 더 뚜렷하게 자각하게 만듦으로써, 자신의 종족 정체성에 대한 자각을 더 유발하게 된다. 특히 자체 종교가 있는 신장 위구르족의 경우, 주입되는 사상교육을 오히려 자신의 종교를 부정하는 또 다른 종교적 교리로 인식하게 된다. 중국공산당은 당 영도와 시진핑 사상, 중국화 된 마르크스주의를 강조하며 정치적 민족인 '중화민족'을 만들려 한다. 이러한 통치이념의 일방적 주입은 종교가 있는 소수민족에게는 또 다른 종교의 주입으로 인식될 수 있다. 이슬람의 교리가 아니라 시진핑 사상의 교리로 대체하려는 것으로 보이기 때문이다.

또한, 현대국가에서 대중교육은 국가 중심의 역사서술과 관련되는데, 이러한 국가 정체성 강화를 위한 역사서술은 개별 종족이 겪어왔던 경험 속에서 공유된 기억과 모순이 존재할 수밖에 없다. 과거의 한화 과정에서는 국가의 역사서술이나 대중교육의 과정이 없었고, 개별 소수민족은 장기적 삶 속에서 생존하고 적응해온 측면이 있다. 그러나 현재 국가 중심의 역사관과 정체성을 일방적으로 주입하려는 시도는 오히려 소수민족이 공유한 경험 및 기억과 충돌하며, 국가의 폭력적인 대응 방식으로 이들을 탄압하게 된다.

이론적으로만 보면 민족 동질화 정책은 민족 간의 구분 없이 통일된 시장에서 모두에게 공정한 기회를 제공한다는 측면이 있다. 또한, 소수민족의 문화 정체성과 국가의 네이션 정체성 역시 모순적인 것만은 아니며 충분히 공존할 수 있다. 그러나 국가 차원의 민족 정체성의 내용을 전통문화나 특히 우수한 중화문화의 복원과 공동체 의식의 주조로 만들어가려 할 때, 이렇게 만들어진 네이션 차원의 정체성은 일상경험 속에서 독자적인 언어와 문화를 보유해온 소수민족의 문화정체성과 갈등을 빚고 모순될 수밖에 없다. 현실적으로 소수인 민족을 모두 '중화민족'이라는 틀에서 동질화하게 되면, 소수민족의 문화는 소수민족으로부터 분리되어 전체 중화민족의 문화가 되고, 이로써 소수민족의 문화는 더 이상 자신의 것만이 아닌, 중화문화 속에 '포획'된 문화가 된다. 또한, 지배권력에 의해 기획·수행되는 중화민족이라는 '정치 주체화'의 과정에 포획되면서, 자신의 문화 정체성을 유지해왔던 소수민족들은 점차 말할 기회를 잃고 침묵 당하며 서발턴화가 진행된다.

'중화민족'이라는 '상상의 공동체'의 내용이 정치적 이상이나 목표가 아니라 모호한 문화적 내용으로 채워지고 재구성되려 할 때, 소수민족의 에스닉 정체성과 중화민족이라는 네이션 정체성은 조화롭게 공존할 수 있는 서로 다른 두 개의 정체성이 아니라, 문화정체성이 뚜렷한 소수민족에게는 더욱 커다란 민족 탄압으로 받아들여질 수 있다. 중국 당국은 소수민족 지역을 안정의 대상으로 간주하며 민족단결을 강조하지만, 이러한 갈등 없음을 지향하는 '획일적 통합정책' 이면에는 국가권력의 폭력성이 내재되어 있다.

6장

나한각(羅漢脚)의 기억
: 대만의 서발터니티(subalternity)와 정체성

강병환

Ⅰ. 서론

대만의 근대는 원주민의 터전에서 이민과 식민이 동시에 진행된 시기였다. 대만 원주민의 관점에서 이는 네덜란드, 스페인, 정성공, 청나라, 일본, 중화민국 등 외래 정권들에 의해 반복된 식민의 역사였다. 즉, '식민'이라는 용어는 대만사를 이해하는 출발점이자 종착점이며, 대만을 파악하는 핵심 개념이라 할 수 있다. 필자는 이를 사민문화[1]로 정리한 바가 있다. 이처럼 식민의 문제는 대만 사회 전반에 긴밀하게 얽혀 있으며, 식민은 필연적으로 권력에서 배제된 피착취자를 생산한다. 아울러 피착취민은 대개 '악

---

[1] 원주민(原住民), 이민(移民), 식민(植民), 후식민(後植民, post-colonial)을 포괄하는 개념으로 대만 문화를 총체적으로 조망하기 위해 설정한 하나의 인위적 분류 틀이다. 특히 '후식민'이라는 용어를 사용한 이유는 식민 통치 종료 후에도 식민지 문화가 지속됨을 강조하기 위함이다.

자', '몫이 없는 자', '취약한 자'의 위치에 놓이며, 이들 문화는 크
레올성, 혼종성, 이질성을 그 특징으로 한다. 만약 '서발턴'을 대표
성을 갖지 못한 개인이나 집단으로 정의하고, 이들의 권익을 대변
할 조직이 제한적이며, 패권적 사회질서 속에서 이들의 목소리가
반영될 가능성이 차단된 존재로 규정한다면[2], 대만은 역사의 시작
과 더불어 그러한 서발턴(Subaltern)적 속성을 지닌 존재였다고 할
수 있다.

대만사를 거칠게 요약하자면, 원주민을 포함한 선주민이 후주
민에 의해 지배와 착취를 당해온 400년의 역사라 할 수 있다. 또
한, 대만사는 곧 이민사이자 이주사이며, 남쪽에서 북쪽으로, 서쪽
에서 동쪽으로 이어진 개간과 개척의 분투사이기도 하다. 이는 단
순한 지역적 이동을 넘어, 다양한 민족과 집단이 서로 충돌하고 융
합하며 만들어낸 역사적 과정이라 할 수 있다. 특히 대만의 역사는
각 시대의 역사적 배경, 지리적 환경, 문화적 정체성, 정치적 상황
등과 밀접하게 연결되어 있으며, 외부 세계의 변화 속에서 끊임없
이 재편되어 왔다.

그중에서도 청대(淸代, 1683-1895, 212년 통치)는 오늘날 대만 문
화의 근간이 형성된 시기이다. 청조의 통치는 대만 원주민과 한족
이주민 사이의 관계를 재편했을 뿐만 아니라, 이민 사회의 구조와
위계적 계층을 확립하는 데 중요한 역할을 했다. 그러나 원주민의
관점에서 본다면, 청대 역시 또 다른 외래 정권이었으며, 기존의

---

2   강봉구, 「러시아의 포스트콜로니얼 정체성」, 『중소연구』 제41권 제4호, 2017/2018
　　　겨울호, 425쪽.

생활 방식과 사회질서를 크게 변화시킨 시기였다. 청대 후기로 접어들면서 제2차 아편전쟁 이후의 문호 재개방, 서구 열강의 영향력 증대, 일본의 대만에 대한 관심이 점차 뚜렷해졌고, 결국 일본 식민지배로의 이행이라는 격변의 과정을 거치게 되었다.

다시 말해, 청대는 명나라 정성공(鄭成功) 정권과 일본 제국주의 통치 사이의 과도기적 시기로, 이 시기를 제대로 이해하지 않고서는 대만의 근현대사를 온전히 파악하기 어렵다. 단순히 역사적 전환기의 한 부분으로만 볼 것이 아니라, 이 시기에 형성된 사회 구조와 경제 체제, 법과 제도, 민중의 생활 방식은 이후 대만이 근대 국가로 전환하는 과정에서 중요한 역사적 단서가 되었다. 더욱이, 청대에 형성된 이민 사회의 위계적 계층 구조와 신분 체계, 경제적 토대는 대만의 사회적 불평등과 정체성 형성에까지 영향을 미쳤으며, 이는 오늘날까지도 대만 사회의 서발터니티를 논하는 데 있어 핵심적인 요소로 작용하고 있다. 따라서 청대 대만 사회를 면밀히 고찰하지 않고서는 대만의 서발터니티를 깊이 있게 이해하기란 어려울 것이다.

현재 한국 학계에서는 대만이 한국과 유사한 역사적 발전 경로를 따라왔다는 시각이 지배적이다. 가령, 제국주의 침탈, 전쟁과 분단, 반공과 냉전, 급속한 산업화, 민주화, 탈냉전과 신지유주의, 미·중 경쟁 속에서의 전략적 선택이라는 복잡한 역사적 맥락 속에서, 서발턴 문제 또한 연쇄적으로 발생한 지역으로 이해하는 시각이 지배적이다. 그러나 이러한 틀로 현재의 대만을 바라본다면 그 전모를 온전히 이해하기 어렵다는 게 필자의 소견이다. 한국과 달리 대만은 본래부터 원주민을 포함한 선주민이 후주민에 의해 지배당하는 구조 속에서 역사가 전개되었다. 특히 이민과 식민은 동시기에 진행되었으며, 이는 네덜란드 스페인의 구제국주의와 영국, 미국, 일본을 비롯한 신제국주의 모두와 맞닿아 있다. 이러한 역사적 배경이 작용한 곳이 대만이며 이는 청대 대만의 통치기에 깊은 영향을 미친다.

청대 대만에서 이민과 식민이 진행되는 과정에서 원주민, 한족, 한족 중에서도 객가인, 민남인, 외래 이민자, 피압박 민족, 식민자와 피식민자, 난민 등 다양한 취약계층이 필연적으로 등장했다. 따라서 본 연구는 총서의 시간적 범위를 다소 넘어서 보일 수도 있으나, 근대로의 이행을 시작하는 청대 대만에서 가장 취약한 계층인 '나한각(羅漢脚)'을 연구 대상으로 삼아 대만의 서발터니티를 거시적으로 조망한다는 점에서 총서의 연구 방향과 맥락을 함께한다. 결국, 청대 대만의 통치기를 깊이 이해하지 않고서는 근·현대 대만의 서발턴 문제를 온전히 파악할 수 없으며, 본 연구는 이러한 문제의식을 바탕으로 한다.

본 논문의 주제인 「나한각의 기억: 대만의 서발터니티와 정체성」은 2024년 6월 『대만 연구』 제24호에 게재된 「청대 대만의 유민 나한각(羅漢脚) 연구」를 대폭 수정·보완한 것이다. 본 연구는 필자의 대만 서발턴 연구의 연장선에 있으며, 대만 이민의 역사뿐만 아니라 근대 대만 국가 형성 과정에 대한 중요한 통찰을 제공한다고 하겠다. 특히, 청대 대만에서만 특수하게 관찰되는 '나한각' 문제를 분석하는 것은 당시 사회의 구조적 특성과 주변부 계층의 역사를 조명하는 데 있어 매우 의미 있는 작업이라 할 수 있다.

본 연구는 나한각의 활동과 그 역사적 의미를 고찰하기 위해 연구 범위를 청대 대만으로 한정하였다. 이는 두 가지 이유에서 비롯된다. 첫째, 나한각의 형성과 발전은 한족의 대규모 이주와 밀접한 관련이 있기 때문이다. 둘째, 대만의 문화적 근간이 주로 청대에 형성되었기에, 나한각을 통해 당시 대만 사회상을 조명하는 것은 근대 대만을 이해하는 데에도 중요한 의미를 지닌다. 이러한 문제의식을 바탕으로 본 논문에서는 청대 대만의 나한각을 분석 대상으로 삼아 다음 세 가지 측면을 심층적으로 탐구하고자 한다. 첫째, 나한각의 개념과 그 사회적 함의를 규명하고, 이들이 왜 약자이자 취약계층으로 대만에서만 존재하게 되었는지를 고찰한다. 즉, 나한각이 형성된 시대적·사회적 배경을 분석하고, 그 발생 원인을 규명한다. 둘째, 나한각의 형성과 밀접하게 연관된 청나라의 대만 이민 정책을 검토하여, 국가 정책과 사회적 변동이 이들에게 미친 영향을 분석한다. 셋째, 대만의 독특한 사회현상으로서 나한각의 삶의 궤적을 추적함으로써, 청대 대만 저층 사회의 구조와 특성을 보다 구체적으로 조명하고자 한다. 이를 통해 본 연구는 나한각이 단순한 주변부 계층이 아니라, 청대 대만 사회의 역동성과 불안정성을 반영하는 중요한 집단임을 밝히고, 나아기 대만의 서발터니티 연구에 기여하고자 한다.

II. '대만'의 서발턴적 속성과 '나한각'의 서발터니티

1. 대만의 서발턴적 속성

동아시아 서발터니티 연구는 일본 중심성이 강하게 작용해 왔으며, 중화권을 대상으로 한 체계적인 연구 집대성은 이루어지지 않았다. 또한, 중화권과 한국의 서발터니티를 비교한 연구 역시 부재한 상황이다. 아울러 '서발터니티'라는 개념은 단순히 소수자나 타자를 지칭하는 것이 아니라, 스파박의 서발턴, 아감벤의 호모 사케르(homo sacer), 크리스테바의 비체(卑體, abjection), 프리모 레비의 무젤만(Muselman), 랑시에르의 '몫이 없는 자', 미뇰로의 크레올성(Creole) 등 발언권이 차단된 비가시적 존재를 포괄하는 개념이다.[3] 이는 오염과 타락을 이유로 접근이 금지된, 배제된 존재를 의미하며, 결국 부재성, 무의미성, 취약성을 지닌 모든 존재를 아우르는 개념이라 할 수 있다.[4] 즉, 서발터니티 개념은 목소리를 내지 못하고 부재(不在) 처리되거나, 저항의 목소리를 내더라도 차별받는 사회적 약자를 총칭하는 개념이라 할 수 있다.

대만에서 서발터니티를 전제로 한 연구가 많지 않지만, 근현대를 아우르는 원주민, 여성, 빈곤층, 이주민 등에 관한 연구는 상당

---

3   김동규, 「서발터니티(subalternity)라는 방법」, 인문사회과학연구 제24권 제3호, 2023, 36쪽.
4   김동규, 위의 글.

히 축적되어 있다.[5] 물론 이러한 연구들이 반드시 서발터니티를 전면적으로 다루고 있는 것은 아니지만, 대만에서 이러한 연구가 다수 이루어질 수밖에 없는 이유는 대만사가 본질적으로 해양 문화 기반 위에서 진행된 식민의 역사로 형성되었기 때문이다.

이러한 식민의 역사는 2025년 현재까지도 대만은 '국가이면서도 국가가 아닌 곳'이라는 모순적 위치에 놓이게 만들었다.'[6] 이는 중국과 미국의 최고지도자가 방문할 수 없는 유일한 곳이 대만이라는 사실과 맞닿아 있다. 더구나 대만은 국가와 비국가의 경계에서 있어서 대만의 모순적 지위와 정체성의 혼란이 지속되고 있는 이유 또한 대만이 본질적으로 권력에서 배제당한 즉 서발턴적 속성을 지닌 존재이기 때문이다.

현재에도 미국과 중국이라는 거대한 국제권력에 의해 주변화되고 타자화된 곳이 바로 대만이다.[7] 결국 대만 문제에서 서발터니티의 형성은 식민 경험에서 기인하며, 대만인은 역사적으로 단 한 번도 독자적인 국가를 건설한 적이 없다. 이는 서발턴 개념이 등장하기 이전부터 대만이 종속성과 주변성을 특징으로 해왔음을 의

---

5 특히 식민지 부랑자 연구(王昭文 2003; 廖于蘋 2014)나 기층사회 형성과 원주민에 대한 사회적 폭력(許達然 1996; 朱家嶠 2009) 등은 주목할 만하다.
6 2025년 2월 현재 중화민국(대만)은 12개 국가와 국교를 수립하고 있다. 국가의 구성 요소를 갖추고 있으면서도 국제적 승인을 인정한 나라는 소수에 속한다.
7 현재 대만의 법적·외교적 지위는 '홍길동'과 같은 모순적 상황에 놓여 있다. 즉, 국가이면서도 국가라 부를 수 없는 상태인 것이다. 대만 내부에서도 정확한 국명에 대한 합의가 이루어지지 않았으며, 국명과 지명을 혼용하여 사용하고 있다. 더구나 국제기구 가입 역시 제한적이다. UN을 비롯한 주요 국제기구 가입이 불가능할 뿐만 아니라, 올림픽·APEC·WTO 등에 참여하더라도 '차이니스 타이베이(Chinese Taipei)'와 같은 명칭을 사용해야 한다.

미한다. 종속성을 설명하는 가장 원초적인 개념이 '타자', 즉 노예였던 것처럼, 대만은 스스로의 주체성을 확립하기보다는 지속적으로 외부 권력에 의해 지배되고 통제되는 위치에 놓여 있었다. 다시 말해, 대만은 종속성을 핵심적인 역사적 특징으로 보여주는 전형적인 공간이다. 그 본질은 거대 권력—중국과 미국, 네덜란드, 스페인, 명·정(明·鄭) 정권, 청나라, 일본, 중화민국—에 의해 지속적으로 주변화되고, 지금도 국제 사회에서 배제된 채 존재하고 있다는 점에서 찾을 수 있다. 대만 내부에서도 이러한 역사적 경험은 특정한 정치·문화적 정체성을 형성하는 데 중요한 영향을 미쳤다. 예를 들어, 현재 대만의 집권당인 민주진보당(이하, 민진당)은 1999년까지 중화민국을 외래 정권으로 규정하며 정체성 문제를 둘러싼 논의를 이어왔다. 이는 대만 내부에서조차 국가 정체성과 주권 문제에 대한 인식이 일관되지 않음을 보여준다. 여기에 더하여, 대만은 역사적으로 여러 제국의 식민 경험을 거치면서 서발터니티의 속성이 한층 강화되었다. '고아 의식(孤兒意識)', '결손 국가(缺損國家)', '비정상 국가(非正常國家)', '비정 의식(非情意識)', '기형 의식', '이곳도 저곳도 아닌 곳'이라는 과객 심리, '주변부 의식' 등은 대만 사회의 깊은 문화적 저변에 자리 잡고 있다. 이러한 심리는 대만이 특정한 국가 정체성을 구축하는 데 있어 지속적인 혼란과 갈등을 야기하며, 국가적 연대보다 파편화된 정체성을 강조하는 경향을 낳았다. 결국, 대만의 서발터니티는 단순한 정치적 주변화에서 비롯된 것이 아니라, 역사적으로 축적된 식민 경험과 종속 구조 속에서 형성된 문화적·사회적 정체성의 총체적 산물이라 할 수 있다.

첫째, '고아 의식(孤兒意識)'은 대만인의 정체성과 심리적 태도를 설명하는 핵심 개념 중 하나로, 이는 대만이 역사적으로 지속적으로 외부 권력에 의해 지배되고 통제된 경험에서 비롯된 것이다. 대만은 네덜란드, 스페인, 명·정(明·鄭), 청나라, 일본, 중화민국에 이르기까지 단 한 번도 독립적인 국가로서 자립한 적이 없으며, 이러한 역사적 경험이 대만인의 정체성과 사고방식에 깊은 영향을 미쳤다. 결국, 대만인의 '고아 의식'은 단순한 감정적 반응이 아니라, 대만의 역사적 경험과 정치·사회적 현실 속에서 형성된 집단적 각인이다. 이러한 의식은 대만 내부의 정체성 논쟁과 국제 사회에서의 외교적 입장뿐만 아니라, 대만인의 세계관과 생존 전략에도 깊이 각인되어 있다. '고아'는 일반적으로는 부모나 보호자가 없이 홀로 남겨진 아이가 느끼는 외로움, 무력감, 상실감과 단절을 의미한다. 가령 1946년 우쳐류(吳濁流)가 일본에서 출판한 『아시아의 고아(亞細亞的孤兒)』에서는 일본 제국주의, 중국 국민당 정부, 공산당 체제 모두 대만인을 철저히 배제하며, 단지 정치적 이용 대상으로만 보았고, 결국 대만인은 어느 국가도 보호하지 않는 '고아'로 전락했다고 보았다.

둘째, 결손국가(Quasi-State) 의식이다. 대만은 실질적으로 독립국가와 나를 바 없는 국민, 영토, 주권, 화폐 발행, 지체 군대 보유 등 국가의 형성 조건에 부합하는 모든 요소를 갖추고 있으나, 국제 사회에서는 국가로 대접받시 못하고 있다. 국가 긴 협력을 전제로 한 국제기구에 정식 회원국으로 가입할 수 없다. 다시 말해, 국제 사회에서 대만을 공식적으로 대표할 수 있는 주체가 존재하지 않는다. 이러한 현실 속에서 대만은 스스로를 대변할 공식적 목소리를 갖지 못한 채, 여전히 서발터니티적 속성을 지닌 존재로 남아 있다. 예를 들어, 대만은 유엔 가입이 불가능하며, 단지 국제사회에서 12개국과 수교를 맺고 있으며, 그 수교국도 아프리카, 대양주의 검은 친구(黑朋友)들, 미국의 뒷배가 되어주는 중남미의 작은 소국(小朋友) 몇 개국에 불과하다. 이처럼 대만은 국제사회로부터 완전한 국가로 인정받지 못하는 상황이다. 이는 대만이 불완전한 주권 국가, 즉 결손국가로서 기능하고 있음을 방증하며, 대만인의 목소리를 온전히 대변할 단체 또한 부재함을 의미한다.

셋째, 비정상국가의 문제다. 1986년 대만에서, 국민당의 일당 독재에 맞서 당외 세력이 결집해 민진당을 창당했고, 1991년에는 '대만독립' 당강을 통과시켰다. 이어 1999년, 대만전도결의문(臺灣前途決議文)이 채택되면서 기존에 부정하던 중화민국 체제를 사실상 인정하게 되었고, 2000년에는 중화민국 체제하에서 치러진 총통 선거를 통해 민진당이 최초로 정권을 잡았다. 이로 인해 민진당은 더는 기존에 유지해 오던 입장 즉 '중화민국'을 외래 정권으로 규정하는 과거의 논리를 더는 유지할 수 없었다. 대신, 2007년 정상국가결의문을 채택하며 대만이 아직 정상국가가 아님을 공식적으로 선언하고, 이에 따라 대만이 완전한 국가로 나아가기 위해서는 '중화민국'을 '대만'으로 정명(正名)하고, 새로운 헌법을 제정하며, 국제사회의 승인과 유엔 가입을 지속적으로 추진해야 한다는 입장을 견지하고 있다.

넷째, 비정의식(悲情意識)이다.[8] 이는 대만인이 역사적으로 겪어온 좌절, 상실, 그리고 불안정한 정체성에서 비롯된 감정과 인식을 의미한다. 이러한 개념은 대만 사회가 식민지 지배, 전쟁, 독재 권력에 의한 정치적 억압, 국제적 고립 등을 경험하며 형성된 집단적인 역사적 트라우마와 피해의식과 깊이 관련되어 있다. 대만은 독립 국가로서 기능하고 있지만, 국제 사회에서 국가로 인정받지 못하는 실정이라 이러한 현실은 대만인으로 하여금 상실감과 소외감을 발생하며, 이로 인한 국가 정체성에 대한 불안감과 모호함을 경험한다. 또한, 중국과의 관계에서 발생하는 지속적인 군사적 위협과 경제적 압박은 대만인의 미래에 대한 불안감을 더욱 심화하고 있다. 즉, 대만의 비정의식은 역사적 좌절, 정치적 억압, 국제적 고립, 정체성의 혼란, 중국의 위협 등에서 비롯된 복합적인 감정과 의식이라 할 수 있다. 이는 과거의 상처와 트라우마를 기억하면서도 현재의 불안정한 현실을 받아들이고, 미래에 대한 불확실성을

---

8 비정의식을 잘 표현한 영화로는 비정성시(非情城市)가 대표적이다. 2·28 사건(1947)과 백색테러를 배경으로 대만 현대사의 비극을 조명한 작품이다. 대만인들이 자신들의 아픔을 표현할 수 없었던 현실과 운명에 순응할 수밖에 없는 인간의 나약함 등 대만의 집단적 기억과 한(恨)을 담고 있다. 이러한 아픈 도시의 기억들은 현재진행형으로 작용하고 있다. 비정의식의 형성 배경에는 일본식민 지배, 2·28 사건 및 백색테러, 38년 동안의 계엄령, 국제적 고립과 정체성 혼란, 중국과의 긴장관계가 핵으로 작용했다. 비정의식의 주요특징은 ① 강한 피해의식과 억압된 감정이다. 대만인은 역사적으로 강대국(네덜란드, 정성공, 청나라, 일본, 미국, 중국)에게 좌우되어 왔으며, 자신의 운명을 스스로 결정하지 못했다는 좌절감을 가지고 있다. 이러한 경험은 집단적 트라우마로 남아, 대만 사회 전반에 걸쳐 '우리는 늘 외부 세력에 의해 희생당했다'는 인식을 심어준다. ② 국제적 고립과 소외감이다. ③ 불안정한 정체성과 미래에 대한 불확실성이다. 대만 내부에서는 여전히 대만인인가 중국인인가, 아니면 대만인이면서 중국인인가, 통일인가 독립인가 등 논쟁이 지속되고 있다.

안고 살아가는 대만인의 심리적 특성을 반영한다. 이러한 비정의
식은 대만인의 정치적 선택, 국제 관계에서의 태도, 그리고 문화적
정체성 형성, 대만의 서발터니티 등에 깊은 영향을 미치며, 앞으로
대만의 정치·사회·외교적 방향을 결정하는 중요한 요소가 된다.

　다섯째, 기형의식(畸形意識)이다. 기형의식은 '정상적'인 범주에
서 벗어난 상태에 대한 인식을 의미한다. 이 의식은 특정 규범과
기준에 따라 '정상'과 '비정상'을 구분하는 사회적, 문화적 시각에
서 비롯되며, 기형적 상태는 그 기준을 벗어난 존재로서 종종 부정
적 혹은 비인간적인 시선으로 해석된다. 이와 같은 이분법적 사고
는 프리드리히 니체가 강조했듯이 강자가 약자를 복종시키기 위
한 수단으로 활용되는 것이다. 강자는 자신의 관점을 정상이라는
기준에서 시도하고 출발한다. 그러나 이러한 기준이 항상 보편적
이고 절대적인 것이 아니다. 나아가 기형의식은 차별과 배제의 문
제와 깊은 연관이 있다. 기형적 존재는 종종 사회에서 제외되거나,
사회적 낙인으로 고립되거나, 경제적·정신적 자원에서 배제되는
경우가 많다. 필자는 대만이 정상적인 국가로 발전할 수 없는 구조
적 한계를 지닌 채, 국제사회에서 왜소한 존재로 남아 있다는 대만
인의 인식에서 이러한 기형의식은 비롯된다고 파악한다. 대만은
국제사회에서 정당한 국가로 인정받지 못하는 현실 속에서 심리적
위축과 불안감을 경험하며, 이는 곧 대만인에게 '기형의식'으로 자
리 잡았다.

　여섯째, '이곳도 저곳도 아닌 곳'이라는 장소성이다. 대만은 중
국이지만 중국이 아닌 곳이며, 독립 국가로 기능하지만 공식적으

로는 독립 국가로 인정받지 못하는 곳이다. 중국 본토 대륙과 문화적 뿌리를 공유하지만, 정치적·사회적으로는 전혀 다른 길을 걷고 있으며, 과거 식민 지배를 받았던 일본에 대해 친밀함을 느끼면서도 완전한 동질성을 갖지는 않는다. 또한, 대만은 미국과 동맹 관계는 아니지만, 미국의 국내법인 대만관계법의 보호를 받는 모순적인 위치에 놓여 있는 곳이기에 모호한 정체성이 발생한다. 이러한 애매모호한 위치는 대만 사회에 깊이 각인되어 있으며, 끊임없이 "우리는 누구인가?"라는 질문을 던지게 한다. 대만인인가, 중국인인가, 혹은 대만인이면서 동시에 중국인인가? 이러한 정체성의 혼란은 대만 사회가 여전히 풀지 못한 문제이자, 현재 대만의 정치·사회적 담론을 형성하는 중요한 요소로 작용하고 있다.

일곱째, 주변부 의식이다. 1971년, 미국은 소련을 견제하고 베트남전에서 벗어나기 위한 전략으로 연중제소(聯中制蘇)를 채택했다. 즉, 중국과의 관계 개선을 선택한 것이다. 중국은 이를 위한 전제조건으로 미국에 대만과의 단교, 미군 철수, 그리고 대만과의 방위조약 폐기를 요구했고, 미국은 이를 충실히 이행했다. 말하자면, 미국은 자국의 이익을 위해 중국이 주장하는 '하나의 중국'을 받아들였던것이다. 그 결과, 1971년 장제스(蔣介石)의 중화민국은 유엔 상임이사국 자리에서 축출되었고, 그 자리는 장제스를 대체한 중화인민공화국의 마오쩌둥이 차지했다. 미국은 대만의 국가적 지위를 공식적으로 인정하지 않은 채, 대만을 국제사회에 주변부로 내몰았고, 중국은 대만은 중국의 일부분임을 만천하에 인정받는 계기로 삼았다. 소련과의 대결을 위한 중국과의 관계 개선 즉 소위 말하는 키신저(Kissinger) 질서가 이때 구축되었다. 그러나 이 질서는 동아시아의 역사적 분쟁과 갈등을 근본적으로 해결한 것이 아니라, 단지 일시적으로 동결(凍結)시켜 놓았을 뿐이었다. 이러한 과정에서 대만의 정치적·외교적 이익은 오늘날의 우크라이나와 같이 철저히 희생되었으며, 국제사회에서 고립된 경험은 대만인의 집단적 정서 속에 주변부 의식으로 깊숙이 자리 잡았다.

위에서 열거한 대만 정서 내지 의식은 '식민' 또는 강권이라는 제국주의적 환경속에서 잉태된 것이다. 식민은 피식민을 전제로 성립하고, 필연적으로 권력에 배제당한 피착취인들을 발생시킨다. 이러한 의식은 400년 대만역사에서 단 한번도 자신의 나라를 건국하지 못한 채 '식민'의 경험속에서 생래적으로 발생한 대만의 서발턴적 속성에서 비롯된 것이라 할 수 있다. 흥미롭게도 '대만(臺灣)'이라는 이름의 유래도 '외래인의 땅'이라는 의미를 지닌다.[9] 이는 대만이 태생적으로 타자화된 공간이었음을 시사하는 대목이다.

2. 나한각 연구의 서발터니티

청의 대만 통치 212년은 오늘날 대만의 문화적 기반을 확립하는 데 결정적인 역할을 했다. 이 시기에 한족의 대규모 이주와 정착, 농경 사회의 형성, 민속 문화와 종교의 발전, 행정 시스템의 도

---

9   대만에 관한 명칭의 유래에 대해서는 여러 설이 존재한다. 평지 원주민인 시라야족이 대원(臺員)을 부를 때의 의미가 외래인의 땅이다. 필자는 이 설을 따른다.

입이 이루어졌다. 청나라 후반기에 대만이 성(省)으로 승격되면서 보다 체계적인 행정 조직이 갖춰졌고, 이는 일본 식민지 시기에 활용되며 대만 근대화의 기초가 되었다. 또한, 이 시기에 축적된 사회적 경험과 정체성 인식은 이후 대만인이 정치적 주체로 성장하는 데 중요한 밑거름이 되었다. 따라서 청나라의 대만 통치는 단순한 중국의 한 지방 통치가 아니라, 근대 대만 사회를 형성하는 결정적인 역사적 과정이었다고 볼 수 있다.

청나라는 신제국주의 열강이 몰려오기 이전까지 대만을 '계륵'과 같은 존재로 간주하며 소극적인 통치 기조를 유지했다. 이는 무엇보다도 재정적인 부담 때문이었다. 강희제의 관점에서 볼 때, 대만은 여전히 원주민 사이에 적의 머리를 베는 풍습이 남아 있고, 교화가 덜 된 화외지민(化外之民)의 땅이었다. 이러한 지역을 직접 통치하기 위해 행정관을 파견하는 것은 막대한 재정을 필요로 했고, 이에 청 정부는 대만이 반청(反淸) 세력의 온상이 되거나 왜구의 근거지로 이용되는 것만 막는 선에서 통치를 최소화했다.

이러한 배경 속에서 대만에 파견된 관리와 군대는 형식적인 수준에 그쳤다. 특히 본적 회피제(本籍回避制)와 반병제(班兵制)로 인해 관리들은 대만을 단기 체류지로 인식하며 '과객(過客) 심리'를 깊게 되었고, 이는 관료와 군대의 부패로 이어지는 악순환을 초래했다. 더구나 파견된 관리들은 현지 원주민어, 민남어, 객가어와 소통이 원활하지 않은 경우도 많았다.

그럼에도 불구하고 대륙 연안의 민·월(閩粵) 지역 민중은 극심한 인구 압박과 생계의 어려움에 쫓겨 대만으로의 이주를 선택했다. 특히 단신 남성들이 대다수를 차지했으며, 이들 대부분은 공식적인 이주 경로가 차단된 상황에서 밀항이라는 수단을 택했다. 청정부는 엄격한 이주 제한 정책을 시행하며 불법 이주를 금지하고, 가족 동반 이주를 금하는 등 다양한 규제를 가했으나, 이는 오히려 무단 이주자와 빈민층의 특성을 더욱 강화하고 고착화시키는 결과를 낳았다. 당시 빈민층은 관료들이 요구하는 높은 뱃삯을 감당할 능력이 없었기 때문에, 불법적이고 위험한 밀항을 감수할 수밖에 없었다. 더욱이 밀항 자체가 특정 지역에 국한되지 않았기에, 다양한 경로를 통해 대만으로 건너갈 수 있었다.

그러나 늦게 도착한 단신 이주민들은 이미 개척과 개간이 상당 부분 이루어진 상황에서 정착할 기반을 마련하기 어려웠다. 이들은 기존 정착민들의 지배 아래 소작농으로 전락하거나, 사회적 약자로서 '나한각(羅漢脚)'이 되었다. 즉, 청대 대만 사회에서 나한각은 이민 사회의 구조적 산물이었다.

대규모 나한각 집단의 존재는 대만 역사에서 독특한 현상으로 자리 잡았다. 이들은 대만 사회의 최하층을 이루었으며, 경제적 궁핍과 사회적 배제로 인해 안정적인 가정을 꾸리지 못했다. 결혼하지 못한 채 독신으로 지내거나, 원주민 여성과 결혼하더라도 불안정한 생활을 이어갔다. 결국, 떠돌이 노동자로 전전하면서 크고 작은 사회적 문제를 야기했고, 생존을 위해 범죄나 부정한 수단을 마다하지 않는 경우도 많았다. 이들은 원주민 간의 충돌, 계투(械鬪), 민란 참여, 각종 범죄 활동에 연루되었으며, 이러한 모습은 당시 대만 사회의 불안정한 구조를 반영하는 대표적인 사례였다.

나한각의 존재는 단순한 사회적 현상이 아니라, 대만의 역사적·구조적 문제와 깊이 연관되어 있다. 대만이 청나라의 소극적인 통치 아래 놓이면서, 국가 차원의 사회 안정 정책이 부재했고, 이로 인해 하층 계층이 더욱 극단적으로 주변화되었다. 나한각의 형성과 확산은 대만 이주사의 필연적 결과였으며, 이는 대만 사회의 계층 구조, 이민 문화, 그리고 서발턴(subaltern)적 위치와 밀접한 연관을 맺고 있다.

그렇다면 당시 복건성과 광동성 연해 지역의 주민들 중 대만으로 이주하지 않은 이들은 누구였을까? 봉건적 신분 질서 속에서 '관(官)은 높고, 민(民)은 낮다'는 엄격한 위계가 존재했으며, 정부의 금지령이 내려지면 이를 두려워한 신중한 민중은 대만행을 감행하지 못했다. 또한, 재산과 가족을 가진 부유층 역시 안정된 삶을 유지하기 위해 대만 이주를 선택하지 않았다. 선비, 농부, 노동자, 상인 등도 본토에서 자신의 기반을 유지할 수 있었기에 굳이 대만으로 떠날 필요가 없었다. 반면, 민·월 근해 지역에서 의지할 곳 없는 이들은 대만으로 향했다. 죄를 짓고 도망친 자, 탐욕스러운 모험가, 삶의 벼랑 끝에서 탈출을 시도한 사람들 또한 밀항선에 몸을 실었다. 실업으로 방황하는 자, 극심한 빈곤에 시달린 지, 부정불법행위로 인해 쫓겨난 자, 범죄를 저지르고 도피한 자, 자신의 신분을 숨기고 새 삶을 모색하려 한 지들 이들은 대만을 최후의 도피처로 삼았다. 즉, 민·월 지역의 단신 유민(游民)은 대만으로 밀항한 주요 집단을 형성하였으며, 이들은 목숨을 걸고 대만해협을 건넜다. 거친 파도를 넘어 도달한 대만은 이들에게 새로운 기회의 공간이자 마지막 피난처였지만, 동시에 그들을 기다리는 것은 험난한 생존 경쟁과 불확실한 미래였다.

무엇보다 서발터니티(subalternity) 연구의 관점에서 나한각(羅漢脚)을 조명하는 것은 대만의 근대화 과정 속에서 형성된 사회적 불평등과 경제적 취약 계층의 실태를 밝히는 데 필수적이다. 나한각의 삶을 추적함으로써 그들이 근대 대만 사회의 주변부로 밀려난 과정과 그 사회적 영향력을 보다 깊이 이해할 수 있다. 나아가, 이는 대만 사회의 계층 구조와 경제적 이주 패턴을 분석하는 데 중요한 연구 방향을 제시하며, 사회적 배제와 서발터니티의 존재가 근대 국가 형성과정에서 어떤 의미를 지니는지를 탐구하는 데 핵심적인 역할을 한다.

대만의 역사는 끊임없는 이주와 혼종(混種)의 과정을 거쳐 형성되었다. 네덜란드와 스페인의 식민 무역, 명·청대 한족과 원주민 간의 통혼과 계투(契頭), 민변(民變), 일본 식민 지배 시기의 문화적 영향, 장제스·장징궈 체제하의 중화 문화 정책, 제2차 세계대전 이후 미국 문화의 유입, 그리고 최근 동남아 출신 노동자 및 결혼 이민자를 중심으로 형성된 신(新)주민 문화까지─이 모든 요소가 대만 사회를 끊임없이 변화시키며 복합적인 정체성을 구축해 왔다. 이 과정에서 서로 다른 이민 집단 간의 교류와 협력뿐만 아니라 충돌과 갈등도 지속적으로 발생했으며, 이는 필연적으로 침묵을 강요당한 취약한 존재들, 즉 서발터니티(subalternity)를 낳았다. 특히, 청대의 이민과 개간, 민란과 계투, 그리고 근현대의 주요 사건들—국부 시기(國府時期)의 2·28 사건과 백색테러, 성적 갈등, 1979년 미려도 사건, 1980년대 말 민주화와 본토화 운동, 1990년대 말 다원족군 운동, 외국인 이주 노동자 문제, 일본군 위안부 피해자 문제, 원주민 정명 운동—은 대만 사회 내부에서 첨예한 갈등을 불러일으켰다.

청대부터 이어진 이민자들의 사회·경제적 역할과 그들이 구축한 계층적 질서는 대만이 근대 국가로 전환하는 과정에서 하나의 교과서와도 같은 역할을 했다. 이러한 계층 구조는 근대화 과정에서 사회적 갈등과 불평등을 심화시키며, 국가 통치의 기초를 형성하는 중요한 요소로 작용했다. 다시 말해, 청대의 소극적 통치와 대규모 이민 유입은 대만을 복잡한 사회 구조와 혼종적인 문화적 특성을 지닌 공간으로 만들었으며, 이러한 이민 사회의 계층적 질서는 이후 근대화 과정에서도 지속적인 영향을 미쳤다. 따라서 청대 대만의 나한각 문제를 고찰하는 것은 이후 근대 대만의 서발터니티를 이해하는 데 중요한 단서를 제공한다.

사실 서발턴이라는 개념은 매우 다의적이고 다층적이다. 안토니오 그람시, 가야트리 스피박, 라나지트 구하의 서발턴 개념이 각각 다르며, 한국에서는 서발턴을 '하위주체', '저층', '종속' 등의 용어로 번역되지만, 필지는 서발턴의 번역어로 가장 적합한 단어가 '나한각'이라고 생각한다. 나한각은 현재 한국에서 살아 있는 용어다. 바로 이 점이 필자가 칭대 대민기의 나힌각을 연구 주제로 선택한 이유이기도 하다. 대만 사회에서 가족과 혈연 공동체가 사회의 기본 단위였다는 점을 고려하면, 나한각은 주류 사회에서 배제된 비주류(subaltern) 계층이었다. 따라서 이들의 존재와 역할을 연구하는 것은 근대 대만 사회에서 특정 집단이 어떻게 주변부로 밀려났는지, 그리고 사회 구조 속에서 어떤 위치를 점유했는지를 분석하는 중요한 단서를 제공한다.

기본적으로 청대의 소극적 통치 → 일본 식민 통치 → 전후 국제정세 속에서의 주변화라는 흐름 속에서 '대만의 서발턴적 속성'이 단순한 역사적 결과가 아니라 청나라 시기부터 구조적으로 형성된 것임을 알 수 있다. 이런 측면에서 본 연구는 청대 대만에서 특수하게 관찰되는 나한각을 단순히 범죄자나 부랑자로 규정하지 않고, 이들의 사회적 배경, 경제적 여건, 그리고 정책적 영향을 분석하여 보다 입체적인 사회사적 접근을 시도하고자 한다. 특히, 나한각이 대만 이민 사회에서 수행한 역할과 원주민 및 다른 이주 집단과의 상호작용을 고찰함으로써 당시 대만 사회의 구조적 특성과 역동성을 조명하고자 한다. 비단 나한각이라는 특정 집단에 대한 연구는 대만 역사와 사회에 대한 새로운 시각을 제공하며, 기존 연구에서 상대적으로 간과된 부분을 보완하는 데 기여할 것이다. 이를 통해 대만의 서발턴 연구를 심화하고, 나아가 대만 사회의 시대상을 더욱 정밀하게 조망하는 중요한 학문적 토대를 마련할 것으로 기대된다.

Ⅲ. 나한각의 함의와 그 발생 배경

1. 나한각의 함의

나한각(로한까아, lô-hàn-kha-á, 羅漢脚)은 사회의 저층·약세 집단, 취약계층, 배제된 자, 고정된 거처도 없이 떠도는 몫이 없는 자들로 정의할 수 있다. 청대 대만의 나한각의 존재는 당시의 통치계급과 지식인 계급에 의해서 경시된 존재이며, 국가권력과 자본에 의해 타자화된 자들로 규정할 수 있다. 또한 이들은 그룹이나 개인을 대표할 만한 대표성이 결여된, 사회의 주변부에서 주로 타인의 것을 약탈하든가 아니면 저층의 일에 종사함으로써 생존을 도모 수밖에 없는 존재들이다. 그래서 이들은 사회의 주변부에 위치하거나 최저층을 형성한다.

나한각의 형성 원인은 매우 복잡하다. 하지만 거칠게 그 원인을 규정한다면 청나라의 대만에 대한 이민 정책의 산물이다. 나한각의 발생은 한족에 의한 대만 발전 즉, 이주와 개척, 개간과 상관이 있다. 강희 23년 1684년 청나라가 대만을 병합한 후, 대만은 땅은 넓고 인구는 희박했다. 바면 민·월 연해 지역 주민의 발전은 한계가 있었다. 이에 다수이 일 없고, 생계의 위협에 마주한 민중들은 밀항을 통해 대만해협을 건너게 된다. 그러나 밀항인의 대만 적응은 결코 순조로운 것이 아니었다. 개척과 개간 과정에서 원주민과의 충돌, 부패한 관리의 요구, 기율 없는 청나라 군대, 토호, 악질적인 통사와 말라리아, 태풍, 지진과 같은 인공적·자연적 위

험을 극복해야만 했다. 더구나 건륭 후기에 이르자 대만에서의 개
간은 포화상태에 이른다. 한족의 지속적인 이민과 현지 인구의 자
연적 증가로 대만도 인구 증가에 대한 압력을 겪게 된다. 그리고
각종 천재와 인위적 병화의 발생으로 인하여 대만 현지 주민의 생
명과 재산에도 지대한 위협을 받았다. 그래서 생존이 어려운 상황
에서, 민·월(閩·粤) 지역에서 대만으로 밀항해 온 적지 않은 민중
이 무업, 무직자, 무재산자, 일정한 거처 없이 떠도는 부랑자, 노
숙자로 전락하여 유민(遊民)으로 변한다. 이 유민이 나한각이다.
따라서 나한각은 대만 이민 사회의 산물이다. 대량의 나한각 집단
의 존재는 대만의 역사 발전에서 독특한 현상 중 하나인데, 기록
에 의하면 "청대 대만에서 집도 없고 아내도 없으며, 선비도 아니
고 농부도 아니며, 일하거나 물건을 팔지도 않으며, 길가에서 짐
을 이고 질 필요도 없는 유랑하는 사람들을 일컬어 나한각"이라
한다.[10] 이들은 절도, 도박, 폭력을 일삼으며 결혼을 하지 않고 떠
돌면서 고정된 거처도 없고 옷도 제대로 입지 않을 뿐만 아니라
평생 맨발로 다니는 사람들로 대만 이민 사회에서 가장 저층의 집
단을 형성했다.

　로한까아는 나한각(羅漢脚)의 민난어 발음이다. 이미 건륭 25년
(1760)에 대만 민간에 광범위하게 유전되고 있었다. 당시 대만에
온 손림(孫霖)은 대만 중원보도(中元普渡)의 번성한 풍속 상황을 기

10　陳盛韶, 『問俗錄』, 台北 : 武陵出版社, 1991, p.87. 台灣一種無宅無妻子, 不士不
　　農, 不工不賣, 不負載道路, 俗指謂羅漢脚。嫖賭摸竊, 械鬥樹旗, 靡所不為。曷
　　言乎羅漢脚也？謂其單身遊食四方, 隨處結黨 ; 且衫褲不全, 赤腳終生也.

록하면서 나한각을 언급하고 있다. 이는 손림(孫霖)의 「적감죽지사(赤崁竹枝詞)」에 나한각의 용어가 처음으로 등장한다.[11] 이 시기 나한각은 대만에서 무업 유민(無業遊民)을 의미했다.[12]

대만인들이 왜 나한각으로 불렀는지 그 단어에 대한 여러 설이 존재하지만, 필자는 불교 용어설을 채택한다. 즉 범어의 아라한(阿羅漢)은 여래 십호[13] 중의 하나로, 출가 수행자인 비구(比丘, 걸식하는 자)와 비구니가 깨달음을 얻고 보살의 지위에 오르면, 그들은 곧 아라한이 된다. 각(脚)은 민남어에서 인물이나 역할을 나타내는 표현으로, 불교의 나한(羅漢)처럼 일정한 거처 없이 사방을 떠도는 이들을 일컫는다. 즉, 일정한 직업도 없이 정처 없이 떠도는 사람들을 의미하며, 이는 마치 오늘날 동남아 상좌부 불교 국가에서 아침마다 탁발을 하는 출가 사문들의 걸식 행렬을 떠올리게 하며, 독신자, 무정착, 방랑, 구걸하는 삶을 의미한다. 즉, 나한각은 난민, 걸식자, 노숙자와 같은 이들을 묘사하며, 집도 없고 직업도 없는 유동적인 독신 남성의 존재를 가리킨다.

다시 말해 나한각은 대만 이민 사회 저층 집단의 대명사며, 하

11　結緣纏過又中元, 施食層臺市井喧, 三令首除羅漢腳, 只教普度鬧黃昏. (中元節, 好事作頭家, 醵金延僧施燄口, 燃紙燈於海邊, 謂之普度. 是月也, 最多羅漢腳搶孤打降, 結黨滋擾.

12　林豪, 『東瀛紀事(台灣歷史文獻叢刊第8 種)』上卷, 台北 : 台灣銀行經濟研究室, 1997, p.6.

13　부처님을 가리키는 열 가지 칭호 중의 하나. 즉 여래(如來), 응공(應供), 정변지(正遍知), 명행족(明行足), 선서(善逝), 세간해(世間解), 무상사(無上士), 조어장부(調御丈夫), 천인사(天人師), 불세존(佛世尊) 등 10개다. 이 중 응공은 아라한(Arhat)을 번역한 것이다.

급 노동자이면서 이들은 포주나 도박, 절도, 협박, 사기, 폭력, 등 아무 일이나 하는 사람들이었다.[14] 더구나 나한각은 사회 치안 문제를 일으키는 것 외에도 민변이나 계투에 참여하기도 했다, 건륭 34년 10월 25일(1769년), 민절 총독(閩浙總督) 최응계(崔應階)의 상소에 의하면[15] "하는 일 없이 빈둥거리는 이들 무리는 허무한 삶을 살며, 이들은 거리낌 없이 어떤 짓도 하며, 이들은 황교(黃教)의 난에 가담하기도 했고, 동조자들을 쉽게 모았다"고 기록하고 있다.[16] 이들은 궁지에 몰린 실업자이자 범죄자 혹은 도망자로, 대만에 도착한 후에도 마땅한 생계 수단을 찾지 못했다. 그들의 성정은 잔인하고 교활하여 안정된 삶을 꾸리는 데 어려움이 있었으며, 결국 도시와 촌락을 떠돌며 술에 취해 싸움을 벌이거나 온갖 악행과 부정을 서슴지 않았다고 한다. 또한, 이들은 서로 모임을 형성하여 결속을 다지며 공동의 이익을 도모하기도 했다고 기록되어 있다.[17] 그러나 이는 통치계급의 관점에서 당시 대만 사회 저층의 나한각을 묘사한 것이다.

1769년 황교 사건에 나한각이 가담했다는 기록에서 알 수 있듯이, 이들은 각종 민란에 참여하거나, 일정한 생업 없이 방황하는

---

14 陳盛韶, 『問俗錄』, 台北 : 武陵出版社, 1991, p.87.

15 崔應階,「為奏辦理臺郡情形事」, 收錄於臺灣史料集成編輯委員會編, 『明淸臺灣檔案彙編』, 臺北 : 遠流出版社, 2006, 二輯, 26冊, p.104.

16 위와 같은 주. 즉, 游手之徒, 罔知顧忌, 無所不為, 是以黃教滋事, 隨處輒能招夥聚眾者。此皆窮極無聊及犯罪逋逃之輩, 及至到臺, 又無以糊口, 其性情兇悍狡詐, 不能安分。遂至于城市、村庄, 遊行飄蕩, 酗酒打降[架], 無惡不作, 並結夥聯群, 藉為聲援, 混名稱為羅漢腳.

17 위와 같은 주.

유랑자와 부랑자로 묘사된다. 토지와 재산은 물론, 부모나 처자 등 의지할 친족도 없이 혈혈단신으로 떠돌았으며, 어디서든 빈둥거리며 살아가는 존재들이었다. 또한, 이들은 아무것도 소유하지 않은 무직자로서 곳곳을 떠돌며 무리를 지어 법과 규율을 어지럽히는 인물들로 기록되며, 부정적인 이미지로 형상화되었다.[18] 같은 시기 화신(和珅)도 나한각에 대해서 언급하고 있다. 건륭 53년 7월 23일, 다음과 같이 기록하고 있다.

"해당 지역에서 적이 없는(無籍)인 무직자들이 자기의 의무를 어길 때가 있다. 이들은 나한각이라 부르는데, 이런 무직자들은 가진게 없어 잃어버릴 것이 없기에 제약받지 않는다. 따라서 그들에게 일을 주지 않으면, 다시 폭력을 일으킬지도 모른다"고 기록하고 있다.[19] 화신은 나한각을 적이 없는 유민(無籍游民)으로, 최응계는 유수지도(游手之徒)로 부르고 있음을 알 수 있다. 다시 말해 유민(游民)[20], 유수(游手)[21]라는 두 단어는 현대 언어와는 차이가 있다. 유수(游手)는 빈둥빈둥 노는 사람(游手好閒的人)의 의미인 반면, 유민(游民)은 길거리로 내몰린 실업 민중, 현대적 의미에서는 노숙자

---

18 乾隆34年（1769）發生黃教事件, 崔應階認為羅漢腳參與其中, 文中提到羅漢腳是游手之徒、游手之人, 沒有田產、沒有父母妻子等親屬、子然一身, 四處遊蕩, 成群結黨, 違法亂紀.

19 乾隆五十三年七月二十三日, 大學士和珅, 「臺灣換防兵丁照例支給行糧坐糧等事」, 『明清宮藏臺灣檔案匯編』, 冊84, pp.274 275. 該處向有無籍游民不安本分, 武斷一方, 名為羅漢腳. 惟是此等游民, 既無恆產, 又無拘束, 若不與以差使, 則伊等游手好閑, 恐不久而復萌故智.

20 무직자, 실업자, 백수, 노숙자.

21 게으름뱅이, 노동할 뜻이 없는 사람.

(街友)에 더 적합하다. 반면 유수(游手)라는 단어는 유민보다 부정적 의미가 많다. 그러나 전통 봉건 체제하에서, 통치계급의 입장에서 본다면 유수와 유민은 같은 의미다. 유민은 유수지민(游手之民)이며 유수와 대등하다.[22] 반면, '유수(游手)'는 '유민(游民)'보다 한층 더 부정적인 의미를 내포한다. 그러나 전통 봉건 체제에서 통치계급의 시각으로 본다면, 유수와 유민은 본질적으로 동일한 개념이라 할 수 있다. 유민은 곧 '유수지민(游手之民)'이며, 유수와 동등한 존재로 간주되었다.[23] "지역에서 사건이 발생해 자원봉사자를 모집하면 대개 농민들이 지원하지만, 그 외에도 거리와 길거리를 떠도는 무질서한 유민들이 있었다. 이들을 고용해 일을 시켜 보아도 별다른 도움이 되지 않았다고 기록된 것으로 보아, 나한각이 때때로 피고용자의 역할을 하기도 했음을 알 수 있다."[24]

나한각은 통치계급의 시선에서 유민 또는 유수(游手)로 여겨질 수 있지만, 그렇다고 모두 농사를 짓지 않는 것도 아니며, 일하지 않는 것은 아니다. 유민과 유수라고 불렸던 것 외에, 당시 관리들은 유민(流民)이라는 용어도 사용했다. 예를 들어, 대만지부 심기원(沈起元)은 "지금 대만은 모두 민·광(閩廣)의 유민(流民)이다"라고 말한 기록이 존재한다.[25]

---

22 崔應階, 「為奏辦理臺郡情形事」, 收錄於臺灣史料集成編輯委員會編, 『清臺灣檔案彙編』, 臺北 : 遠流出版社, 2006, 二輯, 26冊, p.104.

23 위와 같은 주, p.8.

24 陳淑均, 『噶瑪蘭廳志』, 臺北 : 臺灣銀行經濟研究室, 臺灣文獻叢刊160, 1963, 卷五上, p.196.

25 沈起元, 「條陳臺灣事宜狀」, 收錄於（清）賀長齡等編, 『清經世文編』, 北京 : 中華書局, 1992, 卷84, 兵政15, p.2089.

유민과 유수는 미묘한 차이를 보인다. 츠쯔화(池子華)는 유민(流民)이 유민(游民)과 정확히 동일한 개념은 아니지만, 두 개념 사이에는 밀접한 연관이 있다고 주장했다. 즉, 유민(流民)은 유민(游民)의 전형적 모습이라 할 수 있다. 그러므로 유민과 유민 사이에는 명확한 경계가 존재하지 않는다. 때때로 사료에서는 두 용어가 혼용되어 사용되기도 한다. 그러나 통치자의 관점에서 보면, 유민(游民), 유수(游手), 유민(流民)은 사실상 동일한 의미로 사용된다. 이들은 고정된 직업 없이, 땅에 얽매이지 않고 떠도는 존재로, 생계를 유지하기 위해 위험을 감수하며 범죄에 손을 대기도 한다. 통치자의 시각에서 이러한 이들의 역사는 대개 부정적으로 그려진다.

2. 나한각의 발생 배경

1) 대만 판도 편입 문제

청나라는 1884년 청·프 전쟁 이전까지 대만의 전략적 가치를 그렇게 높게 평가하지 않았다. 이는 대만이 청의 판도에 편입될 때부터 쟁론을 지니고 있었다. 1683년, 청이 대만을 취한 후, 청 조정 내부에서는 대만을 버리자고 하는 주장과 청의 판두에 편입해야 한다는 쟁론이 일어났다. 이른바 대만을 기(棄)하는가 아니면 류(留)할 것인가의 문제였다. 대만 포기론자는 세 가지 주장을 한다. 첫째로, 대만은 외부로부터 고립된 위치에 있어 방어기 어렵다. 둘째로, 원주민 관리가 어렵다. 셋째, 이로 인한 과도한 정부 비용을 투입하여야 한다.[26] 그러나 시랑(施琅)은 「대만기류이해소(臺灣棄留利害疏)」를 통해 다음과 같이 주장한다. 만약 대만을 버리면 명나라 유민, 유랑자, 왜구 등이 대만을 점령할 것이고, 네덜란드 또한 대만을 재점령할 가능성이 있다. 결국 강희제는 시랑의 상소를 받아들이고 1684년에 정식으로 대만을 청의 판도에 복속시켰다. 하지만 청나라가 대만을 통치한 212년 중 대부분 기간 청나라는 대만의 관리와 통치에 적극적이지 않았다. 더구나 오랜기간 대만에서의 성곽 건설을 불허했고, 그나마 1721년 주일귀(朱一貴)의 난이 발생하자, 방어적 차원에서의 토성이나 죽성 건설은 허용되었다. 결국 여러 차례의 민란을 겪고 난 후, 아울러 제국주의 열강이 대만에 도래하자 비로소 대만에 포대를 갖추기 시작했다. 다시 말해 청은 대만 통치기 내내 소극적 관리와 방임 통치로 일관했다.

2) 청나라 시기의 대만 이민

청나라는 대만을 점령한 후, 1684년 일시적으로 바다를 개방하였지만, 대만에 대한 이민을 엄격하게 제한했다. 청 정부의 허가증을 얻어야 하며, 가족동반 이민을 금지했다.

1684년부터 1760년까지, 청 정부의 대만 이민 제한조치는 때로는 엄격하게 금지했고, 때로는 완화하기도 했다. 다시 말해 그때의 시대 상황에 따라 약간의 조정은 있었지만 기본적으로는 이민

---

26 陳豐祥, 『普通高級中學「歷史」』, 台北 : 泰宇出版, 2006, p.50.

을 제한했다. 하지만 이민을 금지하고 제한했음에도 불구하고, 복건성과 광동성은 본래 산이 많고 밭이 적어 인구 압력에 시달렸다. 이에 이 지역의 일부 민중은 대만으로의 이민을 감행했다. 당시만 해도 대만 원주민이 사람 머리를 대문에 달아 놓는 풍속이 있었고, 사람에 치명적인 말라리아에 감염되기도 했지만, 민월 연해 사람들은 지속해서 대만 이민을 선택했다. 이중 복건성의 천주(泉州) 인이 다수였고, 그다음으로 복건성 장주(漳州)인이었다. 이에 비해 객가인은 가장 늦게 대만으로 건너왔다. 시랑(施琅)은 광동성 조주 (潮州), 혜주(惠州) 지역 민중은 해적과 밀통한다고 보고, 이 지역을 해적의 소굴로 보았기에 이 지역의 객가인은 1696년 시랑이 사망한 후에야 대만에 올 수 있었다.[27] 그 결과, 상대적으로 늦게 대만에 이주한 객가인들 장주·천주인의 소작농이 되는 경우가 많았고 차별대우를 받기도 했다. 객가인들은 여럿이 모여 객가 마을 즉 객장(客庄)을 형성했다. 특히 대만 남부의 개간은 포화상태였기 때문에 객가인은 원주민의 영토를 침잠해 나갔고, 원주민 역시 이들에게 흡수되고 동화되었다.

(1) 중국 연해 민중의 대만 이민 단계

명나라 이전에 팽호제도까지 이주했고, 대만 원주민과 여러 상업왕래도 있었지만, 대만 이민 사회 형성에 큰 영향을 미친 사건의 결정적인 여할을 한 것은 강희제의 대만 복속이다. 대만이 중국의

27　陳豐祥, 『普通高級中學「歷史」』, 台北 : 泰宇出版, 2006, p.56.

판도로 복속된 이후 연해인들의 이민이 활기를 띠기 시작했다. 나아가 건륭 시기에 대만 이민이 절정에 도달했고, 가경 시기에는 대만 토착화 단계로 나아갔다.

복건성은 산이 많고 땅이 적어 인구수가 급격히 증가하면서 이미 토지 부족으로 여러 모순이 발생했다. 특히 잦은 전쟁과 치안의 부재로 해금령을 무시하고 생존을 찾아 대만으로 이주하기 시작했다. 청나라 시기의 대만 이민은 세 단계로 나눌 수 있다. 제1단계는 대만이 청나라의 영토에 복속된 이후 강희 말년까지 근 40년 동안이다. 이 기간 대만의 인구는 천천히 증가하는 과정을 보인다. 대만 복속 이후, 강희제는 대만을 통치하던 정씨(정성공의 후손) 집단을 대륙으로 이주시키고, 대만 유민을 대륙으로 송환하였기에 도내 인구가 급속히 감소했다. 이로 인해 대규모의 밭이 황폐해졌다. 이 시기 해금정책이 강화되어, 조주, 혜주인의 대만 입도를 금지하는 정책이 시행되어, 대륙에서 대만으로의 이주는 제한을 받았다.

둘째, 제2단계는 강희 말년부터 건륭 29년(1764)까지의 약 40여 년 동안이다. 이 기간 대만으로의 이주는 계속 확대되었다. 강희 말년 주일귀의 난이 진압된 후, 청 조정은 해안 방어를 강화하고 불법 이주를 단속하는 데 중점을 두었다. 옹정·건륭 연간 청나라는 대만 이주를 완화하기 시작했다. 이 기간 이민자들은 청 정부의 단속을 피하기 위해 온갖 방법을 동원하여 불법 밀항 이민을 선택했다.

제3단계는 건륭 29년부터 가경 16년(1811)까지 약 50년간 대만주의 절정기를 맞이한 단계다. 인구 증가율은 연평균 1.8%에 이르렀다.[28] 대만 인구의 급격한 증가는 대만 지역의 개발 과정을 가속화하였고, 대만은 점진적으로 변방 이민 사회로 변모하게 만들었다. 1840년 아편 전쟁이 발발할 때, 대만의 전체 인구는 250만 명에 달했다. 이 기간에 서양 각국은 대량의 중국인 노동자들을 남양으로 이주시켰으며, 이 시기부터 사실상 중국으로부터의 대만 이주는 종료되었다.

(2) 이민의 부작용

청나라 정부는 대만에 대해 소극적인 통치 정책을 줄곧 시행하여 연해 민중의 대만 이주에 대한 불안을 품고 있었기에 오랫동안 이민 통제가 이어졌다. 이 이민 제한령은 1875년에 폐지했다. 이민 제한령이 폐지되었음에도 불구하고 중국 연해 민중이 이민을 택한 방법은 주로 밀항이었다. 전통적 농경사회에서 고향을 버리고 모험을 택하는 사람은 주로 최하층 출신이 많았고 이들은 뱃삯을 마련하기 어려웠기에 밀항에 의한 불법 이주를 선택했다. 불법 이주자 중에 체포되는 사람은 10분의 1에 불과하였고, 대만에 도착하는 사람도 10명 중 2~3명에 불과했다, 10명 중 4~5명은 목숨을 잃었다. 대만으로의 불법 이주이 어려움과 그 위험성을 보어준다.[29]

---

28 刘平, "清代台湾移民社会的形成与问题", http://www.historychina.net/magazinefree/html/41/231/content/386.shtml(검색일:2023.06.24.).
29 刘平, 위의 글.

우선 밀항이 성행했다. 대만지부 주원문(周元文)은 다음과 같이 언급하고 있다. 규정에 따라 도대(渡臺) 허가증을 신청해야만 대만을 건널 수 있으며, 허가증에는 반드시 본적지와 도대 사유 등을 상세히 기재하고, 규정을 준수하지 않으면 밀항으로 취급했다. 양민이 아니면 반드시 본적지로 압송해야 한다.[30] 주원문의 글에서 보면 불법 밀항자들은 대부분 민월 지역의 유수지민(遊手之民)으로 가족이나 가정을 걱정할 이유가 없어서 폭력적인 행동이 심하며, 절도 행위가 늘어났고 그들의 본성은 길들여지지 않는다고 적고 있다.

중국연해 민중이 대만으로 이주하려면 원적지를 제출하고, 대만의 특정 군, 특정 마을, 특정 거리를 등록해야 했고, 대만의 가족 또는 친구에게 의지해야 한다. 본국에서 허가를 받지 않고 무법적으로 이주하려는 경우, 그들은 양민이 아니며, 관할 지방 규정에 따라 이들을 추적하고 처벌하여 본국으로 되돌려보내야 한다고 규정했다.[31]

이로써 강희 시대에는 불법 이주로 대만으로 오는 사람들 대부분 양민이 아니었으며, 초기 청나라의 대만 이주자들이 독신자며 전통 가치관을 따르지 않고 위험을 감수하는 성격을 가진 남성들이었음을 알 수 있다. 그리고 강희 57년(1718년)에, 민절총독(閩浙總督) 각라만보(覺羅滿保)는 유민의 불법 이주를 금지하였다. 이로

30　周元文, 『重修臺灣府志』, 臺北 : 臺灣銀行經濟硏究室, 臺灣文獻叢刊66, 1960, 卷十, 藝文志, 公移, 「申禁無照偸渡客民詳稿」, pp.25-326.
31　周元文, 위의 글.

써 불법이주금지 조치가 청 조정에 의해 확립되어 불법 이주 밀항 금지 정책이 형성되었다. 다시 말해 명시적으로 독신자이거나 유민의 불법 이주를 금지했다. 그 당시 불법 이주자들의 대부분은 단신 독신자이며 일정한 직업이 없는 남성이라는 것을 알 수 있다.[32]

대만으로의 불법이주금지 정책은 청나라 정부에 의해 약 강희 41년(1702년) 경에 시작되어, 공식적인 정책으로 1875년까지 유지되었다. 청나라 정부는 1702년부터 1875년까지 170여 년간 불법 이주를 금지하는 정책을 유지하였으며, 해안 지역 주민이 대만으로 이주하려면 반드시 신청서와 허가를 얻어야만 했다. 허가 없이 비공식적으로 대만으로 이주하면 불법 이주로 간주되며, 이는 범죄 행위로 처벌되었다.[33]

대만으로의 이주는 다양한 제약사항과 한정 사항이 있었고, 청 정부의 대만으로의 이주를 금지하는 강한 태도를 볼 수 있다. 청 정부는 대만으로의 이주를 적극 권장하지 않고 오히려 대만을 떠나 본국으로 돌아오도록 권장했던 것이다.[34]

당시 대만으로 이주를 원하는 사람들은 있었지만, 청나라 정부의 대만 이주 제한 정책으로 인해 오히려 불법 밀항 이주가 번성했다. 전통적인 농경사회에서 여성은 모험을 택하기가 지극히 어렵

---

32 (淸) 官編, 『大淸聖祖 (康熙) 皇帝實錄』, 臺北：臺灣華文書局, 1964, 康熙五十七年春二月初五日條.

33 林衡道, 渡臺八番撤禁告示碑『明淸臺灣碑碣選集』, 臺中：臺灣省文獻委員會, 1980, pp.124-125.

34 林衡道, 渡臺八番撤禁告示碑『明淸臺灣碑碣選集』, 臺中：臺灣省文獻委員會, 1980, pp.124-125：「現經規制自宜因時變通, 所有從前不准民人渡臺各例禁, 著悉與開除」, p.11.

다. 따라서 불법 이주자 대부분은 남성이었다. 또한, 가족동반 이주 금지 정책과 여성 스스로 대만으로 이주하는 의사가 낮아 대만에는 여성 인구가 절대적으로 부족하게 되었다.

청나라 초의 관리들이 대만 이주를 제한한 원인을 살펴보면, 대부분이 유수 문제(游手問題)에 주목하고 있었으며, 민월의 유수, 독신 유민이 대만으로 밀입국하여, 대만의 치안을 우려한 것이 도대금령(渡臺禁令)을 엄격하게 실시한 주요인이다. 청 정부의 소극적 대만 관리정책으로 인해서 대만 이민 사회는 다양한 부작용이 나타났다. 아래 네 가지 측면에서다.

첫째, 성비의 불균형이다. 청나라 초기 대만에 대한 소극적 통치로 인해 이민을 제한했을 뿐만 아니라 해금정책을 실시했다. 이로 인해 여성과 가족동반 이민은 사실상 어려웠다. 따라서 초기 대만 이민 사회의 두드러진 특징의 하나인 나한각이 대량 출현하게 된다.

남정원(藍鼎元, 1680~1733)의 기록에 의하면 1721년(강희 60년) 대만 제라현(諸羅縣) 대포장(大埔莊)의 남녀 인구 성비는 256:1이었다.[35] 대부분의 이주 남성은 대만 원주민 여자와 통혼을 하게 된다. 또한 이민 제한령과 해금정책은 대만의 발전을 지연시키고 성비 불균형 문제가 일어난 원인이다. 대만에서의 나한각의 출현, 치안 혼란은 청 조정의 소극적인 대만 통치정책과 밀접한 관계가 있다. 이는 직간접적으로 대만에서 나한각의 출현을 가져왔고, 치안 혼

---

35 陳豐祥, 『普通高級中學「歷史」』, 台北 : 泰宇出版, 2006, p.53.

란을 초래했다.

둘째, 계투(械鬪)가 빈번히 발생했다. 주로 무력을 사용하는 충돌이 자기와 적을 '분류'하고 폭력으로 해결했다. 여기에는 출신, 지역, 종족 차이로 인해 이주민과 원주민, 그리고 이주민들 사이에도 갈등이 발생했다. 이주 초기에는 이주민과 원주민 간의 갈등이 상대적으로 심각했다. 이주민 수의 증가로 이주민들 간의 이해관계 분쟁도 증가했다. 이주민이 고향을 떠나 대만으로 이주한 이유는 자신의 생존을 위한 필연적인 선택에 가까웠고, 또한 지연과 혈연을 함께하는 지역 출신에 따라 함께 거주하게 된다. 이주민을 지역 출신에 따라 분류되어 성(省)과 성, 부(府)와 부, 심지어 같은 부 내에서도 각 촌 사이에도 엄격한 장벽이 형성되었으며, 사회적 충돌과 동요가 계속해서 발생했다. 이 시기에는 복건성 출신과 광동성 출신 간의 민월 계투, 복건성 출신 중에서도 장주와 천주 간의 장천 계투, 그리고 복건성 출신과 객가인 간의 민·객 계투 등 다양한 형태의 집단 갈등이 발생했다.

셋째로, 결사를 형성하는 빈도가 높았다. 특히 '나한각'들은 생존을 위한 필요에 의해 단체를 결성했다. 전통적인 결사 형제 연합에서는 희생을 통해 서로의 피를 나누는 삽혈 맹서를 통해 기율과 유대를 더욱 강화하며, 외부와의 충돌이 발생하면 신속하게 상호 지원하는 방식으로 결속을 다졌다. 이들은 분쟁, 폭력, 강도 등에 참여하여 사회적 혼란을 일으켰고, 청 정부의 입장에서 이들은 치안을 방해하는 존재로 간주되었다. 특히 천지회(天地会)는 반청복명의 단체로 복건성 남쪽에서 시작되었으며, 나한각들은 이 단체

에 가입하여 임상문의 난이 일어나자 이를 지지하였다.[36]

넷째로, 폭력 현상이 만연하여 민란이 계속해서 일어났다. 청나라 통치 중기까지 대만 사회는 계투, 민란, 반란이 서로 교차하여 악순환을 이루었다. '3년에 한 번 작은 민란, 5년에 한 번은 큰 민란'이 발생했다.[37] 청나라 통치 동안 대만에서는 총 43차례의 크고 작은 반란이 발생했다. 계투 충돌은 80회 이상이었다

주일귀(朱一貴)와 임상문(林爽文)의 기의는 대만 전역에 깊은 영향을 미쳤다. 당시 대만 사회에서 일어난 반란은 지방사회의 발전을 저해했으며, 그로 인해 대만 사회에 오랜 시간 동안 부정적인 그림자를 드리우게 되었다. 이처럼 민란은 빈번하게 일어났고, 청대 대만에 이주한 대다수의 사람들은 복건성과 광동성 출신으로, 자연스럽게 고향의 풍속과 언어를 대만에 전파했다. 더욱이 청나라는 대만으로의 이주를 엄격히 제한했으며, 특히 식솔을 거느리고 대만으로 이주하는 것을 금지했기에, 대만에 도착한 이들은 대부분 단신 청장년들이었다. 이들은 생계를 유지하기 위해 동향, 동종, 동족끼리 뭉쳐 서로 의지하며, 토지와 경제 자원을 쟁탈하기 위해 민란과 계투에 적극적으로 참여하였다.

3) 청 정부의 밀항금지 정책과 가족동반 금지정책

청의 관리들은 대만 사회 불안정을 나한각에 돌렸으며 이에 대

---

36 刘平, http://www.historychina.net/magazinefree/html/41/231/content/386.shtml (검색일:2023.06.24.).

37 林能士主編, 『歷史』, 臺北:南一書局, 2013, p.77.

한 다양한 해결책을 제시했다. 이러한 해결책은 주로 불법 이주금지 정책, 강제 추방 정책, 군대로 편입시키는 정책, 나한각을 수용하는 정책 등이다. 이 중에서도 유민을 군대로 편입시키는 제안은 건륭제의 큰 주목을 받았으며 특히 임상문 사건 이후에는 더욱 강조되었다. 청나라 시대의 유민 정책은 주로 원천적인 방법으로 불법 이주를 차단하거나, 현지에서 통제하고 예방하는 조치, 원적지로 송환하는 방향으로 이루어졌음을 알 수 있다. 청 정부는 여전히 전통적인 접근 방식인 방지, 관리, 구속, 고착 통제, 감금, 고정화와 같은 방법을 사용했다. 이러한 접근 방식은 정책의 실패로 이어졌고, 청나라 전체 기간 유민 정책의 효과는 미미했다.

(1) 밀항금지정책 (禁止偸渡政策)

강희 23년에 일부삼현(一府三縣)을 설치하여 관리를 파견하여 대만을 통치한 이후, 계기광(季麒光), 진빈(陳璸) 등의 관리들은 대만 개간 정책에 적극적 태도를 보였다. 계기광은 첫 제라현령(諸羅縣令)에 임명되어 세금 감면 등의 조치를 통해 대륙 주민을 대만으로 유치하여 대만을 개간하기 위해 노력했다.[38] 그 후 강희 41년에 진빈이 대만지현(臺灣知縣)로 임명되어, 또한 주민을 대만으로 유치하기 위해 적극적으로 노력했다. 대륙 연해 주민을 유치하여 적극적으로 대만을 개간했다. 20~30년 동안 대만은 청나라 연해 민

---

38 尹章義, 『臺灣開發史硏究』, 臺北 : 聯經出版社, 1989, 「臺灣開發史的階段與類型論」, pp.1-2.

중의 생을 도모하는 이주지가 되었으며, 인구가 급증했다.[39] 이는 인구 압력의 유동율에 부합하는데, 청 초기에는 유민(游民)이 생계를 확보하기 위해 협소한 곳에서 넓은 곳으로, 본토에서 국경 지역으로 이동하였고, 민월(閩粵) 연해 지역의 인구가 대만으로 이동했다.[40] 강희 연간에 지방 관리들은 연해 주민을 대만으로 유치하고 대만 개척을 촉진하기 위해 노력했지만, 전통 농경사회에 토지를 중시하고 고향을 떠나 이주를 싫어하는 보수적인 관념의 가치관을 따르는 주민들은 가볍게 자기 고향을 떠나지 않으려 했다. 또한, 당시 대만해협을 건너는 일은 매우 위험했다. 열이 대만해협을 건너 여섯이 죽고, 셋은 남고, 하나는 다시 돌아갔다.[41] 그만큼 대만해협을 건너는 일은 위험했으며, 소심한 성격의 사람은 쉽게 대만으로 가지 못했다. 이러한 이유로 대만으로 이주한 사람들은 전통적인 가치관을 따르지 않으며 새로운 도전적인 성격을 가진 사람들이 많게 되는 것은 당연한 일이다.

대만 관리들은 선량한 양민을 대만으로 유치하기를 희망하지만, 전통적인 가치관을 따르는 대부분 양민은 일반적으로 소심하며, 위험을 감수하기를 꺼리고 고향을 쉽게 떠나지 않는다. 반면, 대만으로 이주한 사람들은 종종 중국의 전통 가치관과 대립하는 모험가, 투기가, 무직자였으며, 청초 대만에서는 노동 인력이 대규

39　陳忠純, 「康熙朝的治台政策與大陸赴台移民高潮的形成」, 收錄於鄧孔昭編, 『閩粵移民與台灣社會歷史發展研究』, 廈門 : 廈門大學出版社, 2011, pp.184-192.

40　池子華, 『流民問題與社會控制』, 广西人民出版社, pp.60-65.

41　강병환, 『하나의 중국』, 학고방, 2021, p.363.

모로 필요했기 때문에 이들이 대량으로 대만으로 이주했다. 관리들 또한 현실적인 개척 요구 때문에 이들을 모두 거부할 수 없었으므로 대만 이주 규정을 제한하기로 했다.

대만 이주 제한 정책은 나한각의 발생과 분명한 관련성을 가지고 있다. 공식적으로 관청에서 대만으로의 이주를 제한하는 경우, 유민(游民)은 대만 이주 허가를 받을 수 없다. 심지어 신청 자체가 허용되지 않을 뿐만 아니라 유민은 높은 수수료를 부담할 능력이 없으므로, 그 비용도 지불할 수 없다. 그러하기에 유민이 대만으로 이주하기 위해서는 불법 이주, 즉 불법적인 방식으로 밀항해야만 했다. 당시에는 불법 이주가 일반적이었으며, 이것은 청 조정의 이민 제한 정책을 피하기 위한 유민의 대안적인 방법으로 일정한 수요가 있었다. 따라서 복건성 연해에는 불법 이주 사업을 운영하는 선주가 있었으며, 관련 부처와 협조하여 불법 밀항자들이 검거되지 않도록 보장하기도 했다. 따라서 불법 이주 방식을 통해 유민들이 대만으로 오는 것은 어려운 일이 아니었다. 상선과 어선의 선주들이 자신의 이익을 꾀하고자, 밀항자들을 유인하여 함께 태우고, 대만으로 이주하면서 검거를 피하기 위해서 이들을 숨겨주기도 했다. 이들은 대만으로 이주하려는 유민들을 모집하고, 유민들을 유인하여 대만으로 이주하게 하며, 대만으로 이주할 때는 악당이나 범죄자를 고용하여 불법 이주를 시도하며, 검거되지 않게 하고 불법 이주가 끝나면 모든 지능적인 방법으로 감시에서 벗

어나게 했다.[42]

　밀항선 선주와 연해에서 수비하는 병졸, 지보(地保), 보장(保長) 등은 오랜 기간 협력 관계를 맺어왔으며, 그들은 종종 돈으로 매수하여 통행을 허용하는 폐단이 존재했다. 이는 당시 뱃사람들이 몰래 도움을 주는 일이 보편적이고, 그리 어려운 일이 아니었음을 시사한다. 청나라 시대에 전통적인 가치를 중시하던 사람들은 고향에 남아 직접 고생하며 생활하며, 일정한 규율을 지키려고 했다. 반면, 가진 것이 없고 잃을 것도 없는 사람들, 생계에 쫓겨 모험을 피할 수 없는 이들, 무법적인 방법으로 먼 거리를 이동하려는 용기 있는 자들, 그리고 부랑하는 유민들이 대만으로 이주하는 길을 택한 것은 밀항이었다. 당시 대만으로의 밀항은 복건의 외딴 해안 지역에서도 어선을 이용할 수 있었고, 대만으로의 이주는 어려운 일이 아니었으며 불법적인 이주 경로가 개방되어 있었다.

(2) 가족동반 금지정책(禁止攜眷政策)

　밀항금지정책과 가족동반 금지정책은 서로 다른 문제지만, 지배 계급의 관점에서 나한각의 가장 큰 특징은 처자식이 없고 가정의 연대가 없기에 무슨 짓이든 할 수 있는 위법분자로 인식했다. 나한각이 저지른 위법한 행위를 모두 독신이며 아내가 없어 가정의 연대가 없는 탓으로 돌렸다. 따라서 청 조정은 대만으로의 불법 이주자들이 가정을 가지지 않는 것을 가정하고 이것을 대만 사회

42　乾隆十二年七月二十四日, 閩浙總督喀爾吉善, 「嚴緝偷渡臺灣人犯」, 『明清宮藏臺灣檔案匯編』, 冊26, pp.36-37.

무질서의 원인으로 파악했다. 따라서 관리들은 불법 이주 문제를 논의할 때 종종 가족을 동반한 이주를 금지하는 정책과 결합하여 논의하였다.

옹정 5년(1727년) 7월 8일, 민절총독(閩浙總督) 고기탁(高其倬)은 이렇게 아뢰고 있다. "제라, 봉산, 창화현의 신주민은 모두 아내가 없다. 대만의 주민들은 대부분 혼자 거주하며, 모두 아내를 동반할 수 없다. 거주하는 주민들은 가정이 없으므로 부모나 아내와의 결속이 없으며, 위법한 일을 감행하기를 두려워하지 않는다."[43] 또 "각자 아내가 있다면 내외가 명확하게 구분되고 난잡하게 얽히지 않을 뿐만 아니라 아내를 부양하기 위해 돌보게 되므로 도박과 술값 같은 비용이 줄어들고, 각자는 가정을 지키기 위해 노력하게 되므로 약탈과 절도의 의욕이 사그라든다."[44]고 밝히고 있다.

고기탁(高其倬)은 여성의 대만 이주 제한을 완화하고 가족을 동반할 수 있도록 제안함으로써, 대만에 거주하는 사람들이 가족을 대만으로 이동시킬 수 있는 기회를 허용하고자 했다. 또한, 남성들에게 아내를 두어 그들의 행동을 제어하고 안정된 생활을 할 수 있도록 하는 방안을 조정에 건의했다. 그러나 가족을 대만으로 이주시키기 위한 조건이 무직자, 노동자, 무업자, 무전자의 배제를 요구했기 때문에, 고기탁의 제안은 유민 문제를 해결하기 위한 것이

---

43 諸羅, 鳳山, 彰化三縣皆新住之民, 全無妻. 此種之人, 不但心無繫戀, 敢於為非, 若令各有妻子, 則內外有分, 不至雜沓紛紜, 且各顧養贍妻子, 則賭飲花費之事自減, 各顧保守家室, 則搶奪剽竊之志自消.

44 官編, 『世宗憲皇帝硃批諭旨』, 臺北 : 臺灣商務印書館, 文淵閣四庫全書423, 1983, 卷176之7, pp.789-792.

〈표 1〉 청대 대만 이주 가족동반 개방 시기

	년도
	강희41년(1702) 가족동반금지 정책 존재
	옹정10년(1732) 전, 가족동반정책의 건의가 있었지만 실행하지 않음
제1차 가족동반 가능 시기	옹정10년(1732)~건륭5년(1740), 8년
제2차 가족동반 가능 시기	건륭10년(1745)~건륭13년(1748), 3년
제3차 가족동반 가능 시기	건륭25년(1760)~건륭26(1761), 1년
가족동반금지정책 폐지	건륭53년(1788), 가족동반금지정책 폐지

라기보다는 주로 혼자 남은 남성들의 집단적 문제를 해결하려는 목적이었다.

건륭 25년(1760년), 오사공(吳士功)도 고기탁과 유사한 제안을 했다. 그는 "대만에서 사업을 시작한 수십만 명의 민중이 있으며, 그들은 대만의 주민이 되기를 원합니다. 따라서 본토에 가족이 있는 사람은 그들을 대만으로 이주시킬 수 있도록 해야 하며, 그렇게 하면 수십 년 이내에 무직자들이 점차 사라지고, 모든 사람이 가족과 함께 살며, 생계에 대한 갈망이 커져 불법 행위에 시간을 할애할 여유가 없어질 것입니다"라고 말한다.[45]

대만으로의 가족 동반 이주 제한(渡臺攜眷禁令)은 건륭 53년 (1788) 복안강(福康安)의 제안을 통해 최종적으로 폐지되었으나, 그 이전에도 여러 관리들이 가족 동반 이주에 대해 상이한 의견을 제시했다. 이 기간 동안 세 차례에 걸쳐 가족 동반 이주가 허용되었

45　官編, 『臺案彙錄丙集』, 卷七, 刑部「爲內閣抄出福建巡撫吳士功奏」, pp.236-239.

지만, 초기에는 대부분 보수적인 입장이 우세했다.

〈표 1〉에서 알 수 있듯이, 가족 동반 이주 제한 정책은 적어도 1702년(康熙 41년)부터 1788년(乾隆 53년)까지 이어졌으며, 그 사이에 몇 차례 가족 동반 이주가 허용되었으나, 대부분의 기간 동안 이주는 금지되었다. 세 차례에 걸친 가족 동반 이주 기간을 합치면 총 12년에 불과하며, 이 기간 동안 대만으로 가족을 데려올 기회가 있었으나, 여전히 허가를 받아야 하고 여러 제한을 따라야 했기에 그 효과는 제한적이었다. 예를 들어, 세 번째 가족 동반 이주인 건륭 25년(1750년) 5월부터 26년(1751년) 5월까지의 1년 동안, 이주민 가구는 총 48가구, 277명에 불과했으며, 이들 대부분은 대만에서 각종 관료직을 맡고 있던 장·천(漳·泉) 지역 출신의 이주민들이었다. 이처럼 가족 동반 이주는 이루어졌지만, 그 규모와 참여 범위는 매우 제한적이었다.[46]

청 조정은 가족 동반 이주를 허용함으로써 유민 문제를 해결할 수 있을 것으로 판단했다. 이들은 가정의 유대가 사람들에게 안정감을 주어, 범법 행위를 저지르거나 도적이 되는 일을 방지할 수 있다고 보았다. 즉, 가정이 유민들의 생활을 안정시키고 사회적 질서를 유지하는 중요한 역할을 할 것이라고 여겼다. 이러한 견해는 청 초의 여러 인물들, 특히 남정원과 고기딕 등의 의견에서도 확인할 수 있다. 그들은 모두 유민들의 삶의 질을 향상시키기 위해 가족 단위의 이주를 적극적으로 제안했으며, 이를 통해 유민들이 사

46　官編, 『臺案彙錄丙集』, 卷七, 刑部「為內閣抄出閩浙總督楊廷璋奏」, pp.241-242.

회에 통합되고 법질서를 지킬 수 있을 것이라 믿었다.[47] 옹정 10년 (1732년), 청 조정은 처음으로 식솔과 함께 이주를 허용하는 결정을 내리며 대만의 유민 문제 개선을 시도했다. 그러나 대만에서 유민의 존재와 가족 동반 이주 정책은 직접적인 연관이 없었으며, 가족 동반 이주 허용 정책이 유민들에게 큰 효과를 가져오지 않았다. 마찬가지로 불법 이주를 엄격히 금지하는 정책도 유민들의 이주에 큰 영향을 미치지 않았다. 유민들의 대만 이주 경로는 여전히 불법 밀항이었고, 공식적인 경로로 신청하더라도 허가되지 않았다. 이들은 결국 불법적인 방법으로 대만에 들어갔으며, 청나라 초기에 이미 그 수가 너무 많아 추방이 어려운 상황에 이르렀다. 이는 당시 민간의 비공식적인 이주 경로가 활성화되었음을 잘 보여준다.[48] 다시 말해, 대만 이주에 대한 제한적인 정책과 가족 동반 금지 조치는 일반 시민들에게는 영향을 미쳤지만, 유민들에게는 큰 변화를 가져오지 않았다. 대부분의 이주자들은 불법으로 대만에 들어왔고, 이로 인해 가족 없이 혼자 생활하는 경우가 많았다. 이들은 대개 불법 밀항 방식을 선택했기 때문에 가족을 함께 이주시키는 것은 어려웠다. 따라서 이들은 가족을 대만으로 이주시키지 않았고, 가족이 있었다 해도 함께 이주하려는 의지가 크지 않았다.

---

47 官編, 『世宗憲皇帝硃批諭旨』(臺北 : 臺灣商務印書館, 文淵閣四庫全書 423, 1983), 卷176之7, pp.789-792.
48 藍鼎元, 「經理臺灣疏」, 『平臺紀略』, p.67.

Ⅳ. 나한각의 사회활동

나한각은 지배 계급의 시각에서 볼 때 범죄를 저질렀거나 범죄를 저지를 가능성이 큰 유민으로 여겨졌다. 나한각의 주요 활동 중 범죄 행위가 차지하는 비율은 전체의 76%에 달하며, 그 외에도 사기, 협박, 절도, 도박, 거리 구걸 등 부정적인 행위가 포함된다. 이러한 이유로 많은 사료에서는 나한각의 불법 행위를 강조하는 장면들이 자주 등장하며, 그중 일부는 나한각이 저지른 폭력 범죄가 70% 이상을 차지하는 경우도 있다.[49] 또한, 계투, 강도, 민란 참여와 같은 활동은 예기치 않은 선택이었음을 알 수 있다. 나한각 역시 일상적인 생존을 위해 다양한 수단을 마련해야 했기에, 황무지를 개간하거나 묘 활동, 신령 축제에 참여하는 등의 방법으로 생계를 이어갔다. 더 나아가 노동자로 고용되거나 짐꾼으로 일하는 등 합법적인 방식으로도 활동을 펼쳤다.

1. 나한각의 범죄 활동 참여

1) 계투와 강도

폭력과 강도는 나한삭의 특성 중 가장 자주 언급되는 두 가지 활동이다. 나한각은 폭력적인 상황에 참여하여 그로 인한 보상이나 음식을 얻곤 했다. 특히, 폭력이 발생하는 혼란스러운 순간을

49　藍鼎元, 「經理臺灣疏」, 『平臺紀略』, p.30.

이용해 강도를 저지르기도 했다. 이로 인해 계투와 강도는 종종 함께 언급되며, 나한각의 불법 활동을 대표하는 예시로 인용되곤 한다.[50]

2) 민변과 계투(械鬥)

나한각은 자주 토지와 경제 자원 쟁탈에 뛰어들었고, 그로 인해 민변과 계투(械鬥)가 더욱 빈번하게 발생했다. 민변(민란)의 발생 원인으로는 가혹한 세금, 경제적 박탈, 부패한 관리의 부당한 조치, 반병(班兵)의 약한 전력 등이 있으며, 여기에 유민과 비밀회당의 존재가 더해져 민란은 자주 일어났다. 그중에서도 1721년 주일귀 사건, 1786년 임상문 사건, 1862년 대조춘(戴潮春) 사건은 특히 유명하다. 예를 들어, 봉산현(현재의 타이난과 가오슝 지역)은 청대에 가장 먼저 개발된 주요 지역으로, 이민자들이 많이 모여들었다. 1721년 강희 60년부터 1853년 함풍 3년까지의 민란과 계투를 간략히 열거하면 〈표 2〉와 같다.

3) 계투 성행의 원인

계투의 원인은 정치, 사회, 경제 등 다양한 요인에 뿌리를 두고 있다. 황슈정(黃秀政)은 청나라 시대 대만의 통치가 아직 안정되지 않았고, 청나라가 대만에 시행한 분화 정책과 차별화 정책이 다른 원적지 출신 간의 갈등을 더욱 심화시켰다고 주장한다.[51] 이러한

---

50 藍鼎元, 위의 글.
51 黃秀政, 「淸代臺灣的分類械鬥事件」, 『臺灣史研究』, 臺北 : 臺灣學生書局, 1995,

<表 2> 청대 봉산현(鳳山縣)의 민란과 계투(械鬪)

	시기	발생지	만연지점	유형	명칭	사건인물
1	1721	봉산현	대만현, 봉산현, 제라현	민란, 민·월(閩粵)계투	주일귀(朱一貴) 사건	주일귀
2	1732	봉산현	대만현, 봉산현	민란, 민·월계투	오복생(吳福生) 반청 사건	오복생
3	1768	봉산현	대만현, 봉산현, 제라현	민란, 민·월계투	황교(黃敎) 반청	황교
4	1786	창화현 (彰化縣)	창화현 봉산현	민란, 장·천계투	임상문(林爽文) 사건	임상문
5	1805	봉산현	봉산현	해적 소란, 민란	채견(蔡牽) 사건	채견
6	1824	봉산현	봉산	민란	허상(許尙)· 양양빈(楊良斌) 사건	허상
7	1853	대만현	대만현 봉산현	민란	임공(林恭) 사건	임공
8	1862	창화현 (彰化縣)	창화현 봉산현	민란	대조춘(戴潮春) 사건	대조춘

(필자 재정리)

상황에서 사람들은 개간지와 수리 관계를 둘러싸고 계투를 벌였다. 토지와 물에 대한 치열한 경쟁이 일었으며, 대만은 분쟁 문화와 연합 문화를 동시에 내포하고 있어, 계투 사건이 끊임없이 발생했다고 주장한다.[52]

린웨이성(林偉盛)은 계투기 관리들의 치리와 직접저인 인과 관계가 없다고 주장한다. 오히려 내만에서 다양한 족군 관계외 얽힌 복잡한 상황이 계투 발생의 주요 원인이라고 지적한다. 또한 그는 행정 통제의 취약성과 반병 문제(班兵問題), 그리고 경제적인 요인

---

pp.29-80.
52 黃秀政, 위의 글.

으로는 토지, 수리, 임대료 분쟁 등을 언급하며, 청 조정이 대만 사회를 효과적으로 통제하지 못한 결과로 지역 지배계급이 성장했고, 이로 인해 족군 간의 경쟁이 심화되며 계투가 계속해서 발생하게 되었다고 설명한다.[53]

민간에서는 분쟁과 민원 해결을 계투로 해결하는 것이 흔한 관행이었으며, 계투로 분쟁을 해결하는 것이 보다 빠르고 구체적으로 쉽게 해결할 수 있는 이점이 있었다. 당시에는 농지 개간, 수리 관개, 묘지 쟁탈과 같은 민간 갈등 외에도[54] 관아의 잡역 직위 다툼까지도 계투로 해결했다.[55]

4) 나한각의 계투 참여

도광 6년, 창화현(彰化縣)에서 민월 간의 계투 사건이 발생했다. 이 사건의 근본적인 원인은 월장(粤庄) 사람들에 의해 장천장(漳泉庄) 주민이 폭행당해 사망한 사건에서 비롯되었다. 장천장 사람들은 그 원한을 갚기 위해 월장을 공격했고, 결국 계투는 불길처럼 번져 여러 현으로 확산되었다. 청 관리는 나한각들을 모집하여 각종 사건을 해결하도록 제안했다. 이는 나한각의 수가 많아 계투와 같은 폭력 행위를 지원할 수 있을 만큼 충분하다는 것을 의미한다. 이들은 생계를 위해 자연스럽게 조정의 모집에 응했으며, 이러한

---

53 林偉盛, 『羅漢腳 : 淸代臺灣社會與分類械鬥』, pp.66-98.

54 官編, 『福建省例』, 臺北 : 臺灣銀行經濟研究室, 臺灣文獻刊199, 1964, 刑政例, 申禁械鬥, pp.856-857.

55 嘉慶五年四月初二日, 福建臺灣鎭總兵愛新泰等, 「拿獲兵民賭博械鬥首從各犯施達三等」, 『明淸宮藏臺灣檔案匯⋯編』, 冊97, pp.46-349.

행위는 선의든 아니든 생계 도모를 위한 필요에서 비롯된 것이다. 또한 나한각은 계투와 관련된 인력 수요를 충분히 충족시킬 수 있을 정도로 많은 수를 자랑했다.

5) 집단싸움(群體勇力)

강도와 약탈은 나한각이 자주 행하는 범죄 행위 중 두 번째로, 계투에 이어 폭력을 사용하여 재물을 강탈하는 행위이다. 이러한 행동은 나한각의 주요 특징인 무주거성, 용력성, 집단 활동과 밀접한 관련을 맺고 있다. 나한각은 종종 3~5명의 작은 무리를 이루어 이동하며, 강탈을 위해 함께 모여 다니는 일이 빈번했다. 건륭 연간 임상문(林爽文) 사건 이후, 복강안(福康安)은 나한각이 집단 약탈에 유리한 특성을 지니고 있어 천지회에 가입했다고 보고한 바 있다.[56] 여기에서 나한각이 대부분 단체로 노략질을 일으키며, 개인적으로 노략질을 하는 경우는 드물다는 것을 알 수 있다.

단체로 노략질을 일으키는 행위는 무기를 사용한 폭력적인 행동이기 때문에, 나한각이 무기를 소지하고 있다는 사실은 놀랄 일이 아니었다. 나한각은 종종 무장한 집단으로 묘사되었으며, 그들은 깊은 산속에 숨어들거나 대규모 마을에 은신하면서 몽둥이, 칼 등의 무기를 지닌 채 다니는 보습으로 나타났다.

---

56   (淸) 官編, 『欽定平定臺灣紀略』, 臺北 : 臺灣銀行經濟研究室, 臺灣文獻叢…刊 102, 1987, 卷五十八, p.926.

6) 민변(民變) 참여

청 통치기 대만에서의 민변은 빈번히 일어났다. 민변의 원인은 주로 청나라의 대만에 대한 소극적 정책, 관리의 부당한 공무집행, 그리고 대만 사회 특성 등과 관련이 있다.[57]

나한각이 민변에 참여한 기록은 주로 청나라 건륭 연간에 집중되어 있으며, 예를 들어 황교 사건과 임상문 사건에서는 '유수배'가 민변에 참여했다고 언급되지만, 당시에는 아직 나한각이라는 명칭은 사용되지 않았다. 그러나 유수배와 나한각은 사실상 동의어로 볼 수 있다. 건륭 34년, 민절총독(閩浙總督) 최응계(崔應階)의 주첩에 따르면, 대만의 유민과 나한각이 황교 민변에 참여한 사실이 언급되었으며, 그는 "그들은 재산도 가족도 없고, 외로워서 거리낌 없이 범죄를 저지르고 도망 다니는 무리들이 많았으며, 사람들을 모아 일을 꾸미기 쉬웠다. 이들은 독립적으로 아무 생각 없이 행동하며 사건을 계획하기 용이했다"고 기록하고 있다.

임상문 사건은 대만 역사에서 가장 오래 시간을 끈 민변으로, 당시 대만진총병(臺灣鎮總兵) 시대기(柴大紀)가 올린 상소문에 이르길, 임상문 진영에는 상당수의 나한각이 가입하였으며, 수만 명의 나한각이 참여했다고 기록하고 있다.[58]

그 후, 건륭제는 복강안(福康安)을 대만에 파견하여 임상문의 민란을 진압하게 했다. 복강안이 아뢰은 상소에 따르면, 나한각과 천지회(반청복명 단체)는 모두 비도(匪徒), 즉 무뢰한으로 간주되었다.

---

57 張炎, 『清代臺灣民變史研究』, 臺北 : 臺灣銀行經濟研究室, 1952, pp.12-23.
58 (清)官編, 『欽定平定臺灣紀略』, 卷二, pp.123-124.

또한, 대만 전역에서 나한각과 천지회 회원들이 도처에 출몰한다고 기록되어 있다.[59]

즉, 청 관리들은 나한각에 대해 매우 부정적인 시각을 가지고 있었다. 복강안은 나한각이 천지회에 가입한 이유가 약탈에 유리했기 때문이라고 보았으나, 사실 나한각뿐만 아니라 일반 마을 주민들, 의민들 역시 천지회에 가입한 사실이 있었다.

그 후 건륭제는 복강안(福康安)을 대만에 파견하여 임상문의 민란을 진압했다. 복강안이 아뢴 상소에 의하면 나한각과 천지회(반청복명 단체)가 모두 비도(匪徒) 즉 무뢰한으로 보고하고 있다. 또한 대만 전역에 나한각과 천지회 회원들이 도처에 출몰한다고 기록되어 있다.[60] 다시 말해 청 관리의 나한각에 대한 관점은 매우 부정적이다. 복강안은 나한각이 천지회에 가입한 것은 약탈에 이롭기에 입회했다고 보지만, 나한각뿐만 아니라 일반 마을 촌민, 의민 또한 천지회에 가입했다.[61]

7) 기타 협박, 사기, 절도, 도박

계투, 강도, 민변 등은 폭력적인 활동에 속하며 일정한 위험을 동반한나. 그러나 일부 나힌각은 사기, 협박, 도박, 절도 등 상대적으로 위험 부담이 적은 활동을 선택하기도 헸다. 칭니리의 대만 통

---

59 (淸)官編, 『臺案彙錄丙集』, 권7, 閩督福康安奏摺, p.255.

60 (淸)官編, 『臺案彙錄丙集』, 卷七, 閩督福康安奏摺, p.255.

61 (淸)官編, 『淸高宗實錄選輯』, 臺北 : 臺灣銀行經濟硏究室, 臺灣文獻叢刊186, 1964, 乾隆五十三年四月十四日, p.592.

치가 소극적이었고, 관리들의 도덕성이 낮아 억울하게 송사에 휘말리는 경우도 많았다. 이러한 상황에서 인명 사건이 발생하면 이를 기회로 삼아 부호를 공갈 협박하거나 재산을 탈취하는 일이 종종 일어났다. 예를 들어, 나한각은 죽은 거지나 유민의 시체를 부호의 집 앞이나 평민의 집에 몰래 두고 협박의 도구로 활용하기도 했다.

2. 나한각의 긍정적 특징

첫째, 인신의 자유와 자주성이다. 범죄 여부와 관계없이 나한각의 가장 큰 특징은 고정된 거주지가 없다는 점이다. 혈혈단신으로 떠도는 나한각은 도처를 자유롭게 이동하며, 이는 그들에게 주어진 자유의 상징이라 할 수 있다. 지식인의 시각에서 나한각은 범죄를 저지르는 부랑자에 불과하지만, 일반 민중의 시각은 사뭇 다르다. 그들에게 나한각은 단순히 몫이 없는 존재일 뿐이다. 나한각은 주변 민중의 요구에 따라 노동력으로 동원되기도 했고, 황야를 개간하거나 나무를 베거나 소금을 운반하거나 짐꾼으로 일하는 등, 언제 어디서나 일자리를 찾아 활동하는 특성을 보인다. 이를 통해 우리는 그들이 토지에 얽매이지 않고 자유롭고 자주적인 삶을 살고 있음을 알 수 있다. 그러나 통치계급과 지식인들은 나한각이 아무것도 소유하지 않으면 반드시 부정한 행동을 할 것이라고 보았다. 그들은 아무것도 소유하지 않음으로써 전통적인 가치관의 구속을 벗어나 자신만의 삶을 살아간다는 사실을 이해하지 못했다.

둘째, 반권위(反權威)적 성향이다. 나한각의 대부분은 건장한 남성으로, 개별 노동자, 일용직, 벌목꾼 등 힘든 노동을 감당할 수 있는 이들이었다. 그러나 이들이 모이면 계투나 민변에 투입될 수 있는 전투력이 있는 집단이 된다. 때로는 나한각 집단이 칼과 몽둥이 등의 무기를 소지하고 싸우기도 했으며, 이는 지배계급에게는 금기시되는 일이지만, 일반 민중은 그들의 집단적 무력을 긍정적으로 평가하기도 했다. 예를 들어, 마을을 방어하거나 이웃 마을과의 싸움에서 승리하기 위해 이들을 고용하는 일도 있었다. 또한, 부호들도 나한각을 고용하여 불법적으로 토지를 개간하기도 했는데, 불법 토지 개간은 당시 매우 엄중한 일이었지만, 무장력을 갖춘 일부 나한각은 위험을 무릅쓰고 법의 경계를 넘나들며 토지를 개간하며 때로는 원주민과 충돌했다. 이러한 법을 어기는 행동은 나한각이 복종적인 존재가 아니라 권위에 반항하는 성향을 가진 이들임을 보여준다.[62]

셋째, 집단적 상호부조와 평등한 관계 추구이다. 나한각은 삶의 필요나 심리적 의지에 따라 종종 모여 3~5명 규모의 그룹을 형성해 활동하며 서로 돕는다. 전통적인 중국인의 사고방식과는 달리, 나한각은 자주성과 반권위성을 내세워 전통적인 가치관을 따르지 않으며, 일정한 수거지가 없고 높은 이동성을 지니고 있어 다양한 사람들과 접촉한다.

결론적으로, 나한각은 개인의 사유, 반권위성, 자주성, 인간

62　許烺光著, 許木柱譯, 『徹底個人主義的省思 : 心理人類學論文集』, 臺北 : 南天出版社, 2002, pp.414-415.

평등, 집단 협조 등의 특성을 지니고 있다. 이러한 특성은 나한각의 높은 이동성으로 인해 일정 부분 영향을 받으며, 결과적으로 중국 전통적인 인간관계와는 다른 사회적 분위기를 형성하게 되었다.

V. 현대 대만에서의 나한각 의미
: 나한각에서 유맹(流氓)으로

가경(1796~1820) 연간, 대만의 극심한 남녀 인구 불균형 문제가 회복되었을 것으로 추정된다. 원래 나한각의 특징은 독신 남성들이 많았으나, 이 시기를 기점으로 남녀 인구 문제는 더 이상 주요한 문제로 남지 않았던 것으로 보인다. 즉, 나한각은 본래 단신 범죄 유민을 의미했지만, 남녀 인구 불균형 해소와 함께 당시 대만 사회의 상황과는 더 이상 부합하지 않게 되었고, 그 결과 민간에서도 언어 사용에 변화가 일어났다. 현재 대만에서 '나한각'은 결혼하지 못한 독신 남성을 지칭하는 말로 좁혀졌다.

특히 건륭 중기에는 남녀 인구 불균형이 점차 완화되었음을 보여주는 증거들이 나타난다. 예를 들어, 건륭 29년에 발간된 『중수봉산현지(重修鳳山縣志)』에는 "여노비가 오랫동안 보내는 것은 너무 가엾습니다"라는 구절이 나온다. 여기서 '오랫동안 보내는 것'은 결혼할 나이에 이르렀음에도 불구하고 여전히 주인 가정에서 일하며 결혼하지 못한 여노비를 의미한다. 이 시기, 여노비들이 결

혼을 하지 못하고 계속해서 주인 집에서 일하게 되면서 여노비의
가격이 저렴해지고, 이들을 놓아줄 필요성이 줄어든 것으로 보인
다. 이는 남녀 인구 비율의 불균형이 해소되었음을 시사하는 중요
한 지표가 된다.[63]

천샤오신(陳紹馨)은 대만의 개발 초기 단계에서는 여아를 익사
시키는 현상이 없었지만, 건륭 이후에는 여아를 죽이는 관행이 복
건에서 대만으로 들어왔다고 본다.[64] 이는 18세기 말 남녀 인구 비
율이 이미 정상 비율로 회복되었다는 것을 의미한다.

아편 전쟁 이후, 태평천국의 난을 거치면서 상하이는 외래 인
구가 급증하고 불량배 집단이 등장하게 되자, '유맹(流氓)'이라는
용어가 새롭게 등장했다. 이 시기 상하이에서 무뢰배들은 '유맹'
으로 불렸다.[65] '유맹'에서 '流(유)'는 유동의 의미를, '氓(맹)'은 도
망친 농민을 뜻한다. 즉, '유맹'은 유민(流民)과 유민(游民), 그리고

---

63 王瑛曾,「風俗」,『重修鳳山縣志』, 臺北 : 臺灣銀行經濟研究室, 臺灣文獻叢刊146,
     1962, p.57.

64 陳紹馨,「低度開發地區的人口問題」,『臺灣的人口變遷與社會變遷』, pp.381-383.

65 '流氓'이라는 난어는 원래 징해진 거주지기 없고 유동적인 삶을 살아가는 유랑자를
     가리키는 표현이다. 고대 중국에서 '氓'은 '流亡之民' 또는 '草野之民'을 의미하며, 이
     는 유민(流民)이나 유민(游民)과 비슷한 개념이다. 넓게 보면 '유민(游民)'을 지칭하
     는 말로 사용되었다. 고대 중국에서 '氓'과 '民'은 종종 혼용되어 빈민을 일컫는 말로
     사용되었으며, 진한 시기부터 '氓'은 유민(流民)을 의미하기 시작했다. 전통적인 농경
     사회에서 이들은 사회에서 벗어난 존재로 여겨졌고, 여기에 '불량'의 의미기 추기되
     었다. 한나라 이후, '氓'은 경제 생산 조직에서 벗어난 잉여 유동 노동인구를 의미하
     게 되었으며, 명·청대에 이르면 이러한 유동 인구는 도시 사회에서 무뢰배나 불량배,
     홀아비, 현지 불량배로 불리기도 했다. 특히 외지에서 온 불량배는 '유곤(流棍)'으로
     칭해졌다.

'氓'을 포함한 유랑하는 저층 집단을 포괄하는 용어였다.[66] 1850년
대, 상하이에 상당히 많은 수의 유맹이 발생했으며, 『신보』 신문
은 당시 상하이가 가장 많은 유맹이 있다고 보도했다.[67]

가경(1796~1820)과 도광(1821~1850) 연간 대만의 나한각 인구는
약 40만 명으로 추정된다.[68] 당시 대만의 남녀 인구 불균형 문제
는 더 이상 존재하지 않았고, 만약 나한각이 결혼을 원한다면 이
는 더 이상 어려운 문제가 아니었다. 나한각은 결혼, 장례, 축하
행사, 상업 운송, 가게 운영 등 다양한 분야에서 활동하며, 더 이
상 길거리를 떠도는 모습이나 정처 없이 이동하는 일이 없었다.
따라서 청말 시대의 나한각이라는 용어는 당시의 상황을 제대로
반영하지 못하고, 청 말기에 유입된 '유맹(流氓)'이라는 단어로 대
체되었다. 현재 대만에서 '나한각(로한까아)'은 결혼 적령기에 이르
렀지만 아직 결혼하지 않은 미혼 남성을 뜻하는 현대적인 표현으
로 사용된다.

청나라 말기 상하이의 경제가 번영하면서 외래 인구가 끊임없
이 몰려들었고, 현지에서 본업이 없이 무리를 지어 다니며 기회를
엿보고 재물을 사취하는 불량한 행동이 일상화되었다. 이러한 행
위는 관료들의 시각에서 본 나한각의 의미와 일치한다.

---

66 『申報』, 同治十一年十月十五日(西元1872年11月15日).
67 『申報』, 光緒八年十二月十三日(西元1883年1月21日).
68 蔡惠琴, 清代臺灣下層社會的圖像 : 關於羅漢腳, 犯罪集團與腳夫,國立暨南國際大
    學歷史學系博士論文, 2022, p.107.

<표 3> 나한각과 유맹 특성 비교표

특성	나한각	유맹(流氓)
고정 거처	×	○
처·첩·자식	×	○
계투	○	○
집단부조	○	○
범죄활동	○	○
사회활동	○	×

(출처: 蔡惠琴,淸代臺灣下層社會的圖像：關於羅漢腳、犯罪集團與腳夫,
國立暨南國際大學歷史學系博士論文, 2022, 106쪽)

상하이의 유맹 행위는 나한각과 유사한 면이 있다. 할 일 없는 백수, 부랑자, 패거리, 거리 싸움, 계투, 사기, 절도 등 크고 작은 범죄에 종사하는 모습이 나타난다. 상하이의 유맹은 외래 인구가 수적으로 많고, 거리에서 떠돌며 정직한 직업에 종사하지 않고 무리를 지어 범죄에 연루되는 특징을 보인다. 이는 나한각이 민란에 참여한 사례를 제외하면, 그들의 행동과 거의 일치한다고 볼 수 있다. 그러나 상하이의 유맹은 혈혈단신으로 길거리에서 떠도는 유민이 아니며, 의복이 남루하지 않고 평생 맨발로 다니는 모습도 보이지 않는나. 또한 상하이의 유맹은 도시 내 패거리 조지으로서 범죄적인 성격이 강하고, 사회석 기능이 결어되어 있다. 반면 나한각은 범죄 외에도 명백한 사회적 기능을 수행한 바 있다. 예를 들어 황무지 개간, 소금 장사, 짐꾼 등 다양한 역할을 딤딩한 적이 있었다.

'유맹'이라는 용어는 원래 상하이 방언에서 시작되어 강·절(江·

浙) 일대에서 널리 퍼졌다. 이후 1851년부터 1861년까지의 함풍 연간 대만이 개항되면서, '유맹'이라는 단어가 대만으로 유입되었을 가능성이 크다. 즉, 청말 동치 시기에 대만에 전래된 후 도광 연간에는 대만 북부에서 '루만(鱸鰻)'이라는 단어가 등장하였고, 그 후 이 용어는 북부에서 남부로, 그리고 전 대만으로 퍼지게 되었다.[69]

〈표 3〉에서 알 수 있듯, 나한각은 아내와 자녀, 고정된 거처를 가지지 않는다. 이는 청나라 말기의 범죄자들과는 다른 상황이다. 나한각이 청나라 말기 범죄자들의 상황을 정확하게 반영하지 못했기 때문에, '유맹(流氓)'이라는 용어로 대체된 것으로 추정할 수 있다. 현재 대만에서 '나한각'은 결혼하지 않은 독신남을 의미하는 표현으로 사용되고 있다.

VI. 결론

청나라 중기 이후, 대만에서의 토지 개발과 개간이 거의 끝나고, 인구 과밀로 인해 일자리가 부족해지면서 많은 이들이 생계를 유지하기가 어려워졌다. 이들은 일자리를 찾아 떠돌며 생존을 도모했으며, 범죄에 대한 거부감이 낮아 범죄 활동에 적극적으로 가담하였다. 특히 건륭제의 조서가 공표된 이후, 나한각은 불법 이민

69　(日)臺南州警務部, 『臺灣の賭博と無賴漢』, p.2.

자에서 무업유민(無業遊民)으로, 그리고 점차 강도로 변모하게 되었다. 임상문 사건 이후, 나한각은 반청복명의 반란 분자로 낙인찍히며, 그에 대한 부정적인 이미지가 굳어졌다. 그러나 인구 증가와 청나라의 대만에 대한 재정적 어려움, 행정적 문제로 인해 대만을 효과적으로 통치하기 어려운 상황이 지속되었다. 다시 말해, 대만으로 이주하기 전에 이미 유민으로서 독신, 모험, 위험한 상황, 그리고 위험한 경로를 겪었던 이들의 지위는 대만에 도착한 이후에도 여전히 변하지 않았으며, 변화의 기회는 제한적이었다. 대만으로 이주한 이민자들은 대부분 남성들이었고, 여성은 상대적으로 적었기 때문에 독신 상태를 벗어나기가 더욱 어려웠다. 이와 같은 환경은 대만에서의 사회적, 경제적 안정성을 더욱 복잡하게 만들었다.

통치계급은 나한각의 존재를 주로 그들의 범죄 행위에 중점을 두어 기술한다. 이들은 폭력 사건이나 소요, 사기, 도둑질 등 범죄를 저질러온 불량배로 여겨졌다. 반면, 일반 민중에게 있어 나한각은 범죄 행위보다는 그들의 사회적 필요성을 강조하는 경우가 많았다. 예를 들어, 황야를 개간하거나 노동자로 고용되는 등의 사회적 요구에 대한 기여가 두드러졌다.

현재 나한각을 포함한 대만 저층 계급에 대한 사료는 확실하게 남아 있지 않다. 비록 이들의 인구 수는 많았지만, 그들의 구체적인 면모를 정확히 파악하기는 어렵다. 대부분의 기록은 관리의 입장에서 나한각의 존재를 기술한 것으로, 대만에 대한 통치 어려움이나 범죄 창궐을 나한각에 돌리는 주장과 실제 사실 간에는 큰 괴리가 있을 수 있다. 이는 관리들이 자신의 탐욕과 무능한 행정력을 감추기 위해 나한각을 범죄자와 같은 부정적인 이미지로 묘사했을 가능성도 존재한다.

나한각 자체는 대만 이민 사회의 모순적 결과물이다. 혈연과 지연을 기초로 성립한 대만 이민 사회에서 나한각은 내재적으로 배태된 모순된 존재들이다. 이들은 계투에 참여한 난민(亂民)과 계투 진압에 참여한 의민(義民)이 되기도 했으며, 민란에 참가하거나 강도, 사기, 절도를 거리낌 없이 행했다. 그러나 나한각의 활동에서 긍정적인 요소도 발견할 수 있다. 자율성, 반권위적 태도, 상호부조, 인간 평등과 같은 특성은 중국의 전통적 가치관과는 다른 점을 보여준다. 나한각의 사회적 활동을 통해 우리는 중국과 구별되는 대만 저층 사회의 투박하고 서민적인 면모를 엿볼 수 있다. 이들은 전통적인 중국 사회의 질서와 규범을 넘어서, 대만 사회에서만 나타날 수 있는 독특한 사회적 특성을 형성했다.

청대의 소극적 통치와 이민자 유입으로 인해 대만은 복잡한 사회 구조와 혼종적인 문화적 특성을 형성하게 되었다. 이 과정에서 대만으로 이주한 이민자들은 몫이 없는 사회적 약자들로 전락하며, 이들은 결국 나한각이라는 계층을 형성하게 되었다. 이러한 이민 사회의 계층적 구조는 대만의 근대화 과정에도 지속적인 영향을 미쳤다. 즉, 청대부터 이어진 이민자들의 사회·경제적 역할과 그들이 만든 계층적 질서는 대만이 근대 국가로 전환하는 데 있어 중요한 교훈과도 같은 역할을 했다.

우선 ① 사회적 위치와 경제적 배경이다. 대만에서의 이민 노동자들은 대부분 토지를 소유하지 못한 가난한 계층으로 구성되었다. 대만의 한족 사회는 강한 가부장적 혈연 중심 사회였고, 결혼과 가문의 유지가 중요한 요소로 작용했다. 그러나 경제적 불안정, 여성 부족, 사회적 배제 등으로 인해 결혼하지 못한 남성들이 많아졌고, 이들은 독신 상태로 나한각 집단을 형성하게 되었다. 이들은 주로 건설, 농업, 어업, 광업, 운송업 등에서 비숙련 노동자로 생계를 이어갔으며, 도시 빈민과 밀접한 관련을 맺고 있었다.

② 여성 부족과 결혼 기회의 상실이다. 푸젠성과 광둥성에서 대만으로 이주한 대부분의 노동자들은 남성이었고, 여성 인구는 극히 적었다. 부유한 가문이나 지주 계층은 중국 본토에서 신부를 데려오거나 높은 지참금을 지불해 결혼할 수 있었지만, 나한각과 같은 하층 노동자들은 결혼의 기회를 얻기 어려웠다. 이로 인해 나한각은 가족을 이룰 수 없는 불안정한 계층으로, 가정이라는 사회적 보호망에서 제외되었다. 이는 현 대만 사회의 신주민들도 유사한 경험을 겪고 있는 현실과도 연결된다. ③ 사회적 낙인과 주변화다. 나한각은 독신 남성이라는 이유로 사회적 낙인을 받았으며, 종종 범죄와 연관되거나 불량한 생활을 한다는 편견의 대상이 되었다. 이들은 보통 거처 없이 띠돌며 공동체에서 배제되었고, 경제적, 정치적, 문화적으로 소외된 계층으로 남있다. 이리한 주변화 현상은 대만 사회의 구조적 문제를 드러내며, 나한각의 존재는 그 자체로 대만 사회의 불안정성을 상상하는 요소로 자리 잡았디.

이 글을 통해서 본 나한각 연구의 중요성이다. 나한각 연구가 근대 대만의 서발터니티 연구에서 중요한 이유는 크게 세 가지로 요약할 수 있다. ① 서발터니티 이론과 비주류 계층 연구의 핵심 사례다. 서발터니티 이론은 식민지 사회에서 주류 권력에 의해 주변화된 집단을 분석하는 개념이다. 대만의 나한각은 전형적인 서발턴 집단으로, 이들은 경제적 이유와 사회적 구조 속에서 배제된 채 주변부에서 살아갔다. 서발터니티 연구는 이들이 어떻게 존재했으며, 그들의 삶이 사회 구조와 어떻게 얽혀 있었는지 밝혀내는 데 초점을 맞춘다.

② 대만 사회의 비주류 남성 노동자 집단의 역사적 기원 분석이다. 나한각과 같은 노동 계층의 역할은 대만의 경제 구조와 깊은 연관이 있다. 이들의 역사는 일본 식민지 시기(1895~1945)와 현대 대만 사회에서도 계속 반복되었다. 일본 식민지 시기에도 도시 하층 노동자들은 비정규직, 일용직 노동을 하며 여전히 사회적 보호망에서 배제되었고, 현대 대만에서도 이주 노동자와 불안정 노동 계층이 존재한다. 이는 청나라 시기 나한각 계층이 형성한 구조적 문제와 유사하다. ③ 가족주의와 결혼 시스템을 통한 사회적 배제 메커니즘에 대한 분석이다. 대만 사회에서 결혼은 경제적, 사회적 지위를 유지하는 중요한 제도적 장치였다. 그러나 나한각과 같은 독신 남성들은 이러한 시스템에서 배제되었고, 그 결과 비공식적인 노동시장, 범죄 조직, 매춘업 등으로 유입되기 쉬운 상황에 놓였다. 이러한 사회적 배제는 일본 식민지 시기의 위안부 제도나 장제스 시기의 군대 위안부인 '특약차실(特約茶室)' 제도와도 연결될 수 있다.

나한각은 단순히 청나라 시기의 특수한 계층에 그치지 않고, 근

대 이후 대만 사회의 주변부 노동계층, 무산자 계층, 불안정 노동
자 계층으로 이어지는 중요한 사회적 연결고리로 볼 수 있다. 이러
한 사회적 구조는 일본 식민지 시기의 노동력 착취, 전후 대만의
산업화 과정에서 형성된 노동자 계층, 그리고 현대 대만의 저임금
노동자 문제와도 밀접하게 연결된다. 나한각을 통해 대만 사회의
역사적·구조적 문제를 더욱 깊이 이해할 수 있다고 하겠다.

4부
역사의 경계와 서발터니티

역사의 경계와 서발터니티

7장

신식민분단체제하 서발터니티와
사상운동의 재출발: 대만과 남한 사이[*]

연광석

I. 서론: 신식민분단체제의 서발터니티[1]와
사상운동의 처지

1991년 유엔 가입 이후, 국내외적으로 남한 사회체제에 대한 학술계의 성격 규정은 더 이상 중요한 논의 대상이 되지 못하고 있다. '정상국가화'되었다는 인식이 확산되면서, 종래의 '식민지' 또는 '신식민지' 규정은 낡은 것으로 치부되었던 것이다. 그러나 지

---

[*] 이 글은 Yeon Gwang Seok (2024) Subalternity under neo-colonial division system and re-launch of intellectual movements: inter-referencing between Taiwan and South Korea, *Inter-Asia Cultural Studies*, 25:6, 962-984의 국역본으로 번역 과정 중 약간의 수정 및 보충이 가해졌다.

1 여기에서 '서발턴'은 남한의 역사적 특정성을 담은 '민중'을 일반화한 것이라고 할 수 있다. 아울러 '서발터니티'는 권역적 상호참조 관계성에 의해 파악된, 보편 또는 특수로 환원될 수 없는, 포스트 식민적 주체의 상황을 지시한다. 한편, '서발턴'과 '서발터니티'와 같은 음역 방식의 번역 관행은 원리적으로 '서발턴' 논의의 지향과 충돌하지만, 우리의 '신식민화'된 언어 현실을 고려할 때 과도기적으로 불가피한 선택이라는 점이 양해되길 바란다.

난 30여 년을 회고해볼 때, 남한의 사회체제는 분단체제의 지속하에, 경제적으로 대외종속은 더욱 심화되었고, 정치군사적으로 점점 더 미국에 의존하고 있으며, 이러한 상황하에서 민중의 소외는 표면적인 양적 성장에도 불구하고(또는 그로 인해) 과거보다 더욱 심화하고 있다. 세계적으로 가장 높은 자살율, 가장 낮은 출산율, 가장 높은 노인 빈곤율 등 여러 지표들이 이를 방증하고 있다. 양적 성장의 신화에 가려진 민중의 절대적 소외 현실을 직시하고, 지식사상의 역할을 다시 묻는 일이 불가피할 뿐만 아니라 긴급한 상황이라고 할 수 있다.

1) 민중의 상호부조 문화: 식민체제의 사회적 무의식

2022년 10월 29일 서울의 중심가에서 158명이 압사하는 사고가 있었다. 이른바 '이태원 참사'다. 사실 남한의 수도 서울에서 신식민체제를 압축적이고 표현하고 있는 곳이 '이태원'이기도 하다. 이태원은 과거 오랜 시간 동안 서울 중심부에 위치한 미군 부대를 둘러싼 향락 공간으로 미군을 위한 식당, 바 등 다양한 편의 시설이 들어서 있었고, 심지어 미군을 대상으로 성매매 서비스를 제공했던 이른바 '기지촌'이 있었던 곳이다. 그런데 마침 참사가 벌어진 날 이태원에서 '할로윈 데이'를 즐기고자 했던 청년들이 특정 지점에 다수 밀집하면서 압사 사고가 났다는 점은 이태원이라는 공간을 둘러싼 역사와 현실의 부조화를 상기시킨다.

공교롭게도 식민과 분단의 압축적 상징공간인 이태원에서의 이 참사 또한 신식민지 하에서 '안전'의 문제와 관련한 '국가'의 부재를 여실히 드러낸 사건이라고 할 수 있다. 그런데 현장의 참혹한 상황을 실시간으로 전하는 영상 속에서 나의 눈길을 붙잡은 장면은 다른 것이었다. 바로 소방 구급인원이 절대 부족한 상황에서, 수많은 일반 시민들이 의식을 잃고 쓰러진 청년들에게 심폐소생술을 실시하고, 실신한 환자를 들것에 싣고 뛰면서 구급차로 옮기는 장면이다. 한편에 이미 사망한 시체들이 나란히 놓여 있는 아비규환 속에서, 다른 한편에서는 수많은 보통 시민들이 한 명이라도 더 목숨을 살려내려고 안간힘을 쓰고 있었다. 내가 보기에는 바로 민중의 자발적 상호부조 문화의 발현이었다.

바로 오랜 기간 사실상 '국가 부재'의 '(신)식민지' 상황에서 민중의 자발적 상호부조 문화는 일종의 사회적 무의식의 일부가 된 것이다. 남한이라는 공간의 주변을 조금만 둘러보면 이러한 문화적 상이성이 더욱 잘 드러난다. 물론 상호부조 문화 자체는 인류의 역사에서 오랜 기간 존재한 보편적인 생존 방식 가운데 하나다. 그러나 이른바 '현대'로 접어들면서 형성된 민족국가는 선언적이긴 하지만 기본적으로 국가를 통해 인민의 안전, 자유, 평등을 보장하고자 하면서 민간의 상호부조는 국가를 영역으로 이동하는 추세를 보였다. 그러나 2차 내전 이후 같은 '민족국가'의 시대라고 하지만, 사실 개별 '국가'의 '국가화' 과정과 '국가' 성격은 상이했다. 특히 '대한민국'과 같은 신식빈시는 국가의 실질적 부재 하에서 민중

의 상호부조 문화가 오히려 더 강화되었던 것이다.[2]

가장 비근한 예는 1997년 금융위기를 맞이하며 자발적으로 전개된 금모으기 운동이다. 국가의 신용위기를 해결하기 위해 351만 여 명이 참여하여 약 227톤의 금을 모았다. 그리고, 수십 년간 늘 반복되는 자연재해를 대하는 국가와 민중의 태도 또한 전형적인 사례다. 남한에서는 폭우로 인한 수재와 같은 자연재해가 발생하면, 주요 텔레비전 채널에서 재해 현장의 영상을 실시간으로 전하며 전국민을 대상으로 수일 동안 모금활동을 한다. 그리고 지금도 겨울이 되면 '불우이웃돕기'라는 명목으로 시내 중심가에 모금함이 놓여 있는 것을 쉽게 볼 수 있다.[3] 민중은 국가에 대한 요구 보다 민간의 상호부조를 통해 문제를 해결하는 데 익숙하다. 따라서 국가 또한 자연재해 또는 사회적 재난에 대해 책임을 지는 데 소극적이다. 이와 같이 국가와 민중의 관계는 이번 코로나 방역 과정에서도 똑같이 재연되었다. 국가는 반복해서 수차례 행정명령으로 자영업자의 영업을 제한하면서도, 실질적인 보상에는 매우 인색했다.[4]

---

2   따라서, 20세기 전반부 중국 혁명의 과정에서 제시되어 확산된 '사회성격론'은 전후 냉전/분단 시기의 '국가화' 경로와 내용의 차이를 반영하여 계승되어야 한다. 특히, 포스트 냉전 시기 '권역적 차원'의 새로운 관계설정 요구에 따라, '사회성격'과 '국가 성격' 두 범주의 결합이라는 과제가 제기된다고 할 수 있다.

3   겨울철마다 고위직 공무원 또는 정치인들이 '사랑의 열매'라는 뱃지를 부착하고 공적 행사에 참석하는 모습은 전형적인 신식민지적 역설의 사례라고 할 수 있다. 공적 책임을 민간에 전가하는 무책임성을 정치인과 민중 모두 의식하지 못할 정도로 상호부조가 하나의 문화로 공고화된 것이라고 할 수 있다.

4   코로나 팬데믹을 대하는 대만과 남한 당국의 태도도 현저한 차이를 보인다. 이 이슈는 더욱 구체적인 조사가 필요하지만, 현재까지의 경과를 통해서 볼 때, 국가의 책임

민중의 자발적 상호부조의 문화는 '(신) 식민지'적 현실에 대한 민중의 적응력의 표현이다. 그러나 이는 동시에 민중의 절대적 소외를 의미한다. 한반도는 내전을 거쳐 분단되었고, 이 과정에서 민중의 극단적 소외는 심화되었다. 이는 내전을 통한 분단으로 인해, 지식, 정치, 경제 권력이 이데올로기적 지향에 따라 남과 북으로 이합집산했고, 결국 남한은 극소수의 민족주의적 좌익 지식인만을 남기고, 매판적인 정치, 경제, 지식 권력이 독점적 지위를 획득한 반면, 민중은 본래 가진 삶의 기반 위에 기존의 민중의 모습을 유지하고 있었다는 것을 의미한다. 민중의 극단적 소외는 이와 같은 비대칭성에서 비롯되었고, 남한의 사회변혁운동에서 일관되게 민중이 강조된 이유는 바로 장기간 민중이 부정되어 왔기 때문이라고 할 수 있다. 그리고 이렇게 주체성을 부정당한 민중은 사실상 '국가의 부재' 하에서 강고한 '상호부조'의 문화를 발달시켜왔다. 이와 같은 민중이 처한 현실을 먼저 이야기하는 이유는 남한에서 이른바 '사상운동'은 기본적으로 이러한 민중의 상황을 기본 조건으로 하고 있기 때문이다. 그리고 이와 같이 민중의 절대적 소외는 이 글에서 논의할 박현채와 같은 사상가에 의해 정치/경제적으로 해명되어 왔다. 이른바 '민주화'에도 불구하고, 반공주의적 친미 정치체제라는 속성은 자유주의 정치 내부의 다양한 정치세력

성의 차원에서 남한은 상대적으로 매우 소극적인 자세로 일관했다. 특히, 2022년 봄 한국이 유럽과 미국을 좇아 '자율화' 조치를 취한 반면, 대만은 장기간 중국 대륙과 유사하게 '제로 코로나'를 유지한 뒤, 한국의 조치를 지켜본 후 자율화 조치를 취했다.

들이 공유하는 것이고, 역설적으로 '민주화' 이후 초국적 자본에게 전면적으로 개방된 경제체제는 기본적으로 국내의 매판적 독점자본과 해외 투기 자본의 이익에 부합하도록 시스템화되어, 민중의 절대적 소외의 원인으로 지적된다.

그러나 '신식민지 체제'에 대한 이와 같은 정치경제적 해석은 1990년대 이후 서구적 기준에 근거한 이른바 '정상국가화'라는 신화에 의해 밀려나면서 지식계에서는 이미 낡은 것으로 치부되어 왔다. 물론 기존의 해석을 대체한 새로운 비판적 해석(이른바 '신자유주의 비판')이 보편주의적 편향성을 가짐으로 인해 외재적 틀의 연역적 적용에 그쳐 해석력을 가지지 못함이 분명해진 오늘, 이 또한 사상사적 맥락에서의 평가와 성찰이 필요하다고 하겠다.

2) 분단체제와 사상운동

식민체제 하에서 민중의 절대적 소외를 얘기했지만, 남한은 단순한 신식민지 체제가 아닌 '신식민지 분단체제'다. 신식민지 상황 하에서 '민족주의 운동'이 정치 및 경제적 기초를 갖지 못한 것은 식민지 시기에서 연속되면서 심화되는 측면이고, 분단에도 불구하고 기존의 익숙한 삶의 터전에서 삶을 도모했던 민중에게 이는 소외의 직접적 원인이지만, 정치 및 경제 권력의 상층과 지식인 계급에게 있어서 내전을 경유한 '분단'은 극도의 반공주의적 비대칭 상황을 초래한다. 특히, 지식계급 측면에서 보면, 민중의 입장을 대변했던 반제국주의 좌익 사상은 금기시되고, 내전을 거치며 좌익 지식인들은 대다수 월북했으며, 남한에 남은 소수 좌익들은 백색테러의 대상이 되어 학살당하거나 투옥되고, 극소수의 생존자들은 실질적인 활동을 멈추고 상당기간 동안 지하화했다.

내전과 분단이 지식 영역에 초래한 이러한 비대칭성은 극소수의 생존자로 하여금 고도의 윤리의식과 책임감을 갖게 했다고 할 수 있다. 특히, 냉전 체제의 동요는 1980년대 남한의 사상계에 식민지 시기 역사에 대한 재인식과 더불어 분단 이후 30년 동안의 변화에 대한 재인식을 위한 계기를 만들어주고 있었고, 박현채와 같은 소수의 좌익 생존자의 역할이 중요할 수밖에 없었다. 그러나 1980년 광주의 비극에서 보듯이, 반민중적 정치경제 권력은 더욱 공고해졌고, 지식의 비대칭성을 조건으로 하는 좌익 지식인의 역할은 그 중요성만큼이나 감당하기 벅찬 것이었다. 실제로 '박현채들'은 놀라운 헌신성으로 실천적 면모를 보여주었지만, 결국 역사의 거센 흐름에 휩쓸리며 주변화되고 말았다.

특히, '박현채들'은 청년/학생들에 대한 '계몽자'의 역할을 자청했다. 박현채를 비롯한 다수의 좌익 성향의 지식인들은 당시 '엘리트'라 할 수 있는 대학생을 중심으로 한 청년들의 '의식'에 접근했다.[5] 그리고 실제로 1970년대 중후반 이후로 박현채의 책들은 당시 반체제적 대학생들의 필독서가 되었다. 『박현채 평전』의 저자

---

5 예를 들어 뒤에서 다룰 박현채 평론집 『역사 . 민족 . 민중』을 예로 들지면, 2부, 3부, 4부의 총 26편의 글 가운데, 16편이 대학의 신문사에 발표된 바 있다. 그의 글은 전국 각지의 대학생들에 의해 읽혔던 것이다. 대부분 1985년부터 1987년 사이에 실렸는데, 당시 이른바 대학생 중심의 학생운동이 활발히 전개되면서, 대학의 매체들이 학생운동의 일환으로 운영되기 시작했던 것과 관련된다고 볼 수 있다.

는 다음과 같이 말한다.

> 박현채의 민족경제론은 수난을 겪었지만 그럼에도 고전의 반열에 오르게 되고, '민경'라는 약칭으로 불리면서 대학생들의 필독서가 되었다. 1970~1980년대 리영희, 송건호 등의 일련의 저서와 함께 청년들의 '의식화'를 위한 저작이 된 것이다.[6]

언론인이었던 리영희나 송건호와 비교할 때, 박현채는 경제평론가였는데, 경제평론집이 필독서이자 베스트셀러가 된 것은 매우 이례적이었다. 이는 사상계에서 박현채의 독보적 역할을 의미하는 것이기도 하다. 당시 박현채의 글은 기본적으로 지식인을 대상으로 한 글이며, 그가 가진 비판은 '체제'에 대한 것이자, 동시에 '체제'의 보호 하에 놓여 있는 다양한 지식을 겨냥한 것이었다. 심지어는 표면적으로 '운동'의 자원이 되는 지식이지만, 그것이 갖는 결함과 한계를 지적하는 비판도 많았다. 따라서, 박현채와 같은 지식인을 '사상운동가'라고 할 수 있을 것이다. 남한의 비대칭적 지식상황이 30여 년간 지속된 상황을 고려하면 이러한 '사상운동'의 힘겨움은 예상가능한 것이었다.

그런데 앞서 언급한 '민중의 절대적 소외'와 관련해서 볼 때, 1980년대의 상황은 또 하나의 가능성을 부여하는 것이었다. 이는 신식민지적 현실 하에서도 일정하게 국가적 틀을 갖추게 되면서,

---

6 김삼웅, 『박현채 평전』, 한겨레출판사, 2012, 111쪽.

한편으로 보통교육의 확대로 인한 식자층의 증가, 다른 한편으로 자본주의화의 심화에 따른 노동계급의 양적 증대와 같은 변화에 기인한 것이다. 따라서 이제 사상운동은 단순히 엘리트에 대한 '계몽'의 역할뿐만 아니라 민중의 주체화를 추동하는 것이어야 했다. 1980년대 '민중문학'이 제기되고, 박현채가 이 논의에 참여 및 개입한 것은 바로 이와 같은 맥락에서였다.

물론 지식인의 계몽과 민중의 주체화 두 차원에서 1980년대의 사상운동은 실패한 것으로 간주된다. 그리고 1990년대 이래로 상황은 더욱 악화되어 왔다. 그러나 좀 더 긴 역사적 시간대에서 보면, 실패는 늘 존재하고 반복된다. 따라서 지금 박현채가 남긴 글을 다시 읽는 것은 그것이 갖는 문제의식이 여전히 유효하기 때문이다. 실패가 값진 것은 오히려 그 실패에도 불구하고 남긴 실천이 사상적 자원이 되어 미래의 방향을 다시 밝혀주기 때문이다.

이와 같이 박현채를 따라 '정치경제학을 통한 지식인의 계몽'과 '문학을 통한 민중의 주체화'로 1980년대 사상운동의 과제를 개괄하면서,[7] 이 글은 포스트 냉전이라는 정세에 부합하는 지식생산의 문제의식으로 '권역적 참조'를 전면에 내세우고, 장기간 유예된 사상운동의 불씨를 다시 살려내기 위한 참조시야를 대만에서 찾고자 한다. 이는 대만과 같이 20세기 남한과 유사한 사상운동의 조건을 공유하고 있는 참조점을 통해, 남한 민중의 현실을 재조명하고, 사

---

7 이와 같은 개괄은 졸저, 『사상의 분단』(나름북스, 2018)에서 초보적으로 논의한 바와 같이, 대만의 진영진이 보여준 '문학에서 정치경제학으로'의 궤적과 대비되는 박현채의 '정치경제학에서 문학으로'의 궤적에 근거를 둔다.

상운동이 좌절된 1980년대를 총체적으로 성찰하여 새로운 출발점을 확인하기 위함이다.

II. 다원적인 신식민지: 문화적 관점에서 본 대만의 민중과 문학

상호참조적 관계설정 하에서 타자 인식은 자기 결핍 인식에서 출발한다. 다시 말해서, 자신의 부족 또는 결핍에 대한 문제의식이 깊어질수록 타자 인식을 통한 자기 인식의 쇄신/심화를 꾀하게 된다는 것이다. 그런데 기존의 '지역학'적 타자인식은 보편적 기준에 따라 타자를 분류하고 판단하는 식민/제국주의적 지식방식을 취하고 있었고, 암암리에 제3세계의 타자인식에도 깊은 영향을 미쳐왔다. 자신의 결핍에서 출발하는 것이 아니라 자신의 완정성(完整性)에서 출발하는 것이다. 나아가 자신의 결핍을 해결하고자 하는 것이 아니라, 타자의 결핍을 찾아내어 교정하려는 목적이 강하다.

따라서 대만을 참조점으로 삼는다는 것은 기본적으로 대만을 규정짓기 위한 것은 아니다. 타자인식이 자기결핍을 전제하기 때문에, 자기결핍을 해석하기 위한 타자인식은 과정적인 것이고, 비목적적이라고 할 수 있다. 이 글에서 진영진을 통해 얻는 대만에 대한 인식 또한 궁극적으로 남한의 결핍에 대한 해석의 일환이다. 마찬가지로 남한을 참조점으로 삼는 타자의 남한인식에 대해서도 마찬가지의 상호참조 원리가 적용되어야 한다.

1) 문화의 의미: 정치경제학과 문학을 매개하는 다원성

나는 남한에서 지식인의 '사상운동'이 특별한 의미를 갖는 이유를 지식의 비대칭성과 '민중'의 절대적 소외 상황과 관련하여 이해하고자 한다. 즉, 신식민지적 조건하에서 민족주의적 경제기초의 부재와 이를 지탱하는 정치의 대외종속성과 반민중성은 민중의 절대적 소외를 낳았으며, 이러한 조건하에서 지식인은 그 본질적 취약성과 계급적 이중성에도 불구하고, 사회변혁의 과도기적 주요 주체로 간주되며, 동시에 고도의 윤리적 책임을 요구받는다.

박현채는 지식인의 계몽 역할을 담당한 핵심 좌익 지식인이었다. 그런데 그는 동시에 가장 민첩하게 문학의 중요성을 자각한 정치경제학자였다. 1980년대 사상운동의 과제를 설정하면서, 그에게 문제가 된 것은 정치경제학이 아니라 문학이었다. 그는 정치경제학의 한계를 늘 겸허하게 인정하면서, 문학에 대해 더욱 큰 기대를 걸었었다. 심지어 스스로 소설을 쓰고자 했다. 표면적으로 그가 소설을 쓰지 못한 것은 병환 때문이지만, 그가 1970년대 말부터 소설과 문학을 통한 실천의 의지를 표명한 것으로 미루어 볼 때, 아마도 다른 이유가 있었을 것으로 짐작된다. 내가 보기에 이는 정치경제학과 문학을 연결짓는 매개가 불분명했기 때문이다. 나는 잠정적으로 이 매개를 '문화'로 부르고자 한다. 다소 거칠게나마 이와 같은 문화 개념을 재규정하자면, 상호참조관계에서 하나의 사회/민족의 상이성을 구성하는 특정성들의 유기적 전체라고 할 수 있다.

당시 지식인들에게 매개로서의 문화에 대해 고민은 크게 두드러지지 않았던 것으로 보이는데, 아마도 분단과 냉전으로 인한 인식론적 제약이 가장 큰 원인이었을 것으로 보인다. 특히, 좌익 지식인의 경우 북조선과 중국의 경험 및 상황을 늘 의식하고 있었지만, 반공체제 하에서 이를 공개적으로 언급하기는 것은 매우 위험했으며, 리영희와 같이 이를 적극적 재인식의 대상으로 삼는 경우에도 좌/우의 구도에서 극단화된 반공주의가 초래하는 인식론적 편향의 문제를 지적하며 베트남과 중국 등에 대한 시각 교정을 시도하는 정도에 그쳤다.[8] 대만, 일본 등과 같은 자본주의 진영의 경우, 기본적으로 구미발의 '발전주의'적 시각에서 극히 부분적으로 참조될 뿐이었다. 따라서 다원성의 원리에 근거한 상호참조를 통해 '문화'에 다다르는 인식은 거의 부재했다고 할 수 있다.

정치경제학이 일종의 이론중심적 인식이라면, 문학은 민중주의적 실천이라고 할 수 있는데, 문화를 양자를 연결짓는 매개로 본다는 것은 정치경제학적 대상인 '사회'와 문학의 주체/대상인 '민중' 사이에 존재하면서 양쪽에 '주체성'의 지평을 제공하는 사상적 실천이라고 할 수 있다. 즉, 문화는 이론과 실천을 매개하는 '사상'

---

8   문학을 중심으로 볼 때, 경제학자인 박현채와 언론인이었던 리영희는 분업 관계를 이루며 문학장역에 상당한 '사상'적 영향을 미치고 있었던 것으로 보인다. 남한의 소설가 박태순은 다음과 같이 말한다. "왼쪽으로 박현채 선생과 오른쪽으로 리영희 선생이 70, 80년대 한국 문학의 양 날개를 거들어주는 덕분으로 당대 문인들은 이리저리 퍼덕거리며 날고 기고 하였던 것이 아닌가 감회가 새삼스럽기만 하다," 박태순, 「문학과 경제의 민중 구성」, 『아! 박현채』, 해밀, 2006, 141쪽.

운동의 지평이다. 여기에서 '사회'는 세계의 다원성을 체현하는 민족적 정치경제 공동체라고 볼 수 있고(모택동의 '사회성격'), '민중'은 이러한 다원성의 원리에 기반한 공동체 안에서 '보편/추상'적이지 않은 '구체'적인 '자유'를 실현하는 실천주체라고 할 수 있다.

따라서, 다원성의 원리에 근거한 문화의 관점에 설 때, 경제학주의와 문학주의라는 두 편향을 극복할 수 있다. 경제학주의가 이론중심주의로서 세계에서 민족/사회를 수직적으로 연역함으로 인해 실천에 무능했다면, 문학주의는 문학을 사회로부터 독립시켜 문학체제 자체의 계급성을 괄호친 채 '문학의 왕국'을 만들고자 하여 민중과 멀어졌다. 여기에서 문화는 바로 경제학의 '민족성' 그리고 문학의 '민중성'을 확보하는 기준이 된다. 그리고 특히, 포스트 냉전 정세 하에서 '문화'에 기초한 사상운동은 과거 식민과 냉전이 강제한 일원론과 이원론 사유를 극복해야 하는데, 이는 사상운동의 윤리적 고민을 '일국' 내부적 차원을 넘어 권역적 차원으로 확장할 것을 요구한다.

권역적 참조가 거의 불가능했던 냉전 시기에 사상운동의 윤리적 고민은 주로 역사와 민중에 대한 책임으로 표현되었다. 비대칭적 지식상황 하에서 좌익 지식인은 스스로의 역할이 제한적임을 인정하면서도, 그만큼 지식의 역할과 맞물림 없이 상호부조의 방식으로 삶을 영위하고 있는 민중에 대해 더욱 큰 책임감을 갖고 역사과정에 대한 비판적 해석과 민중의 현실적 조건에 대한 해결 방안을 제시해야 했다. 그런데, 포스트 냉전 시기 사상운동은 권역적 참조를 통해 '문화'적 인식을 획득해야 하는바, 타자인식에 있어서의 윤리성 담보라는 과제가 추가된다. 대만이라는 권역적 참조점에 접근하면서 불가피하게 '공통성'과 '상이성'을 어떻게 변증법적으로 이해할 것인가라는 문제를 고민하지 않을 수 없다.

사실 이와 같은 문제의식은 기존의 20세기 냉전/분단체제에서 '일국' 또는 '일사회' 안에 고립되었던 학술과 운동의 관계양식 자체를 전환할 것을 요구한다. 과거 우리는 학술과 운동(또는 정치)을 구분하고 전자는 이론/지식의 생산, 후자는 현실의 변화를 위한 실천으로 역할 구분을 하는 데 익숙했지만, 조금 자세히 보면 사실상 학술과 운동 모두 각자의 영역에서 나름의 논리를 갖고 개입적 실천행위를 한다. 그런데 학술적 실천과 운동적 실천은 출발점이 다른 것 같다. 학술은 기본적으로 '질문'에서 출발한다. 상대적으로 운동은 '확신'에서 출발한다. 당면한 과제에 대한 직접적 실천이 요구되는 운동이 판단이 아닌 질문에서 출발하는 것이 불가능한 것처럼, 원리적으로 볼 때 확신에서 출발하는 학술은 사실상 운동에 종속되며 학술 본연의 역할을 담당하기 어렵게 된다.

그렇다면, 학술의 '질문'은 어디서 오는가? 과거 식민주의적 일원론과 냉전적 이원론이 지식장역을 지배하고, 동시에 극단적인 반공주의적 폭력이 존재했던 시기, 구체적 참조대상을 가질 수 없었던 학술은 질문을 구체화할 수 없었다. 따라서 학술은 현실 모순에 대한 비판의 자원을 폐쇄적이고 정체된 한계를 갖는 역사 인식 안에서 찾거나, 한계를 갖는 접근 가능한 이론에서 찾을 수밖에 없었다. 불가피한 상황에서 어쩔 수 없는 선택이었지만, 포스트 냉전 시기에 접어든 상황에서 이러한 한계는 근본적인 성찰 지점이라

할 수 있다.

권역적 상호참조의 중요성과 의의는 이러한 학술 본연의 역사적 제약과 관련된다. 이와 같은 맥락에서 볼 때, 학술의 동력이 '상이성'에서 주어진다면, 운동의 동력은 '유사성'에서 주어진다. 좀 더 구체적으로 말하면, 학술이 타자의 "해석되지 않는 것" 또는 "읽히지 않는 것"에 대해 질문하면서, 그 질문 대상이 발화자의 사회와 공유하는 권역적 공통성과 각각의 내부가 갖는 상이성의 의미를 탐구한다면, 상대적으로 운동은 국내적 또는 국제적 상황에서 "해석되는 것", "읽히는 것"에서 확신을 얻고, 보편성/공통성/유사성을 통해 차이를 극복한 연대를 추구한다.

그리고 학술적 실천으로서 사상운동은 방법론적으로 모종의 국제주의적 성격을 갖지만, 상호참조의 다원평등한 관계성은 궁극적으로 개별 주체로 하여금 개별 민족/사회의 문제 해결이라는 과제로 되돌아가게 한다. 이는 국제주의적 연대의 가능성을 부정하는 것이 아니라, 개별 민족/사회의 문제 해결을 전제로 하면서, 민족/사회 간의 공통성에 근거한 '정치'적 연대 가능성을 열어 둘 수 있다는 의미이다. 물론 현재 동아시아 각 민족/사회의 취약한 상호관계성과 상호몰인시은 사상운동을 매개로 한 국제주의적인 정치직 연대를 제약하고 있다.

2) 대만의 민중: '파업'과 '광우병 쇠고기'

우선 이와 같은 '문화'적 문제의식 하에서, 대만의 민중에 대해 다소 가설적이고 '주관'적일 수 있지만, 남한과 대비되는 두 에피소드의 함의를 이야기해보고자 한다.

2000년대 후반 대만에서 발생한 두 사건이다. 하나는 대만의 환아(環亞) 호텔 파업이다. 이는 <환아 파업 90시간[環亞罷工90小時]>이라는 다큐멘터리로 제작된 바 있다. 다른 하나는 비슷한 시기 남한과 대만에서 진행된 광우병 쇠고기 수입 반대 투쟁이다.

두 사건 모두 대만과 남한의 공통성과 상이성을 드러내는 전형적인 사례라고 할 수 있다. 대만과 남한에서 대외종속적 자본주의화의 심화는 노자모순을 심화해왔다. 경제잉여의 일상적 유출 메커니즘을 특징으로 하는 신식민지 자본주의는 노동계급에 대한 초과 착취 및 이를 뒷받침하는 배후의 정치권력에 의해 지속되어왔다. 다른 한편, 전후 패권 국가로서 미국은 동아시아 냉전/분단 체제 막후의 핵심 자본주의 국가였는데, 남한과 대만은 미국에 대한 정치, 경제, 군사적 종속의 대표적인 사례이기도 하다. 2000년대 대만의 파업 사례와 비슷한 시기 광우병 쇠고기 수입 이슈는 한편에서는 사회 내부의 경제적 모순의 양상을, 다른 한편으로는 미국과의 관계에서의 모순 양상을 차별적으로 드러낸다.

나는 2007년 대만의 호텔 파업 90시간을 담은 다큐멘터리를 보면서 당시 한국의 수많은 장기투쟁 사업장을 떠올렸다. 가장 대표적인 사례가 기륭전자의 장기투쟁이다. 2005년 8월 남한 서울에 위치한 중소기업 기륭전자는 200여 명의 파견직 비정규직 노동자의 노조결성에 대해 일방적인 해고 통보를 했다. 노조는 해고 통지를 받자 즉각 8월 24일 파업을 시작하여, 총 1895일 동안 농성투쟁을 진행했고, 최종적으로 일부 노동자가 복직되었다. 환아호텔 파업을 기록한 다큐멘터리가 담고 있는 '90시간'과 '1895일'의 대비는 무엇을 의미하는 것일까? 어떤 사람들은 규모와 기간 그리고 투쟁강도의 차원에서 대만의 노동운동이 한국보다 '한 수 아래'에 있다고 생각할지도 모르겠다.

아마도 비교연구에 익숙한 사회과학자일수록 보편적 기준에 기대어 대만 사회와 남한 사회를 하나의 평면 위에 놓고, 노동자의 상황 및 노동운동의 상황에 대해 비교하기 쉽다. 그러나 다원적 관점에 보면, 노동을 둘러싼 실질적인 조건을 비교할 때, 이 차이는 어쩌면 남한의 노동 현실이 훨씬 더 바꾸기 어렵다는 점을 보여주는 것일 수도 있다. 2000년대 후반 남한에서 제기되었던 '해고는 살인이다'라는 구호가 대만에서 이해될 수 없었던 것도 같은 맥락이라고 할 수 있다. 아울러 '노동의 유연화'라는 '신자유주의'적 개혁은 이론적으로 비판의 대상이 되지만, 이 또한 구체적 맥락과 결합된 이해 없이는 적절한 인식을 얻지 못한다. 사실 노동의 유연성이 중장기적으로 노동자의 고용안정에 미치는 영향은 사회체제에 따라 다르기 때문이다.

한편, 미국 광우병 쇠고기 이슈에 대한 사후적 평가는 엇갈리지만, 이 이슈는 당시 한국에서 먼저 수십만의 대규모 시위로 전개되고, 곧이어 대만에서도 관련 시위가 잇따르면서, 동일한 이슈가 한국과 대만에서 어떻게 다르게 사회적 참여와 정치적 해결과정을 거치는지를 알 수 있는 좋은 사례가 되었다. 최종적으로 한국의 시위는 스펙타클한 대규모의 장기간 지속된 시위에도 불구하고 사실상 얻어낸 것이 없었다면, 대만의 경우는 '만인 시위'라는 명칭에서 보듯이 상대적으로 적은 규모로도 짧은 기간에 수입제한 조치 등의 성과를 거두었다.

두 에피소드가 암시하듯이, 대만과 한국은 상대적으로 유사한 역사적 궤적을 가지고 있음에도 불구하고 사회 내에서 모순이 해결되는 과정의 양상은 커다란 차이를 보이는 것 같다. 국가와 사회 그리고 인민의 역사적 결합, 즉 문화가 서로 다른 것이다. 짧지 않은 기간의 생활을 통해 나는 한국의 기준 또는 보편적 기준으로 대만을 이해할 수 없음을 깨닫게 되었고, 이는 곧 나의 한국 인식에 대한 질문으로 이어졌다.

이로부터 나는 역사적으로 축적된 '문화'가 갖는 중요성을 다시 생각하게 되었다. 구체적으로, 이와 같은 문화를 구성하는 식민, 분단, 탈식민 경과 등의 역사적 차이는 민중과 지식의 조건에 상이성을 낳았다. 특히, 민중의 입장에서 볼 때, 1945년 이후 대만의 민중과 남한의 민중이 마주한 '국가'의 성격은 대조적이었다. 1945년 대만이 마주한 국가인 중화민국은 2차대전의 전승국이었다. 당시 조선은 식민지에서 벗어났지만, 전승국의 지위를 갖지 못했고, 신탁통치 대상이 되어 형식적 분단을 겪게 된다. 물론 대만에서도 2·28과 백색테러 같은 반민중적/반공주의적 폭력이 있었지만, 이는 내전의 연속선에서 발생한 것이지, 신식민지적 상황에서 발생한 것은 아니었다.[9] 남한의 국가화는 기본적으로 신식민지

---

9   상대적으로, 한 해 후 1948년 제주에서 발생한 4·3사건은 사실상 미국의 승인 하에
     일어난 백색테러였다. 2·28과 4·3은 단순히 국가폭력이라는 공통성만을 갖는 것이

화의 과정이었다. 형식적으로는 지방으로서의 대만에 비해 더욱 '국가' 같아 보였지만, 실질적으로는 훨씬 대외의존적인 신식민지 '국가'였던 것이다. 물론 대만의 '중화민국'도 이후 그 나름의 신식민지화되는 과정을 겪게 된다.

국민당과 중화민국의 대만 통치는 민중에게 반공주의적 폭력을 수반한 것이지만, 전반적인 국가화 과정 속에서 민중은 적어도 상대적 자립성을 갖는 국가를 경험할 수 있었다. 이는 대만 자본주의의 성격과 노자 모순의 양상에도 중요한 요인이 된다. 물론 이러한 상대적 자립성은 분단과 냉전이 공고화하면서 점점 약화되며, 미국과의 정치 및 경제적 관계는 더욱 종속적으로 변화하지만, 이른바 중소기업 중심, 인플레이션 통제 등 코포라티즘적 경제체제의 지속성으로부터 볼 때, 대만에서 중화민국과 민중의 관계양상은 1945년 이후 초기 형성된 관계를 일정하게 유지하면서 하나의 '문화'로 안정화된 것으로 보인다. 상대적으로, 남한은 1991년 유엔 가입 이전까지 국제적으로 국가로 인정받지 못했으며, 정치, 경제, 군사 차원에서 미국에 대한 절대적 의존 양상을 보였다. 특히, 신식민 경제체제는 외국인 직접 투자보다는 원조와 외채/차관을 통한 국가의 대기업 독점자본 육성, 인플레이션 방치, 소득/임금의 양극화 등의 특성을 가졌다. 이와 같은 '국가'의 비자립성과 반민중성은 1945년 이전 식민지 성격의 차이, 전후 외부요인이 개입한 분단 등에 기인한다. 이와 같은 대만과 남한의 상이성을 고려할

아니라, 2·28은 내전과 관련한 폭력, 4·3은 신식민지적 폭력이라는 상이성을 함께 고려할 필요가 있다.

때, 앞서 예로 든 파업 또는 광우병 쇠고기 이슈 등과 같은 구체적 현상의 차이를 설명할 수 있게 된다.

특히, '자본'과 '미국'이라는 두 요인은 신식민지 민중의 삶을 규정짓는 주요한 요인인데, 궁극적으로 '미국' 요인은 민족모순/외부모순으로서, '모순론'(모택동)의 원리에 따라 '자본'을 둘러싼 국가와 민중의 관계라는 일종의 '문화'적인 것, 즉 내부 모순을 통해서만 작동하며, 내부 모순에 의해 규제됨을 알 수 있다.

3) 대만의 문학: 진영진의 '워싱턴 빌딩 시리즈'

대만의 민중 또한 '중화민국'의 국가성과 자립성이 취약해지고, 동시에 '자본주의화'가 심화됨에 따라 사회 모순의 격화를 경험하게 된다. 그럼에도 불구하고, 남한과의 상이성은 여전히 지속된다. 이와 같은 민중 상황의 차이는 당연히 지식과도 관련된다. 특히, 사상운동의 차원에서 보면, 민중의 정치경제적 조건, 즉 국가성의 차이는 지식의 방법, 과제, 실천의 상이성을 낳는다. 특히 나는 박현채가 갈구했던 '문학'의 실천이라는 측면을 염두에 두고, 사상운동가로서의 진영진 자신, 진영진의 워싱턴빌딩 시리즈 작품, 창작자와 작품을 둘러싼 맥락으로서의 향토문학논쟁으로 나누어 참조적 의의를 추출해보고자 한다.

먼저, 진영진은 전후 남한의 문학 상황과 달리 대만의 문학상황이 갖는 특정성으로서 '작가=비평가'를 체현한 전형적 인물이다. 그는 창작과 비평의 경계를 넘나들며 창작이나 비평 어느 한쪽이 소외되지 않는 이른바 '사상'의 영역을 확보했다. 남한의 경우 기본적으로 작가와 비평가의 분업이 공고한 문학체제를 유지해왔다. 작가와 비평가는 서로의 영역을 침범하지 않으며, 작가는 비평가와 독자 사이에 존재하고, 비평가는 문학과 문학 외부 사이에 위치한다. 비평가는 문학이론가라고 할 수 있는데, 문학이 문학 외부와 맺는 관계에 대한 인식이 작품에 대한 비평에 반영된다. 이는 긍정적으로 보면 문학의 자율성을 담보하기 위한 장치일 수도 있지만, 문학의 자율성이 문학의 폐쇄성을 초래할 수 있다는 점에서 보면, 부정적으로 작동할 수도 있다. 특히, '시장' 또는 '자본'의 논리에의 종속을 극복하지 못할 경우, 문학의 자율성은 독자를 피동적 수용 주체로 고정시키는 효과를 낳음으로 인해, 문학으로부터 민중의 소외를 고착화시킬 수 있다. 이와 같은 맥락에서 볼 때, 진영진은 스스로 문학 비평가이지만, 문학 비평을 '사상운동'에 위치시킴으로 인해, 문학 비평과 문학 창작 모두 문학 내부에 갇히지 않고 '사상'에 개방될 수 있었다. 이는 민중이 스스로 문학의 주체가 되는 민중문학으로 가는 과도기적 상황에서 취할 수 있는 사상운동의 방법이었다고 할 수 있다.

그리고 그의 작품, 특히 '워싱턴빌딩 시리즈'는 사상운동이 무엇을 어떻게 다루어야 하는지 모범적으로 제시하고 있다. 1978년 3월부터 1982년 12월까지 발표된 「야행화차[夜行貨車]」, 「샐러리맨의 하루[上班族的一日]」, 「구름[雲]」, 「만상세군[萬商帝君]」 네 편의 작품으로 구성되어 있는 '워싱턴빌딩 시리즈'는 대북[台北]에 위치한 워싱턴빌딩을 배경으로 신식민지 대만의 정치경제적 모순과 민중의 소외를 사랑, 저항, 정신병 등의 주제로 묘사하고 있다. 다국적 기업이 입주해 있는 워싱턴빌딩에서 벌어지는 네 편의 이야기는 다국적 기업 내에서 미국인 관리자와 중국/대만인 사이의 모순 및 중국/대만인 내부의 갈등, 사무직 노동자의 소외기제, 관리직 노동자과 기층 노동자 사이의 협력과 실패, 당외운동과 국민당의 공모관계하의 민중 소외 등을 다루면서 각각 독립적이면서도 하나의 전체적인 구조를 형성하고 있다.

그런데 '워싱턴빌딩 시리즈'는 등장인물들의 관계를 일상생활 속의 사랑, 갈등, 충돌, 화해 등을 통해 매우 친숙하게 그려내면서도, 중간중간 '역사성'을 기입하여, 일종의 사회적 무의식으로서의 역사를 환기시키는 것을 잊지 않는다. 특히 이렇게 묘사된 인물들은 모두다 가족사/세계사/권역사/중국사/대만사를 응축하고 있는 신식민지하의 민중이다. 특히, 가족사는 세계사/권역사/중국사/대만사의 중층적 관계를 반영하면서 민중의 일상 배후의 무의식인 역사를 부단히 환기시키는 가장 친숙한 문학적 장치다. 예를 들면 다음과 같다.

> 민국 30년대 화북지방에서 이름을 날렸던 정객. 대만으로 온 후, 그는 정치에 대해 입을 닫았을 뿐만 아니라, 크고 작은 집안 살림도 전혀 관여하지 않았다. (「야행화차」 류소령의 아버지)[10]

10　陳映眞,『上班族的一日』, 台北: 洪範, 2001, p.151.

영 이사장은 퇴역한 장군이었다. …… 2차대전 중 중국의 전장에서 당시 모리슨 뉴욕 지부 총재 Mr. Bottmore와 함께 중미합작부서에서 일했다. 한국전쟁 이후, Bottmore는 펜타곤에서 퇴역하였는데, 2차 대전 동방에서의 경험을 살려, 최첨단 군납 기업에 속한 모리슨 회사 아태 지부에 취업하였고, 초고속 승진을 이루어냈다. (「샐러리맨의 하루」 영 이사장)[11]

Kenneth는 창백하고, 통통했으며, 단정해 보였지만, 잘생긴 건 아니었다. 그는 한국 전쟁 시기 통역관을 했다고 한다. (「샐러리맨의 하루」 회계부 부이사 Kenneth 조)[12]

1930년대, 중국 상해에 떨어진 Partney는 당시 성행했던 양행의 후계자 송필의 도움을 받아 해운회사를 세웠다. 대륙의 색깔이 변하자, Partney는 중국 식의 강호 의리로 송필 일가를 미국으로 데려왔다. 나중에 송필은 미국 생활에 적응하기 어려웠고, Partney는 과거 해운계의 관계를 이용해서 송 선생을 영국 해운회사의 대만 사무소에 꽂았다. (「구름」 송 사장)[13]

…… 상해 출신의 신가세, …… 진가제에게 인상 깊었던 것은, 어렸을 적 잘못을 하면 그냥 맞는 것이 아니라, 고대 요제 이후의 조상을 향해

---

11   陳映真, 『上班族的一日』, 台北: 洪範, 2001, p.194.
12   陳映真, 『上班族的一日』, 台北: 洪範, 2001, p.209.
13   陳映真, 『萬商帝君』, 台北: 洪範, 2001, p.76.

한동안 무릎을 꿇어야 했던 것이다. 진가제는 성장한 후, F대학 화공학과를 졸업했고, 미국에서 3년 공부한 뒤, 부친의 명령으로 '국가에 대해 보답'하기 위해 되돌아왔다. (「만상제군」 진가제)[14]

대만이라는 신식민지적 공간 안의 사람들이 역사를 가지면서, 이들 존재는 이제 대만뿐만 아니라 중국 대륙의 화북, 상해, 미국의 뉴욕, 한국 등과 같은 권역적/세계적 지평을 얻게 된다. 문학을 통한 일상과 역사의 결합은 대만의 민중을 '식민주의/국민주의'적 규획을 넘어서는 존재로 주체화한다. 진영진이 사상운동가로서 창작과 비평을 겸하고 있었기 때문에 가능했던 것이라고 할 수 있다.

마지막으로 향토문학 논쟁에서 볼 수 있듯이, 이와 같은 창작자와 작품을 대만의 구체적 현실 속에서 뒷받침했던 호추원(胡秋原, 1910~2004)과 같은 정치 및 사상적 역량의 존재 또한 간과할 수 없다. 특히, 향토문학 논쟁에서 진영진을 비롯한 향토문학 진영을 엄호했던 호추원은 1960년대의 중서문학 논쟁에서 이미 식민주의적 지식상황을 비판한 바 있었다. 게다가 진영진은 다음과 같이 호추원의 '문예자유론'을 적극적으로 평가한 바 있다.

그러나 30년 동안의 구체적 경험으로 볼 때, 소련과 중국대륙에서 '혁명가'들이 마르크스주의에서 찾을 수 없는 '당 문학'과 '공농병문학'이

14　陳映真, 『萬商帝君』, 台北: 洪範, 2001, pp.148~149.

라는 틀과 교조를 이용해 문학적 재능이 가장 풍부한 두 민족의 문학 자신, 창조력, 작가의 영혼, 심지어 고귀한 생명까지 중대한 상해를 입게 했다. 이러한 역사적 경험이 없었다면 선생의 문예자유론은 자질이 빼어나고 열성적이며 세상을 바꾸려는 이상적인 작가들에게 이해되기 어려웠을 것이다.[15]

진영진에게 호추원은 정치적 보호막이었을 뿐만 아니라 사상적 자양분이기도 했다고 할 수 있다. 향토문학 진영의 승리로 끝난 향토문학 논쟁의 결말에서 유추할 수 있듯이, 이 또한 전후 대만이 경험한 상대적으로 자립적인 국가성이 신식민지적 '국가성'으로 전환되는 과정에서 여전히 자립성에 기초한 학술적 역량이 건재했음을 보여주는 것이라 할 수 있다. 다시 말하자면, 상대적 자립성을 갖는 국가화의 과정은 문학에 있어서도 '반공주의'와 '민족주의'의 모순적 결합을 낳았고, 식민주의적 모더니즘에 대해서 민족주의적 관점에서 비판할 수 있는 공간을 만들어줬다. 즉, 대만의 중화민국으로의 회귀는 반공주의 체제의 형성이라는 부정적 측면을 가지면서 동시에 이와 갈등적인 일부 반제/민족주의 지식을 보충했다고 할 수 있다. 남한의 경우 국가화 과정의 비자립성으로 인해 문학 영역 또한 리얼리즘이나 민족/민중문학을 보호할 수 있는 상층의 역량은 부재했다. 따라서 박현채가 민중문학론의 입장을 전개할 때 또한 마찬가지로 민중문학은 전적으로 민중의 역량에

15　陳映真,「胡秋原先生與中國新文学」, 中華雜誌編輯部『祝胡秋原先生七十壽辰文集』, 台北 : 學術出版社, 1981, p.520.

기대어 처음부터 다시 시작할 수밖에 없었다고 할 수 있다.

Ⅲ. 박현채의 민중문학론

진영진은 이와 같은 '워싱턴빌딩 시리즈', 그리고 그에 이은 '백색테러 시리즈'를 발표한 뒤, 장시간 소설의 공백기를 갖는다. 공백기에 진영진은 '대만사회성격'에 대해 질문을 던지며, 문학에서 정치경제학으로 나아가고자 했다. 이와 달리 경제학자 박현채는 1970년대 말부터 문학에 관심을 갖기 시작하고, 1980년대에는 문학 논쟁에 개입한다. 두 사상가의 이와 같은 궤적의 차이는 대만과 남한의 사상운동이 권역적 역사과정을 공유하면서도 서로 다른 조건에 의해 규정되고 있었음을 암시한다.

앞서 살펴본 바와 같이, 대만의 민중은 상대적 자립성을 갖는 국가와의 관계를 문화적으로 형성했고, 이는 대만과 미국 사이, 그리고 중화민국과 대만 민중 사이의 게임의 문화적 규칙이었다고 할 수 있다. 물론 상대적 자립성이 인정되는 한에서, 궁극적으로 후자가 전자를 규정한다.

이어서 상술한 바와 같은 대만의 민중 그리고 문학을 참조점으로 1970~80년대 박현채가 경제학에서 문학으로 나아가고자 했던 문제의식으로서 민중문학론을 살펴보고자 한다. 먼저 박현채의 경제학에서 문학으로 궤적의 전환을 문학 콤플렉스 개념으로 포착하고자 한다. 이어서 백낙청과의 논쟁을 통해 제시된 박현채의 민중문학론을 재론한다. 한편, 같은 시기 박현채의 잡문은 사상운동가 특유의 윤리의식을 드러내는데, 그가 제시한 '민중문학론'의 궁극적 동기를 해명하는 데 도움이 될 것이다. 특히, 그의 나이 마흔 살이었던 1974년 쓰여진 두 편의 잡문은 '사랑'의 과제를 제시하고 있는데, 이후의 실천에 대한 일종의 다짐으로 읽을 수 있다. 그리고 1987년 9월 출간된 『역사·민족·민중』이라는 편저에는 제1부 '역사와 인간'에 다양한 분야에 대한 개입적인 특징을 갖는 '잡문'이라 할 만한 여덟 편의 글이 수록되어 있다. 이 글들은 1987년 9월이라는 시점에 비추어볼 때, 상당히 계시적인 의미를 담고 있다. 1987년은 이른바 '민주화'의 기점으로 간주되고, 훗날 사회과학계에서는 이를 '87년체제'로 명명하는데, 박현채는 이러한 규정 자체에 대한 근본적인 문제의식을 갖고 있었던 것 같다. 이는 백낙청과의 논쟁 관계 속에서 제시된 박현채의 민중문학론의 시대적 맥락을 이해하는 데 도움을 줄 것이다. 마지막으로 이와 같은 박현채의 민중문학론을 진영진의 민중문학적 실천과 마주 세워 공통성과 상이성을 추출하고자 한다.

1) 박현채의 문학 콤플렉스

박현채는 소년 빨치산으로 내전에 참여했고, 이후 소수의 생존자로서 인민혁녕낭 사건(1964-1965) 및 임동규간첩사건(1979-1980) 등으로 투옥되는 등 여러 차례 수난을 겪기도 했던 지식인이었다. 특히, 그는 '민족경제론'이라는 경제사상을 통해 남한의 주요모순을 인식하고자 했는데, 1970년대 이래로 그의 사상은 사회전반에 상당한 반향을 일으키기도 했다. 흥미로운 것은 빨치산 경력 등으로 인해 대학 내부에 안정적 지위를 획득하지 못했던 이유로 그는 더욱 자유롭고 다양한 글쓰기를 전개할 수 있었다는 점이다.

사실 박현채에게 있어서 전후 남한의 구조적 변화를 마주하며, 경제적 차원에서 민족주의적 분석을 제시하는 것은 상대적으로 어렵지 않은 작업이었다. 물론 극도의 반공주의 사회에서 경제학적 언어 또한 일정한 굴절이 불가피했지만, 일제 시대 조선의 식민지 경제와 전후 남한의 친미반공주의 신식민 경제는 연속성을 갖는 것이었기 때문이다. 따라서 민족경제론은 이러한 연속성 인식을 기반으로 하여 전후 남한의 신식민지 경제에 대해 탁월한 분석을 제시할 수 있었다.

그러나 그의 직접체험과 대학체제 외부의 조건은 그로 하여금 역사에 대해, 그리고 인간에 대해 근본적 성찰을 가질 수 있게 했고, 경제학을 넘어선 실천을 정향했다. 아울러 전후 남한 사회의 보통교육과 노동계급의 양적증대로 인한 민중 조건의 변화, 1970-80년대 냉전의 동요라는 세계적 전환기가 부여한 실천가능성을 마주하며, 문학이 갖는 중요성을 인식했던 것 같기도 하다. 그는 1970년대 말 이래로 문학 장역에 대해 비판적으로 개입하기도 했고, 사석에서 여러 번 소설을 쓰겠다는 의지를 표출하기도 했다. 그런데 문학은 민중의 소외를 직접 마주해야 하는 것이었다. 게다가 민중의 소외의 원인은 정치/경제 권력의 반민중성뿐만 아니라 지식계급 전체의 탈민중성도 포함하고, 나아가 내전의 잔혹한 상호폭력을 통해 형성된 트라우마는 반공주의를 사회적 무의식으로 만들어 버린 상황이었다.

그가 '민족경제'적 입장에서 '민족문학'이 아닌 '민중문학'을 제기한 것은 이와 같은 맥락에서 이해되어야 한다. 경제적 모순은 민족적 차원에서 접근 가능하지만, 실천으로서의 문학은 결국 '주체'의 문제를 우회할 수 없기 때문에 원리적으로 '민중문학'을 지향하게 된다. 물론 박현채가 민족문학을 부정한 것은 아니다. 다만, 민족문학이라는 것은 기본적으로 일정한 자립적 민족국가의 성과와 함께 주어지는 것이기 때문에, 비자립성이 지속되는 상황에서 박현채는 민중문학이 더욱 근본적인 과제라고 보았던 것 같다. 그리고 박현채는 이와 같은 문제의식에서 문학적 지향을 갖는 잡문 실천을 전개했다. 그리고 그의 잡문은 생활의 측면에서 보면 생계수단이기도 했지만, 다른 한편 그가 가졌던 당시 남한의 문학에 대한 기대 및 좌절을 포함한 문학 콤플렉스를 반영하는 것이기도 했다.

2) 박현채의 민중문학론: 문학주의 비판

1980년 광주의 비극 이후 남한의 사상계는 주체로서의 민중 범주를 제기하고, 박현채 또한 경세사상가로서 이 논의에 깊이 개입한다. 특히, 박현채는 기존의 '민족문학'과 다소 결이 다른 '민중문학'에 더욱 큰 관심을 보이면서, 직접 문학 이론 비평을 쓰기 시작한다. 흥미롭게도 이 과정 중 경제학자 박현채의 '민중문학론'에 대해 문학평론가 백낙청이 이의를 제기하면서 짧은 논쟁을 형성한다.

1983년 12월 『실천문학』에 박현채가 쓴 「문학과 경제-민중문학에 대한 사회과학적 인식」에 대해 백낙청이 1984년 6월 출판된 『한국문학의 현단계III』에서 「1983년의 무크운동」이라는 글로 문제를 제기하고, 1984년 10월 박현채가 다시 『실천문학』에 「문학과 경제-보다 근원적인 상호관계에 대한 인식」을 발표해 보충 및 재반론한 것이다.[16]

이 논쟁은 문학에 대한 경제학(및 사회과학)의 요구와 경제학에 대한 문학의 요구를 확인한 것이었다. 그러나 자세히 보면 '문학'에 대한 서로 다른 규정을 가지고 이야기하고 있음을 알 수 있다. 백낙청은 기본적으로 '문학' 안에 외부의 것을 포괄하려는 입장, 즉 문학의 '완정성'의 태도를 취하고 있다. 그래서 그에게 문학은 '역사적 진실 자체의 드러냄', '현실 인식과 현실변혁 등의 이원적 구분을 넘어서는 변증법적 활동', '논리적 인식과 감성적 반응의 통일'을 이룩해나가는 작업 등으로 규정된다. 상대적으로 박현채에게 '문학'은 '실천'의 일환이다. 그래서 그는 문학의 역할을 '인간의 복원에 보다 풍요로움을 주고 구체적이고 보다 현실적인 인간을 제시하는 것'이라고 보고, 문학의 의도를 '인간의 자유의지의 표현, 즉 인간의 해방과 자유의 실현'이라고 판단한다. 따라서 백낙청은 '문학' 안에 이론(평론)과 실천(창작)의 결합을 실현하고자 했고, 평론가가 '이론'의 역할을 맡으면서, '문학' 외부의

16　연광석, 『사상의 분단』, 나름북스, 2018, 218쪽.

강제에 저항해 '문학 창작'의 자율성을 보호하려 했다. 박현채는 이것이 '기성이익'을 지키는 것이라고 비판한다.[17]

박현채가 보기에 백낙청은 일종의 '문학주의자'였던 것이다. 훗날 박현채는 1986년 7월 『한국문학』에 「민중과 문학」이라는 글을 써서 본인의 입장을 다시 확인한다.

그러나 오늘 민중문학이 어떤 것으로 되어야 하느냐 하는 논의가 광범하게 제기되고, 이것에 대한 논의가 활발히 전개되고 있는 것은 그동안의 문학의 전개가 본래적인 자기 위치에서 주어지고 있지 않았다는 것을 말해주고 있다.[18]

민중문학은 그 원형에서 민중의 생활 속에서 스스로 만들어지는 것이고, 그것이 만들어지는 과정은 마치 식물이 싹이 트고 성장하는 것과 같다는 것이다.
그뿐만 아니라 민중문학은 원칙적으로 개개의 전문적 종사자가 그 직업적 기술을 구사하여 의식적으로 만든 것일 수 없고, 소박한 민중이 무의식적 자연발생적으로 만들어낸 것이라고 말할 수 있다.[19]

그러나 그동안의 역사적 경과는 문학 그 자체의 발전논리에 따른 전

---

17 연광석, 『사상의 분단』, 나름북스, 2018, 222~223쪽.
18 박현채, 「민중과 문학」, 『역사·민족·민중』, 시인사, 1987, 26~27쪽.
19 같은 글, 27쪽.

문화와 형식화가 보다 큰 것으로 작용하여, 이것을 문자화하고 형식화하는 과정에서 민중문학은 민중적 삶에 기초하기보다는 지배계급의 소유로 전화하게 된다.[20]

박현채는 우선 그동안의 문학이 본연의 역할을 하지 못했음을 지적하면서, 문학의 주체가 '전문적 종사자'일 수 없다는 문학의 원칙을 확인한다.

> 그러나 민중문학을 지향한다고 하여 그것이 바로 민중문학일 수는 없다. 그것은 소박하게는 민중에 의해 만들어지고 민중에 의해 읽혀지고 노래 불려지고 전파되는 것이어야 하며 민중을 위해 만들어지고 민중의 생활감정을 반영한 것이어야 한다. 그뿐 아니라 그것은 민중, 그것도 산 자로서의 민중의 생활상의 요구를 제시하고 민중의 해방을 관념적으로 선취하여, 그것에 이르는 방법을 낡은 지배자문학의 형식을 깨치고 제시하는 것이어야 한다.[21]

따라서 오늘에 있어서 민중문학 또는 민중문화라고 말해지고 있는 것은 그것을 위한 지향 이상의 것일 수는 없다. 그것은 민중문학 그 자체가 아니라 지배계급의 문학에서 형식상 분화되면서 자기내용, 민중적 삶에로의 회귀를 가지려는 과도기적 소산이다. 민중지향적 문학의 생성은 민중문학 그 자체일 수는 없다.[22]

20　같은 글, 28쪽.
21　같은 글, 29쪽.
22　같은 글, 29쪽.

　그런데 박현채는 민중문학운동에 참여하는 사람들의 '민중문학 지향' 또한 민중문학은 아니라는 입장이다. 즉, 지식인 중심의 민중문학운동은 '과도기적 소산'일 뿐이라는 것이다.

> 민중문학에 있어서 상업성의 배제는 민중문학이 민중 그 자신의 소산이면서 그들 자신을 대상으로 하는 데서 오는 것이지만 여기에는 매체의 문제를 빼놓을 수 없다. 대중매체의 자본지배와 상업주의의 만연이라는 조건 속에서 매체문제의 해결 없이는 민중문학의 건전한 전개는 기대될 수 없다. 따라서 여기에서는 작은 매체의 스스로의 확보와 이것을 위한 동인운동 또한 불가결한 것으로 된다.
>
> 오늘 우리 사회에서 서서히 싹트고 있는 민중문학에 대하여 이것을 기성문학의 테두리 안으로 끌어들이고 전문적인 문인으로 되게 하려는 노력들이 엿보이나 그와 같은 것은 정당한 것이라고 말할 수 없다. 민중문학은 민중 속에 있어야 하고 민중 스스로의 것이어야 한다고 생각된다. 민중 속에서 새로이 고개들기 시작한 문학운동을 돕는 것은 그들 민중문학인을 민중 밖으로 끌어내는 것이 아니라 그들 안에서 민중과 함께 있게 하는 것이어야 한다.[23]

　따라서 박현채는 민중문학을 위해서는 '상업성의 배제'가 전제되어야 한다고 본다. 특히, 지식인이 '민중문학'을 돕는 깃은 '민중

23　같은 글, 31~32쪽.

문학인'을 기성의 문학 체제 안에 가두어서 '민중'으로부터 멀어지
게 하는 것이 아니라 민중과 함께 있도록 하는 것이라며, 훗날 노
동자 출신의 '전문적인 문인'의 출현이 갖는 한계를 미리 경고하고
있다.

박현채의 관점에서 볼 때, 대만에서 진영진은 일종의 '과도기적
소산'으로서 민중지향적 문학의 전형이라고 할 수 있다. 특히, 작
가와 평론가를 겸한 진영진은 스스로 사상운동적 성격을 가짐으로
인해, 다른 지식인 운동에 의해 민중으로부터 멀어지는 '기성의 문
학' 또는 '문학주의'에 포섭되지 않을 수 있었다.

3) 1974년 박현채의 다짐: 민중에 대한 사랑

1974년 박현채는 사랑에 관한 두 편의 짧은 글 「경제학과 나」
(서울경제신문, 1월), 「서(序)」(매일경제, 3월)를 썼다. 1974년은 1964
년 인민혁명당 사건으로 옥고를 치른 지 10년이 지난 후이고, 1월
엔 박정희 정권의 '유신 헌법'이 반포되어 모든 정치활동이 금지되
고, 계엄이 선포된 시기였다. 그리고 1975년 2차 인민혁명당 사건
으로 1964년 함께 옥고를 치렀던 많은 동지들이 사형집행을 당하
기 1년 전이다. 암울한 정세하에서 마흔 살의 나이에 박현채는 '사
랑'을 이야기했다.

「서」는 다섯 쪽의 짧은 글인데, '가난', '민주주의', '역사', '허와
무'와 같이 네 개의 짧은 소제목을 달고 있다. 먼저 가난에 대한 부
정확한 인식을 제기한다.

가난은 항상 우리의 생활 속에 있었다. 그래서 인류는 가난없는 내일을 꿈꾸어 왔으며 가난이 무엇인지를 누구가 잘 안다고 생각해 왔다. 그러나 가난에 대한 이해처럼 생활주변에서 다양하고 부정확한 것은 없다. 그것은 인간생활의 다양함에서 오는 것이지만 어제보다 나은 것이면 가난하지 않다고 생각하는 사람이 있는가 하면 굶주림이나 헐벗음만이 가난이라고 생각하는 사람조차 있다.[24]

결국 그는 '성장'만으로는 가난을 없애지 못한다는 문제를 제기하고, 결국 '분배'의 경제이론이 필요함을 역설한다. 기본적으로 당시 성장중심의 경제정책을 비판하고 있다. 이어서 '민주주의' 부분 또한 간접적으로 당시의 유신체제를 비판하고 있다. 박현채는 민주주의의 두 가지 전제를 제기한다. 첫째, 사회 구성원 간의 이해 또는 견해의 상충은 항상 있으며, 이러한 이해의 대립을 간과하고 추상적인 동일이해를 주장하는 민주주의는 내용이 없는 것이다. 둘째, 인간능력의 유한성에 대한 인식이다. 이어서, '역사' 부분에서 구체적인 인간으로서 '민중'의 주체성을 강조한다.

한 사회를 변화시키는 힘은 여러기지기 이야기될 수 있으니 긴 역시에서 어느 시기에나 존재하는 보다 기본적인 것은 보다 많은 구체적인 인긴, 즉 민중이며 이들 구체적인 인긴의 생활상의 요구이다.[25]

---

24 박현채, 「서」, 『한국경제의 구조와 논리: 박현채 평론집』, 풀빛, 1982, 14쪽.
25 같은 글, 16쪽.

박현채는 민중에 의한 민족사 서술을 주장하고 있다. 이 또한 당시 우익적 민족사에 대한 간접적 비판이었다. 그리고 마지막으로 '허와 무'에서 박현채는 노장철학의 근본을 이루는 '허와 무'를 통해 '무한한 창조의 가능성'을 제기한다.

> 허 또는 무가 우리의 관심으로 되는 것은 허 또는 무가 현실에 대한 도피를 정당화시켜 주는 데 있는 것이 아니라 허 또는 무가 무한한 가능성을 갖는 것으로 주장되고 있는 데 있다.[26]

> 허 또는 무가 인간이 생활하는 현실사회에서 무한한 가능성으로 통하는 것은 구체적으로 생활하는 인간에게서 존재하는 자기를 자기비하에 의해 무로 귀일화시킬 때, 즉 부정할 때이다. 그것은 바로 대상 속에서 위대한 것, 큰 것을 찾고 자기를 희생으로 내바치는 것이다. 그리고 이것은 바로 사랑으로 통한다. 낮은 차원의 것으로부터 높은 차원의 학문에 대한 사랑, 자기조국에 대한 사랑, 인간에 대한 사랑 등은 무한한 창조의 가능성을 갖는 것들이다.
> 허 또는 무는 따라서 낮게는 겸허로 되고 높게는 지고한 의식되지 않는 자기희생=사랑으로 되어 새로운 역사를 창조하는 무한한 가능성으로 된다고 이야기될 수 있다.[27]

---

26   같은 글, 17~18쪽.
27   같은 글, 18쪽.

가난, 민주주의, 역사를 이야기하며 개입적 비판성을 보여준 그는 글의 말미에서 '사랑'에 대한 다짐으로 글을 맺고 있다. 이 글을 발표한 4월보다 조금 앞선 1월, 긴급조치 1호, 2호(1월 8일)가 발표된 지 얼마 후인 1월 24일 박현채는 『서울경제신문』에 「경제학과 나」라는 글을 발표한다. 경제학자로서의 자신의 삶을 반성적으로 회고하는 글 「경제학과 나」에서도 박현채는 자기비판을 한다.

> 그러나 민족주체의 경제적 이해의 실현에 관련을 갖는 경제학, 그 가운데서도 민족구성원 중에서 가장 빈곤한 대다수 농민의 경제적 이해 실현에 관련을 갖는 농업경제학을 연구한다는 나의 가슴에 제민족과 농민에 대한 사랑이 다른 모든 것을 용납하지 못할 만큼 강렬한 것으로 항상 충만되지 않고 당위로서만 추구되는 것은 무엇 때문인가? 그것은 불혹의 나이에 상응할 만큼 자기성장이 없었다는 것을 뜻한다.[28]

1974년 박현채의 반성은 민족과 농민에 대한 그의 사랑이 여전히 '당위'적 차원에 머물어 있다는 것이었다. 결국 그는 이후의 삶에서 '당위'를 넘어는 실천을 전개하고자 한다. 여기에서 경제학적 분석에서 주어지는 당위만으로는 부족하다는 인식을 엿볼 수 있다. 문학에 내한 그의 관심도 이와 같은 맥락에서 이해될 수 있고, 잡문 실천 또한 이러한 사랑의 실천이었다고 볼 수 있다.

그런데 박현채의 '사랑'에서 두드러시는 것은 '사랑'이 대상에

---

28 박현채, 「경제학과 나」, 『민족경제론: 박현채 평론선』, 한길사, 1978.

대한 사랑이라는 것이다. 사랑의 주체는 바로 박현채와 같은 지식인이자 실천가이다. 역사과정 중의 직접체험을 통해 박현채는 당시 정치, 경제, 지식 권력과 민중 사이의 비대칭성을 처절하게 인식하고 있었고, 이로 인해 대표되지 못하는 민중의 주체성을 복원하기 위해서는 지식인의 헌신적인 사랑이 있어야 한다고 생각했던 것 같다. 즉, 분단이 낳은 지식의 황무지에서 박현채는 민중에 대한 사랑을 이야기하고 있는데, 이를 둘러싼 배경은 진영진과의 대비 속에서 확인할 수 있다.

예를 들어, 이 글에서 박현채는 자신을 경제학으로의 길로 이끌어준 은사에 대해 이야기한다.

나에게 경제학에로의 길과 학문하는 원칙을 가르쳐 주신 분은 중학시절의 은사였다. 격동하는 역사적 시기에 살면서 민족의 장래와 역사가 진전하는 길을 알고 싶어했던 소년에게 그분은 역사의 발전 법칙을 경제사에서 가르쳐주셨다. 읽을 거리를 찾아 헤매던 나에게 그분은 잡다한 지식의 습득이 아니라 고전을 통한 역사를 보는 눈의 확립, 섣부른 창조가 아니라 먼저 고전의 충실한 이해에 의한 현실에의 접근과 그의 부연을 위한 노력이라는 겸허해야 하는, 겸허한 자만이 가질 수 있는 원칙을 제시해 주셨다. 그리고 그분은 그분이 가르쳐준 그대로 고전의 충실한 해설자였으며 사명감을 지닌 경제학자로 시종했다. 지적 수준이 다양한 많은 청중들에게 자기가 원하는 것을 원하는 대로 전달할 수 있었으며 같은 자리에서 같은 말로 배우지 못한 자에게는 쉽게, 많

이 배웠다고 자처하는 자에게는 심오한 것을 다같이 줄 수 있었다.[29]

이 은사를 정확히 특정할 수 있는 자료는 아직 없으나, 당시 광주 서중의 교사들은 상당수가 민족주의 좌익 엘리트들이었다고 전한다.[30] 아마도 이 스승들은 곧이어 전개된 내전 가운데 월북했거나 남한에 남아 학살당했을 가능성이 높다. 박현채와 같은 생존자는 남한에서 더 이상 스승이나 보호막 없이 스스로 자립해야 했다. 이러한 상황은 박현채로 하여금 '민중'에 대한 사랑을 더욱 강화하는 것이었다. 이는 마찬가지로 백색테러의 희생자이면서도 동시에 향토문학 논쟁에서 호추원 등과 같은 보호막을 가졌던 진영진의 상황과 크게 대비된다.

4) '역사와 인간'의 주제의식: 사랑과 죽음, 그리고 실천

『역사·민족·민중』은 1970년대 중반부터 1980년대에 걸쳐 있는 잡문들의 모음집이다. 당시 남한은 가상적 국가화가 구체화되는 과정에 놓여 있었다. 특히, 그러한 구체화가 '민주화'로 규정되기 시작하던 시기에 이 책이 출간되었다는 점에서 더욱 징후적이다.

그는 이 책의 '책머리에'에서 다음과 같은 정세 인식을 보여준다.

긴 민주화투쟁의 소산으로 개헌이 구체화되고 민중적 요구가 민족적

---

29 같은 글, 11쪽.
30 기세문, 「박현채 선생을 추모하며」, 『아! 박현채』, 24쪽.

자주와 함께 민주주의의 형식 안에 내용을 담기 위한 노력의 일환으로 크게 제기되고 있는 상황에서 보잘 것 없는 글들이 우리 문제의 인식에 도움이 될 수 있다고 한다면 그것은 더할 나위 없는 보람으로 될 것이다.[31]

그는 '민중적 요구'와 '민족적 자주'의 내용을 담는 형식으로서 '민주주의'를 이해하고 있다. 그리고 이와 같은 이해를 바탕으로 '우리 문제의 인식'에 도움을 주려는 목적을 밝히고 있다. 이는 '민주화'에 대한 기존의 형식주의적 인식에 대한 비판적 개입의 의미를 갖는다.

특히, 제1부 '역사와 인간'은 여덟 편의 글로 구성되어 있는데, 1978년부터 1987년까지 여러 매체에 발표된 바 있는 글들을 선별한 것이었다. 따라서, 여덟 편의 글은 박현채 스스로 1987년 9월이라는 시점에 일종의 개입 필요성에 따라 선택된 글이라 할 수 있다. 박현채는 이 잡문들을 통해 1987년 9월 무엇을 이야기하고자 했을까? 이 글은 박현채가 1974년 제시한 '사랑의 과제'의 실천으로 '역사와 인간'을 읽고자 한다.

앞서 박현채의 '민중문학론'을 논의하면서 이미 소개한 두 번째 글 「민중과 문학」은 역사를 다루는 첫 번째 글과 인간(자기 자신)을 다루는 마지막 글 사이의 다양한 주제인 산, 자본주의적 인간형, 여성, 세대, 장인 등을 연결하는 실천의 원칙을 제시하고 있다고

31　박현채, 『역사·민족·민중』, 시인사, 1987.

할 수 있다. 즉, 역사를 어떻게 볼 것인가, 어떤 사람이 될 것인가 라는 질문을 앞뒤에 배치하고, 그 사이의 다양한 주제들을 '문학'으로 묶으려고 하고 있다고 할 수 있다.

1) 한국 현대사를 어떻게 다시 쓸 것인가

2) 민중과 문학(한국문학, 1986.7)

3) 지리산과 민족운동사(제7회 한길역사기행, 1986. 5)

4) 근대화의 인간적 기초(코리아 리크루트, 1984. 10)

5) 여성해방, 인간해방(여성, 제1집, 1985)

6) 젊은 세대는 어떻게 커왔는가(예향, 1987)

7) 장인에서 기능인까지(기술인력, 1978)

8) 토마스 모어(자유문고사, 『내가 생각하는 멋진 사람들』, 1981)

흥미로운 점은 박현채의 잡문이 기본적으로 개입적이며 비판적이라는 것인데, 그는 '정당성'의 논리를 명확히 제시한다. 이와 같은 시각에서 여덟 편의 잡문을 다소 거칠게 요약하자면 다음과 같다.

먼저 '한국 현대사를 어떻게 다시 쓸 것인가'에서 박현채는 역사 인식의 기준을 '주체적 기술', '자료가 아닌 사실의 확인', '모순론적 관점'이라고 제시하면서, "인맥 중심의 역사기술은 정당한 것이 아니나"(8쪽), "먼저 한국 현대사의 시작으로 되는 8.15 이후의 사태 인식에서 혼란만을 강조하는 것은 정당한 것이 아니다"(17쪽) 라는 입장을 명확히 제시하면서, "그동안에 우리 현대사가 제대로 쓰여지지 않았다는 것에 합의가 주어지고 있다"고 그동안의 역사 서술 자체를 비판한다. 이는 앞서 '문학주의 비판'에서 '기성문학'

을 비판한 것과 유사한 비판이다.

「지리산과 민족운동사」에서도 "산을 보는 데 있어서 산을 자연 그 자체로서 인식하는 것은 정당한 것은 아니다"(33쪽)라면서, 역사 속에서 민중에게 산이 '부성'과 '모성'의 변증법적 결합의 의미를 가졌음을 구체적 사료를 통해 입증하고 있다.

「근대화의 인간적 기초」에서 박현채는 직접적으로 정당성을 제시하지는 않지만, "우리는 역사에서 무엇인가 원하는 사회를 위한 인간유형의 창출을 시도하는 많은 노력을 본다"(60쪽)며, 모세의 탈애굽, 모택동의 문화혁명과 같은 '인간적 기초'를 마련하려는 노력의 예를 들고, "생산적 활동과 관련없는 부문보다는 생산에 바로 직결된 영역에서 보다 더한 자기억제와 희생 그리고 그것이 가져다 주는 사회적 기여가 두드러진 것"(62쪽)이라며 직접생산자로서의 민중에게 희망을 걸고 있다.

「여성해방, 인간해방」에서는 "여성운동의 독자적 기능을 둘러싸고 일부에서는 전체 사회운동의 모든 영역에서 여성운동의 분리를 주장하는 견해가 있으나 그것은 정당한 것이라고 말할 수 없다"(66쪽)며 훗날 전개될 여성운동의 급진주의적인 분리주의를 미리 경계하고, "제일 먼저 생긴 것은 제일 끝까지 남는다는 의미에서 여성운동의 의도하는 바 목표는 장기적인 것"이고, "여성운동은 민중의 소외극복을 바탕으로 한 운동이어야 한다"고 말하고, 동시에 "진정한 인간해방은 여성해방에서만 실현된다"(67쪽)며, 인간해방과 여성해방의 관계에서 여성해방의 독자성과 보편성을 동시에 강조한다.

「젊은 세대는 어떻게 커왔는가」에서는 남한 사회의 세대 구성을 식민시기 태어난 1세대, 전후 태어난 2세대, 그리고 1960년대 태어난 3세대로 구분하고, 3세대가 살아온 역사과정은 "역사에서 무엇인가를 이루어낸 세대는 아니었다. 확산과 수렴이 되풀이 되었으나 성취는 없었다"(71쪽)는 객관적 인식을 보여주고, 동시에 그럼에도 불구하고 "역사는 세대적 계승 속에서 발전적인 변혁을 이룩할 수 있다는 데서 이들 제3세대의 향배는 우리의 내일을 전개하는 중요한 변수로 된다"(72쪽)며 가능성을 인정한다.

「장인에서 기능인까지」에서 농업, 수공업, 근대공업으로 이어지는 역사적 전개 속에서 장인의 위상과 역할을 개괄하고, 나아가 노동자로서의 장인의 위상의 저하와 사회적 생산에서 그들의 역할의 중요성을 모순론적으로 인식한다. 그는 "우리 역사에서 장인의 생활을 보는 경우 역사는 우리에게 직접적 생산자로서의 사회를 위한 능동적 역할이나 기능에서 보다는 그들의 생활을 통한 비극에서 보다 절실한 것을 본다. ……그러나 오늘의 상황은 노동에서 사회적 부의 흐름이 주어진다는 것을 어느 누구도 부정할 수 없도록 되어 있다"(80쪽)고 말한다.

마지막으로 「토마스 모어-내가 생각하는 멋진 사람들」에서 박현재는 "토마스 모어의 멋있는 어유있는 죽음은 바로 이와 같은 신앙 또는 신념을 위한 끊임없는 자기투쟁의 소산"(88쪽)이라면서도, "그도 억압받고 있는 사람들, 즉 민중에 대한 깊은 애징의 소유자이고 주어진 상황에서 주어진 자기 책임을 알고 있었다는 데서 멋있는 삶의 맺음이 있을 수 있었다"(89쪽)며 '민중에 대한 사랑'을

‘삶’의 원칙으로 재확인한다.

그가 개입하고자 했던 주제는 현대사, 문학, 지리산, 인간형, 여성, 세대, 노동자, 토마스 모어 등 다양한 영역을 포괄하고 있다. 그가 이 잡문들을 ‘역사와 인간’으로 묶은 것은 첫 번째 글과 마지막 글에서 직접 제시되고 있다. 첫 번째 글은 그동안의 역사서술이 갖는 문제들을 제기하면서 역사를 다시 쓸 필요성을 제시하고 관련한 원칙을 표명하며, 마지막 글은 ‘토마스 모어’라는 인물에 관한 소개처럼 보이지만, 사실은 박현채 본인이 역사적 체험을 통해 얻은 인간에 대한 ‘사랑’에의 다짐과 ‘죽음’에 대한 자세를 간접적으로 보여준다. 이와 같은 주제들은 박현채가 쓰고자 했던 과도기적 소산으로서 ‘민중지향적 문학’이 어떤 것이었을지 짐작할 수 있게 해준다.

진영진이 ‘문학적 실천’을 통해 일상과 역사를 결합했고, 일상의 무의식으로서의 역사를 문학 안에 기입했지만, 진영진이 그린 민중은 일차적으로 대중으로서 일상을 영위하고 있었다. 박현채는 그러한 ‘대중의 일상’의 무의식으로서 역사라는 영역을 장악하고 있었을까? 분명 정치사 및 경제사적 맥락에서 충분히 장악하고 있었을 것이다. 그러나 민중에 대한 ‘당위’적인 사랑만으로는 역사와 민중의 일상을 연결짓는 문학적 실천에 도달하기 어렵다. 아마도 1974년 ‘당위로서만 추구’에 대한 반성은 한편으로 경제학적 실천을 심화하는 길로, 다른 한편으로는 경제학을 넘어서는 문학을 포함한 다양한 분야의 잡문 실천으로 전개되었던 것 같다. 그리고 <역사와 인간>에 실린 잡문들은 그 과정적 성과였다고 할 수 있다.

그럼에도 불구하고, 여덟 편의 잡문을 통해서 볼 때, 진영진이 가족사, 권역사, 세계사를 대중으로서의 인물에 응축했던 것과는 달리, 박현채의 '민중'은 남한 지식 상황의 반공주의적 비대칭성으로 인해 여전히 추상적인 차원에 머물고 있다. 참조대상 부재의 상황이 30여 년간 강요되면서, 사상운동의 '질문'은 여전히 '당위'적 차원에 머물고 있었다.

IV. 결어

포스트 냉전 시기의 지식은 식민과 냉전 시기 형성된 일원론 또는 이원론을 극복하는 임무를 부여받았다고 할 수 있다. 이를 위해서는 외부적 관점에서 냉전 시기의 경험을 부정하는 것이 아니라, 권역적 참조 체계 안에서 내재적 곤경을 풍부히 하며, 이로부터 가능성과 한계를 새롭게 인식하고, 이를 사상운동의 재출발을 위한 기점으로 삼아야 한다.

특히, 내전과 분단을 통해 형성된 신식민 분단 체제는 남한적 특정성을 갖는 서발터니티를 형성했다. 이는 민중의 극단적 소외로 요약된다. 이의 구체적인 문화적 표현이 바로 민중의 상호 부조 문화라고 할 수 있다. 한편, 신식민 분단 체제는 지식의 징역에 거대한 왜곡과 비대칭성을 초래했다. 이는 민중의 소외에 대응한 지식의 실천을 저해했다고 할 수 있다. 대만을 참조점으로 삼아 대조해보면, 전후 중화민국의 상대적 자립성은 남한의 상대적 비자립성과 뚜렷한 대비를 이루고, 서발터니티 즉, 민중의 소외에도 상이성을 부여한다. 특히 중화민국의 상대적 자립성은 대만에서 형성된 코포라티즘적 사회체제의 주요한 요인이 되기도 했다.

1970-80년대 남한의 박현채는 '정치경제학을 통한 지식인의 계몽'과 '문학을 통한 민중의 주체화'를 사상운동의 과제로 설정했다. 정치경제학자로서 그는 경제학의 한계를 인정하고, 문학에 대해 기대를 품었으며, 나아가 민중문학론을 직접 제기하기도 했다. 경제학으로부터 문학으로의 궤적은 대만의 진영진이 보인 문학에서 경제학으로의 궤적과 대비를 이룬다. 이 관계로부터 볼 때, 진영진의 문학적 실천은 마침 박현채의 민중문학론이 제시한 과도기적 산물로서 '민중문학을 향한' 문학적 실천에 부합한다고 할 수 있다. 특히, '문학주의'를 비판했던 박현채와 마찬가지로, '창작=평론'을 체현한 진영진은 사상운동의 차원에서 문학적 실천을 전개했다고 할 수 있다.

한편, 사상운동가로서 박현채는 진영진 또는 향토문학 진영이 대만에서 가졌던 호추원 등과 같은 방패막이를 가지지 못했다. 이러한 차이는 지식의 비대칭성 상황의 차이를 의미한다. 1945년 이후 남한이 경험한 역사는 그야말로 신식민지화의 과정이었고, 이로 인해 반공주의와 식민주의(반민족주의)는 일치했다. 그런데 1945년 대만의 중화민국으로의 회귀는 모종의 '탈식민'적 의미를 갖는 것이었다. 구체적으로 보면, 반공주의 체제의 형성과 동시에 이와 모순되는 민족주의 지식이 보충되었던 것이다. 결국 이와 같

은 지식상황의 곤경 하에서 남한의 박현채가 찾아낸 유일한 출구
는 '민중에 대한 사랑'이었다.

끝으로, 문학으로 방향을 돌린 박현채가 쓴 잡문들은 문학에 다
다르는 과도기적 산물이라고 할 수 있다. 그 기점은 1974년 자신
에 대한 반성이었다. 마흔살의 그는 민족과 농민에 대한 사랑이 여
전히 어떤 '당위'로서 추구되는 것에 대해 반성했다. 그러나 이후
박현채의 잡문은 여전히 '당위'를 벗어날 수 없었다. 그가 이미 경
제학에서 문학으로 방향을 돌리고, 민중문학이라는 원칙을 제기
했음에도 불구하고, 30여 년 동안 강제된 '참조대상의 부재'라는
상황은 사상운동이 '구체적인 질문'을 가질 수 없게 했던 것이다.

그럼에도 불구하고, 신식민지 분단체제, 참조대상의 부재 하에
서, 박현채의 민족경제와 민중문학은 경제학의 민족성(민족경제)
와 문학의 민중성(민중문학)을 명확히 인식했고, 사상운동의 원칙
을 수립했다고 할 수 있다. 게다가, 신식민 체제 하에서 민중이 형
성한 상호부조 문화는 여전히 존재하는 잠재적 역량이라고 할 수
있다. 그러나, '문화'적 관점에서, 포스트 냉전에 진입한 이후의 30
년을 되돌아 볼 때, 경제의 민족성과 문학의 민중성 원칙을 계승한
실천은 지지부진하다고 한 수 있다. 따라서, 지금 1970-80년대 박
현채가 남긴 글을 다시 읽음은 사상운동의 출발점, 방법, 방향, 즉
'민중', '권역', '문화'를 사유하는 시도라고 할 수 있다. 특히, 권역
적 맥락에서 1980년대 남한의 민중문학의 구체적 실친을 재조명
하는 것은 30년 전 사상운동이 작금 현실에 주는 계시와 교훈을 더
욱 풍부히 하는 과제로 제시된다.

8장

난민과 경계(境界)의 문제
: 장아이링의 소설 「부화낭예(浮花浪蕊)」를 읽는 한 경로

박자영

I. 들어가며: 왜 장아이링의 후기문학인가

그동안 거의 주목받지 못했던 장아이링의 후기문학이 최근 학계에서 재조명되고 있다. 일반적으로 후기문학은 장아이링이 1955년 홍콩에서 미국으로 건너간 이후 1995년까지 40여 년 동안 쓴 텍스트를 가리킨다.[1] 오랫동안 쓰여진 이 텍스트들은 최근 왜 어떻게 조명받기 시작했을까. 도미(渡美) 이후 40여 년은 장아이링 연구에서 공백이다시피 한 시간대이기에 재조명의 각도와 조도(照度)는 놀라운 면이 있다. 이 글은 그동안 과소 조명됐던 후기문

---

1   장아이링의 후기 창작시기는 일반적으로 1955년 홍콩을 떠난 뒤 미국에서 창작활동을 한 시기를 가리킨다. 그러나 때에 따라 1972년 로스엔젤레스로 이주한 뒤 사망하기까지의 시기로 협소하게 설정되기도 한다. 전자와 후자를 대표하는 논의로 각각 런루원과 천젠화의 다음 논문을 참고할 수 있다. 任茹文, 「後期張愛玲的文學場與創作動力學」, 『世界華文文學論壇』 2019年 第4期, 77쪽. 2017, 160쪽. 陳建華, 「論張愛玲晚期風格(上)」, 『現代中文學刊』 2020年 第4期, 18쪽.

학이 최근 재평가받는 저간의 사정을 검토하면서 장아이링 문학의 의미를 재구명하려는 시도의 일환으로 쓰여졌다. 본론의 논의를 당겨 말하면 장아이링의 후기문학은 냉전체제와 국민국가의 (재)형성기라는 시대 상황과 대면하면서 이에 대한 질문과 새로운 시각을 개진하는 텍스트로서 조명하고자 한다.

그렇다면 장아이링 후기문학의 의미를 본격적으로 따져보기 전에 장아이링이 미국에서의 보낸 후반생의 창작은 어떠했고 이 시기 텍스트들은 초기의 그것과 비교했을 때 어떤 위치를 갖는지 살펴볼 필요가 있다. 주지하듯이 그동안 장아이링 연구의 주요 대상은 상하이에서 쓰인 초기 텍스트들에 집중됐다. 장아이링이 상하이에서 활동했던 시기는 1942년부터 1952년까지 대략 10여 년에 해당된다. 이 시기에 대표작인 단편소설집 『전기(傳奇)』(1944)와 산문집 『유언(流言)』(1944)이 출간됐다. 한편 1949년 중화인민공화국이 건국된 이후 장아이링은 상하이를 떠나지 않고 남아 '량징(梁京)'이라는 필명으로 『열여덟 번의 봄(十八春)』(1950)과 『샤오아이(小艾)』(1951) 등을 발표하여 사회주의 중국 초기에 대한 기록을 남겼다.[2]

장아이링이 '출경증(出境證)'을 얻어 상하이를 떠나 광저우와 선전을 거쳐 홍콩으로 건너간 것은 1952년이었다. 그는 홍콩에서 1952년부터 1955년까지 3년 동안 지냈는데 이 짧은 기간 동안 그는 홍콩주재 미국 영사관의 신문처(新聞處)에서 서양소설 번역을

---

2   『열여덟 번의 봄』은 1950년 3월부터 1951년 2월까지 『역보(亦報)』에 연재된 장편소설이다. 『샤오아이』도 1951년 2월부터 11월까지 같은 잡지에 연재됐다.

하는 한편 신문처의 위탁을 받아 후기문학에 결정적인 인상을 부여한, 문제적인 소설 『앙가(秧歌)』(1954)와 『적지지련(赤地之戀)』(1954)을 출간했다.[3]

장아이링이 난민비자로 홍콩을 떠나 미국으로 향한 것은 1955년이다. 1955년 우편선을 타고 도미한 이후 세상을 떠난 1995년까지 40여 년 동안 장아이링은 뉴욕, 매사추세츠 캠브리지, 샌프란시스코, 버클리, 엘에이 등지에 거주하면서 창작 활동을 이어갔다. 소설을 위주로 살펴보면 1957년 타이완의 『문학잡지』에 「오사유사(五四遺事)」를 발표하고 1966년 「금쇄기」를 장편으로 개작한 소설 『원녀(怨女)』를, 1969년에는 『열여덟 번의 봄』을 개작한 『반생연』을 타이완의 황관(皇冠)출판사에서 출간했다.[4] 1993년에는 자신과 주변인들의 사진을 수록한 산문집인 『대조기(對照記)』를 출판했다.[5]

3　이 시기 홍콩은 좌우익이 첨예하게 대치하면서 국내외 각종 이데올로기가 교전하는 무대이자 자본주의 세계가 '신중국'을 대면하는 전초기지였다. 한편 『적지지련』에 대해 미국 신문처의 처장 매카시는 자신이 소설의 자료를 제공했다고 인터뷰한 바 있다. 관련하여 다음을 참조. 鹿義霞, 「張愛玲政治書寫的複調性」, 『中國現代文學研究叢刊』 2015年 第1期, 79쪽.

4　1978년 타이완의 문학잡지에 소설 「색, 계」와 「상견환(相見歡)」, 「부화낭예(浮花浪蘂)」를 발표했으며 1983년 이를 수록한 단행본 『망연기(網然記)』를 황관출판사에서 출판했다. 기존 작품을 개작한 『원녀』는 홍콩의 『성도이브닝(星島晩報)』에 연재했고 『반생연』은 타이완에서 출판됐다. 그 밖에 이 시기에 장아이링은 『해상화열전(海上化列傳)』을 번역하고 홍루몽 연구서인 『홍루몽염(红楼梦魔)』을 집필했다.

5　크게 상하이시기(1942-1952)와 미국시기(1955-1995)로 나뉘고 그 사이에 짧은 홍콩시기(1952-1955)가 있었다고 할 수 있다. 후기 장아이링문학을 다룬 런루원은 장아이링의 창작시기를 영어창작시기(1955-1964), 이중언어창작과 만청문학 번역연구시기(1964-1971), 중국어창작시기(1972-1995) 세 시기로 나눈다. 任茹文, 앞의 글.

미국에서 지낼 때 출간된 소설의 상황을 살펴보면 이 시기 소설들이 과소평가된 이유가 짐작된다. 도미 후 출간된 소설의 수량과 횟수는 눈에 띄게 줄어든 것처럼 보이기 때문이다. 그러나 도미한 이후에도 장아이링은 끊임없이 소설을 썼고 출판을 타진했다. 다만 출판이 이뤄지지 않았을 뿐이다. 흥미로운 것은 이 시기 특히 초기 십여 년 동안 장아이링이 집필에 매진한 것은 영문소설이었다는 점이다. 그러나 영문소설들은 출간의 기회조차 얻기 어려웠다. 홍콩에서 쓴 『적지지련』의 영어판 *Naked Earth*는 미국에서 쉽게 출간될 수 있으리라는 예상과 달리 출판되지 못했다.[6] 장아이링은 상하이 시기에 쓴 득의의 소설 「금쇄기(金鎖記)」를 장편으로 개작하여 *Pink Tears*라는 제목으로 완성했으나 소설 속 '인물은 반감이 일고' '과거 중국이 이렇게 엉망이었다면' 지금의 '공산당은 구세주가 아니냐?'는 거절 회신을 출판사로부터 받기도 했다.[7]

미국 생활의 중요한 결절점 중의 하나는 1960년대 중반 타이완의 황관출판사와 저작권 계약을 맺은 일을 꼽을 수 있다.[8] 그 후 장

---

6 『적지지련』은 1954년 1월 홍콩의 천풍(天風)출판사에서 단행본으로 출간됐고 영문판 *Naked Earth*는 1956년 미국 신문처 산하의 출판사인 홍콩 유니온 프레스 (Union Press)에서 출판됐다. 1957년 장아이링은 도미 후 미국에서 『적지지련』을 출판하려 했으나 성사되지 못했다.

7 장아이링이 1964년 10월 16일 샤즈칭(夏志淸)에게 보낸 편지에서 *Pink Tears*의 출판 상황에 대해 언급한 대목 참고. 夏志淸編註, 『張愛玲給我的信件』, 聯合文學, 2017, 22쪽. *Pink Tears*는 출판을 희망했던 Charles Scribner' Sons 출판사에 퇴짜를 맞은 뒤 다시 *The Rouge of the North*로 개고하여 미국의 출판사에 출판의 사를 타진했으나 결국 출판사를 구하지 못했다. *The Rouge of the North*는 1967년 영국의 London Cassell and Company에서 출판됐다. 任茹文, 앞의 글, 79쪽.

8 장아이링과 타이완의 관계 구축에 대한 상세한 상황에 대해서는 런루원의 다음을 참고할 수 있다. 任茹文, 앞의 글, 81쪽.

아이링은 미국에서 중국어 창작을 재개하면서 중화권 독자들과 재회하고 이후 장미(張迷)라는 팬덤을 형성할 정도로 중화권 출판시장에서 대대적인 성공을 거둔다. 영문 소설은 이 시기에도 꾸준히 창작됐으나 여전히 출판사를 찾지 못한 상태였다. 결과적으로 도미 후 장아이링은 영문소설을 지속적으로 썼으나 생전에 미국에서 한 권도 출판하지 못한 작가였던 것이다.[9] 출판사를 찾지 못한 영문소설들은 대부분 중국어로 다시 번역되어 일부는 타이완에서 연재되거나 출판됐고 일부는 원고더미 속에서 미공개 유고로 남아있었다.

II. 장아이링의 후기문학을 어떻게 볼 것인가

사후에 장편 유고소설이 대거 출판된 상황은 이러한 사정에서 비롯된 것이다. 이는 장아이링의 문학유산 집행자인 쑹이랑(宋以朗)이 유고를 정리하면서 출판을 결정함에 따라 이뤄졌다. 사후 10년이 채 안 된 2004년에 소설 『동학소년불천(同學少年不賤)』이 출

---

9   미국에서 출간된 유일한 영문소설은 홍콩 체류 당시 뉴욕의 Charles Scribner' Sons 출판사에서 출간하여 뉴욕타임즈 등에서 호평을 받은 *The Rice-Sprout Song*이었다. 관련 상세 서술은 다음을 참조. 任茹文, 앞의 글 78쪽. 미국에서 장아이링 소설이 환영받지 못하고 출산이 좌절되는 맥락은 냉전체제기 미국의 출판녹서시장 상황 및 관련 학계의 관심이 희소했던 것과 관련 있다. 장아이링이 미국에서 쓴 영문소설의 출판이 좌절된 상황 및 배경에 대해서는 리어우판의 다음 논의를 참고. 李歐梵, 「張愛玲的雙語小說」, 『文藝爭鳴』 2019年 第10期. 李歐梵, 「跨語境跨文化的張愛玲」, 林幸謙, 『千迴萬轉 : 張愛玲學重探』, 聯經出版, 2018.

간되고, 2009년에 자전체소설로 알려진 『소단원(小團圓)』이 출판
됐다.[10] 이후 『소단원』의 배경이 되는 시기 이전을 다룬 자전체
영문소설 *The Fall of the Pagoda*와 *The Book of Change*의
중국어판인 『뇌봉탑(雷峰塔)』과 『역경(易經)』이 2010년에, 장쉐량
(張學良)과 자오쓰(趙四)의 사랑을 다룬 미완성작 『소원수(少帥)』가
2014년에 출간되는 등 생전에 미발표됐던 원고들이 속속 타이완
과 홍콩, 중국, 미국에서 출판됐다.[11]

　이와 관련하여 그동안 장아이링의 창작 역량은 1940년대 상하
이 시기에 빛났고 대륙을 떠난 1952년 이후 급격하게 하락했다고
보는 관점이 지배적이었다. 미국에서 집필된 후기문학들은 저평
가되고 과소하게 조명되어 장아이링 연구의 공백을 형성했다. 스
포트라이트는 장아이링의 초기텍스트에 오랫동안 비쳐졌고 장아
이링은 문학사에서 대표적인 '상하이 작가'로 거론되곤 했다.[12] 더
오랜 시간동안 집필됐던 다수의 후기텍스트들은 수면 아래 잠겨
있었다.

10　『소단원』은 1976년 초고를 완성했으나 초고를 읽은 쑹치(宋淇)의 권유 등으로 출간
　　을 보류하고 개고 중이었으며 생전에는 출판되지 않았다.
11　영문판 자전소설 『뇌봉탑(雷峰塔)』과 『역경(易經)』은 1957년에 집필을 시작하여
　　1964년에 완성했고 당시에 출간되지 못했다. 영문판 『소원수(少帥)』는 1956년에 구
　　상하여 1963년 전후 집필을 시작하여 대략 3분의 2 분량을 쓴 채 미완성인 채로 남아
　　있었다.
12　문학사에서 장아이링의 복권은 중화권의 상이한 각 지역에서 비동시적으로 이뤄졌
　　다. 1961년 샤즈칭(夏志淸)의 『중국현대소설사』에서부터 1990년대 중국 대륙에서
　　집필된 20세기중국문학 및 문학사 다시쓰기 등에 이르기까지 상이한 시간대 장아이
　　링은 문학사에서 복권됐다. 흥미로운 것은 이 복권에서 초기 작품이 집중적으로 조
　　명되면서 장아이링은 1940년대 상하이를 대표하는 작가로 위치지워진다.

그러나 2010년 전후 미발표 원고들이 대거 출판되면서 후기문학이 재평가되기 시작했고 장아이링 문학 전반에 대한 평가도 달라지기 시작했다. 특히 2009년 유고장편소설인 『소단원』이 출간된 이후 후기문학에 대한 관심이 대폭 증가했다. 장아이링의 후기문학을 재평가하는 논의는 대체적으로 기존에 혹평을 받았던 면모를 쇄신하는 방향에서 이뤄졌다. 가령 출간 당시 혹평이 집중됐던 산만하고 단편(斷片)적인 형식은 '회선(involution)'과 '파생(derivation)'의 서사로 재해석되거나[13] 에드워드 사이드의 '말년의 양식(late style)' 개념의 적용 여부를 검토하면서[14] 후기문학의 의미 부여가 새롭게 이뤄졌다. 또한 장아이링의 문학은 기존의 '상하이문학'에서 '세계문학'의 차원으로 이동되어 재위치짓는 작업이 후기문학의 출판으로 점화되고 있기도 하다.[15]

이 글은 이와 같은 장아이링의 후기문학에 대한 재고가 이뤄지는 제반의 맥락에 동의하면서도 이에 '냉전체제'와 국민국가의 형성기라는 조건을 긴밀하게 개재시킬 때 장아이링 후기문학의 의

13　王德威, 「雷峰塔下的張愛玲」, 『現代中文學刊』 2010年 第6期.

14　대표적으로 천젠화의 관련 논의를 참조할 수 있다. 陳建華, 「論張愛玲晚期風格(上)」, 『現代中文學刊』 2020年 第4期. 에드워드 사이드의 '말년의 양식(late style)'에 대해서는 다음을 참고. 에드워드 사이드, 장호연 옮김, 『말년의 양식에 대하여』, 마티, 2012.

15　이는 거시적으로 봤을 때 대표적인 '상하이 작가'로 조명됐던 장아이링에 대한 기존의 문학사적인 평가를 변환하는 작업과도 관련된다. 대표적으로 다음 논의를 참고. Yingjin Zhang, "Mapping Chinese Literature as World Literature", *Comparative Literature and Culture*, Vol. 17 no 1, 2015. Xiao, Jiwei. "Belated Reunion? Eileen Chang, Late Style and World Literature." *New Left Review* 111, 2018.

미와 특징이 보다 적절하게 포착된다는 점을 주장하고자 한다. 곧 동아시아에서 국민국가의 (재)구성과 더불어 냉전체제의 형성기라는 문제와 결부시킬 때 장아이링의 부진했던 출판 상황 및 이와 대조적으로 활발했던 후기 텍스트 창작이 갖는 성격과 의미가 적실하게 규명된다고 보는 것이다. 기존 연구에서도 냉전체제와 장아이링 문학의 관계를 다루는 논의가 이뤄진 바 있다. 그러나 여하한의 경우에도 장아이링의 후기문학은 냉전체제에 종속되는 변수로 위치지워져 평가되며 결과적으로 이 체제를 영속시키는 데 역할을 한 것으로 이해된다. 전반적으로 장아이링의 후기 서사는 냉전 체제의 이분법적인 담론 구도를 공고화하는 데 일조했다고 보는 것이 기존의 공통된 시각이었다고 할 수 있다.

이 글은 냉전체제와 장아이링의 후기문학의 관계를 논의할 때 주로 등장하는 틀인 장아이링의 텍스트가 냉전체제에 좌우되어 피해나 수혜를 입었다고 보는 가운데 텍스트를 구제하는 것과는 다른 문제를 제기하고자 한다. 곧 냉전체제에 종속되어 좌절 등을 겪었다고 보는 기존 연구와 다른 목소리와 시선이 장아이링의 후기 서사를 검토했을 때 발견된다는 점에 주목한다. 본고는 특히 1978년에 발표된, 국경을 넘는 인물의 서사를 다룬 「부화낭예」를 중심으로 장아이링이 냉전체제에 대해 제기하는 질문과 시각에 대해 논의하고자 한다.[16] 왕샤오줴(王曉珏)는 중국의 냉전과 모더니티의

---

16 「부화낭예(浮花浪蘂)」는 1950년대 집필을 시작했고 오랜 기간 수정을 거쳐 1978년 『황관잡지』에 발표됐다. 이후 1983년 『망연기』에 수록되어 출간됐다. '부화낭예'의 제목은 '표류하는 꽃' 혹은 '유랑하는 꽃', '떠다니는 꽃' 등으로 번역할 수 있다. 참고

관계를 논의하는 저서에서 1940년대와 50년대 문학서사가 1949
년의 분단을 비준하거나 체제와 진영 경쟁에 일조를 했는지, 혹은
이에 반해 중국 모더니티의 이질적인 비전을 제시한 문화적 실천
이 있었는지 질문을 던진다.[17] 이 글은 그의 질문을 수용하면서 장
아이링의 후기 서사가 냉전체제 형성기부터 부상하던 이분법적인
담론을 문제시하면서 이에 미만(彌滿)한 삶과 사유 방식에 문제를
제기하고 대안을 모색한 것이라는 점을 밝히려 한다.[18]

이 글에서 다루는 「부화낭예」는 1940년대 말에서 1950년대 중
반, 냉전체제와 국민국가가 새롭게 형성되던 관건적인 시간대를
아우르면서 관련되는 장아이링의 문제의식을 입체적으로 가장 잘
드러내고 있는 텍스트 중 하나이다. 그렇다면 냉전체제와 국민국
가가 새롭게 형성되는 시기에 국경을 넘는 장아이링 소설 속 인물
의 시선과 서사가 가닿는 곳은 어디인가. 구체적으로 3장에서는
지속적으로 월경(越境)하는 인물의 서사를 통해 서술한 것이 다름
아닌 '난민'의 경험이라는 점에 주목한다. 이때 서사에서 냉전 체

로 국역본에서는 이를 '머나먼 여정'과 '정처없는 발길'로 옮겼다.

17 Xiaojue Wang, *Modernity with a Cold War Face: Reimagining the Nation in Chinese Literature across the 1949 Divide*, Harvard University Asia Center, 2013, 19쪽.

18 왕샤오줴는 저서의 6장에서 1949년 이후 장아이링의 문학과 문화실천을 냉전기의 맥락 속에서 적절하게 검토하고 있다. Xiaojue Wang, "Eileen Chang, Hong Kong and the Cold War", *Ibid*. 나반 그는 냉전기 장아이링의 다시쓰기 등의 드랜스언어적인 글쓰기가 문학적인 정신분열증의 일종으로서 탈영토화 전략이자 냉전적인 적대감의 한 편에서 가하는 여하한의 정치적 지배를 회피하는 방식이라고 평가하는데 이 점은 재론의 여지가 있다. 이 글에서 밝히듯이 정치와 문학에 대한 장아이링의 입장은 일관된 편으로 문학적인 정신분열증의 방식을 취한 것과는 거리가 있다.

제와 내셔널한 압력은 어떻게 부하되고 어긋나는가에 대해서도 살펴본다. 4장에서는 국경을 넘는 인물의 서사에서 도드라진 특정한 '경계(境界)'에 대한 감각에 주목한다. 국민국가들이 새롭게 형성되고 냉전체제의 압력이 강화되기 시작하던 초기에 장아이링은 '경계'를 왜 어떻게 인식하게 되고 이것이 어떤 의미를 갖는지 살펴보고자 한다. 구체적으로 이 장에서는 '난민됨'의 경험에서 생산되고 벼려진 '경계' 감각이 냉전체제 형성기에 국민국가가 강요하는 논리와 현실의 문제들과 대면하면서 어떻게 이를 넘어서서 새로운 '경계'에 대한 구상을 개진하는지 그 경로와 의미에 대해 조명한다. 결론에서는 이와 같이 냉전시기를 관통하면서 지속적으로 다시 쓰여졌던 장아이링의 월경서사가 장아이링의 문학세계와 중국 현대문학사 및 동아시아의 동시기 관련 서사에서 어떤 위치를 갖는지에 대해서 간략하게 논의할 예정이다.

Ⅲ. 월경의 기록, 난민의 경험

이 글에서 다루는 「부화낭예」는 어떤 소설인가. 소설은 배를 타고 홍콩에서 일본으로 단신으로 국경을 넘는 여성 뤄전(洛貞)이 만나고 겪은 사람과 일을 서사하고 있다. 뤄전은 직전에 공산당 집권 초기 상하이에서 살았으며 선전(深圳)을 경유하여 홍콩으로 국경을 넘어왔다. 이제 그녀는 다시 홍콩을 떠나 일본으로 향하는 배를 타고 국경을 넘어가고 있는 중이다.

소설은 '난민'의 신분으로 홍콩에서 일본으로 배를 타고 월경하는 청년 여성인 뤄전의 시점에서 뤄전이 겪고 만나는 일과 사람들 및 여기에서 연상되는 과거의 다양한 일과 사람들과 얽힌 서사를 전개한다. 이는 유랑과 이향과 망명의 경위와 심리를 쓴 자전체 소설로서 무엇보다 냉전체제 초기에 진영과 국민국가가 구축되던 시기, 국경을 넘는 상황과 심리를 뤄전이 만나는 다양한 사람들을 통해 구체적으로 묘사하고 있어 이채를 띤다. 그런데 이는 장아이링이 『망연기』의 「서문」에서 여러 번 고쳐 쓴 충격적인 서사였다고 토로한 소설이기도 하다.

"사실 근작(近作) 세 편(「색, 계」, 「상견환」, 「부화낭예」-필자)은 1950년대에 쓴 것이다. 그렇지만 그 후 여러 번 전체를 뜯어서 다시 썼다… 이 세 작품은 모두 나를 충격에 휩싸이게 했던 이야기들로 오랜 세월 동안에도 아주 기꺼운 마음으로 여러 번 고쳐 썼다. 심지어 처음 소재를 얻었을 때의 기쁨과 수정하던 과정을 생각하면 그 사이에 30년이라는 시간이 지나갔다는 생각이 조금도 들지 않을 정도다. 애정이란, 그럴 만한 가치가 있는지 따질 일이 아니다. 이것이 '이 감정은 추억될 날을 기다리니 당시에는 그저 망연할 뿐'인 것이다. 이 때문에 소설집을 내면서 제목을 『망연기』라 붙었다."[19]

이 서사는 어떤 점에서 장아이링을 충격에 휩싸이게 했을까. 또

---

19 張愛玲, 「惘然記」, 『惘然記』, 皇冠出版社, 2021, 203쪽.

왜 이를 30년 동안이나 고쳐 썼을까. 이는 지속적으로 이동하는 뤄전의 시선에서 비쳐지는 인물들과 사건들을 통해 구명되어야 할 문제인 것처럼 보인다. 소설의 미덕 중 하나는 냉전체제 성립 초기이자 국민국가들이 재구축되던 시기 중국과 아시아에서 어떻게 국경을 넘는지 그 구체적인 과정을 자세하게 묘사한다는 점이다. 그런가 하면 소설의 또 다른 초점은 뤄전이 국경을 넘으면서 만나게 되는 다양한 인물들에게 맞춰져 있다. 소설의 주인공은 뤄전이되 서사의 중점은 상하이에서 홍콩으로, 다시 일본으로 이동하는 경로마다 만나는 수많은 사람들에게 실려 있기 때문이다. 그렇다면 뤄전의 시점에서 부상하고 응시되는 다양한 지역의 수다한 인물들은 누구이고 그들의 사정은 무엇인가. 그들이 뤄전의 시선을 통해 전하는 이야기는 무엇인가.

상하이에서 뤄전은 양행에서 비서로 일하면서 언니와 형부, 은행의 상사(커리 선생과 비서 미스 판)와 동료(솔로몬 자매), 홍콩으로 건너갔다가 집을 매도하러 상하이에 잠시 들른 언니의 친구 남편인 아이쥔, 출국신청 관련 조사를 하러 온 공산당에서 파견한 파출소의 순경들, 상하이 거리의 남성 등을 포함한 다양한 인종, 젠더, 이념을 가진 이들과의 만나고 헤어진다. 홍콩으로 출경하는 과정에서는 광저우로 가는 기차와 광저우 거리에서 만난 사람들과 출경지인 선전의 뤄후(羅湖)에서 도움을 줬던 짐꾼 등 이데올로기와 계급이 다른 이와 스쳐지나가거나 대화를 나눈다. 한편, 기댈 곳 없이 막막했던 홍콩에서는 상하이에서 건너온 언니의 친구이자 아이쥔의 부인인 판니, 그의 딸과 사위, 셋집 주인과 셋집 사람들(예씨

네, 상하이 청년들), 판니의 부고를 받고 찾아간 장례식장에서 싸늘한 시선을 던지는 식모와 조우한다. 이제 일본으로 향하는 선상(船上)에서 뤄전은 노르웨이 선원, 영국-인도 혼혈남성인 리처드슨과 일본여성인 그의 부인, 기착한 섬에서 배에 올라온 일본 원주민 여성, 선상의 짐꾼 등 다양한 인종의 사람들과 만난다.

소설은 이 많은 인물들을 이동하는 뤄전의 시선을 통해 가시화한다. 이동하는 뤄전의 시선에서 부상하는 상하이와 홍콩, 선상에서 만난 인물들은, 냉전체제가 형성되고 국경이 획정되던 초기 불안과 혼란과 모순 속에서 정착과 이주, 월경과 임시거주 등 동일하지 않는 다양한 거주의 형태와 정체성 및 국적을 (미)결정하고 (비)선택한다. 소설의 상당 분량은 계급(노동자/중산계급/부르주아)과 젠더(여성/남성), 인종(중국인/유대인/영국인/일본인/미국인/노르웨이인) 등의 교차에 따라 다종의 선택을 한 이들의 행로와 심리를 보여주는데 바쳐진다. 이는 지속적으로 국경을 넘어 이동하면서 난민의 삶을 살아가는 뤄전을 주인공으로 삼았기에 부상하는 세계이다. 서사는 계급과 인종 등에 따라 국적과 지역을 (미)선택한 이들의 행로에 눈길을 던지는데 특히 그들 중 계급과 인종 등의 조건과 불일치하는 선택을 한 인물들의 서사에 오래 머문다.

이와 관련하여 공산당이 집권하자 상하이에서 홍콩으로 가족이 이주했다가 집을 매도하러 남편이 일시 귀환하여 별거 중인 유한계급 판니(范妮)와 아이쥔(艾軍)의 서사를 살펴보자. '공처가'인 아이쥔은 집을 매도하러 상하이로 일시 귀환했으나 매도와 귀환을 미적대다가 불분명한 거취로 인해 '스파이' 혐의를 받아 투옥을 거듭하여 이제는 홍콩에 있는 가족과의 결합도 불확실해진 인물이다. 그 과정에서 아내인 판니는 매도가 쉽지 않아 머물고 있는 줄로 안 남편이 사실은 출경을 원치 않는다는 것을 상하이에서 온 뤄전을 통해 알게 되고 이에 고통스러워하다 죽음을 맞게 된다. 아이쥔이 공산당이 집권하는 상하이를 떠나지 않는 것은 자신의 계급 및 이념적인 지향과는 엇갈린다. 상하이의 댄스홀을 다니고 친구들과 유유자적 지내는 데 만족하면서 이데올로기 차이를 무릅쓰고 가족과의 재회를 유보하면서까지 상하이-대륙에 수동적으로 남는 것을 선택한 것이다. 아이쥔의 서사는 인간이 계급과 이데올로기에 종속되고 가족과 일체가 되어 국적/거주지/정체성을 선택할 것이라는 통념을 일그러뜨리는 개별적인 상황을 보여준다.[20]

이것이 문제적인 것은 국경이 구획되고 냉전체제가 형성되던 시기 중국과 동아시아 각지의 개인들마다 벌어졌던 일인데 이러한 국민/비국민은 개인이 양자택일할 간단한 문제가 아니라는 데 있다. 장아이링이 국경을 넘는 뤄전의 시선을 통해 계급과 젠더와 세대와 인종이 상이한 다수의 인물들을 출현시킴으로서 전달하는 것은 정확히 각 개인이 맞이한 이러한 사태이다. 비국민/국민, 적/아의 양자택일의 이분법적 구도에 일괄되어 규정되거나 소속되기를

---

20 한편 아이쥔의 서사에서 눈여겨 볼 점은 가족의 일원인 여성이 그의 회피성을 띤 수동적인 선택-집 매도와 출경증 신청에 적극적이지 않다는 측면에서-에 고통을 받는다는 점도 빠뜨리지 않고 서술된다는 점이다. 냉전체제가 형성되고 국경이 구획되기 시작할 때 젠더관계와 가족관계, 가치와 이데올로기가 도치되거나 역전되어 작동할 수 있는 복잡다단한 현실을 이 서사는 보여주고 있다. 이러한 계급과 이데올로기, 민족 및 인종 등과 엇갈리는 선택을 하는 이는 선상에서 만난 리처드슨 부부의 경우에도 해당된다.

원치 않은 이들의 면면이 국경을 횡단하는 뤄전의 이동과 함께 부상한다. 이들의 서사는 냉전체제의 국민국가가 강요하는 이분법적인 존재양태, 곧 국민과 스파이 양자 사이에 존재하는 다양한 스케일을 드러낸다. 그 사이에는 이주자, 유랑자, 망명자, 난민, 임시 거주자 등이 비국민의 상태로 존재한다. 이들은 체제와 이데올로기의 경계를 희미하게 하고 그 구도를 흐리게 하면서 유동하는 이들이다. 이들은 냉전체제와 국민국가 아래 동일한 것으로 상상되고 요구되는 '국민'적 정체성과는 다른 이질적인, 미소속 혹은 비소속의 공간을 시험한다. 그런 만큼 소설이 산만한 형식과 파편적인 서사의 형태를 띠는 것은 필연적이라 할 수 있다. 출간 당시 비판의 중심에 있었던 비일관적인 서사와 사소한 사건, 정제되지 않는 인물이란 이러한 유동적이고 이질적으로 존재하는 것이 가능한지를 묻는 서사에 적합한 형식이었던 것이다.

그렇다면 뤄전은 어떠한가. 뤄전이 국민/비국민의 경계가 불분명한 인물들을 이렇게 수다하게 만날 수 있는 것은 그녀 자신이 국경을 건너는 도상에 있기 때문이다. 그녀는 중국이라는 영토에 국가와 이데올로기로 귀속되기를 거절하면서 국경을 횡단하는 중인 인물이다. 흥미로운 것은 대륙과 다이완에 국민국가가 새롭게 형성되면서 냉전체제를 구축하고 있던 시점에 그는 양자택일을 거부하고 그 바깥을 선택하여 나아간다는 점이다. 뤄전의 서사에서 명료하게 표현되는 '난민' 의식은 그것이 무엇인지 말해준나. 뤄전의 서사에서 가장 흥미로운 대목 중 하나인 상하이에서 홍콩에 막 도착하여 집을 구한 뒤의 묘사를 살펴보자.

"홍콩에서 세를 얻은 방에는 가구가 전혀 없었다. 그녀는 돗자리 하나와 살충제 한 통, 그리고 분무기를 하나 샀다… 밤이 되어 시멘트 바닥에 자려니 차디찬 한기가 돗자리를 뚫고 올라왔다. 그녀는 다시 일어나 가방에서 옷이란 옷은 죄다 꺼내 모조리 껴입은 채 다시 잠을 청했다… 방문 앞을 지나면서 그 안을 들여다보곤 하는 사람들의 시야에 돗자리에 앉아있는 뤄전의 모습이 들어왔다. 생활용품을 죽 늘어놓은 노점상 같은 방 안에 진짜 난민이 이사 온 것을 보면서 그녀가 건물의 가치가 떨어뜨린다고 생각했다. 득의양양하게 바닥에 앉아있는 그녀의 표정에서는 드디어 생활의 간소화에 성공했다는 자부심이 어려 있었다. 뚜껑을 딴 캔과 버터를 바른 빵을 짐 위에 올려놓았는데도 바퀴벌레 한 마리 나타나지 않았다. 하지만 상하이 사람들이 내뿜는 멸시에 찬 눈초리가 오히려 더 견디기 힘들었다."[21]

홍콩에서의 생활을 묘사한 인용문에서 이 월경의 서사에 고유한 '난민' 의식이 집중적으로 묘사되고 있다. 사카이 나오키에 따르면 난민은 속할 국가가 없는 사람이거나 영토를 주장하는 국가에 이의를 제기하는 사람이다. 난민이란 국민이 아닌 사람들 즉 국가에 귀속되지 않기 때문에 어떤 권리도, 보호도 받을 수 없고 호

---

21   張愛玲, 「浮花浪蕊」, 『色, 戒』, 皇冠出版社, 2020, 261-262쪽. 소설의 인용문은 원문을 기본으로 삼고 다음 국역본들을 참고하여 번역했음을 밝힌다. 장애령, 김은신 옮김, 「머나먼 여정」, 『색, 계』, 랜덤하우스코리아, 2008, 314-315쪽. 장아이링, 문현선 옮김, 「정처없는 발길」, 『색, 계』, 민음사, 2024, 83-84쪽.

적도 없어서 죽어도 문제가 되지 않는, 국제화된 사회에서 망령과
도 같은 존재이다.[22]

그런데 '난민됨'에 대한 뤄전의 서술에 눈에 띠는 의기양양한 자
긍심은 어떻게 이해해야 할까. 그에게 '난민'의 경험은 망령과 같
은 존재가 되는 것에 비례하여 그만큼 주체화의 감각을 갖게 하는
것으로 묘사된다. 뤄전은 고향과 국가에 소속됨을 거부하고 난민
이 되었지만 어디에도 종속되지 않음으로써 오롯한 '나'가 된다.
누구에게도 환영 받지 못하고 부도 명예도 없는 완전한 빈자인 맨
손의 '나'는 자신의 삶을 완벽하게 통어하기에 이를 기뻐한다. 난
민이 되어 철저하게 주변이 되고 국가와 체제와 이데올로기와 가
족과 고향 그 어느 것에도 얽매이지 않음으로써 주체가 됐다는 감
각을 얻은 것이다. 난민이라는 서발턴이 되면서 역설적으로 어디
에도 얽매이지 않는 주체화의 감각이 득의에 찬 뤄전의 표정을 통
해 시사되고 있다.

장아이링은 소속과 소유와 부착된 것이 없는 난민이 되는 과정
에서 주체화라는 특권적인 감각을 가질 수 있음을 포착하고 이를
표현한다. 이는 냉전적인 이데올로기나 국민국가가 요구하는 이
분법적인 사고방식을 거절하고 이를 거스를 때 획득된 의식이다.
뤄전은 국가나 체제, 신영의 위치에서 사고하는 것과는 거리가 먼
인물이다. 이 위치를 벗어나 주변이나 바깥이 되면서 획득된 난민
의식은 이질성을 보유한 대안적 관섬으로 선환된나. 국경을 횡단

---

22 사카이 나오키, 니시타니 오사무, 차승기, 홍종욱 옮김, 『세계사의 해체』, 역사비평
사, 2009, 71쪽.

하는 가운데 체제의 안과 밖, 그 사이의 사람들을 동시에 보고 겪으면서 뤄전은 누가 어떻게 안과 바깥을 결정하는가, 라는 질문을 던진 것이다. 뤄전의 서사는 '난민' 의식을 명료하게 표현함으로써 체제와 진영이 안과 밖을 가르는 것의 문제성을 드러낸다. 더 나아가 뤄전은 자신의 삶에 대한 결정권을 체제와 진영에 맡기지 않고 자신이 행사하고 그에 따른 감정의 강도를 표현한다.

장아이링은 이러한 인식을 다른 글에서 '나를 바깥으로 포함시켜라(把我包括在外, Include me out)'라는 표현으로 요약한 바 있다.[23] '바깥'으로 '포함'시키는 것은, 소속과 신분을 밝히라는 것에 맞서 어디에 소속되어 획정되지 않음으로써 다층적이고 복합적이며 다종의 자신의 능력을 드러내는 동시에 이를 결정할 권한을 자신이 갖고 있음을 표현한 것에 다름 아니다.[24]

냉전체제와 국민국가 형성기에 난민의 경험은 장아이링에게 '패권'과 '중심'을 거슬러 대안적이고 특권적인 관점과 목소리에 도달하게 한다. 서사의 시대적인 배경(1940년대 말부터 1950년대 중반)과 소설의 발표 시기(1978년)를 고려했을 때 양자 모두 엄연히 냉전체제가 작동하던 시기라는 점을 감안한다면 '난민' 의식으로

---

23 張愛玲,「把我包括在外」,『惘然記』, 皇冠出版社, 2020.「나를 바깥으로 포함하라」는 타이완의『연합보』부간에서 신문에 게재할 요량으로 장아이링에게 도표를 보내 최근 거주지와 작업 상황 등을 기재해달라고 요청한 것에 대해 장아이링이 도표를 기입하는 대신 써서 보낸 짧은 글이다. 연합보의 요청은 소속과 정체성 등을 거두절미하고 묻는 방식이라 할 수 있다.

24 두 문단으로 이뤄진 흥미로운 이 글에 대한 논의로 다음을 참고. 王德威,「「把我包括在外」: 張愛玲與治外法權」, 林幸謙,『千迴萬轉 : 張愛玲學重探』, 聯經出版, 2018.

주체성과 대안성을 명료하게 발언한 장아이링의 이 월경의 서사가
가진 역량은 제곱된 사고로 검토되어야 할 것이다. 이는 안과 밖을
구분짓는 것의 문제성을 드러냄과 동시에 양자를 보유하면서 대안
적인 구상을 제시하는 것에 다름 아닌데 이는 다음 장에서 논의할
'경계'에 대한 사고에서 보다 분명하게 드러난다.

Ⅳ. '진공관'에서 살기: 경계는 어떻게 재부상하는가

소설은 뤄전이 국경을 넘는 서사가 주요하다 보니 '경계'는 소설
의 자락마다 있는 듯 없는 듯 편재한다. 「부화낭예」는 달리 보면
경계를 통과하고 연결하면서 벌어진 일들을 서사화한 것이기도 하
다. 그런데 중요한 것은 소설에서 부각되는 경계에 대한 특정한 관
점이라 하겠다. 뤄전은 지속적인 국경을 넘는 경험 속에서 경계를
'선'이 아니라 '면' 혹은 '공간'으로 인식한다. 최초의 월경 경험인
선전의 뤄후 다리를 통해 홍콩으로 넘어가던 순간 '경계'는 원통형
터널로 기억된다.

"남중국해를 지나는 이 배는 화물선임에도 불구하고 승객을 탑승시
킬 수 있었다. 1920, 30년대 분위기가 나는데다 아까 공손한 짐꾼까지
—이것은 서머셋 모옴의 영토(國土)였나. 내륙을 나와서 어떻게 시미
셋 모옴의 영역으로 들어간 것일까? 정말 이상한 느낌이었다. 희미한
가운데 그녀는 어느새 오래됐지만 관리가 잘 된 여관의 복도를 지나고

있었다. 두꺼운 카펫이 발자국 소리를 흡수했고 고요한 공간은 거의 통풍조차 되지 않는 듯했다. 시간여행을 떠나는 원통형 터널은 바닥이 미끄러워 제대로 걷기조차 힘들었다. 조금 걷다 보니 어느새 다리에 힘이 풀렸다. 뤄후(羅湖)의 다리에도 지붕이 덮여 있었다… 사람 키보다 높은 곳에 창문이 있는 걸 보면 바깥을 못 보게 하려는 것이었다… 그녀는 무거운 트렁크를 두 개나 들고 걸어갔다. 그녀가 걸음을 옮길 때마다 트렁크가 바닥에 부딪치는 소리가 들렸다… 초조하고 심란한 와중에 걸음은 걸음대로 흔들렸다… 지붕 들보 위 저 멀리… 작은 전등 하나가 겨우 달려 있는데다 햇빛도 거의 들지 않아 다리는 앞이 보이지 않을 정도로 컴컴했다. 이렇게 긴 다리일 리가 없을 텐데—변경의 작은 강에 불과했던 것 같은데—아니 작은 호수였던가? 뤄후 말이다.”25

“다리 어귀에는 길을 안내해줄 짐꾼들이 모여 있었다… 그녀의 짐꾼은 안전을 장담할 수 없는 듯 오히려 더 발걸음을 재촉했다… 작은 언덕에 다다라서야 트렁크를 내려놓고 잠시 발걸음을 멈추었다. 그가 웃으면서 말했다. “이제 안심해도 됩니다.”… 무슨 마음이 동했는지 짐꾼들은 어느 새 서로 손님들의 탈주 이야기를 나누고 있는 듯했다… 귓가에 맴도는 매미소리를 들으니 기분이 한결 나아졌다. 함께 온 여행객들이 짐을 들고 계속해서 쏟아져 나왔다. 그중에는 그녀처럼 나무 아래서 잠시 쉬어 가는 사람도 있었다.”26

25　張愛玲,「浮花浪蘂」,『色, 戒』, 皇冠出版社, 2020, 241쪽.
26　張愛玲,「浮花浪蘂」,『色, 戒』, 皇冠出版社, 2020, 242쪽.

이는 국경을 넘는 뤄전에게 경계가 어떻게 감지되는지 원형을
보여주는 장면이라 할 수 있다. 국경을 넘는 뤄전에게 '국경'은 단
순하게 넘는 '선'이 아니며 '면'과 '체적'을 가진 '공간'으로 인식되
는 곳이다. 구체적으로 뤄전에게 경계는 지붕을 가진 어두컴컴하
고 긴 뤄후 다리라는 최초의 경험에서 드러나듯이 원통형 터널로
기억된다. 흥미로운 것은 최초의 월경의 경험에 대한 짧은 회상에
월경자를 돕는 짐꾼들이 생활하고 노동하는 장면을 새겨 넣은 점
이다. 경계는 이와 같이 '선'이 아니라 '공간'으로 인식되기에 이와
같이 차이와 이질성과 이종성이 공존할 수 있다. 이 경계의 공간에
서 조금씩 다른 대중들은 그들의 일상을 전개한다. '공간'으로 인
식된 경계면에서 인간의 존재는 양자택일로 단순해지거나 납작해
지지 않고 차이를 지닌 채 생활하고 이동할 수 있게 된다. 국경을
넘는 도정에 있는 뤄전의 서사에 이질적이고 차이 나는 복수의 주
체들이 출현하고 응시될 수 있는 것도 이러한 면 혹은 공간으로서
경계를 구상하는 것과 관계 깊다.[27]

체제와 진영에 흡수되지 않는 이질적인 주체가 선이 아니라 접

---

27 '면'으로서 감지되는 '경계'란 자신을 면과 체적으로 인식하면서 불화하던 인물들이 환
영할 만한 세계이다. 관련하여 장아이링은 1940년대 후반 여행 도중 보게 된 샤오싱
극(紹興戲)에 대한 서술을 여러 차례 한 바 있다. 대표적으로 「화려연」의 다음을 참고.
"사람들은 기하학에서의 한 '점'이다. 여기에는 길이와 너비, 두께가 없고 시위만 있다.
집회는 전체가 한 점 한 점으로 가득 차 있는 점선으로 구성된 그림이었다. 그런데 나
는 비록 다른 사람들처럼 두꺼운 솜옷 위에 푸른 장삼을 입고 있지만 지위가 없고 길
이와 너비, 두께만 있는 덩어리였다. 나는 너무나 곤혹스러워 내내 비틀거리면서 비척
비척 걸어 나갔다." 張愛玲, 「華麗緣」, 『華麗緣』, 皇冠出版社, 2020, 313쪽.

면 혹은 접촉면으로 경계를 인식하는 것은 서사가 진행되는 공간인 홍콩을 떠나 일본으로 향하는 '선상(船上)'에서 좀 더 분명한 형태를 띤다. 선상 자체가 경계면이자 경계들을 연결하는 공간이다. 이러한 경계가 지속되는 공간인 선상에서 뤄전은 다인종의 사람들과 다기한 만남의 기억들을 회집하고 있다. 그 가운데 뤄전은 이 월경의 경험을 특정하고 구체적인 형태인 '진공관'에서의 생활로 재포착하여 서술한다.

> "배가 출발하자 섬은 또다시 시간의 안개 속으로 사라졌다. 열흘이 그녀는 조금도 길게 느껴지지 않았다. 그녀는 이 진공관(眞空管)의 생활이 좋았다. 먹는 것조차도. ──마침내 서머셋 모옴이 말하던 말레이의 영국 요리를 맛봤다. 신발을 본 적이 없는 구두공이 말로만 듣고 만들어 낸 가죽 구두 같은 맛이었다── … 밀랍을 씹는 듯한 맛이었지만 그 짐꾼은 정중하게 음식을 하나하나 내왔다. 바다의 공기는 신선했고 식욕도 좋았다."[28]

흥미로운 것은 이 진공관의 생활에 대한 묘사가 서머셋 모옴의 세계와 병존하면서 전개된다는 점이다. 진공관이라는 새로운 '경계'에 대한 논의를 뤄전의 서사에서 자주 등장하는 서머셋 모옴에 대한 언급에서 시작해보자. 장아이링이 선호하는 '중등 취향(middlebrow)'의 작가 중 하나인 서머셋 모옴은 주지하듯이 식민

---

28   張愛玲, 「浮花浪蘂」, 『色, 戒』, 皇冠出版社, 2020, 266-267쪽.

주의적이고 오리엔탈리즘적인 시각으로 비판을 받곤 하는 작가이다.[29] 그러나 장아이링이 모옴을 호출하는 것은 이 문제적인 시각과 접점이 없다. 뤄전의 서사에서 모옴이 등장하는 것은 월경하는 순간이 공간으로 펼쳐지면서 이질적이고 이종적인 세계가 전개될 때이다.[30]

'서머셋 모옴'이라는 이름은 진영의 이데올로기와 국민/비국민을 가르는 경계'선'의 단일화하고 동일화시키는 성격을 순식간에 사라지게 하고 다중성과 이질성으로 도약하는 것을 가능케 하는 대명사로서 호명된다. 그런데 모옴의 호명과 함께 선상에서 펼쳐지는 이러한 이질성과 다중성의 세계는 '진공관'이라는 좀 더 구체적인 형태로 표현되고 있다. '진공관'이란 경계를 선으로 구획짓고 안과 밖으로 구분짓는 모든 것이 무화되어 압력에서 벗어난 공간이라 할 수 있다. 그렇다면 뤄전은 '진공관'이라는 경계공간을 어떻게 상상하고 감지했을까. 이는 소설의 마지막에서 보다 구체적으로 표현된다.

---

29 장아이링은 1944년 3월 16일 상하이의 『잡지(雜志)』 월간사가 주최한 '여작가 집담회(女作家聚談會)'에서 스텔라 벤슨(Stella Benson)을 '비교적 좋아하는 외국여작가'로 꼽은 바 있다. 한편 서머셋 모옴과 헉슬리 등도 장아이링이 선호하는 작가들로 거론된다. 이들은 주류 문학사에서는 주요하게 논의되지 않는 작가이며 제국질서 아래의 중등 취향의 대명사인 작가라는 공통점이 있다. 이들에 대한 상세한 논의는 황신춘의 다음 저서의 4장을 참고. 黃心村, 『緣起香港 : 張愛玲的異鄉和世界』, The Chinese University of Hong Kong Press, 2022.

30 황신춘은 장아이링에게 서머셋 모옴은 육지와 바다 사이에 있는 분학석 풍성의 세계를 보여주고 언커니와 조우하는 것이 생생한 경험이 되는 세계로 인도하는 작가로서 기능하는 것으로 설명한다. Huang, Nicole. "Worlding Eileen Chang", *The Wiley-Blackwell Companion to World Literature*, edited by Ken Seigneurie, Oxford: Wiley-Blackwell, 2019, 7-8쪽.

"그녀도 생각 못한 것은 아니었다. 단지 진공관을 지나는 이 순간이 너무 소중했을 뿐이다. 걱정거리 하나 없이 자유롭고 편안하게 지냈다. 마치 앉고 나서야 기진맥진할 정도로 피곤하다는 것을 깨닫는 사람처럼. 실은 리처드슨 부인(뤄전을 호의적으로 대한 영국과 인도 혼혈인 남편과 같이 승선한 일본여성-필자)을 찾아갔어야 했다… 배는 작고 파도는 셌다. 그녀는 작은 양은 세숫대야에 기대어 서 있었는데 발밑에 지진이 난 것처럼 기울어지고 흔들려서 순간 자신이 어디에 있는지 모를 정도였다. 옆에서는 여전히 심하게 구토를 하고 있었고 그 소리를 듣는 건 두려웠다. 듣는 것은 고통스러웠지만 다행히 점점 느껴지지 않게 됐다. 표류하고 유랑하는 공포를 문 바깥에 잠궜다. 지척이 천리같이 느껴졌다. 아주 멀고 아주 아득하게."[31]

뤄전의 공간으로서의 경계 관점은 '진공관'을 '지나간다'라는 표현에서 보다 구체적인 형태를 드러낸다. '진공'은 문자적으로는 공기가 하나도 없는 상태이지만 실제로는 극히 저압인 상태를 이른다. 이를 원용한다면 진공관에서 산다는 것은 모든 이데올로기와 소속과 신분과 정체성의 압력이 사라지거나 극도로 약화된 상태를 비유하는 것이라 할 수 있다. '진공관'이라는 저압 혹은 압력이 거의 없는 공간에서 '살아가는 것'으로 경계의 통과 경험을 서술하는 것은 장아이링이 새롭게 발견한 경계에 대한 감각이라 할 수 있다.

31　張愛玲, 「浮花浪蘂」, 『色, 戒』, 皇冠出版社, 2020, 268쪽.

진공관으로 표현된 이 경계의 통과 공간에서 뤄전은 이데올로기와 국가 등과의 압력이 낮아지거나 없어진 상태를 살아가면서 극한의 자유와 일종의 기쁨—편안함—을 만끽한다. 그러나 이 편안함에는 위태로움이 병존한다는 것을 안다. 모든 소속과 구속에서 벗어나 나의 삶을 산다는 기쁨의 이면에는 이 '선상'에서 상상된 '진공관'이 시공간적으로 한정되어 있고 그 바깥에 전망은 잘 보이지 않고 막막하고 위태로운 상황이라는 것을 아는 감각이 같이한다.

이러한 불안과 두려움과 싸우면서('문 바깥에 잠궜다') 뤄전은 경계선이 무화되고 안과 밖이 형해화되는 이 진공관에서의 생활이 지속되기를('아주 멀고 아주 아득하게' 되기를) 희망한다. '진공관'이라는 특정한 경계 감각은 '공간'으로서의 경계 상상을 선상생활을 통해 극단으로 밀어붙인 일종의 경계 경합 혹은 경계 투쟁의 일환이라 할 수 있다.[32] 국경을 넘는 뤄전은 '선'으로 발화되는 통상적인 경계에 대한 상상을 허물고 다종—원형의 터널, 진공관 등—의 공간으로 경계를 상상적으로 재구성한다. 이는 경계가 과잉결정되고 다중적이며 이질적이고 편재적이라는 본원적인 성격을 체득한 이의 인식이기도 하다.[33] 그리하여 뤄전의 서사는 국경을 거스르고 횡단하는 한편 경계에서 그 면적을 넓혀가고 연결하고 또 이를 통해 이데올로기와 국가가 강요하는 신직인 사고를 무회할 뿐

---

32 경계 투쟁과 경계 경합에 대해서는 다음 저서의 서론과 1장을 참고. 신드르 메지드라, 브렛 닐슨, 남청수 옮김,『방법으로서의 경계』, 갈무리, 2021.
33 발리바르는 경계들이 역사적 다의성을 갖고 있다는 점을 강조한다. 경계들의 과잉결정적 성격, 다의미성, 편재성과 이질성에 대한 논의로 다음을 참고. 에티엔 발리바르, 최원, 서관모 옮김, 「경계란 무엇인가」,『대중들의 공포』, 도서출판b, 2007.

만 아니라 다른 한편 경계에서 삶을 구상하고 서사화함으로써 가치화하는 방법을 제시한다고 볼 수 있다.[34]

V. 나가며: 텍스트의 위치성

「부화낭예」는 1950년대 중반부터 집필되고 1970년대 말에 발표되어 냉전시기 동안 집필과 수정, 발표가 이뤄진 텍스트다. 이와 같이 냉전시기를 관통하면서 지속적으로 다시 써졌던 월경서사는 본론에서 밝힌 대로 '난민됨'을 체현한 의식과 '경계'에 대한 새로운 인식을 통해 이데올로기와 국가에 의해 그어지던 안과 밖, 국민과 비국민의 경계선을 문제시하고 흐리게 하면서 재구성하는 궤적을 보여준다. 따라서 이 월경서사에서 전개되는 이질적이고 다종적이며 모호한 인물들은 냉전체제와 국민국가가 강제하는 동일성과 동질화의 논리를 거스르는 가운데 출현한 것이다. 또 이들과 만

---

34 장아이링의 '진공관' 비유와 관련하여 공학적인 측면에서 부언할 사항이 있다. 공학적으로 진공관은 유리나 금속 등의 밀폐된 용기 내부를 진공으로 하고 그 안에 양극과 음극 등 몇 개의 전극을 넣은 전자관을 가리킨다. 이는 전극들 사이에 전자류를 발생시켜 적당한 방법으로 제어하는 데 소용되는 장치로 정류(整流) 및 증폭이 가능하다. 「부화낭예」에서 뤄전의 진공관 상상에서 도드라진 것은 진공관의 쓰임새보다 그 사물의 존재형태, 곧 진공인 상태로 보인다. 물론 이 진공관 비유를 확장하면 냉전체제의 이데올로기적인 양극단을 품고 있는 장치-공간으로 보거나 더 나아가 냉전체제와 상이한 방향으로 정류나 증폭을 기획하는 것으로 해석될 수 있다. 다만 「부화낭예」의 서사에서 드러난 '진공관' 비유는 이보다 냉전체제의 바깥 혹은 뒤집힌 냉전체제로 상상되면서 그 속에서 현 냉전체제와 국민국가 (재)형성기에 희소해지는 '자유'와 '평안'한 일상의 감각을 회복시켜 보여주는 데 더 관심이 있는 듯 보인다.

나고 이들을 응시하는 뤄전은 경계를 넘으면서 안과 밖을 동시에 겪고 그 경험들을 보유하면서 이러한 냉전체제와 국민국가의 압력에 규정되지 않는 삶과 사유는 가능한지를 질문하는 인물이다. 그런데 냉전체제와 국민국가의 경계선 긋기의 문제성을 넘어가고자 하는 서사가, 1970년대 말 중미 간 데탕트가 열리긴 했으되 냉전체제와 국민국가가 여전히 구동하던 동아시아와 세계의 상황에서 웅숭깊은 이해를 얻기란 쉽지 않았을 것이다. 발표 당시의 혹평은 왜 이런 형식을 택했는지와 더불어 서사의 중점에 대한 이해도 깊기 어려웠기 때문에 일어난 일로 짐작할 수 있다.

한편 장아이링이 냉전체제하 중국과 타이완의 대치국면에서 어떤 포지션을 선택했는가 하는 문제는 별도로 따져봐야 할 문제이다. 일반적으로 장아이링은 도미 후 타이완 등지의 중화권에서 스타덤에 올랐기에 이데올로기적으로 양안 가운데 타이완에 기울어졌으리라 생각하기 쉽다. 이는 좀 더 복잡한 문제이기에 차후에 상론해야 할 사안이지만 간단하게 언급하자면 냉전체제의 대치국면에서 장아이링은 예상과는 달리, 그리고 「부화낭예」에서 표명했던 대로, 중국과 타이완 그리고 서구에 대해 특정한 상황과 관련하여 비판적인 입장을 취했고 이를 발언으로 남겼다.[35]

---

35 1960년대 쓴 보고서인 다음 글에서 장아이링은 중국과 타이완, 그리고 서구 모두 중국현대성을 가치 없는 것으로 치부하고 특히 중국현대문학을 경시한다고 비판한다. Eileen Chang, "Chinese Translation: A Vehicle of Cultural Influence", *PMLA*, 130: 2, March 2015. 장아이링은 중국에 비판적이었을 뿐만 아니라 타이완에 대해서도 오사시기의 자유주의자가 공산주의자가 되었거나 그 작가가 중국대륙에 거주하고 있기 때문에 중국 현대문학을 외면하고 고전 중국과 서양만을 공부하는 현실을 비판한다. 한편 미국화에 대한 비판도 놓치지 않고 있어서 주목을 요

남은 문제로 이러한 「부화낭예」를 장아이링의 문학세계와 중국 현대문학에서 어떻게 위치지을 수 있는가와 관련된 검토가 있다. 「부화낭예」를 비롯한 일련의 후기문학에 대한 재평가 속에서 장아이링은 1940년대를 대표하던 상하이 작가에서 냉전체제와 국민국가 형성기에 문제제기를 하는 작가로 재위치지워져야 할지 모르겠다. 이는 장아이링의 문학세계에서도 재론되어야 할 사안이고 중국현대문학사에서도 새롭게 기입되어야 할 문제로 보인다. 이 점이 문학사 및 작가의 전작(全作) 평가와 관련되어 재론되어야 할 종적인 문제라고 한다면 다른 한편 냉전기 동아시아에서 월경하는 서사들이 출현한 것과 관련된 횡적인 검토도 필요해 보인다. 한국의 경우 「부화낭예」가 집필됐던 시기와 비슷한 때 최인훈의 『광장』(1960)이 발표됐다. 이 시기 출현했던 동아시아 냉전기 월경서사들을 횡적으로 두고 볼 때 왜 이 시기에 유사한 서사들이 출현했는지 공통적으로 질문하는 것이 무엇이며 또 고유하게 모색하는 것은 무엇인지 등에 대해서 검토할 필요가 있다. 어쩌면 횡적으로 검토했을 때 개별 텍스트가 발언하는 것을 넘어 동아시아나 세계에 던지는 새로운 문제나 시선을 발견할 수 있을지도 모른다. 이는 「부화낭예」 분석과 이어지는 장아이링 후기문학 연구와 관련된 작업으로 차후에 구명할 사안으로 남겨두고자 한다.

한다. 관련 논의로 다음을 참고. Christopher Lee, "Translation in distraction : on Eileen Chang's "Chinese translation: a vehicle of cultural influence", *Journal of Modern Literature in Chinese*, 14: 1, 2017.

참고문헌

1장　　한센인, 서발터니티의 지정학

연구논문

게오르그 짐멜, 김덕영 외 역, 『짐멜의 모더니티 읽기』, 새물결, 서울, 2005.

김경호, 「사회생태이론의 관점에서 본 한센병 스티그마의 감소 전략」, 『사회연구』 통권 20호 2010년 2호, 한국사회조사연구소, 2010, 63-100쪽.

김동규, 「완월동과 항구도시의 임계」, 『인문사회과학연구』 제22권 제3호, 부경대학교인문사회과학연구소, 2021, 53-85쪽.

김동규, 「서발터니티라는 방법」, 『인문사회과학연구』 제24권 제3호, 부경대학교인문사회과학연구소, 2023가, 369-402쪽.

김동규, 「15분 문화도시민의 주권과 공공성」, 『15분 도시 부산의 문화적 실천 전략 연구』, 부산문화재단, 2023나, 34-62쪽.

김동규, 「임계의 철학: 잠재성의 의미론」, 『철학연구』 171집, 대한철학회, 2024, 51-81쪽.

김려실, 「1970년대 생명정치와 한센병 관리정책: 김정한의 「인간단지」와 최인호의 「미개인」을 중심으로」, 『상허학보』 Vol.48, 상허학회, 2016, 267-300쪽.

김아람, 「1960~70년대 한센인 정착촌의 형성과 '자활'의 한계」, 『동방학지』 Vol.194, 연세대학교 국학연구원, 2021, 53-87쪽.

김재형, 「한센인의 격리제도와 낙인·차별에 관한 연구」, 서울대학교, 박사, 2019가, 1-251쪽.

김재형, 「한센병 치료제의 발전과 한센인 강제격리정책의 변화」, 『의료사회사연구』 제3집, 의료역사연구회, 2019나, 5-40쪽.

김재형, 『질병, 낙인: 무균사회와 한센인의 강제 격리』, 돌베개, 파주, 2021.

도미야마 이치로(심정명 역), 『유착의 사상-'오키나와 문제'의 계보학과 새로운 사유의 방법』, 글항아리, 파주, 2015.

박정미, 「한국 기지촌 성매매정책의 역사사회학, 1953-1995년: 냉전기 생명정
　　　치, 예외상태, 그리고 주권의 역설」,『한국사회학』제49집 제2호, 한국
　　　사회학회, 2015, 1-33쪽.

어빙 고프만, 윤선길 외 역,『스티그마: 장애의 사회심리학』, 한신대학교출판
　　　부, 서울, 2015.

오덕애, 「근대의학 담론이 '한센병'에 미친 영향 한하운의 텍스트를 중심으로」,
　　　한국문학논총 82집, 2019, 79-118쪽.

이가연, 「호주장로교의 부산지역 의료선교: 맥켄지의 부산나병원 운영과 부산
　　　부의 나환자 대책을 중심으로」,『역사와 경계』121, 2021, 1-25쪽.

정근식, 「동아시아 한센병사 연구를 위하여」,『보건과 사회과학』제12집,
　　　2002, 5-41쪽.

정근식, 「질병공동체의 해체와 이주의 네트웍: 두 정착마을 사례를 중심으로」,
　　　『사회와 역사』Vol.0 No.69, 한국사회사학회, 2006, 43-81쪽.

정철, 「한센인의 완전한 사회복귀 방안의 모색」,『사회법연구』14호, 2010,
　　　1-32쪽.

조르조 아감벤, 박진우 역,『호모 사케르』, 새물결, 서울, 2008.

조르조 아감벤, 김항 역,『예외상태』, 새물결, 서울, 2009.

주디스 버틀러, 양효실 역,『윤리적 폭력 비판』, 인간사랑, 고양, 2013.

최병택, 「남장로회선교부 한센병 환자 수용정책의 성격 1909-1950」,『한국 기
　　　독교와 역사』32호, 2010, 227-262쪽.

토마스 렘케, 심성보 역,『생명정치란 무엇인가: 푸코에서 생명자본까지 현대
　　　정치의 수수께끼를 밝힌다』, 그린비, 서울, 2015.

한순미, 「고독의 위치: 폭력과 저항의 유착(流着): 한센인 노석현에 기대어」,
　　　『상허학보』46집, 상허학회, 2016, 441-483쪽.

한순미, 「거울과 카메라: 한센병 발화에서 "당신"의 각도」,『의료사회사연구』
　　　Vol.7 No.1, 의료역사연구회 2021, 35-64쪽.

한순미,『격리-낙인-추방의 문화사: 한센병 계몽 잡지『새빛』과 한국문학』, 전

남대학교 출판문화원, 광주, 2022.

한하운, 『한하운 전집』, 문학과 지성사, 서울, 2010.

Adriana Cavarero, *Relating Narrative: Storytelling and Selfhood*, Routledge, London and New York, 2000.

기사 및 사이트

『경향신문』, "집행유예 언도 비토리 사건 피고", 1958. 5. 30, 3면.

공익정보 아카이브, "장애인이 시설 바깥에서 자립할 수 있도록, 탈시설 운동은 어떻게 전개되었을까요?", 서울시 공익활동지원센터, 2021. https://blog.naver.com/snpo2013/222391271337Tas voloriat labo. Debis doluptas acea doloriate alitiori comnis aceris quis

2장 　완월동 성매매 집결지와 관문도시 부산의 임계

연구논문

강혜경, 「일제시기 성병의 사회문제화와 성병관리」, 『한국민족운동사 연구』 59, 한국민족운동사학회, 2009.

강혜경, 「제1공화국시기 매춘여성과 성병관리」, 『한국민족운동사연구』 63, 한국민족운동사학회, 2010.

김동규, 「장애와 역량적 접근 그리고 공공성의 변증법」, 『한국문학논총』 제79집, 한국문학회, 2018.

김동규, 「상치받을 수 있는 주체: 대칭성과 비대칭성 윤리 사이에서」, 『철학연구』 제158집, 대한철학회, 2021.

김용환, 「홉스의 힘의 정치철학: 폭력과 통제」, 『동서철학연구』 제29호, 한국동서철학회, 2003.

김정한, 「폭력과 저항: 발리바르와 지젝」, 『사회와철학』 21집, 사회와철학연구회, 2011.

김희식, 「성매매집결지(집창촌)의 기원: 박정희 정권기를 중심으로」, 『역사문제연구』, 20호, 역사문제연구소, 2008.

김희식, 「인천의 도시화와 매춘문제 고찰」, 『역사와 경계』 85, 부산경남사학회, 2012.

민경자, 「한국 매춘여성의 연대와 집단화」, 『민주주의와 인권』 Vol.2 No.1, 전남대학교 5.18연구소, 2002.

박상필 외, 「부산 집창촌의 창조적 재생방안: 완월동 지역을 중심으로」, 부산발전연구원, 2014.

박정미, 「잊혀진 자들의 투쟁: 한국 성매매여성들의 저항의 역사」, 『역사비평』 118, 역사문제연구소, 2017.

김희식, 「한국 기지촌 성매매정책의 역사사회학, 1953-1995년: 냉전기 생명정치, 예외상태, 그리고 주권의 역설」, 『한국사회학』 제49집 제2호, 한국사회학회, 2015.

서우석 외, 「도시 성매매 공간의 사회적 생산과 구성: 청량리 588 지역의 '미스방' 사례 분석, 『서울도시연구』 17권 3호, 서울연구원, 2016.

손자희, 「집창촌/신자유주의/코뮌」, 『여성이론』 18, 도서출판여이연, 2008.

안일순, 「기지촌 생활 25년 김연자씨의 본격증언: 내가 겪은 양공주, 미군범죄의 세계」, 『말』 12, 월간말, 1993.

양미숙, 「개항기~1910년대 부산의 유곽 도입과 정착과정」, 『지역과 역사』 24, 부경역사연구소, 2009.

여성인권지원센터 '살림', 「완월동 성매매피해여성의 이해와 상담: 성매매피해여성의 자활지원을 위한 워크샵」, (사) 여성인권지원센터 '살림', 2006.

장현성 외, 「부산시 문화다양성 지표개발을 통한 실태조사 최종보고서」, 부산광역시, 부산문화재단, 2019.

전성현, 「일제강점기 부산 유곽의 실태와 일본군과의 관련성」, 『역사와 경계』 109, 부산경남사학회, 2018.

정소연, 「개항장의 도시공간구조에 관한 연구- 부산, 인천, 목포, 군산, 마산 개항장을 중심으로-」, 부산대학교 석사, 2007.

정현백, 「근대국가와 성매매 여성: 20세기 전환기 독일을 중심으로」, 『사림』
　　　제34호, 수선사학회, 2009.

조성택, 「일제 강점기 공창제에 대한 비판적 고찰」, 『한국행정사학지』 42호,
　　　한국행정사학회, 2018.

한국형사정책연구원, 「성매매 실태 및 경제규모에 관한 전국조사」, 여성가족
　　　부, 2002.

한국형사정책연구원, 「2019 성매매 실태 및 대응방안 연구」, 여성가족부,
　　　2019.

홍수경, 「제국의식의 팽창과 해외거류민 사회: 1910-20년대 재싱가포르 일본
　　　인 폐창운동」, 『도시연구: 역사•사회•문화』 제19호, 도시사학회, 2018.

단행본

게오르그 짐멜, 김덕영 역, 「다리와 문」, 『짐멜의 모더니티 읽기』, 새물결,
　　　2005.

김연자, 『아메리카 타운 왕언니, 죽기 오분 전까지 악을 쓰다: 김연자 자전 에
　　　세이』, 삼인, 2005.

리차드 세넷, 임동근 외 역, 『살과 돌』, 문화과학, 1999.

미셸 푸코, 오르트망 역, 『안전, 영토, 인구』, 난장, 2011.

발터 벤야민, 진태원 역, 「폭력 비판을 위하여」, 『법의 힘』, 문학과지성사,
　　　2004.

발터 벤야민, 최성만 역, 『폭력 비판을 위하여』, 길, 2008.

부산문화재단(편), 『문화재단의 2020 비젼을 빚다』, 부산문화재단, 2011.

부신문회제단(편), 『부산문화재단 비전 2030』, 부산문하재단, 2019.

수디르 벤카테시, 문희경 역, 『플로팅 시티: 괴짜 사회학자, 뉴욕 지하경제를 탐
　　　사하다』, 어크로스, 2014.

여성인권지원센터 '살림', 「부산 '완월동' 성매매 집결지의 변화와 지역사회의
　　　미래」, 부산광역시, 2019.

여성인권지원센터 '살림', 『완월동 당부 기록집』, (사) 여성인권지원센터 '살림',

2020.

월터 미뇰로, 이성훈 역, 『로컬 히스토리 글로벌 디자인』, 에코리브르, 2013.

일래인 스캐리, 메이 역, 『고통받는 몸: 세계를 창조하기와 파괴하기』, 오월의
봄, 2018.

정경숙, 『완월동 여자들: 살아남아 사람을 살리는 여성 연대의 기록』, 산지니,
2020.

정희진, 『한국여성인권운동사』, 한울, 1999.

정희진, 「한국 남성의 식민성과 여성주의 이론」, 『한국남성을 분석한다.』, 교
양인, 2017.

조르조 아감벤, 김항 역, 『예외상태』, 새물결, 2009.

조르조 아감벤, 박진우 역, 『호모사케르: 주권과 벌거벗은 생명』, 새물결,
2008.

칼 슈미트, 김항 역, 『정치신학: 주권론에 관한 네 개의 장』, 그린비, 2010.

토마스 렘케, 심성보 역, 『생명정치란 무엇인가: 푸코에서 생명자본까지 현대
정치의 수수께끼를 밝힌다.』, 그린비, 2015.

한나 아렌트, 이진우 외 역, 『인간의 조건』, 한길사, 2003.

홍성철, 『유곽의 역사』, 페이퍼로드, 2007.

번역서 및 외국논저

Adriana Cavarero, *Horrorism: naming contemporary violence*,
Columbia Uni. Press, 2011.

Georg Simmel, *The philosophy of money*, Routledge, 1978.

Karlheinz Barck et., "Allegorie", *Ästhetische Grundbegriffe Bd.1*, J. B.
Metzler Verlag, 2000.

Moon H.S. Katharine, *Sex among Allies: Military Prostitution in U.S.-
Korea Relations*, Columbia University Press, 1997.

Walter Benjamin, "Zur Kritik der Gewalt", *Gesammelte Schriften II-1*,
Suhrkamp, 1921.

기타자료

http://www.grandculture.net/ko/Contents/Contents?dataType=01&
　　contents_id=GC04208878&RequestBy=항목링크)

3장　　중화인민공화국 수립 후 중국공산당의 유민(遊民)정책

김능우 등,『중국 개항도시를 걷다: 소통과 충돌의 공간, 광주에서 상해까지』,
　　현암사, 2013.

김동규,「서발터니티(subalternity)라는 방법」,『인문사회과학연구』제24권 제
　　3호, 인문사회과학연구소, 2022년, 369-402쪽.

김태승,「紀律과 更生: 1930년대 上海 遊民 습근소의 遊民관리」,『東洋史學硏
　　究』제85집, 동양사학회, 2003, 255-282쪽.

미셸 푸코, 오생근 역,『감시와 처벌 – 감옥의 탄생』, 나남출판, 2020.

산드로 메자드라, 브렛 닐슨, 남청수 역,『방법으로서의 경계 – 전지구화 시대
　　새로운 착취와 저항 공간의 창출』, 갈무리, 2021.

쑤즈량 등, 손염홍 역,『상하이지역 일본군 위안소』, 동북아역사재단, 2018.

송옥연,「상하이에서 본 요리점·유곽·위안소의 연관성」,『사회와 역사』제115
　　집, 한국사회사학회, 2017, 7-43쪽.

오미일,『제국의 관문: 개항장도시의 식민지 근대』, 도서출판 선인, 2017.

자크 랑시에르, 양창렬 역,『정치적인 것의 가장자리에서』, 길, 2013.

강수지,「계급해방 속의 창기 해방-1950년대 上海市 禁娼事業」,『중국근현대
　　사연구』제48집, 중국근현대사학회, 2010년, 83-107쪽.

장윤미,「중국의 서발턴 연구: 개념, 주제, 쟁점」,『중소연구』제47권 제1호, 아
　　태지역연구센터, 2022, 59-101쪽.

정주아,「유맹(流氓)의 서사와 재중(在中)조선인 집단의 자아상」,『한국현대문
　　학연구』제42집, 한국현대문학회, 2014, 417-444쪽.

조르조 아감벤, 박진우 역, 『호모 사케르: 주권 권력과 벌거벗은 생명』, 새물결,
　　　2008.
줄리아 크리스테바, 서민원 역, 『공포의 권력』, 동문선, 2001.
히메다 미쓰요시 등, 김순호 역, 『20세기 중국사』, 도서출판 돌베개, 1995.

安克强 著, 袁燮銘, 夏俊霞 譯, 『上海妓女-19-20世紀中國賣淫與性』, 上海古
　　　籍出版社, 2004.
陳明勝, 「論中國共産黨遊民政策的歷史演變(1921-1953)」, 『黨史研究與教學』
　　　第01期, 中共福建省委黨校, 2013, 92-99쪽.
瞿秋白, 『瞿秋白文集』(第三卷), 人民文學出版社, 1989.
丁東昇, 「建國初期上海遊民改造問題研究」, 東華大學碩士學位論文, 2009.
範靜思 主編, 上海民政志編纂委員會 編, 『上海民政志』, 上海社會科學院出
　　　版社, 2000.
福建省委黨校黨史研究室 編, 『紅四軍入閩和古田會議文獻資料』, 福建人民
　　　出版社, 1979.
───, 『紅四軍入閩和古田會議文獻資料』(續編), 福建人民出版社, 1980.
黃瑧睿, 「上海遊民大收容」, 『檔案春秋』第12期, 上海市檔案館, 2009, 16-
　　　17쪽.
韩延龙, 常兆儒, 『中國新民主主義革命時期根據地法制文獻選編』(第3卷), 中
　　　國社會科學出版社, 1984.
蔣傑, 「戰爭與毒品: 戰時上海的毒品貿易與消費」, 『抗日戰爭研究』第4期, 中
　　　國社會科學院近代史研究所, 中國抗日戰爭史學會, 2018, 74-91쪽.
林立, 「把游民和娼妓改造成新人」, 『20世纪上海文史资料文库』(10), 上海书
　　　店出版社, 1999.
毛澤東, 『毛澤東農村調查文集』, 人民出版社, 1982.
───, 『毛澤東選集』(第1卷), 人民出版社, 1991.
───, 『毛澤東文集』(第1卷), 人民出版社, 1993.
瞿秋白, 『瞿秋白文集 : 政治理論編』(第3卷), 人民出版社, 1989.

阮清華,「歸位: 建國初期上海遊民改造對象分析」,『史林』第01期, 上海社会科学院历史研究所, 2008a, 159-167쪽.

―――,「上海遊民改造研究(1949-1958年)」, 復旦大學博士學位論文, 2008b.

―――,「遊者無疆―近代上海的遊民問題處理」,『近代史學刊』00期, 華中師範大學中國近代史研究所, 2009, 39-61쪽.

―――,「新中國成立初期上海遊民改造運動探析」,『歷史教學問題』第05期, 華東師範大學, 2011, 101-106쪽.

湯水清,「新中國成立初期遊民的安置和改造―以上海爲中心的考察」,『江西社會科學』第11期, 江西省社會科學院, 2007, 104-108쪽.

王立民,「上海租界的吸毒與禁煙―以『英國巡捕眼中的上海灘』一書爲視角」,『文史天地』第05期, 貴州省政協辦公廳, 2020.

熊月之 主編,『上海通史』第11卷, 人民出版社, 1999.

―――,「近代上海城市對於貧民的意義」,『史林』第02期, 上海社会科学院历史研究所, 2018, 1-11쪽.

楊吉曾, 賀宛男 編著,『上海娼妓改造史話』, 上海三聯書店, 1998.

楊麗萍,「論新中國成立之初政府對社會異質性的消解―透過上海遊民改造的分析」,『江蘇社會科學』第04期, 江蘇省哲學社會科學界聯合會, 2009, 185-191쪽.

―――,「新中國成立初期的城市遊民收容―以上海爲例」,『上海城市管理』第06期, 上海城建職業學院, 2010, 71-74쪽.

張同心,「單位社會下的遊民: 建國初期上海市遊民治理」,『南華大學學報』第02期, 南華大學, 2011, 51-53쪽.

中共上海市委黨史研究室, 上海市檔案館藏檔案館 編,『接管上海』(下卷), 中國廣播電視出版社, 1993.

中共上海市委黨史研究室, 上海市檔案館藏檔案館 編,『上海解放初期的社會改造』, 中共黨史出版社, 1999.

中央檔案館編,『中共中央文件選集』(第二冊), 中共中央黨校出版社, 1989.

中央人民政府法制委員會編,『中央人民政府法令匯編』(1949-1950), 法律出版社, 1982a.

———, 『中央人民政府法令匯編』(1952), 法律出版社, 1982b.

———, 『中央人民政府法令匯編』(1954年1月-9月), 法律出版社, 1982c.

"江蘇上海第二特區地方法院錢尤氏等毒品案的文件", <上海市檔案館藏檔
案Q182-2-90>.

"爲肅淸無業遊民擬拘送遊民習藝所以維社會安寧秩序", "爲呈請轉函上海安
全促進會擴張收容機構積極安置遊民以除盜竊氣氛", <上海市檔案館
藏檔案 Q1-12-1496>, 1947年06月28日.

"上海市人民政府通告: 为收容改造长期以乞食偷盗卫生的乞丐和扒手事",
<上海市檔案館藏檔案 B168-1-923>, 1949年12月.

"各生産敎養所每月收容人數統計表", <上海市檔案館藏檔案 B168-1-923>,
1950年03月.

"上海市府對遊民犯人進行集體勞動改造工作的專題報告", <上海市檔案館藏
檔案 B1-1-1024>, 1950年12月25日.

"上海市遊民改造工作槪況", <上海市檔案館藏檔案 B168-1-931>, 1951年末.

"上海婦女敎養所工作情況", <上海市檔案館藏檔案 B168-1-938>, 1952年05
月28日.

"收容工作總結", <上海市檔案館藏檔案 B168-1-923>, 1952年12月.

"嵩山區公安分局對遊民及社會渣滓的摸底情況和意見", <上海市檔案館藏檔
案 B2-2-71>, 1955年04月.

"嵩山區公安分局對遊民及社會渣滓的調査情況報告(初稿)", <上海市檔案館
藏檔案 B2-2-71>, 1955年05月.

"上海市人救分會對於1955年遊民改造工作計劃的意見", <上海市檔案館藏檔
案 B168-1-953>, 1955年07月08日.

"上海市妓女收容處理統計表", <上海市檔案館藏檔案 B2-2-31>, 1955年10月.

"上海市人民委員會通報-爲收容工作中發生遊民, 社會渣滓自殺事件", <上海
市檔案館藏檔案 B1-2-1680>, 1956年01月30日.

"目前遊民收容工作的情況報告", <上海市檔案館藏檔案 B168-1-964>, 1956

年01月.

“關於最近收容遊民及社會渣滓工作情況報告(草案)”, <上海市檔案館藏檔案
　　　B2-1-47>, 1956年03月15日.

“收容遊民工作的成績例子”, <上海市檔案館藏檔案 B168-1-49>, 1956年10月.

“上海市遊民改造工作簡況”, <上海市檔案館藏檔案 B168-1-966>, 1957年05
　　　月13日.

“楊浦區收容人員情況年報表”, <楊浦區档案館藏檔案 1966-047-5-0138>,
　　　1960年.

“毒販被捕: 抄出紅丸萬七千粒”, 『新聞報』, 1938.02.25일 자.

“中國人民解放軍布告”, 『解放日報』, 1949.05.29일 자.

“集中敎育逐漸改造, 乞丐扒手獲善安置”, 『解放日報』, 1949.12.18일 자.

“中央人民政府政務院關於劃分農村階級成份的決定”, 『人民日報』,
　　　1950.08.21일 자.

“哈爾濱大樓請理記”, 『新民晩報』, 1951.02.28일 자.

Hershatter, Gail, “State of the Field: Women in China's Long
　　　Twentieth Century,” *The Journal of Asian Studies* Vol. 63 No. 4,
　　　2004, pp.991-1065.

Huang, Philip C.C. Code, *Custom, and Legal Practice in China: The
　　　Qing and the Republic Compared*, Stanford University Press,
　　　2001.

Lu, Hanchao, “Becoming Urban: Mendicancy and Vagrants in Modern
　　　Shanghai,” *Journal of Social History* Vol. 33 No. 1, 1999, pp.7-
　　　36.

1. 사료

廣東省政府, 「外國人來中國護照簽證辦法」, 『廣東省政府公報』 第335期,
　　　1936.

賀益文, 「猶太民族問題」, 『東方雜志』, 第36卷 第12號, 1939.

「(社論)擁護莫斯科反法西斯青年大會」, 『解放日報』, 1941.10.11.

「上海日陸海軍最高當局布告」, 『新申報』, 1943.02.18.

中華民國外交部, 「立法院院長孫科提詳擬在西南邊區猶太人寄居區域以容
　　　納窮無可歸之該国人民案」, 『劃定猶太人寄居區域』 典藏號: 020-
　　　070900-0062, 1939.

中華民國外交部, 「擬在西南邊區猶太人寄居區域以容納窮無可歸之該國人民
　　　(案準)」, 『劃定猶太人寄居區域』 典藏號: 020-070900-0062, 1939.

2. 연구서

산드로 메자드라·브렛 닐슨, 남청수 역, 『방법으로서의 경계』, 갈무리, 2021.

이홍규·장윤미, 『동아시아 관문도시와 서발터니티 연구』, 산지니, 2024.

자크 데리다, 남수인 역, 『환대에 대하여: 안 뒤프르망텔 서론』, 東文選, 2004.

조녀선 카우프만, 최파일 역, 『상하이의 유대인 제국』, 생각의힘, 2023.

조르조 아감벤, 『호모 사케르(주권권력과 벌거벗은 생명)』, 새물결, 2008.

何鳳山, 『外交生涯四十年』, 香港中文大學出版社, 1990.

黃媛, 李惟瑋 等 編著, 『猶太難民與上海: 上海方舟』, 上海交通大學出版社,
　　　2015.

克蘭茨勒(David H. Kranzler), 許步曾 譯, 『上海猶太難民社區(1938-1945)』, 三
　　　聯書店上海分店, 1991.

麗蓮·威倫斯, 劉握宇 譯, 『一個猶太人的上海記憶(1927-1952)』, 生活·讀書·新
　　　知三聯書店, 2018.

潘光, 『一個半世紀以來的上海猶太人──猶太民族史上的東方一頁』, 社會科

學文獻出版社, 2002.

潘光 主編, 『猶太研究在中國三十年回顧: 1978-2008』, 上海社會科學院出版
　　　社, 2008.

上海市政協文史資料委員、上海猶太研究中心, 『文史資料百部經典文庫: 猶
　　　太人憶上海』, 中國文史出版社, 2018.

宋慶齡, 『宋慶齡選集』, 中華書局印行, 1967.

唐培吉 等, 『上海猶太人』, 三聯書店: 上海分店, 1992.

王健, 『上海猶太人社會生活史』, 上海錦繡文章出版社, 2010.

王健, 『逃亡與拯救: 二戰中的猶太難民與上海』, 上海交通大學出版社, 2016.

伊愛蓮(Irene Eber), 宋立宏·丁琪·張鋆良 譯, 『上海之聲: 二戰時期來華猶太
　　　流亡者的心聲』, 浙江人民出版社, 2022.

3. 연구논문

김지환, 「中國 猶太移住民에 대한 日本의 인식과 정책」, 『중국근현대사연구』
　　　46호, 2010.

김지영·이홍규, 「중화인민공화국 수립 후 중국공산당의 유민(遊民)정책: 관문
　　　도시 상하이를 중심으로」, 『현대중국연구』 제25권 제3호, 2023.

김지영, 「근대 중국 도시의 빈곤층 연구: 민국시기 상하이 노점상 治理를 중심
　　　으로」, 『아시아연구』 27권 3호, 2024.

양창아, 「'파리아(pariah)'의 정치- 숨겨진 과거와 이어지며 시작되는 저항 행
　　　위-」, 『철학논총』 제96집, 2019.

이종원, 「반유대주의의 원인과 해결방안」, 『철학탐구』 제54집, 2019.

이홍규·김동규, 「새로운 동아시아 담론을 위한 서설(序說)-방법으로서 관문도
　　　시와 서발터니티」, 『동아연구』 제43권 1호(통권 86집), 2024.

陳旭楠, 「民國時期上海的猶太娼妓問題研究」, 『隴東學院學報』 第24卷 第6
　　　期, 2013.

董莉英, 「二戰時期中國上海的猶太人」, 『西藏民族學院學報(哲學社會科學版)』
　　　第6期, 2005.

範勁,「上海猶太流亡雜志『論壇』中的文學文本與文化身份建構」,『上海師範
　　大學學報(哲學社會科學版)』第3期, 2008.

房建昌,「關於近代來華猶太人史的史料及研究簡況」,『史學理論研究』第2期,
　　1999.

房建昌,「太平洋戰爭爆發前夕日本對來滬德國猶太難民的利用———1940年
　　上海公共租界工部局董事會選舉記」,『德國研究』第4期, 1997.

劉冰,「國民政府關於援助猶太人的檔案揭秘」,『檔案與史學』第2期, 2001.

王健, 韓易,「國際救濟機制下的上海猶太難民救濟工作(1945-1949)」,『史林』
　　第1期, 2023.

維拉—施瓦克茲(Vera Schwarcz), 金彩紅 譯,「猶太人對上海經曆的回憶」,
　　『史林』第2期, 2001.

文春美,「二戰前日本救助猶太人的"河豚計劃"」,『外國問題研究』第4期,
　　2019.

楊智友,「未竟的諾亞方舟———國民政府籌設猶太人特區始末」,『檔案春秋』
　　第5期, 2011.

姚江鴻,「抗戰初期國民政府對猶太人的關注與處置」,『社會科學研究』第6期,
　　2018.

潘光,「來華猶太人的國籍和法律問題(1840-1945)」,『社會科學』第2期, 2006.

殷昭魯, 趙飛飛,「抗戰時期國民政府計劃容留10萬猶太難民始末」,『文史月
　　刊』第2期, 2007.

周國建,「論三十年代猶太難民湧入上海的原因」,『史林』第2期, 1992.

菅野賢治,「日本軍政下の上海にユダヤ絶滅計畫は存在したか(續)—實吉敏
　　郎·海軍大佐の未公開文書より―」,『京都ユダヤ思想』第10號, 2019.

菅野賢治,「「上海無國籍避難民指定居住區」の設置過程」,『京都ユダヤ思想』
　　第11號, 2020.

菅野賢治,「「上海無國籍避難民指定居住區」設置の反響」,『京都ユダヤ思想』
　　第12號, 2021.

関根真保,「日本は戰時上海のユダヤ人を「救った」のか, それとも「見捨てた」

のか」,『現代中國研究』第39號, 2017.

山下肇,「上海のドイツ·ユダヤ人(1): 序説」,『獨逸文學』31巻, 1987.

山下肇,「上海のドイツ·ユダヤ人(2)」,『獨逸文學』32巻, 1988.

4. 기타

"Pro-Zionist letter by 'father of modern China' Sun Yat-Sen resurfaces in Israel", Jewish News Syndicate, Feb.11.2021. (https://www.jns.org/pro-zionist-letter-by-father-of-modern-china-sun-yat-sen-resurfaces-in-israel/)

5장　　　시진핑 시대 민족국가 통합과 소수민족의 서발턴화

김경임, 「시진핑 시기 중국 소수민족 언어교육정책 연구」, 서울시립대학교 석사 학위 논문, 2022.

대런 바일러, 홍명교 역, 『신장 위구르 디스토피아』, 생각의힘, 서울, 2022.

로절린드 C. 모리스, 가야트리 차크라보르티 스피박, 파르타 차테르지, 리투 비를라, 두루실라 코넬 저, 태혜숙 역, 『서발턴은 말할 수 있는가?: 서발턴 개념의 역사에 관한 성찰들』, 그린비, 서울, 2013.

서상민, 「중국의 소수민족 현황과 정책」, 『민족연구』 6, 2001.

세계한민족문화대전, 「학생이 한 명 밖에 없어요: 흑룡강성 조선족 교육의 현주소」, http://www.okpedia.kr/Contents/ContentsView?localCode=krcn&contentsId=GC05305327(검색일: 2023. 4. 11).

오병수, 「시진핑 시대 중국의 역사정책과 자국사의 재구성: <歷史: 中外歷史綱要> 과목의 개설 배경과 이데올로기」, 『역사교육』 156, 2020.

왕명가, 이경룡 역, 『중국 화하변경과 중화민족』, 동북아역사재단, 서울, 2008.

이동률, 「소수민족의 분리주의에 대한 중국의 인식과 대응」, 『국가전략』 10권 3호, 2004.

이은홍, 한담, 「조선어문 교과서에 나타난 중국 조선족의 민족 정체성 표상 방

식의 변화: 2007~2011년 판과 2021~2022년 판의 비교를 중심으로」,
『한중인문학연구』76. 2022.

이장훈, 「中 공산당 '홍콩 市民 중국인 만들기' 돌입」, 『주간동아』,
2021/06/02.

이재호, 「티베트의 민족문제(1): 중국의 소수민족정책과 티베트 분리독립운
동」, 『민족연구』35, 2008.

임춘광, 「중국 소수민족 정책상의 소수민족 인권보장에 관한 고찰」, 『인권법평
론』18, 2017.

임형재, 「중국의 이중언어 정책의 변화와 민족학교의 중국어 교수 도입」, 『중
한어언문화연구』9, 2014.

정인환, "중국, '홍콩 민주 진영 잇단 구속' 치밀한 계획 세운 듯", 『한겨레』,
2021/03/01.

정보은, 「중국 동북진흥전략과 소수민족정책 변화의 함의」, 『중국연구』86,
2021.

정인환, "홍콩, 민주화 시위를 '인문학 교육' 탓으로…중국 본토 현장학습도 도
입", 『한겨레』, 2020/11/27.

조르조 아감벤, 박진우 역, 『호모 사케르: 주권권력과 벌거벗은 생명』, 새물결,
서울, 2008.

高玉峰, 「加强社会管理提高民族地区群众工作水平」, 『思想政治工作研究』
8, 2011.

高维, 颜蒙蒙, 「统编教材与国家认同: 统编初中道德与法治教材中的国家认同
教育内容研究」,
『教育学报』3, 2020.

国务院办公厅, "国务院办公厅关于印发固边兴边富民行动'十三五'规划的
通知", 2017, https://www.gov.cn/zhengce/content/2017-06/06/
content_5200277.htm (검색일: 2023. 4. 30).

杜建录, "增强历史自觉, 坚持正确的中华民族历史观", 『中国民族报』,

2022/08/30.

刘昌升,「中美民族团结教育课程设计述评」,『现代基础教育研究』18, 2015.

林平, "地方立法规定民族学校用民族语言教学, 全国人大: 不合宪",『澎湃新闻』, 2021/01/20.

习近平, "习近平: 继续朝着中华民族伟大复兴目标奋勇前进",『新华社』, 2012/11/29.

习近平, "关于坚持和发展中国特色社会主义的几个问题",『求是』, 7, 2019.

习近平, "习近平出席中央民族工作会议并发表重要讲话",『新华社』, 2021/08/28.

习近平, "高举中国特色社会主义伟大旗帜, 为全面建设社会主义现代化国家而团结奋斗: 在中国共产党第二十次全国代表大会上的报告(2022年10月16日)",『人民日报』, 2022/10/26.

杨令飞, 夏文熠, 许科龙波,「新疆推进国家通用语言文字普及维护国家安全的重大意义与实践路径」,『喀什大学学报』43(1), 2022.

梁玉春, "深入开展文化润疆工程",『中国民族报』, 2020/10/14.

延边朝鲜族自治州人民政府, "延边州人民政府办公室关于印发延边朝鲜族自治州朝鲜语言文字工作条例实施细则的通知", 2022, http://zfxxgk.yanbian.gov.cn/cyqzf/xxgkml/202207/t20220725_386239.html (검색일: 2023. 4. 11).

严庆,「持续发力, 不断深化: 党的十八大以来的学校民族团结进步教育」,『中国民族教育』7, 8, 2022.

王珣, "在第二次中央新疆工作座谈会上发表重要讲话",『新华社』, 2014/05/30.

王飞,「香港通识教育科的最新发展与未来展望: 基于香港青年学生国家认同的视角」,『统一战线学研究』5, 2022.

王飞, 刘身强,「中华民族共同体视角下教材建设的价值意蕴与推进理路」,『统一战线学研究』, 1, 2023.

吴楠, "完整准确全面贯彻新发展理念铸牢中华民族共同体意识",『人民日报』, 2021/03/06.

吴明海, 娄利杰, 「新疆国家通用语言文字教育政策的发展历程, 经验与意义」, 『民族教育研究』, 5, 2020.

于子青, "以铸牢中华民族共同体意识为主线, 推动新时代党的民族工作高质量发展", 『人民日报』, 2021/08/29.

张军, 「西藏自治区国家通用语言文字教育的实践与经验」, 『民族语文』, 6, 2021.

周学斌, "孙中山与振兴中华的'中国梦'", 『团结报』, 2016/07/21.

郑新丽, 「统编高中语文教材中的国家认同教育内容研究」, 『内蒙古师范大学学报』4, 2021.

郑燕, 王瑞雪, 「基于铸牢中华民族共同体意识的国家通用语言文字推广与普及」, 『中国民族教育』, 10, 2022.

中共中央, "中国共产党中央委员会工作条例", 『人民日报』, 2020/10/13.

中共中央·国务院, "中共中央·国务院印发《新时代爱国主义教育实施纲要》", 『新华社』, 2019/11/12.

中华人民共和国教育部, "教育部办公厅, 国家民委办公厅关于印发《学校民族团结教育指导纲要(试行)》的通知", 2008, http://www.moe.gov.cn/jyb_xxgk/gk_gbgg/moe_0/moe_2642/moe_2643/tnull_44510.html (검색일: 2023. 4. 30).

中华人民共和国教育部, "教育部国家语委关于印发《国家语言文字事业"十三五"发展规划》的通知", 2016, https://www.gov.cn/gongbao/content/2017/content_5194901.html (검색일: 2023. 2. 12).

中华人民共和国教育部, "教育部, 国务院扶贫办关于印发《深度贫困地区教育脱贫攻坚实施方案(2018~2020年)》的通知", 2018, http://www.moe.gov.cn/srcsite/A03/moe_1892/moe_630/201802/t20180226_327800.htm (검색일: 2023. 2. 12).

中华人民共和国教育部, "教育部等四部门关于印发《深化新时代学校民族团结进步教育指导纲要》的通知", 2021, http://www.moe.gov.cn/

srcsite/A09/s3081/202205/t20220517_628242.html (검색일: 2023. 4. 30).

中华人民共和国国务院新闻办公室, "新疆的职业技能教育培训工作",『新华社』, 2019/08/16.

中华人民共和国国务院新闻办公室, "《新疆的劳动就业保障》白皮书."『新华社』, 2020/09/17.

中华人民共和国中央人民政府, "中共中央印发《深化党和国家机构改革方案》",『新华社』, 2018/03/21.

纪晓华, "中国观察: 潘岳的民族融合观",『星島日報』, 2022/06/22.

蔡群青, 夏海鹰, 「立德树人落实机制下的香港国民教育发展策略」,『中国教育科学』3, 2020.

成岚, "习近平在全国宗教工作会议上强调, 坚持我国宗教中国化方向, 积极引导宗教与社会主义社会相适应, 李克强主持栗战书王沪宁赵乐际韩正出席汪洋讲话",『新华社』, 2021/12/04.

程春华, "坚持正确的中华民族历史观",『人民日报』, 2021/11/30.

费孝通,『中华民族多元一体格局』, 北京: 中央民族大学出版社, 1999.

郝亚明, 「铸牢中华民族共同体意识的若干话语趋向」,『民族研究』, 4, 2022.

何军, "同心逐梦绘"疆"来: 新一轮对口援疆'国家行动'综述",『新华社』, 2021/07/20.

胡鞍钢, 胡联合, "第二代民族政策: 促进民族交融一体和繁荣一体",『新华文摘』, 24, 2011.

Amnesty International, "China: Draconian repression of Muslims in Xinjiang amounts to crimes against humanity", June 10, 2021.

BBC News, "Their goal is to destroy everyone: Uighur camp detainees allege systematic rape", February 02, 2021 (검색일: 2021. 4. 30).

Clyde Yicheng Wang and Zifeng Chen, "From 'motherland' to 'daddy state': A genealogical analysis of the gender undertone in China's nationalist discourses", *Nations and Nationalism*,

January 12, 2023.

James A. Millward, "'Reeducating' Xinjiang's Muslims", *Chinafile*, February 7, 2019.

Nicole Morgret, "Shifting Gears: The Rise of Industrial Transfer into the Xinjiang Uyghur Autonomous Region", June 30, 2022, https://c4ads.org/reports/shifting-gears/(검색일: 2023. 5. 1).

6장　나한각(羅漢脚)의 기억

김동규, 「서발터니티(subalternity)라는 방법」, 인문사회과학연구 제24권 제3호, 2023.

池子華, 『中國近代流民』, 浙江人民出版社, 杭州, 1996.

池子華, 『流民問題與社會控制』, 广西人民出版社, 2001.

曲彦斌, 『中國乞丐史』, 上海文藝出版社, 上海, 1990.

沈起元, 『清經世文編』, 中華書局, 北京, 1992.

周元文, 『重修臺灣府志』, 灣銀行經濟研究室, 臺北, 1960.

林丁國, 『清代臺灣游民研究–以羅漢腳為中心的探討 (1684-1874)』, 東海大學歷史學系碩士論文, 臺北, 1999.

林能士主編, 『歷史』, 南一書局, 臺北, 2013.

林偉盛, 『羅漢腳：清代臺灣社會與分類械鬥』, 自立晚報社文化出版部, 臺北, 1993.

林豪, 『東瀛紀事』, 台灣銀行經濟研究室, 臺北, 1997.

柯志明, 『熟番與奸民：清代臺灣的治理部署與抗爭政治』, 國立臺灣大學出版中心, 臺北, 2021.

陳淑均, 『噶瑪蘭廳志』, 臺灣銀行經濟研究室, 臺北, 1963.

崔應階, 『明清臺灣檔案彙編』, 遠流出版社, 臺北, 2006.

翁仕杰, 『臺灣民變的轉型』, 自立晚報, 臺北, 1994.

陳小沖編, 『臺灣歷史上的移民與社會研究』, 崧博出版社, 臺北, 2018.

陳盛韶, 『問俗錄』, 武陵出版社, 臺北, 1991.

陳運棟, 『臺灣人物叢譚』, 七燈出版社, 臺北, 1978.

許烺光著, 許木柱譯, 『徹底個人主義的省思：心理人類學論文集』, 天出版
    社, 臺北, 2002.

陳紹馨, 『臺灣的人口變遷與社會變遷』, https://www.ios.sinica.edu.tw/
    people/personal/s

陳豐祥, 『普通高級中學「歷史」』, 泰宇出版, 臺北, 2006.

(清)官編, 『大清聖祖(康熙)皇帝實錄』, 臺灣華文書局, 臺北, 1964.

(清)官編, 『世宗憲皇帝硃批諭旨』, 臺灣商務印書館, 臺北, 1983.

張炎, 『清代臺灣民變史研究』, 臺灣銀行經濟研究室, 臺北, 1952.

劉妮玲, 『游民與清代臺灣民變』, 國立臺灣師範大學歷史研究所, 臺北, 1983.

haohsingchen/臺灣的人口變遷與社會變遷.pdf

蔡惠琴, 『清代臺灣下層社會的圖像：關於羅漢腳、犯罪集團與腳夫』, 國立暨
    南國際大學歷史學系博士論文, 臺北, 2022.

藍鼎元, 『平臺紀略』, https://ctext.org/wiki.pl?if=gb&chapter=300521.

王瑛曾, 「風俗」, 『重修鳳山縣志』, 臺灣銀行經濟研究室臺灣文獻叢刊146,
    1962.

刘平, http://www.historychina.net/magazinefree/html/41/231/
    content/386.shtml (검색일:2023.06.21.)

尹章義, 「臺灣開發史的階段與類型論」, 『臺灣開發史研究』, 聯經出版社,
    1989.

林衡道, 「渡臺八番撤禁告示碑」, 『明清臺灣碑碣選集』, 臺灣省文獻委員會,
    1980.

陳忠純, 鄧孔昭編, 「康熙朝的治台政策與大陸赴台移民高潮的形成」, 『閩粵
    移民與台灣社會歷史發展研究』, 廈門大學出版社, 2011.

森田明,「淸代台灣の開發發展と羅漢脚」, 台灣史硏究會, 臺北, 1986.

(淸)官編,「刑政例, 申禁械鬪」,『福建省例』, 臺灣銀行經濟硏究室臺灣文獻叢刊199, 1964.

(淸)官編,「爲內閣抄出閩浙總督楊廷璋奏」,『臺案彙錄丙集』卷七, 臺北, 臺灣銀行經濟硏究室, 1963.

黃秀政,「淸代臺灣的分類械鬪事件」,『臺灣史硏究』, 臺灣學生書局, 1995.

7장   신식민분단체제하 서발터니티와 사상운동의 재출발

기세문,「박현채 선생을 추모하며」,『아! 박현채』, 해밀, 2006.

김삼웅,『박현채 평전』, 한겨레출판사, 2012.

박태순,「문학과 경제의 민중 구성」,『아! 박현채』, 해밀, 2006.

박현채,『역사·민족·민중』, 시인사, 1987.

박현채,「경제학과 나」,『민족경제론: 박현채 평론선』, 한길사, 1978.

박현채,「민중과 문학」,『역사 . 민족 . 민중』, 시인사, 1987.

박현채,「서」,『한국경제의 구조와 논리: 박현채 평론집』, 풀빛, 1982.

연광석,『사상의 분단: 아시아를 방법으로 박현채를 다시 읽다』, 나름북스, 2018.

陳映真,『上班族的一日』, 台北: 洪範, 2001.

陳映真,『萬商帝君』, 台北: 洪範, 2001.

陳映真,「胡秋原先生與中國新文学」, 中華雜誌編輯部『祝胡秋原先生七十壽辰文集』, 台北 : 學術出版社, 1981.

8장　난민과 경계(境界)의 문제

장애령, 『색, 계』, 김은신 옮김, 랜덤하우스코리아, 2008

장애령, 『색, 계』, 문현선 옮김, 민음사, 2024

사카이 나오키, 니시타니 오사무, 차승기 등 옮김, 『세계사의 해체』, 역사비평
　　　사, 2009

산드르 메자드라, 브렛 닐슨, 『방법으로서의 경계』, 남청수 옮김, 갈무리, 2021

에드워드 사이드, 『말년의 양식에 관하여』, 장호연 옮김, 마티, 2012

에티엔 발리바르, 『우리, 유럽의 시민들』, 진태원 옮김, 후마니타스, 2010

에티엔 발리바르, 『정치체에 대한 권리』, 진태원 옮김, 후마니타스, 2011

에티엔 발리바르, 최원, 서관모 옮김, 『대중들의 공포』, 도서출판b, 2007

김양수, 「장아이링과 국민국가의 문제」, 『중국문학연구』, 65, 2016

张爱玲, 『色, 戒』, 皇冠出版社, 2020

张爱玲, 『惘然記』(散文集二), 皇冠出版社, 2020

張愛玲, 『華麗緣』, 皇冠出版社, 2020

張愛玲等, 『張愛玲往来書信集·紙短情長』, 皇冠出版社, 2020

高全之, 『私札與私語 : 三顧張愛玲』, 時報文化出版, 2022

金宏達, 「張愛玲的最後歲月」, 『傳記文學』2020年 第10期

鹿義霞, 「张爱玲政治书写的复调性」, 『中國現代文學研究叢刊』2015年 第1期

李歐梵, 「張愛玲的雙語小說」, 『文藝爭鳴』2019年 第10期

李憲瑜, 「論張愛玲"自傳三部曲"與所謂"晚期風格"」, 『海南師範大學學報』
　　　2012年 第2期

李憲瑜, 「論張愛玲後期創作的"改寫"現象」, 『中國現代文學研究叢刊』2017年

林幸謙, 『千迴萬轉 : 張愛玲學重探』, 聯經出版, 2018

蕭紀薇, 蔣潔維譯, 「待得團圓是幾時」, 『濟南大學學報』2020年 第1期

淳子, 『花落 : 張愛玲美國四十年』, 立緒文化, 2017

王德威, 「雷峰塔下的張愛玲」, 『現代中文學刊』2010年 第6期

姚玳玫, 「1952年後張愛玲的文學立足」, 『上海文化』2017年 第5期

姚玳玫, 「冷戰格局中的個人安妥」, 『華南師範大學學報』 2017年 第5期

任茹文, 「後期張愛玲的文學場與創作動力學」, 『世界華文文學論壇』 2019年
　　　第4期

張愛玲, 『重訪邊城』, 北京十月文藝出版社, 2020

程暘, 「美國視角中的張愛玲」, 『文藝爭鳴』 2016年 第10期

陳建華, 「論張愛玲晚期風格(上)」, 『現代中文學刊』 2020年 第4期

陳建華, 「論張愛玲晚期風格(中)」, 『現代中文學刊』 2021年 第1期

陳建華, 「論張愛玲晚期風格(下)」, 『現代中文學刊』 2021年 第3期

陳建華, 「愛與眞的啓示: <論張愛玲晚期風格>自序」, 『書城』 2021年 8月號

陳建華, 「張愛玲筆觸: 以晚期中短篇小說爲中心」, 『文藝爭鳴』, 2022年 第9期

陳子善, 「1945-1949年間的張愛玲」, 『張愛玲: 文學·電影·舞臺』, Oxford
　　　University Press, 2007

祝宇紅, 「如何讀張愛玲散文: 一份基于人類學視野的考察」, 『現代中文學刊』
　　　2020年 第4期

賀國光, 「也談張愛玲的改寫與重寫」, 『東岳論叢』 2020年 第11期

夏志清編註, 『張愛玲給我的信件』, 聯合文學, 2017

韩琛, 马春花, 「"後革命"時代的張愛玲」, 『中國現代文學研究叢刊』 2011年
　　　第5期

許子東, 『許子東細讀張愛玲』, 北京大学出版社, 2020

黃心村, 『緣起香港』, The Chinese University of Hong Kong Press, 2022

黃心村等, 「張愛玲與世界主義的人文視野」, 『文藝爭鳴』 2022年 第10期

Christopher LEE, "Translation in distraction: on Eileen Chang's
　　　"Chinese translation: a vehicle of cultural influence", *Journal
　　　of Modern Literature in Chinese* 14: 1, 2017.

Eileen Chang, "Chinese Translation: A Vehicle of Cultural Influence",
　　　PMLA 130: 2, March 2015.

Ho, Elaine, and Julia Kuehn(eds), *China Abroad: Travels, Subjects
　　　Spaces*, Hong Kong: Hong Kong University Press, 2009.

Huang, Nicole, "Worlding Eileen Chang", *The Wiley-Blackwell Companion to World Literature*, edited by Ken Seigneurie, Oxford: Wiley-Blackwell, 2019.

Kam Louie(ed.), *Eileen Chang: Romancing Language, Cultures and Genres*, Hong Kong: Hong Kong University Press, 2012.

Lina Qu, "Writing, Rewriting, and Miswriting: Eileen Chang's Late Style Against the Grain", *Comparative Literature and Culture* 21: 6, 2019.

Poshek Fu, "More than Just Entertaining Cinematic Containment and Asia's Cold War in Hong Kong, 1949–1959." *Modern Chinese Literature and Culture* 30: 2, 2018.

Shen, Shuang, "Ends of Betrayal: Diaspora and Historical Representation in the Late Works of Zhang Ailing." *Modern Chinese Literature and Culture* 24: 1, 2012.

So, Richard Jean, "Literary Information Warfare: Eileen Chang, the US State Department, and Cold War Media Aesthetics," *American Literature* 85: 4, 2013.

Wang, Xiaojue, *Modernity with a Cold War Face: Reimagining the Nation in Chinese Literature across the 1949 Divide*, Harvard University Asia Center, 2013.

Wang, Xiaojue, "Borders and Borderlands Narratives in Cold War China," *The Oxford Handbook of Modern Chinese Literature*, edited by Carlos Rojas and Andrea Bachner, Oxford: Oxford University Press, 2016.

Xiao, Jiwei, "Belated Reunion? Eileen Chang, Late Style and World Literature." *New Left Review* 111, May-June 2018.

Yingjin Zhang, Mapping Chinese Literature as World Literature, *Comparative Literature and Culture* 17: 1, 2015.

강병환

경남 진주 출신이다. 플라톤의 『폴리테이아(Politeia)』를 읽다가 학문에 관심을 두게 되었다. 국민대학교 정치외교학과를 졸업하고 동대학원에서 정치사상으로 정치학 석사, 대만국립중 산대학 중국-아·태연구소(Institute of China and Asia-Pacific Studies)에서 중국의 대(對) 대만 정책(China's Taiwan Policy under One China Framework)으로 박사학위를 받았다. 대만국립중 산대학 통식교육중심 사회과학조(2006~2011) 강사, 국립가오슝대학 화어중심, 가오슝시립 삼민고급중학에서 한국어 및 한국문화를 강의하였고(2005~2011), 중화민국문화자산발전협 회 연구원(대만), 국민대 국제학부·정치외교학과 및 대학원에서 정치학 일반을, 우송대 교양 학부에서 한·중 관계를, 진주교육대학에서 한국 사회와 통일, 다문화교육을 가르쳤다. 현재 부산 동서대학교 중국연구센터 연구교수, 『현대중국연구』 편집위원, 『동아시아와 시민』 편 집 간사를 맡고 있다. 관심 분야로는 양안 관계, 중·미 관계, 남북한 통일문제이며, 최근에 는 취약계층인 서발턴(subaltern) 연구에 깊은 관심을 두고 있다. 저서로는 『후흑을 논하다』 (2025), 『공주와 건달: 박근혜와 노무현의 실패한 리더십 비교』(2023), 『하나의 중국』(2021), 『중국을 다룬다: 대중국 협상과 전략』(2018, 대한민국학술원 우수학술도서 선정), 공저로는 『중 국 지식의 대외 확산과 역류: 소프트 파워와 지식 네트워크』(2015)가 있다. 이외 다수의 학술 논문이 있다.

김동규

사회철학을 전공하여 박사학위를 받고, 문화예술의 공공성으로 다수의 논문을 냈다. 동서 대 중국연구센터 학술연구교수로 재직하면서 관문도시와 서발터니티에 관한 연구를 진행 했고, 민주시민교육원 나락한알에서는 원장이자 연구활동가로 일한 바 있다. 학교와 시민 사회의 경계에 서식하고 있어 스스로 양서류 철학자라 부른다. 물과 뭍의 경계에서 서식하 는 양서류의 연약함, 물과 땅을 맑고 든든하게 만드는 습지의 연약한 힘을 믿는 사람이다. 저서로는 『공공예술의 철학, 임계의 미학: 모두의 예술』이 있고, 논문으로는 「임계의 의미 론」, 「한센인, 서발터니티(subalternity)의 지정학: 부산의 경우」 등이 있다.

김지영

중국인민대학 역사학원에서 학사, 석사, 박사학위를 취득하였다. 부산가톨릭대학교 인성교 양학부에서 강의했으며, 현재 동서대학교 중국연구센터 연구교수로 재직하면서 부산대학 교 사학과에서 강의하고 있다. 주로 중국 근현대사와 관련된 연구를 했으며, 최근에는 중 국 관문도시의 서발터니티에 대해 관심을 갖고 있다. 주요 연구 성과로는 「근대 중국 도시 의 빈곤층 연구: 민국시기 상하이 노점상 治理를 중심으로」, 「중국 관문도시 서발터니티 (subalternity) 연구: 신중국 초기 上海와 琿春의 아편(마약) 밀수 및 밀매업자를 중심으로」, 「식민자본에 의해 야기된 신체 폭력과 관문도시 상하이의 서발터니티: 민국시기를 중심으 로」 등이 있다.

박자영

연세대학교 중어중문학과를 졸업하고 중국 화동사범대학에서 박사학위를 받았다. 현재 협성대학교 중국어문화학과에서 재직 중이다. 문화연구의 관점에서 현대 중국과 동아시아의 역사와 사회, 문화 현실에 대해 공부하고 있다. 지은 책으로 『상하이의 낮과 밤』, 옮긴 책으로는 『루쉰전집 14: 서신2』, 『루쉰전집 4: 화개집·화개집속편』(공역) 등이 있다. 논문으로 「'경계'의 개념으로 다시 읽는 상하이 도시문화」, 「문화연구는 무엇을 할 수 있는가: 최근 중국문화연구에 대한 일 검토」, 「어떤 포퓰리즘의 귀환?: '소분홍' 현상에서 '인민' 담론으로」, 「루쉰의 귀신, 벤야민의 천사」 등이 있다.

연광석

대만 국립교통대학 사회문화연구소에서 박현채 사상의 현대적 의의를 주제로 박사학위(문화연구)를 받았으며, 현재 중국 절강해양대학 중문과 특별채용 교수로 재직 중이다. 저서로 『사상의 분단』, 역서로 『민주수업』 등이 있다.

이홍규

동서대학교 캠퍼스아시아학과 교수 겸 중국연구센터 소장. 한국외대 중국어과를 졸업하고 서강대 대학원 정치외교학과에서 석사학위를 취득했다. 중국사회과학원 대학원에서 「기업집단화의 정치-경제체제개혁 중의 중국기업집단화」라는 논문으로 법학 박사학위를 받았다. 서강대 동아연구소, 아주대 세계학연구소, 성균관대 동아시아지역연구소에서 연구했고, 현재는 동서대 캠퍼스아시아학과 교수 겸 중국연구센터 소장으로 재직 중이다. 중국의 체제개혁과 민주화 그리고 중국식 발전모델을 연구해왔고, 최근에는 시민 중심의 동아시아 구현 문제에 관심을 갖고 있다. 저서로는 『중국모델론』(공저), 『한중 협력의 새로운 모색, 부산-상하이 협력』(공저) 등이 있고, 「보시라이 숙청과 충칭모델의 미래」, 「개혁개방 이전 중국의 민주주의 인식: 변화와 영향」, 「동아시아 공공성은 가능한가」 등의 논문을 썼다.

장윤미

동서대학교 중국연구센터 연구교수. 연세대학교 중어중문학과를 졸업했고, 한양대학교 국제학대학원에서 중국지역학을 공부했다. 중국 베이징대학교 정부관리학원에서 『시장화 개혁시기 중국의 노동정치』에 관한 연구로 박사 논문을 썼다. 서강대 동아연구소, 인천대 인문학연구소, 성균관대 동아시아학술원 등에서 연구했다. "중국모델론", "문화대혁명 기억의 정치", "중국의 관행", "중국식 민주", "중국 국가정체성 연구" 등의 공동연구를 수행하였다. 저서로는 『당치(黨治)국가 중국: 시진핑 시대 통치구조와 정치의 변화』, 『현대중국강의』(공저) 등이 있고, 역서로는 『문화대혁명, 또 다른 기억: 어느 조반파 노동자 문혁 10년』, 『국가의 죄수: 자오쯔양 중국공산당 총서기 최후의 비밀 회고록』(공역) 등이 있다. 논문으로는 「중국의 서발턴 연구: 개념, 주제, 쟁점」, 「중국 공산당의 사회건설 구상: '군중노선'과 새로운 '인민' 주체의 창조」, 「중국의 당, 국가, 사회의 관계: 거버넌스(治理) 구조의 변화」 등이 있다.

근대 동아시아 국가와 도시,
서발터니티 존재들

초판 1쇄 발행 2026년 2월 2일

지은이 강병환 김동규 김지영 박자영 연광석 이홍규 장윤미
엮은이 장윤미
펴낸이 강수걸
편집 이소영 강나래 오해은 이선화 이혜정
디자인 권문경 조은비
펴낸곳 산지니
등록 2005년 2월 7일 제333-3370000251002005000001호
주소 부산시 해운대구 수영강변대로 140 BCC 626호
전화 051-504-7070 | 팩스 051-507-7543
홈페이지 www.sanzinibook.com
전자우편 sanzini@sanzinibook.com
블로그 sanzinibook.tistory.com

ISBN 979-11-6861-593-9 93910

* 책값은 뒤표지에 있습니다.
* 잘못된 책은 구입하신 곳에서 교환해드립니다.
* 이 저서는 2022년 대한민국 교육부와 한국연구재단의 지원을 받아 수행된
연구임(NRF-2022S1A5C2A02091373)